U0002146

極權主義的真正起源
來自大革命的狂熱

判斷國家現代化路徑之優劣，可以從其是否成功抵禦二十世紀的極權主義及極端意識形態（共產主義、法西斯主義及各種宗教極端主義）來思考：擁有清教徒觀念秩序的美國，具有最強的抗體，極端主義從未成為美國的主流思想；天主教國家的抗體明顯較弱；東正教國家更弱。法國是大革命的發源地，德國和義大利是法西斯主義的發源地，俄國則是共產革命的發源地。

此圖為親身經歷大革命的法國畫家尼古拉斯・安托萬・陶納（Nicolas-Antoine Taunay）發表於1795年的作品，他將法國大革命的恐怖統治描繪成血紅色的地獄場景，在畫面的正中間是象徵「凱旋門」的斷頭台，暗示著法國大革命不是美好生活的開端，而是各種政治與社會災難的起點。

此圖為法國畫家法蘭索瓦‧杜布瓦（François Dubois）發表於16世紀後期、描繪親身經歷的「聖巴托羅繆日大屠殺」的作品。1572年由法王及太后凱薩琳‧麥地奇親自下令處決巴黎的重要新教人士，最終演變成天主教徒對新教徒市民的大屠殺。

此圖描繪了三十年戰爭時期，劫掠鄉村的士兵遭到處決，並被吊掛在樹上示眾的場景。自16世紀宗教改革運動爆發，歐洲分裂成新教與舊教兩股勢力，最終導致日耳曼地區於17世紀初陷入數十年的宗教戰爭，鄉村遭到各方軍隊劫掠，民不聊生。

此圖為著名的反宗教改革畫家魯本斯（Peter Paul Rubens）發表於1617年的作品，描繪了耶穌會士沙勿略（St. Francis Xavier）前往亞洲傳教、向異教徒講道引發的宗教奇蹟。宗教改革運動爆發後，由天主教內部的改革勢力建立耶穌會，積極對外傳教及興辦教育，沙勿略便是創辦人之一。

此圖描繪了「至上崇拜日」的歡慶儀式場景。法國大革命時期，羅伯斯庇爾推行以自然神論為基礎的「至上崇拜」（Cult of the Supreme Being），以取代天主教成為法蘭西共和國的國教。他在新創立的公眾盛會上充當儀式主導者，帶領一群國民公會議員走向戰勝廣場的假山，他們高唱讚歌，發誓摧毀所有國王。

此圖為1794年的版畫，描繪了羅伯斯庇爾及其支持者遭到處決、被推上斷頭台的場景。羅伯斯庇爾原為律師，大革命發生後成為雅各賓派的領袖，推行恐怖統治。但在短短數年後羅伯斯庇爾遭到政變，被反對派逮捕而處決。

此圖描繪了法國大革命期間，遭到革命分子處決的天主教修女，她們被稱為「貢比涅的殉教者」，貢比涅為15世紀聖女貞德遭到逮捕之地。大革命期間的處決是如同節慶般的全民盛典，圍觀者往往人山人海，若被處決者的身分特殊，尤其能得到觀眾注目。

此圖為法國大革命期間的匿名作品，描繪了革命分子在南特（Nantes）以「水刑」進行處決的大屠殺場景，對象包括了一般市民階層的婦女及兒童。大革命的歷史意義，至今在法國仍是多方爭議的探索課題。

此圖為法國畫家大衛（Jacques-Louis David）於1807年發表的作品，描繪了拿破崙於1804年稱帝時的加冕禮場景。法國大革命追求自由、平等、博愛，但在多年的無政府狀態及內戰衝突後，革命的理想最終轉變為強人崇拜。

此圖為西班牙畫家哥雅（Francisco Goya）的著名作品《1808年5月3日》，描繪法國革命軍在半島戰爭期間對一般平民的暴行。畫家透過光線與黑暗的配色呈現出恐怖的畫面感，畫中的受害者擺出雙手，作出釘十字架的受難姿勢；人群後面有教堂，代表上帝之見證。

希特勒與墨索里尼的合影，象徵了法西斯時代的最高峰。一次大戰後，混亂與失序充斥於歐洲各地，人民渴望著魅力領袖，最終導致了極權主義的興起。

此圖為德國畫家卡斯帕‧弗里德里希（Caspar David Friedrich）發表於1818年的著名作品《霧海上的旅人》。畫中的登山者便是當時代的德國人縮影，他們受到浪漫主義精神感召，掀起了一波波的民族革命運動，最終走向極權主義。

史達林主義的宣傳海報。蘇聯建立後，掌握大權的史達林對社會展開全面的重整與清洗。被稱為「史達林主義」的強人領導正是極權主義的具體標誌。

此圖表現聖經遭到納粹黨衛軍的匕首刺穿，象徵國家力量對宗教的完全宰制。納粹黨此時通過「亞利安條款」與「領袖原則」，宣稱希特勒是「德國先知」，其權威遠超過聖經。

此為蘇聯於1930年代推行反宗教政策的宣傳雜誌（Bezbozhnik），封面上的「V」代表蘇聯政府推動五年計畫，有計畫的改造、消滅傳統社會的宗教信仰組織。被「V」壓迫的三位漫畫人物，從左起分別代表著猶太教、基督教及伊斯蘭教。

大——光

宗教改革、
觀念對決
與國族興衰

第②卷

歐洲的歧路

余杰——著

在黑暗中行走的百姓看見了大光，
住在死蔭之地的人有光照耀他們。

——《舊約·以賽亞書》，9:2

目次

自序

歐羅巴，歐羅巴，
何時猛回頭？

◎宗教改革之後，英語民族與歐洲大陸分道揚鑣

一九四○年，納粹德國的裝甲兵團橫掃歐陸、閃電戰所向無敵。號稱擁有世界上規模最大的陸軍的法國羞辱地投降了，希特勒制定登陸英國的計畫，期望創造繼凱撒征服、諾曼征服和英國光榮革命之後第四次對不列顛的征服，他在一次演講中狂妄地聲稱：「衰敗的盎格魯─撒克遜自由主義必將壽終正寢。」

然而，短短五年後，希特勒在柏林總理府地下室自殺身亡，第三帝國灰飛煙滅。二戰後，迎來了美國的黃金時代，美國繼承英國的使命，帶領西方盟國，對抗蘇聯及遍布全球的共產極權體制，最終在一九九一年贏得冷戰的勝利。英美模式不再是「例外」，經歷了二十世紀七○年代開始的、遍及全球的第三波民主化，英美式的民主、自由、憲政成為一種極具吸引力的觀念秩序。

宗教改革以降，英國（後來的美國）與歐洲的現代化模式有了本質的區別。就核心價值和觀念秩序及精神、心靈秩序而言，

歐陸奉行啟蒙主義，不斷削弱基督教，迷信福利國家，政府介入經濟運行和個人生活，平等先於自由，實行絕對的多元主義、進步主義、集體主義，即左翼的社會民主主義。反之，英語國家尤其是美國，繼承了宗教改革中的喀爾文傳統及清教徒觀念秩序，信奉古典自由主義、個人主義，認定自由先於平等，私有財產不可侵犯，政府盡量不干預自由市場經濟，堅信多元之上有「一元」的超越價值（上帝的主權），即右翼的保守主義。

在現代化過程中，近代歐洲各國政府接二連三地深陷於腐敗和低效率的泥沼中。統治階層都希望在面臨外國威脅時能增強其軍事能力，但增強的方式是錯誤的：私人壟斷公共職位、稅收承包制、內部信貸、軍事企業化。在法國和西班牙等歐洲強國，強有力的派系成員在政治上、社會上和財政上牟取暴利，在國家提高王室對軍事的控制權時，他們使國家的很多領域進一步「非理性化」。貧富懸殊加劇、民怨沸騰，這就形成了法國大革命的社會背景。

英國沒有出現這種情形，英國有一個常設議會嚴密監督政府核心部門的運行——常規性的議會、更自由的新聞媒體、更有影響力的公共輿論，彼此相互增強，都作為監視人，監督中央行政管理機構顯赫圈子裡的人，防止他們以國家整體 代價而牟取暴利。英國自治的地方政治共同體組成國家代議制，這是一種與歐洲不同的國家形成模式，所留下的永久制度遺產。

在廣義的西方文明內部，若以清教徒觀念秩序之強弱來判斷現代化路徑及國家模式之優劣，可梳理出此一明顯的位階次序：美國是清教徒觀念秩序最強大的國家，儘管也面臨左派意識形態的腐蝕，但其清教徒觀念秩序充滿活力。次之是其他英語國家——英國、加拿大、澳大利亞和紐西蘭，它們的觀念秩序和政

治經濟狀況像鐘擺一樣已向左擺動，但尚未脫軌，有的正在緩慢回歸之中。再次之是明治維新以來誓言「脫亞入歐」的日本——地理上身處亞洲，精神上卻是歐洲，戰後更是順服地接受美國操刀的社會改造。再次之是法、義、比、西、葡、波、匈等拉丁歐洲（天主教歐洲及其前南美殖民地國家）。再次之是德、奧等德語國家或日耳曼國家。最後是俄羅斯、羅馬尼亞、保加利亞、塞爾維亞等東正教國家——自彼得大帝改革二百年來，俄羅斯仍未爭取到「歐洲國家」之名分，斯拉夫人仍不被看成是正宗的「歐洲人」。

　　判斷現代化路徑及國家模式之優劣，還可從其是否成功抵禦二十世紀的極端主義意識形態（共產主義、法西斯主義及各種宗教極端主義）來判斷：擁有清教徒觀念秩序的美國，具有最強的抗體，極端主義從未成為美國社會的主流思想；天主教國家的抗體明顯較弱；東正教國家更弱。法國是大革命的發源地，德國和義大利是法西斯主義的發源地，俄國則是共產革命的發源地。

　　本書論述的歐洲模式，即清教徒觀念秩序和英美傳統之外的現代化路徑，大致可分為五種：日本、法國、法國之外的拉丁世界（梵蒂岡、義大利、西班牙、葡萄牙及西、葡在南美的前殖民地國家）、德國及日耳曼民族、俄國及東正教圈和大部分斯拉夫民族。

◎日本：比歐洲更歐洲

　　我將日本放在作為文明板塊而非地理板塊的歐洲範疇內加以討論，因為「脫亞入歐」是日本在遭遇黑船叩門之後相當積極主動的抉擇。

明治維新顯示日本是歐洲文明之外最善於學習的國家，明治維新之後一個半世紀，日本居然走得比俄國彼得大帝改革三百年還要遠。日本學者坂野潤治在《未完成的明治維新》一書中指出，明治維新永遠「未完成」，因為從維新事業剛開始時，就存在四個不同的方向：西鄉隆盛主張「強兵」和對外戰爭，大久保利通主張「富國」和「殖產興業」，木戶孝允主張制定憲法，板垣退助則主張開設議會。

　　日本迫不及待地「脫亞入歐」，不到三十年時間，就在軍事層面實現了與歐洲列強並肩而立的夢想——甲午戰爭爆發前一年（一八九三年），日本外相陸奧宗光在第五屆帝國議會發表演講，特別強調日本已然躍升為軍事強國：「從軍備的角度來看，我們擁有十五萬常備兵，在將士訓練和器械精銳方面幾乎可以與歐洲強國的軍隊匹敵。海軍也有將近四十艘軍艦，將來只要國家軍費允許，我認為軍艦數量還會繼續增多。」果然，日本先後擊敗清帝國和俄羅斯帝國兩個巨無霸，成為東亞舞台的新興強權。

　　然而，日本的現代性綱領存在致命缺陷，否定其他文明（主要是基督教文明）的普遍主義主張，強調日本的集體主義精神的獨特性，追求純粹的日本精神，漠視逐漸融入新的國際體制中。日本唯一看重的是實際的（即權力或經濟的）利益，未能擺脫後發展國家的急功近利。這使得日本很快走上軍國主義的歧途。

　　太平洋戰爭的慘敗，反倒讓日本獲得了被動接受美式現代化和民主化的契機。戰後，日本的憲法和民主制度是美國強加的。日本常被焦慮感所困擾，比較直接的根源就在於以民主等原則為基礎的國家憲法，這些原則是從西方演化而來，與位於傳統社會核心的集體主義格格不入。與美國建國綱領中鏗鏘有力的英語相比，日本憲法中連語言都是對英文原版逐字逐句的機械翻譯。儘

管如此，戰後被美國全面規訓和改造的日本，比「老歐洲」更美國化，甚至比英國更親美。日本政府和戰後影響國家走向的政治人物，如吉田茂、岸信介、小泉純一郎、安倍晉三等，在政治經濟光譜上比歐洲各國的政府和執政的政治人物更偏向右翼。在非基督教文明、非地理上的歐美、非以白人為國民主體的國家中，日本在自由、人權、民主與法治等方面是最先進的國家。

但是，日本從美國和西方移植來憲法、民主制度和科學技術，卻拒絕西方現代文明的根基——基督教文明及清教徒觀念秩序。日本基督徒的數量不曾突破總人口的百分之一，遠低於作為「亞洲四小龍」的台灣、香港、南韓和新加坡。作為文明根基的清教徒觀念秩序的缺失，是日本現代化之路上最大的困境。這也影響了日本的外交政策：日本對中國等亞洲鄰國的人權和民主化不聞不問，無意於充當亞洲民主化的倡導者和領頭羊。

◎法國和天主教世界：革命不是請客吃飯，而是殺人放火

頗具東歐精神的作家卡內提（Elias Canetti）認為，每個國家都有不同的群眾象徵，法國人的群眾象徵就是革命。在俄國革命之前，人們一提起「革命」這個詞語就會在前面加上「法國」。「革命」是法國人最大眾化的紀念品，在世界面前標明了法國人的特點——直到俄國人以其革命在法國人的國家意識上打開一個令他們不愉快的缺口。

法國大革命是沉重的失敗，是巨大的創傷。革命者們成功的推翻了舊制度，卻未能建立持久的新政體，甚至連理論上的新體制也並未確立。法國人知道如何開始一場革命，卻不知道如何結束這場革命，最終，革命吞噬了它的兒女。英國首相、保守主義

政治領袖柴契爾夫人曾在法國大革命兩百周年之際指出：

英國的保守主義之父埃德蒙・伯克（Edmund Burke）第一次對法國大革命提出了有洞察力的批評，他也是我的意識形態導師。所以，對我這個英國保守黨人來說，一七八九年的事件代表的是一種永久的政治幻想。法國大革命是一次旨在推翻傳統秩序的烏托邦的嘗試——它是一群自負的知識分子以一些抽象的概念為名發動的。它的失敗也並非偶然，而是因為自身的缺點和罪惡：它便最終演變為清洗、大屠殺和戰爭。在許多方面，它都促成了一九一七年的布爾什維克革命。然而，英國的自由傳統是經歷幾個世紀才發展成形的，最明顯的特點是連續性、尊重法律及平衡桿——一六八八年的光榮革命就體現了這些特點。

法國大革命不是美好生活的開端，而是災難的起點。誠如美國歷史學家戴維森（Ian Davidson）所說，革命者留下了斷頭台、恐怖統治和世界上首個現代化警察國家的精妙制度，他們還發明了「大規模戰爭」的概念，其特徵為動員全民參與，大規模集中經濟資源與官僚資源，不達勝利絕不罷休。這種「大規模戰爭」成為拿破崙橫掃歐洲的關鍵因素——比拿破崙個人的軍事天才更重要。但是，大革命帶給法國政治和社會的災難性後果一直影響至今：永無休止的政治動盪，無休無止的政權更迭，以及縱橫交疊的暴力衝突。

諷刺的是，法國的革命者們在就新的法國政府進行辯論的過程中，拒絕考慮英國的模式和英國的經驗。但法國經歷的每一次動盪之中，很多重要人物在遭遇困難和危險時都去英國避難，因為那裡的局勢更加安全和穩定：從垮台的查理十世到拿破崙三

世，從保守派的歷史學家基佐到左翼歷史學家勃朗——他在英國完成了十二卷的《法國大革命史》。《人權宣言》和多達十部的憲法都不能保護這些法國人，唯有他們眼中庸俗乏味的英國才是避風港。

其他歐洲天主教國家，大都經歷了形形色色的革命及暴政，如義大利的法西斯運動，西班牙的佛朗哥獨裁，東歐的天主教國家在二戰後大都淪為蘇聯的僕從國。沒有偶然的命運，觀念秩序左右著國族的興衰。一六七九年，英國政治家亨利‧卡博爾在英國下議院的演講中指出，歐陸的天主教世界及其政治模式與英國存有根本性差異：「羅馬天主教強化了常備軍和專制權力的觀念，早先的西班牙政府、現在的法國政府都是這種教宗制根基的支持者。」

作為天主教世界神經中樞的梵蒂岡教廷，在二十世紀的極權主義慘劇中扮演了極不光彩的角色。美國歷史學家大衛‧I‧科澤（David I. Kertzer）查閱了大量梵蒂岡解密檔案後，得出觸目驚心的結論：義大利法西斯政府得以掌權並維護其統治地位，梵蒂岡起了核心作用。教廷及義大利天主教會與法西斯當局親密合作，延伸了警察鎮壓民眾的觸手。

教廷與日本皇室一樣，對二戰期間的人道主義災難負有不可推卸責任。日本天皇制度經過美國占領當局的大幅改造，成為類似歐洲王室的「憲法之下的君王」。然而，梵蒂岡的教宗制至今仍保持中世紀封閉而僵化的、金字塔式的專制結構——今天，教廷又如同當年擁抱法西斯一樣擁抱中共獨裁政權，同樣的人權災難繼續上演。

◎德國及日耳曼民族：
大屠殺是「普通德國人」的「歷史共業」

在二戰即將結束的最後幾個月裡，英國歷史學家泰勒（Alan John Percivale Taylor）在其經典論著《德國歷史進程》中作出論斷：「德國人的歷史就是歷史的極端。德國人什麼都不缺，唯一缺乏的是謙卑。在長達一千年的歷史中，德國人歷經各種輝煌，但從未進入正常狀態。」他嚴厲譴責說：「一千年來，從沒有其他民族像德意志民族那樣，尋求將種族滅絕作為一代又一代人的永久政策。」

德國人不願接受這個論斷，他們可以舉出其他民族也做過的殘暴事情來為自己辯護。但德國人無法迴避的事實是：德國的「特殊道路」——德國在尋求成為一個國家或更準確地說一個帝國的過程中所走的道路確實錯了。

邁出走向地獄第一步的，不是希特勒，也不是俾斯麥與威廉二世。戰後，無論是德國自己還是西方盟國都給出了一個解釋——第三帝國是納粹強加給德國人民的災難性畸形道路，德國歷史學家弗里德里希·梅尼克（Friedrich Meinecke）將第三帝國描述為歷史的「工業事故」；但實際上，納粹政權得到「普通德國人」壓倒性的支持，戰爭及種族滅絕不僅僅是納粹黨員的事業，而是「普通德國人」的「歷史共業」。美國作家夏伊勒（William L. Shirer）在《第三帝國的興亡》中指出，從路德至希特勒一直存在一種清晰的延續性，「對當時統治者的盲從是德國人的最高美德，而且還鼓勵奴性」。從路德時期開始，根深蒂固的侵略意識，加上責任感、紀律和服從意識奠定了德國文化之旅的核心，最終導致納粹黨人的殘暴計畫輕易俘獲民心，絕大多數

的德國人包括基督徒都是「希特勒的自願行刑者」。

德國經過了「半個宗教改革」——從地理範疇上看，路德的宗教改革在普魯士、薩克森等北部地區取得成功，路德宗成為統一後德國的國教；但南部尤其是巴伐利亞地區，仍是天主教獨大。就宗教改革的深度而言，路德神學存有若干致命缺陷，如強調信徒對國家政權的絕對順服、聖俗二分的「兩國國度論」以及「德意志民族的基督教」，使德國的宗教改革比起日內瓦、尼德蘭和英國來，乃是半截子的宗教改革。這種自我矛盾的宗教和精神狀況，讓德國的現代化陷入持續痙攣狀態：忽而突飛猛進，忽而一瀉千里，忽而浪漫，忽而暴戾。當法西斯主義興起之後，路德宗教會和天主教會毫無抵抗之力，甚至主動賣身投靠、助紂為虐。

德國前總統、早年從事人權活動的牧師高克（Joachim Gauck）曾指出，德國長期以來在文化上認為自己有另一種特殊的處境——一種例外主義（即「德意志特殊道路」）——因此認為，符合普世價值的看法並不一定符合德國的需求。但是到頭來，這種態度反而讓納粹主義引發了大災難以及第二次世界大戰帶來的悲劇。

今天，英國脫歐之後，德國再度成為歐洲的掌舵者。英國學者斯蒂芬・葛霖（Stephen Green）認為，作為歐洲人口最多的國家和占主導地位的經濟體，新德國在新歐洲找到了其位置。所有道路逐漸通向柏林。德國在第二帝國時期的訴求已經通過聯邦共和國實現了——雖然完全是以和平方式實現的，但卻是以德國人不情願的方式實現的。他進而認為，德國人從近幾個世紀以來的輝煌和悲劇中演化而來了三種重要的身分認同可以確保德國在歐洲成為一股良性的力量：德國古典音樂、德國哲學、德國人對邪

惡的認知以及對憲法愛國主義的承諾。但實際上，德國並未完成轉型正義和精神上的去威權主義化，一個最明顯的例證就是：梅克爾政府無視「赤納粹」（中國）之獨裁暴政本質，其「脫歐入中」政策正將德國拖入兩次世家大戰之後最大的危機之中。

◎俄羅斯：共產主義是東正教的變種

　　早在蘇聯解體之前一個月，美國法學家伯爾曼（Harold J. Berman）在美國埃默里大學舉辦的「基督教精神與民主」的國際學術會議上指出，在無神論與基督教的鬥爭中，無神論失敗了。無神論之所以失敗，最根本的原因就是它從俄羅斯人那裡奪走了屬靈的美和力量，奪走了他們所渴望的超越性元素和個人救恩元素：

　　共產主義的土崩瓦解，從根本上說是道德上的崩潰、精神上的崩潰。蘇維埃社會主義宣揚大公無私、誠實正直、社會責任感，但卻在行鑽營私利、弄虛作假、貪汙腐敗之實。在我看來，它所信奉的基本美德觀，以及由此導致人的自負，缺乏對超然秩序、個人救恩和永生的信仰，是其失敗的主要原因。倘若誠實只是一種美德，而非上帝的誡命，便失去了必不可少的神聖性，一旦其無利可圖，就會為人所拋棄。

　　伯爾曼深信，要在蘇聯各共和國實現真正的憲政，最大的希望就在於正在發生的基督教信仰的復興，而且這也是問題的核心所在。更重要的是，與復興同時並行的，還必須有東正教的改革，東正教不可能也不必要變成另一種新教，但東正教不能迴避

對新教倫理與資本主義精神的吸收。如果沒有經歷路德和喀爾文意義上的宗教改革，甚至連天主教的格里高利改革的沒有，俄羅斯東正教則只能永遠停滯在「前現代」狀態。

當初，東正教與斯拉夫民族的結合，產生了悲劇性的結果：「愛鄰舍，也愛仇敵」的空洞教導，並未軟化沙皇體制的暴虐，更無法抵禦風捲殘雲般的共產主義思潮和革命。近代以來俄羅斯社會、政治、經濟、文化全方位的敗壞，東正教會既是受害者，也是加害者，其組織結構和觀念秩序的缺陷難辭其咎。

不僅俄羅斯如此，整個東正教世界也都如此。羅馬尼亞思想家帕塔皮耶維奇指出，東正教傳統無法幫助原蘇聯東歐國家建立一種依據不帶個人色彩的規則運作的公共行事風格，「羅馬尼亞、保加利亞、塞爾維亞、馬其頓、俄羅斯、希臘——所有歐洲的東正教國家都有一個特點：體制不健全。這是因為東正教具有彈性，它注重的是心靈冥想，而冥想的依據主要不是文本，而是農民的口說傳統。所以我們這裡有一種通過謠言運作的模式，資訊不足，爾虞我詐……」

從彼得大帝改革至今，俄羅斯仍未成為西方世界的一員。一九九七年，俄羅斯被西方七國集團接納，成為第八個成員。二〇一四年，俄羅斯占領克里米亞半島及在烏克蘭策動代理人戰爭，被七國集團凍結會籍。俄羅斯站在西方的門檻上，回首眺望著東方，雙頭鷹真能首尾兼顧嗎？

本卷主要梳理五種歐洲（或準歐洲：南美、日本）現代化模式：拉丁路徑（作為教宗國的梵蒂岡，由天主教決定其政制形式的義大利、西班牙、葡萄牙，以及作為西、葡前殖民地的南美諸國）、法國路徑（法國大革命所建構的世俗主義、啟蒙主義、理性主義的無神論國家，以及殘餘的天主教勢力）、德國路徑（以

路德宗為主體的、作為國家宗教的新教和南部的天主教，教會參與了國家主義和民族主義的形塑）、俄羅斯路徑（威權主義和神祕主義的東正教，作為其逆向變種的馬列主義－史達林主義）和日本路徑（明治維新之後買櫝還珠的西化和實用主義層面的「脫亞入歐」），一言以蔽之，這五種路徑都走入歧途，在近現代成為人類災難的淵藪。

關於國族興衰與文明更迭，在人們耳熟能詳的「地理（地理位置及自然資源）決定論」、「文化決定論」、「科技決定論」之外，本書提出並論證了「宗教（基督新教）決定論」。本書的結論是：非英美（英語國家）的若干西方現代化路徑，因不具備清教徒觀念秩序及精神、心靈秩序，或被革命所中斷，或被戰爭所壓垮，或被極權主義俘獲，或被極端思想腐蝕，無不步履維艱乃至步入黑暗。它們的現代化仍處於未完成狀態，它們不是中國及亞非拉第三世界國家效仿的榜樣。

昔日誕生宗教改革的歐洲，今日不僅背棄宗教改革的遺產，還試圖拋棄整個基督教文明，這種做法宛如搬起石頭砸自己的腳，只能陷入更重大的危機之中。

歐羅巴，歐羅巴，何時回頭是岸？

二〇二〇年八月初稿，十一月定稿
美利堅合眾國維吉尼亞共和國費郡綠園群櫻堂

無奈，我的民不聽我的聲音；以色列全不理我。
我便任憑他們心裡剛硬，隨自己的計謀而行。

——《舊約·詩篇》，81：11-12

第一章

拉丁路徑：
一個教宗，一個世界

凡是宗教改革深入的地方，產生過重大作用的地方，不論其成敗如何，都留下了一個總的、顯要的、恆久的結果，即思想的活動和自由邁出了大步，向著人類心靈的解放前進。反之，宗教改革未曾深入的地方、一開始就遭到扼殺的地方和從未得到發展的地方，那些地方的人的心靈缺乏自主。

——基佐（François Guizot），《歐洲文明史》

在路德用《九十五條論綱》挑戰教廷之後四年，雄才大略的鄂圖曼蘇丹蘇萊曼（Suleiman）揮師抵達多瑙河和貝爾格勒的「白要塞」（Belgrade Fortress），此地為基督教世界的前衛堡壘。一五二一年八月二十九日，白要塞陷落。一五二六年，蘇萊曼在莫哈奇之役大勝匈牙利軍隊。一五二九年夏末，揮軍來到神聖羅馬帝國首都維也納城牆外，整個歐洲地動山搖。

對於神聖羅馬帝國皇帝查理五世（Charles V）以及羅馬教廷來說，比起倔強的修士路德來，大軍壓境的土耳其的軍隊才是亡國滅種的危機。一直到一六八三年那場決定性的維也納保衛戰，基督教世界擊退土耳其人的圍攻，歐洲才獲得最後的安全。然而，此時此刻，新教的蓬勃發展已成為天主教不得不接受的事實。在戰場上擊敗土耳其的「英雄輩出時代」最偉大的英雄、薩伏依親王歐根（Prince Eugene）捍衛了基督教歐洲，但無論是神聖羅馬帝國皇帝、法國國王、西班牙國王還是教宗，都無力用戰爭和宗教法庭來消滅在半個歐洲占上風的新教勢力。最終他們才認識到，新教對天主教的威脅比土耳其人更大——土耳其人擁有強大的軍隊，新教卻擁有比軍隊更強大的觀念秩序及精神、心靈秩序。

自從路德和喀爾文之後，歐洲最優秀的大腦和心靈，大都選擇皈依新教。十八世紀英國偉大的歷史學家愛德華・吉朋（Edward Gibbon）即從天主教轉向新教。吉朋早年在讀史過程中對宗教爭論產生興趣，將學習重點轉向神學。為了反抗牛津大學有關英國國教教條的信奉問題，又研究天主教教義，並於一七五三年在倫敦經由神父施洗，皈依羅馬天主教。其父為之震怒，將其送到瑞士洛桑學習，寄宿在喀爾文派牧師丹尼爾・帕維拉（M. Daniel Pavilliard）家中。吉朋視帕維拉為「心靈和知識的再生之父」，在瑞士生活一年半之後，於一七五四年公開回皈基督新教。

　　過去人們普遍認為，在其傑作《羅馬帝國衰亡史》中，吉朋對基督教深惡痛絕；其實，他所批判的乃是以教廷為代表的「政治宗教」──教階制度、聖職買賣、贖罪原則、宗教法庭、宗派內鬥以及獨身主義──而非基督信仰本身。他對天主教在中世紀的所為指責最為嚴厲：

　　羅馬教會用暴力行為保護以欺騙手段獲得的迷信帝國，一個和平與仁慈的宗教體系，很快被放逐令、戰爭、屠殺和宗教法庭敗壞，天主教的親王和教士不惜用火與劍來懲罰受到民權和宗教自由鼓舞的改革派。僅在尼德蘭地區，查理五世的臣民就有十萬餘人倒在劊子手的屠刀之下……僅僅在一個行省和一位君主的統治階段，被處決的新教徒就遠遠超過三百年時間，整個羅馬帝國範圍內早期殉道者的人數。

　　吉朋批判天主教的蒙昧、專制和暴虐，肯定宗教改革對人權和宗教自由的張揚以及回歸聖經真理的努力。擁抱宗教改革的西

方，與拒絕宗教改革的西方，是兩個截然不同的觀念系統和近代化道路。

天主教世界抱殘守缺，拒絕宗教改革，導致現代化和民主化也明顯滯後於新教世界。在西歐，義大利成為墨索里尼的法西斯運動的溫床，西班牙和葡萄牙則經歷了漫長的準法西斯的獨裁統治，民主化之路一波三折。

在西歐的天主教國家中，比利時是一個長期被忽視的、犯下不亞於納粹德國種族屠殺罪行的邪惡國家。在尼德蘭獨立運動中，後來形成現代比利時王國的南方諸邦固守天主教信仰，與尼德蘭決裂。一八三○年，比利時獲得獨立，從德國找來王子利奧波德（Leopold I）作為第一任國王。

比利時雖小，殖民野心卻很大。一八八五年，利奧波德二世（Leopold II）將剛果吞併為個人領地，其面積將近一百萬平方公里，等於比利時的七十五倍和非洲大陸的十三分之一。利奧波德二世的統治手段極端殘酷，對於不聽話的黑人奴工會將其妻兒的手砍斷作為恐嚇，據稱有五百萬至一千五百萬剛果人慘遭其屠殺。利奧波德二世喪心病狂的貪婪和暴力，被英國作家康拉德（Joseph Conrad）寫入《黑暗之心》，康拉德稱之為「讓人類良心史蒙塵的最可恥的掠奪行徑」。比利時人從未反省這段黑暗歷史，其首都布魯塞爾居然被選中作為北約總部和歐盟總部，且有「歐洲首都」之稱——這對言辭美妙的《歐盟憲章》來說是莫大的諷刺。

另一些冷戰時代深陷鐵幕之中的東歐天主教國家，在二十世紀八、九○年代之交的「蘇東波」（蘇聯、東歐、波蘭）之後，紛紛擺脫共產主義的枷鎖，大步邁向民主自由。近年來，波蘭、匈牙利、捷克、斯洛伐克、立陶宛、愛沙尼亞、拉脫維亞、斯洛

維尼亞等國在民主政治、自由經濟和公民社會等方面都有亮眼表現。這些國家的天主教受過喀爾文主義的浸潤，部分吸納了清教徒觀念秩序和英美文明的優點，在地緣政治和國際關係上，以「新歐洲」朝氣蓬勃之姿態，比暮氣沉沉的「老歐洲」更親美、更重視基督教文明。

例如，波蘭作為歐洲第一個出現成文憲法的國家，早在一七九一年五月三日九日頒布實行其憲法。後來，波蘭慘遭俄羅斯、普魯士和奧地利三國瓜分。二十世紀九〇年代以來，波蘭人繼承其先賢的民主傳統，加入北約和歐盟，成為美國在歐洲最親密的盟友之一。二〇二〇年五月，美國總統川普宣布裁撤九千五百名駐德國的美軍，波蘭隨即宣布歡迎美軍駐防，並願意承擔二十億軍費。這固然是因為波蘭取代德國、身處對抗俄羅斯的最前線，更因為波蘭比起德國來在觀念秩序上與美國更接近。這也表明，某些天主教國家在保有其天主教傳統及禮儀的基礎上，仍可在政治哲學層面分享宗教改革五百年來清教徒的思想資源和政治哲學。

第一節　梵蒂岡：
　　　　將靈魂賣給魔鬼，用什麼贖回來？

◎拒絕宗教改革會有什麼後果？

法國歷史學家基佐（Guizot）認為，近代以來所有發生重要作用的事情中，宗教改革是最重大的，是其他一切的歸宿，影響一切，也受一切的影響。宗教改革的成就超過它承擔的任務，甚

至超過它的意圖。他強調說：「宗教改革是一次人類心靈追求自由的運動，是一次人們要求獨立思考和判斷的思想運動，是對精神領域內對絕對權力發起的名副其實的反抗。」

宗教改革之後，尼德蘭建立了歐洲最強大的新教共和國，英國的君主立憲制已經或接近勝利。從世界史的觀點來看，英國革命的主要意義在於確定並貫徹了自由至上的原則，宗教信仰自由和個人及財產權得到法律保障，英國的政治經濟模式也在英國的海外殖民地得以複製。最成功的近代轉型路徑就是英美模式。

即使在法國這個最不利於宗教改革、宗教改革遭到挫敗的國家，宗教改革效果也是樹立起了思想獨立和自由的原則。在一六八五年之前，即《南特敕令》被廢除時為止，宗教改革和新教教會在法國是合法的存在。新舊兩派之間長期的論戰，鋪開了一般人認識不到的、實際的、活躍的思想、言論和學術的自由。如歷史學家斯塔夫里阿諾斯（Leften Stavros Stavrianos）所說，十七世紀法國最高程度的自由，存在於宗教改革派與反對派之間的辯論中。反基督教的啟蒙主義思想家也受惠於宗教改革的遺產。

而以義大利、西班牙和葡萄牙為代表的拉丁世界——即頑固、僵化的天主教世界，用國家暴力築起一道阻擋宗教改革的高牆，宗教改革的思潮從未在這些國家占據上風，也沒有產生新教與天主教的辯論與競爭的態勢。天主教會和篤信天主教的國王及貴族，掌握了軍隊和宗教裁判所，對外以侵略戰爭濫殺無辜，對內以火刑架震懾人心，既避開新教和新興市民階級的挑戰，又維持天主教和既得利益階層的秩序。

經過宗教改革洗禮的半個歐洲，與未經過宗教改革洗禮的另一半的歐洲，從此分道揚鑣。

一九一八年，西班牙流感肆虐全球，全世界三分之一的人受感染，其中百分之五的人死於流感及其併發症，其中就有美國總統唐納德‧川普總統的祖父弗萊德里克‧川普，還有德國思想家馬克斯‧韋伯（Max Weber）──他再也不能完成最後的著作《經濟與社會》了。韋伯之死是一個殘酷的隱喻，他在《新教倫理與資本主義精神》中找到了西班牙乃至整個拉丁世界停滯落後的原因。韋伯認為，新教是歐洲歷史上「三大轉變」發生的動因，並由此導致新教的歐洲物質財富的增長和精神的解放，錯過了新教改革的拉丁世界從此被拋在身後。

美國歷史學者傑克‧戈德斯通（Jack Goldstone）進而指出，宗教改革帶來的「三大轉變」建構了現代世界的雛形。首先，新教改革消除了在歐洲建立統一的「歐洲帝國」的野心。歐洲分裂為兩大對抗性的宗教陣營──以尼德蘭、英國、瑞典、丹麥及勃蘭登堡─普魯士為代表的新教陣營，以西班牙、葡萄牙、奧匈帝國、法國、義大利南部為代表的天主教陣營。新教民族國家率先進入現代世界；而傳統的天主教帝國與亞洲古老的帝國一樣，以大一統、中央集權、政教合一的方式管理數千萬計的民眾，在制度和宗教方面恪守既有觀念，其政治經濟和思想文化停滯不前。

其次，宗教改革使得新教信徒不再執著於來生的救贖以及向教堂捐獻過多的財富，他們看重今生的努力，財富被用於再生產，由此資本主義蓬勃發展。而被天主教牢牢控制的西班牙和葡萄牙，神職人員的地位高於平信徒，教會從信徒那裡搾取巨額財富用於教士階層的生計和修築美侖美奐的大教堂，導致這些國家經濟滯後、國力走向衰微。

第三，新教信條強調信個人通過對《聖經》的閱讀和研究與

上帝建立關係，不主張信徒盲從神職人員的教導，獨立思考帶來知識生產和科學發明的熱情。反之，在義大利、西班牙、葡萄牙等天主教國家，教會控制教育，壓制文藝創作和科學研究。由於神職人員壟斷聖經的詮釋權，王室和教會都不鼓勵獨立思考，這些國家既沒有發生知識爆炸，也沒有發生科學革命。

錯過宗教改革的國家和民族，就失去了現代化的入場券，成為現代化的遲到者，在現代化和國家實力的競爭中處於下風。十六世紀，那些用火與劍來阻止宗教改革的國王、貴族、教宗和紅衣主教們，為其成功額手稱慶時，卻未料到他們親手播下了失敗的種子。

◎「先知之地」何以藏汙納垢？

梵蒂岡，是位於羅馬西北角高地的城邦國家（國中國），為天主教會最高權力機構聖座的所在地、天主教會最高領袖教宗的駐地、占世界總人口六分之一的天主教徒的信仰中心，亦為世界領土面積最小的國家。

「梵蒂岡」一詞來自拉丁語，意為「先知之地」。教宗自稱使徒彼得的繼任者，教宗統治模式認為，由於彼得是耶穌十二門徒之首，教宗就是教會的君王，地位應列於皇帝、國王和貴族之上。一個基督教社會應該由教會領導，教會則由教宗領導。羅馬帝國晚期，有關教宗政府的理論，構想出一個神性的「基督教聯邦」——教士掌管世界，教宗掌管教士，一個龐大的、正規的神權政府掌管整個歐洲。這個中世紀流行和篤信的觀點，並不符合聖經。

西元四世紀，羅馬皇帝君士坦丁在羅馬城西北角彼得殉難

處建立了君士坦丁大教堂。七五六年，法蘭克王國國王丕平（Pépin III）把羅馬城及其周圍區域送給教宗，教會史上稱為「丕平獻土」。教廷以此成立了政教合一的「教宗國」，範圍廣及義大利半島中部。

中世紀中期，整個教會——教宗、主教、修道院和教區——占有歐洲大約三分之一土地，強大的教宗君主制形成，與國王們展開激烈的權力爭奪。教廷試圖在精神上統一歐洲。天主教產生了一批知識菁英，使用一門跨民族的語言（拉丁語）、一套相同的課程（側重於亞里斯多德的哲學與邏輯學）和一種共同的研究方式（經院哲學）。教宗的使節與王公的顧問對於權力從何而來、如何運用以及怎樣合法化，有著同樣的神學見解與官方共識。

歐洲各強國的君王並不願意臣服於教宗，即便是自稱信仰虔誠的君王，一旦羽翼豐滿，便不憚於跟教宗兵刃相見。教宗和教廷為擴展勢力，也採用世俗政權合縱連橫的謀略。十二世紀早期，教宗大大擴張了其領土主權。擁有亞平寧半島四分之一土地的圖斯卡尼女伯爵馬蒂爾德（Mathilda）將大量土地贈予教宗。教宗牢牢控制著羅馬周圍的土地，並根據《君士坦丁御賜文》聲稱其擁有整個亞平寧半島。教宗的產生也逐漸形成由樞機主教團投票選舉的程序，整個過程充滿國家及種族利益、家族權勢的勾心鬥角，甚至不乏賄賂和暗殺，很多教宗都是名不副實之徒。

到了中世紀晚期，饑荒與疾病籠罩著歐洲大地，教宗和教廷的腐敗與權力鬥爭白熱化。教宗的專橫、荒淫如此駭人聽聞，以致出現買賣教宗職位、三名教宗同時在位的荒誕情形，教廷失去了宗教權威地位和道德感召力。

一五一三年去世的教宗儒略二世（Julius II）是名副其實的

政治教宗，他驍勇善戰，多次親自率領軍隊對抗法國、西班牙、威尼斯等歐洲強國，大大拓展教宗國的領土；他花錢如流水，聘請米開朗基羅（Michelangelo）、拉斐爾（Raphael）等藝術大師修建宏偉的教堂和創作輝煌的宗教藝術作品。儒略二世被譽為「教宗國真正的創始人」，甚至是「教會的救世主」。羅馬人在慶祝儒略二世戰勝法國的侵略時，在盛大的感恩節遊行中，將他裝扮成世俗皇帝的形象，手中拿著代表至高無上權威的權杖。儒略二世去世前自我評價說：「我不希求萬人敬仰，因為周圍的人都對我心懷憎恨。……這實乃肺腑之言，我在羅馬的朋友皆認為我堪比聖賢。」他在奪取權力的過程中殘酷無情、無所不用其極；他大權在握時才意識到，他為此失去了美德，失去了為之奮鬥的道德目標。他去世後四年，路德即對教廷發起了致命一擊。

儒略二世的繼任者良十世（Leo X）雖無雄才大略，卻不缺乏作惡的能力。他的寶座是買來的，他當然要大肆出售教廷的高級職位——就在路德貼出《九十五條論綱》的一五一七年，他炮製出最不可思議的謀殺案，他的同性戀男友和御醫都牽涉其中被處死，若干涉案的樞機主教在繳納巨款之後才得以免除死刑。由此，他進而任命了至少三十一位新樞機主教，他們為了晉升付出了五十萬杜卡幣的賄賂。良十世慷慨贊助藝術家，使得藝術家將其統治時代稱之為「黃金時代」。然而，天上不會掉下銀子，這些錢只能由教宗在各地的代理人吸骨吮髓地壓榨，導致民怨沸騰，注定了讓良十世時代成為統一的基督教世界走向分裂的最後一個時期。

一五一八年，教廷召開奧格斯堡會議，良十世要求就討伐土耳其人徵收特別稅進行投票。大會代表們回應說，基督教真正的敵人是「身居羅馬的惡魔」。一五一九年，在萊比錫舉行的聽證

會上，路德否定了教宗和教廷大會的權威，隨後發表《致德意志民族基督教貴族公開書》，呼籲各國教會應獨立自主，不受教宗制約。

歷史多次證明並再次證明，改革呼聲一定會以非此即彼的方式再現。十五世紀未竟之事，十六世紀無可避免地要完成。

宗教改革興起之後數百年來，天主教大都處於守勢。十九世紀，歐洲民族主義興起，義大利的民族統一運動使教宗在義大利的領土愈來愈少。半島北方的薩丁尼亞王國成為義大利統一運動的領導者，主導成立義大利王國，宣稱以羅馬為首都。法蘭西第二帝國皇帝拿破崙三世（Napoleon III）則以身為「教會的保護者」的名義出兵保護羅馬城。一八七〇年，普法戰爭爆發，拿破崙三世兵敗被俘。義大利王國的軍隊開進羅馬城，義大利的統一正式完成。教宗被迫退居梵蒂岡宮中，之後歷代教宗不踏出梵蒂岡一步，自稱為「梵蒂岡之囚」。

◎教宗庇護十一世說，法西斯信條符合天主教的教導

教宗制存在了一千多年，是世上延續最久的君主政體和政教合一的制度。然而，近代梵蒂岡和聖座國家的合法性，是法西斯領袖墨索里尼（Benito Mussolini）賦予的，這是教廷近百年來刻意隱瞞的歷史真相。

長期以來，義大利與梵蒂岡的關係曖昧而敏感，梵蒂岡在一個肇基於《西發里亞條約》的現代民族國家所組成的世界裡顯得尷尬而突兀。

一九二九年二月十九日，義大利法西斯獨裁者墨索里尼與教宗庇護十一世（Pius XI）簽訂《拉特蘭條約》，義大利承認聖座

為主權國家，稱為「梵蒂岡城國」，其主權屬教宗，實施政教合一的政治體制。梵蒂岡為中立國，其國土神聖不可侵犯，其總領土面積為一百零九英畝。此條約正式解決了聖座與義大利多年的領土糾紛。條約的第一條規定，天主教乃「義大利唯一的宗教」。同時，梵蒂岡答應不干預義大利政治，其任命的主教須經過義大利政府批准，以此換取義大利承認其主權。梵蒂岡是在法西斯的羽翼下立國的，這是梵蒂岡的一大歷史汙點。墨索里尼政權在二戰中瓦解，這份條約仍為戰後義大利歷屆政府所承認，它是墨索里尼唯一沒有被推翻的遺產，也是梵蒂岡成為「萬國中的一國」的「入場券」。

庇護十一世對這份條約的重視，怎麼誇張都不為過。義大利最重要的教會歷史學家之一的雷納托・莫羅（Renato Moro）認為，十九世紀，義大利政府組建時致力於政教分離和自由民主制，但教宗從未拋棄過自家政教合一的理念。教廷理想中的義大利社會應當採取獨裁統治，具有森嚴的等級結構，並根據天主教原則運作。多年以來，教廷一直努力恢復中世紀的權威地位，法西斯黨的出現給這一夢想帶來了新的希望。

條約簽訂之前，那些不滿墨索里尼獨裁統治的天主教徒還可以辯稱說，教宗對法西斯政府並不熱心；條約簽訂之後，這種藉口再也無法成立。義大利天主教徒非常清楚，如果要遵從教宗的意願，就必須支持墨索里尼政府。條約簽訂兩天之後，庇護十一世發表講話說，墨索里尼是由天主派來的人。這番說辭將被主教、神父及天主教平信徒重複千千萬萬遍；義大利全國上下的報紙，包括梵蒂岡的報紙，都重複此一主題。如果義大利仍採納民主制，這一歷史事件就絕無可能發生；只有墨索里尼和法西斯黨，才使它成為可能。

庇護十一世向墨索里尼這位親密朋友提出各種要求，讓法西斯領袖幫他查禁不喜歡的事物：從惹人討厭的女性著裝、書籍、新教傳教士到電影和戲劇。比如，教宗派出塔基・文圖主教拜會墨索里尼，討論如何禁止人見人愛的美國電影。塔基・文圖主教認為，美國電影是「罪惡和猥褻的糞坑」；墨索里尼表示讚同，並將美國電影貶作是一所「墮落的學校，如果不予阻止，最終會毀掉這個國家」。塔基・文圖主教非常滿意，希望對方「研究一下如何讓審查系統高效地運作」。

一九三二年二月十一日，《拉特蘭條約》三周年紀念日，墨索里尼這位教廷冊封的爵士，親自進入梵蒂岡的宮殿，與庇護十一世進行一場歷史性會面。庇護十一世開門見山地提出第一項議程，是請求墨索里尼壓制新教在義大利的傳播。教宗認為，新教人士正勸說義大利民眾改宗，「並且在義大利所有主教區取得了進展，這是我命各位主教所做的研究得出的結論」。墨索里尼不認可這個看法並指出：義大利境內只有十三萬五千名新教徒，大部分是外國人，這跟四千兩百萬天主教徒相比微不足道。教宗辯稱，新教徒人數雖不多，但帶來的威脅很大，他希望義大利政府出手遏制新教的發展。緊接著，教宗稱讚法西斯主義說：「整套法西斯信條強調秩序、權威和紀律的原則，在我看來它同天主教會的教導沒有任何衝突之處。」教宗又說，他能領會「極權法西斯主義」的原則，但這只限定在物質範圍之內，人們還有精神需求，在這方面需要「天主教的極權主義」。

在庇護十一世帶領下，義大利天主教會一面倒地支持墨索里尼政權。尤其是高級神職人員，大都將自己的命運與墨索里尼政權緊緊捆綁在一起。有一天，羅馬副樞機主教馬爾凱蒂・塞爾瓦加尼在聖彼得廣場散步時，對皮扎爾多樞機主教說，「如果墨索

里尼失勢，」他說著指了指近旁的街燈，「你就會看到我被掛到路燈上。」這位高級神職人員準確地預見到墨索里尼可恥的下場——墨索里尼被處決之後，其屍體果然被反抗軍倒掛在米蘭街頭的電線桿上。這位助紂為虐的高級神職人員與整個教廷一起逃脫了被國際法庭審判的下場。

一九三三年，教廷與納粹當局達成宗教事務協約，儘管從一開始就有跡象表明，納粹政權對天主教的儀式、組織和制度懷有敵意。該協約自締結之日起就是一紙空文。它是一項一邊倒的安排，在希特勒政權立足未穩的時候為其粉飾太平，實際上卻絲毫不能保護德國的天主教會。支持威瑪民主的天主教中央黨被迅速解散，龐大的天主教青年運動很快被取締，教會的出版物受到限制，神父遭到騷擾和逮捕。八十多年後，教廷又與中共政權簽訂類似的協約，人類的愚蠢就在於——總是犯下同樣的錯誤。

庇護十一世本身是徹頭徹尾的獨裁者，對基督教的概念偏執而頑固，堅信只有羅馬天主教是正確的，其他都是錯的，大公運動期間不願花時間參與，拒絕與新教世界互動。他因厭惡共產主義而更能容忍法西斯。

庇護十一世於一九三九年去世，其繼任者庇護十二世（Pius XII）並未改變向墨索里尼和希特勒（Adolf Hitler）低頭的基本政策——他此前曾任教廷駐德國大使和教廷國務卿。美國歷史學家馬克·雷布林指出，十個世紀以來，沒有哪一位教宗像庇護十二世一樣，在如此嚴峻的形勢下登基。當時，附屬於納粹黨的德國勞工陣線主席羅伯特·萊伊誇口說：「教宗選舉也要在納粹標誌的影子下進行。他們必須尋找一個與希特勒合作的人，其他什麼都別提。」彼時，成百上千萬無辜市民被囚禁起來，像牲口一樣被屠戮，像垃圾一樣被焚燒。針對這一切，庇護十二世應該

持續發出譴責之聲，可事實上，在史上最大的人道危機中，這位宗教領袖始終保持沉默，以至於被人稱為「希特勒的教宗」。

庇護十二世在公開場所的沉默給他的聲望造成了不可彌補的破壞。他在給柏林主教的信中解釋說，「報復和壓力的危險……促使我謹慎寡言」。他表示「對所有非雅利安人天主教徒的掛心」，卻隻字不提非天主教徒的「非雅利安人」。他接著說：「不幸的是，在目前的狀況中，我們能為他們做的只有祈禱。」在一九四二年的聖誕祝詞中，他迴避了盟國譴責納粹的、已然眾所周知的事件——「冷血地消滅猶太人的野蠻獸性的政策」。

法國歷史學家邵爾・弗里埃德蘭德爾在《庇護十二世與第三帝國》一書中指出：「教宗對德國有所偏愛，而這種偏愛並未因納粹制度的性質而有所減弱。」當希特勒譴責共產黨時，庇護十二世高興地說：「我對希特勒的態度改觀了，第一次有政府敢於如此堅定地譴責布爾什維克主義，它與我們站在同一戰線上。」舉國信仰天主教的波蘭，被教廷視為天主教在新教的普魯士和東正教的俄羅斯之間的堅固堡壘，但當波蘭被納粹德國和蘇聯瓜分、人民遭到屠殺時，庇護十二世不曾公開聲援波蘭人民，只是私下對心腹吐露說：「你知道我同情哪邊，但我不能明說。」希特勒占領法國之際，庇護十二世拒絕表態。英國駐教廷大使奧斯博（Osborne）在私下裡批評說：「我猜測聖父想扮演調解者這偉大的角色，但其沉默實際上是在摧毀自己的目標，此舉是在破壞他為和平做貢獻的機會。」

上行下效，天主教世界支持法西斯主義的神職人員和信徒遠遠多於反抗者。當希特勒訪問義大利、與墨索里尼一起舉行勝利遊行之際，在奧爾泰主教管區連接羅馬和佛羅倫斯的鐵路沿線，教區神父積極參加慶祝活動。當希特勒路過當天，篤信法西斯主

義的方濟各會成員把整個修道院都插滿義大利旗幟和納粹旗幟。修道士安排教會學校的數百名兒童站在鐵路沿線,當火車經過時,修道士帶領孩子們一邊奔跑一邊歡呼:「墨索里尼萬歲!希特勒萬歲!」

如果說戰爭期間出於保護教廷的原因不敢說出真話還情有可原,那麼戰爭結束後,庇護十二世仍繼續擔任教宗十三年,期間沒有表示一絲抱歉或遺憾,甚至未能為一千九百八十六名在他眼皮底下被逐出羅馬並死於納粹集中營的猶太人舉行追思或紀念彌撒,那就足以表明他與若干天主教徒一樣在深層意識中具有反猶意識。他也從未考慮過將身為天主教徒的納粹戰犯開除教籍,包括希特勒、希姆萊、戈培爾等人。他不相信樞機主教們,也不相信身邊的任何人,他跟歷史上的獨裁者們一樣孤獨,他也知道自己並不受教徒們的愛戴,他曾經喃喃自語道:「我死後,大洪水也與我無關。」這是法國「太陽王」路易十四的名言。他死後,沒有大洪水,教廷終於開始了停滯多年的改革。

◎梵二會議:天主教具有「可改革性」嗎?

中世紀後期,教廷內部不斷有改革的呼聲。比如,德意志的紅衣主教尼古拉向庇護二世提出了一份改革方案,他指出改革對於「從把教宗改變成基督的樣子開始轉變所有的基督徒」是非常必要的。他的改革同僚多梅尼科主教對此同樣不遺餘力,他寫道,對不講法律的王公貴族堅持教廷的神聖是沒有用的,因為主教和地方議會的邪惡生活使教會被一般信徒稱為「巴比倫,地球上所有通姦亂倫和可憎行為的源頭」。

十五世紀,敬虔的信徒和教廷內部的改革派發起過兩次改革

的嘗試：一次是通過宗教會議進行合法的改革，將教宗不受約束的權柄轉移到宗教會議手中；另一次是英國的威克里夫和波希米亞的胡斯掀起的體制外改革。這兩次嘗試都失敗了。

十六世紀，路德和喀爾文等改教家開啟了宗教改革運動，這是體制外的改革，天主教一統歐洲的局面被打破，歐洲分裂為天主教國家和新教國家兩部分。

殘存下來的天主教會仍然擁有半邊天下，一直抵制改革，抵制宗教多元主義，反對現代化和資本主義。直到一八六四年，教宗庇護九世仍宣稱宗教信仰自由是異端邪說。美國歷史學家芭芭拉．塔克曼（Barbara W. Tuchman）指出，教宗們愚不可及的地方在於，他們對在自己周圍逐漸形成的情緒和態度置若罔聞，對各種趨勢和動向視而不見。他們把強化自己的權力當作第一要務。他們總是幻想自己的地位如銅牆鐵壁般牢不可破。他們無法改變這一制度，因為他們就是這個制度的一部分，是這個制度的產物，還要依賴這一制度而生存。他們沒有任何精神上的使命感，沒有為廣大教徒提供任何有意義的宗教引導，沒有為基督教世界履行任何道德方面的義務。

然而，改革的壓力越來越大，天主教會不得不推動緩慢的改革，其巔峰為一九六二年由教宗若望二十三世（John XXIII）主持召開的「梵蒂岡第二次大公會議」（Second Vatican Council，簡稱「梵二會議」）。

「梵二會議」是迄今為止最後一次大公會議，從一九六二年十一月十一日開始，到一九六五年十二月八日閉幕；中間經歷了若望二十三世和保祿六世（Paul VI）兩位教宗；共含四階段、一百六十八場全體會議。這次會議發表了十六項文獻——包括四項憲章、九項法令和三種宣言。約翰．朱利斯．諾里奇（John

Julius Norwich）在《教宗史》中指出，教廷史上從未有能如此直言不諱、完全自由表達意見的會議，一位主教形容說，上帝的孩子們得以在主的家中從樓梯扶手上滑下來。

大公會議的成功是宗教改革以來天主教最具革命性的事件。教廷意識到，必須尋找和現代自由和民主社會的共存之道，需要探索新的社會價值中的正面意義，及在新時代持守教會的信仰及價值觀。在大會聲明中，清楚地表明天主教不會害怕變化與挑戰，不再與自由民主政治、混合經濟、現代科學、理性思想為敵。在宗座憲令中，承認天主教不再獨占聖壇真理，在天主教之外也能找到聖化和真理的因素，也就是說，天主教可以跟新教及其他教會平等共存。在禮儀法令中，改變了天主教的禮拜儀式，為平信徒更能參加彌撒建立了基礎。在大公主義法令中，要求以宗教合一為教會工作的核心。主要由美國天主教會提倡的宗教自由法令，宣稱崇拜自由是人類尊嚴的基本要素。

歷史學家托尼·朱特（Tony Judt）如此評論說：「教會審慎地邁出的第一步嘗試，是與其他基督教教派和解，並通過重新解釋長期以來所說的猶太人造成耶穌之死的歷史，在某種程度上認可教會不支持反猶主義。」社會學家比爾·麥克斯威尼認為，在「梵二會議」上，天主教會認可了「表達異議的權利」，賦予基於社會環境和個人良知的分歧以合法地位。「梵二會議」更認可對新教和猶太教進一步的開放合作，也承認世界上非天主教的宗教的內在價值，使天主教以積極姿態面對現代世界。

在「梵二會議」上為起草文件作出重要貢獻的沃伊蒂瓦樞機主教，於一九七八年當選新任教宗，即若望·保祿二世（John Paul II）。他是歷史上唯一一位波蘭裔教宗，在納粹占領波蘭期間曾擔任運動員、戲劇演員、礦工、化學工廠員工。他的當選打

破了天主教二千年來的慣例。這位當代最有改革精神和人格魅力的教宗，改善了天主教與新教、東正教和猶太教的關係，對天主教歷史上的錯誤如迫害猶太人、審判伽利略等道歉。他登位時，波蘭是受蘇聯控制的共產主義國家，他大力支持波蘭的團結工會運動。蘇聯末代總統戈巴契夫曾說過，沒有教宗若望・保祿二世，鐵幕不會倒下；美國總統雷根（Ronald Reagan）稱讚若望・保祿二世是「結束共產專制統治的英雄之一」。[1]

然而，儘管有「梵二會議」這樣的改革會議和若望・保祿二世這樣的引領天主教邁向現代世界的教宗，天主教會金字塔式的威權結構以及對教宗的偶像化這兩個最大問題並未以糾正。教廷堅持認為，它對教義、倫理等問題有最高的權威。教宗庇護九世（Pius IX）召開第一次梵蒂岡大公會議時，宣布「教宗永無謬誤」，即教宗能以「宗座權威」的方式，就教義或道德問題作出無誤的指示。其實，聖經並未指定教宗為上帝在人間的代表，作為人的教宗仍是全然敗壞的罪人，不能被奉為偶像來崇拜。如果天主教不能在此一問題上做出糾正，就不能實現根本性的改革，但教宗願意像日本天皇那樣「回到人間」嗎？

今天，羅馬天主教會在歷經近兩千年後，擁有十二億會眾，占所有基督徒的一半。然而，梵蒂岡與魔鬼的交易並未結束——只不過魔鬼換了面具而已。現任教宗方濟各（Pope Francis）是天主教會歷史上第一個拉美裔的、深受左派馬克思主義「解放神學」影響的教宗。他譴責資本主義，同情社會主義。教廷與中共

---

1 若望・保祿二世逝世後被尊稱為大教宗若望・保祿二世（Pope John Paul II the Great），是史上第四位及一千一百三十八年來首位被冠上「大教宗」（The Great Pope）頭銜的教宗。

妥協，簽署祕密協議，背叛一九四九年至今遭受中共之殘酷迫害而一直忠於教廷的上千萬中國的天主教徒，更撼動教廷的道德根基——如果教宗及其弄臣們背叛了信仰，誰來審判他們？這始終是一個教廷無法解決、不敢面對的難題。

第二節　義大利：是綿羊，還是獅子？

◎以威尼斯為代表的諸城邦國家：如何失去了海洋文明？

　　教宗和教廷位於羅馬，深深地影響了義大利的宗教信仰與歷史走向。無論在分裂時期，還是在統一之後，義大利都是天主教徒人數占絕對優勢的天主教國家。

　　義大利是較晚實現統一並成為現代民族國家的歐洲大國之一。羅馬帝國崩潰之後，亞平寧半島一直是小國林立。

　　十一世紀至十六世紀，義大利諸城邦國的經濟政治在歐洲處於領先地位，其他地方窮困的市鎮還在無比艱辛地爭取自治時，這些共和制城邦國家已經成為歐洲光輝的榜樣，也是知識分子討論與思考的沃土，它們具有巨大的和先天的優勢。在中世紀的義大利，「國家就是城市」。

　　在佛羅倫斯、威尼斯、熱那亞、米蘭、比薩等城邦共和國，勇氣、活動、才能的驚人發展，帶來非凡的繁榮，以及一種歐洲其他地方欠缺的活躍和自由。但另一個事實也是明顯的：大部分共和國的政治制度中，自由在不斷萎縮，權力逐漸集中在少數人手中。處在這一時代的共和體制，即使在最有利的條件下，也不包含前進、延續和擴展的因素。它們彼此內鬥，不能聯合禦敵。

以威尼斯的興衰為例，可以探究義大利諸城邦國家為何未能將一度興盛的海洋文明和國際貿易持續下去。威尼斯是一個存在千年之久的商業共和國，在尼德蘭和英國興起之前，它是西方世界的商業和金融中心。中世紀時期的里奧托市場攤位是中樞神經，其複雜的商業網路掩蓋千里，債券市場、責任保險，以及金融業務都是從這裡發展出來的。

　　威尼斯在十一世紀擴大勢力，十二世紀成為亞得里亞海上的重要勢力，十三世紀末以降約兩百年間，在地中海世界成為頂尖強國。日本歷史學家高坂正堯在《文明衰亡論》中指出，威尼斯的海運業和商人使之成為地中海的貿易中心，其海軍是地中海最強的霸主，擊敗了土耳其帝國規模更龐大的海軍。而當時威尼斯人口只有十萬，面積數十平方公里，在歷史上存在過的強國中，是擁有最少人口和最小面積的大國。

　　威尼斯是一個可以將社會諸多力量有機使用到經濟活動上的最傑出的「活力體」。以威尼斯為代表的義大利諸城市國家，較歐洲或地中海任一地方都更早地、更大規模地、以更高的技術水準集結力量，對抗疆域遠較遼闊的國家。據十五世紀的記錄，威尼斯擁有四萬名士兵（幾乎全是雇傭兵）和一百艘商船及兩萬名船員，堪稱世界第一海軍強國。英國歷史學家彼得‧伯克（Peter Burke）指出，威尼斯的貴族「以勤儉、敦厚及深謀遠慮為特徵，他們主要的精神就是自制」。威尼斯貴族的德性是勤奮勞動，謹慎經營，過著節儉的生活。

　　然而，十五世紀末期出現了威脅威尼斯的陰影：鄂圖曼土耳其帝國興起，法蘭西國王查理八世（Charles VIII）入侵義大利——富庶的義大利諸城邦成為歐洲大國垂涎三尺的對象。此後一個世紀，法國、神聖羅馬帝國、西班牙以義大利半島為舞台展

開反覆爭戰。十六世紀，歐洲出現了擁有廣大疆域、具有動員資源能力的中央集權國家，大砲的發明使得中世紀封建諸侯的堡壘不堪一擊，更使得國王的中央集權成為可能。當初，義大利諸城市得以作為獨立政治單位來行動的契機是弩的發明，而大砲的發明則揭開了他們在國際關係上所扮演的角色受限時代的序幕。威尼斯史專家湯瑪斯・麥登（Thomas F. Madden）指出，威尼斯本質上是中世紀的產物，誕生於羅馬帝國的廢墟中，在中世紀裡成長並欣欣向榮。然而，當近代世界來臨時，尤其是西班牙、葡萄牙的航海突破和新航線發現時，威尼斯儘管覺察到這如同「挖掉了威尼斯的心臟」，卻仍然墨守成規。未來是在大西洋，西班牙、英格蘭及法蘭西的崛起，把威尼斯排除在那個大洋之外，將它鎖進了中世紀的地中海世界裡。

新航線的發現與貿易品種、貿易結構的變化、歐洲貿易中心的北移，讓威尼斯在海洋國家中退居二線。到了十七世紀，更致命的是威尼斯造船能力的衰落，而荷蘭和英國造出更好的新式船隻。地中海地區森林的過度砍伐使造船業所需的木材嚴重匱乏、威尼斯人投入新事業的冒險精神和活力的衰頹、守舊性格的增強以及政治制度的「柔軟性」的喪失，讓威尼斯雪上加霜。

此前，天主教的最高機構教廷雖近在咫尺，但威尼斯人一直實行寬鬆的宗教自由政策，為思想自由、學術自由大開方便之門。比如，畫家提香（Titian）一反過去天主教繪畫的傳統，將聖母從中心位置移至側邊，他的畫法並未遭到打壓。提香邀請文學家、藝術家一起享受豪華的晚宴，由此觀察鮮活的人情世態，他所畫的裸體女子充滿人性之美，挑戰了天主教的禁慾主義。又比如，在醫學上，帕瓦羅大學允許人體解剖，用實驗精神致力於解明人類生理，其背後則是亞里斯多德古典哲學的復興。

然而，從一六二〇年到一六三〇年，威尼斯及義大利諸邦的自由開放的精神轉向衰亡。首先是宗教上極不寬容的帝國橫互在威尼斯的東西兩翼。東方有鄂圖曼帝國和俄羅斯這兩個結合政治與宗教的強勢政權出現。更重要的是，西邊是以西班牙為中心的反宗教改革的力量興起，而西班牙在一五五〇年代末期開始支配義大利。教宗為對抗新教徒，與西班牙合作，不寬容的精神被帶到義大利。當周遭不寬容的勢力一旦變強，一個渺小的存在要貫徹自由且寬容的立場就非常困難。其例證之一是，身為帕多瓦大學教授的科學家伽利略（Galileo Galilei），一度成為知識活動的中心，但他不堪教會越來越大的壓力，於一六一〇年被迫離開。威尼斯拒絕宗教改革的風潮，對羅馬教廷百依百順，殊不知，天主教之於共和國乃是致命毒藥。

　　更內在的變化是威尼斯人生活方式不再保持當初的勤勞和樸素。十七世紀初從英國派到威尼斯的大使在一份報告中寫道：

　　威尼斯人的生活方式變了。以前他們的生活方式是交易，但現在人們從商業遠離，走向陸地，購買房屋和土地，配備馬車和馬匹，更多到劇場觀看戲劇表演，通過這些事物來享受舒適的生活。再者，他們此前將自己的兒子送到勒班陀，令下一代熟悉航海和貿易，但現在則送孩子到歐洲大陸旅行，比起成為一位商人，更希望下一代學習成為一名紳士。

　　由儉入奢易，由奢入儉難，乃人性使然。若沒有新教倫理的約束，天主教的清規戒律很容易被人們棄之如敝屣。威尼斯人像晚清羅馬帝國的民眾一樣，發生了「從海到陸，從勞動到遊樂，從勤儉到奢華消費，從企業家到借土地租賃所生利息的寄生者」

的變化。富有的威尼斯人仿效法蘭西人的作風和習俗，開始在大陸區建造富麗堂皇的別墅和莊園，其壯觀見證了威尼斯成就的巔峰，卻也見證了威尼斯衰落的到來。

法國歷史學家胡塞（Houssaye）在一六七六年出版的《威尼斯政府的歷史》一書中指出，威尼斯的衰亡應當歸咎於意志力薄弱的中立政策，愚昧的大陸拓展勢力，低效率的行政程序，還有習慣妥協。法國思想家孟德斯鳩則指出，威尼斯已經「再也沒有利器、商業、財富、法律；那裡只有放蕩，卻掛了個自由的名號」。

當大西洋彼岸的美國脫離英國獨立建國的時候，威尼斯共和國已經走到覆亡前夕。然而，威尼斯瞧不起尚是蠻荒之地的新大陸。美國希望跟威尼斯建立貿易和政治關係，威尼斯卻認為美國一無所有。威尼斯駐倫敦大使寄了一份美國憲法給元老院。他告之元老院，這份憲法非常類似英國的政府制度，只是把國王的名字改成了總統。元老院據此認為，美國正在回歸其母國，這個新興共和國不可能長期維持下去。

另一方面，美國的國父們在建立歷史上前所未有的大型共和國時，其參考對象除了昔日的宗主國英國之外，更多是尼德蘭，而不是威尼斯。傑佛遜和亞當斯都很推崇監察與制衡保護了威尼斯免於暴虐之害，可是它仍然只是一個「貴族共和政體」。亞當斯是唯一詳細論述過威尼斯政制的美國國父，他敏銳地發現世襲制的十人議會和宗教裁判所是威尼斯的「黑暗勢力」，而這兩者都跟天主教有關。

威尼斯是一個以商建國的國家，縱觀西方歷史，資本主義與代議制始終都是並行不悖的。前者茁壯，後者也必分一杯羹。當威尼斯的資本主義衰亡時候，代議制也逐漸向獨裁方向發展。最

後，拿破崙的軍隊為這個歐洲歷史最悠久的共和國敲響了喪鐘。

如果威尼斯遇到或者接受宗教改革，宗教改革在威尼斯打造出具備新教倫理的「新威尼斯人」——像尼德蘭人和英國人那樣的清教徒商人、水手、技術工人，威尼斯能否抵禦強大的外部壓力，迎接新時代國際貿易和國際政治的挑戰，繼續保持其海洋文明的特徵以及海外貿易的優勢呢？

◎墨索里尼：「我將戰鬥到只剩最後一個義大利人」

十九世紀初，擊敗拿破崙的反法同盟在維也納召開瓜分勝利果實、畫分歐洲勢力範圍的會議。主持會議的奧地利首相、歐洲勢力均衡政策的實施者梅特涅（Klemens von Metternich）說，義大利只是個地理名詞，不具備政治意義——當時，四分五裂的義大利在歐洲淪為列強刀俎上的魚肉，毫無發言權。

一八五九至一八七〇年間，義大利王國終於統一，它實行君主立憲制，是自由議會制和中央集權制的結合體。一方面，它在政治意識頗強的義大利人中引起一種不切實際的願望，即認為義大利馬上就要強大和繁榮起來；另一方面，在形成一個既無民眾參與又非為民眾謀福利的新國家時，它提出一套漏洞百出的社會政治體制，自然難以維持長治久安。

人們的希望很快就破滅了，統一後的義大利並沒有在國際社會上「自動」地強大起來，義大利只能算是「強國中的最弱國」。義大利本來可以安於其二等國家的地位，這是由於它貧瘠的自然資源、落後的經濟和建國的迫切需要所決定的——沒有經歷過宗教改革，也沒有完成工業革命，它依舊是一個天主教的農業國。但是，義大利復興運動產生的民族主義情緒和一八七〇年

後不斷加劇的國際競爭，使它反倒學起「年輕的」德國，努力想擠進大國之列。

義大利開始在北非和東非搶占殖民地。其統治階級認為，擁有殖民地越多，帶來的財富就越多。殊不知，十九世紀末，經營海外殖民地正變成一項虧本的投資。況且，沒有完成工業化的義大利，不具備管理殖民地的能力，也無法打造一支堪比英、法、德等強國的現代化遠征軍。一八九六年，在北非的阿多瓦，義大利軍隊被裝備原始的衣索比亞軍隊打得一敗塗地，五千官兵喪生，兩千人被俘。義大利軍隊戰鬥力之弱可見一斑——在此後的第一次世界大戰和第二次世界大戰中，義大利軍隊屢戰屢敗、窘態畢露。

前線的軍事失敗並未動搖義大利人揮之不去的帝國夢想——畢竟羅馬帝國是西方世界「後無來者」的輝煌。義大利人認為，他們有可能實現重建羅馬帝國的夢想，只是懷疑自由主義制度不能幫助實現這個夢想。義大利人轉而轉而尋找其他捷徑——四十年後，法西斯主義使義大利人夢想成真，墨索里尼果然將衣索比亞收入囊中——義大利軍隊在戰場上使用毒氣，招致國際社會的批評，義大利因此退出國際聯盟。

一九二二年，法西斯主義創始人、號稱「做一天雄獅勝做百年綿羊」的墨索里尼率領法西斯民兵組織「挺進羅馬」，奪取政權。此一「革命神話」，與其說墨索里尼是總導演，不如說主要歸功於梵蒂岡、天主教集團、自由黨知識分子和報界人士、工業家和農業界，他們發現王國處在危機中，進而形成一種概念——法西斯必須參政，唯有法西斯能拯救義大利。

法西斯主義的理想是掃蕩阻礙義大利強大的軟弱奢靡的民情，這與教廷的立場不謀而合。一九三二年，法西斯吹鼓手金

蒂利（Gentile）在《法西斯主義的信條》一書中宣稱，法西斯主義把自己確立為「對十九世紀軟弱無力的唯物論實證主義的反動……法西斯主義希望的是一個主動的人，一個以自己全部的精力參與活動的人：它希望一個人有男子漢氣概」。該書字裡行間都體現了「生命／哲學」和權力意志的向心性：法西斯主義者鄙視「安逸舒適」的生活，強調吃苦，並在吃苦中對領袖頂禮膜拜，呈現出一種宗教崇拜的氣氛——法西斯領袖類似於教宗，具有不可置疑的神聖性。

儘管大部分法西斯領導者並不符合他們設定的「男子氣身體」的原型，但他們仍把自己看作「新法西斯人」的榜樣。墨索里尼夢想著讓部長們鑽火圈，而他的脾性是跑步時衣服脫到腰部，以此更勝一籌。毫無疑問，法西斯主義者就是這樣看待其領導的。馬里內蒂（Marinetti）對墨索里尼的描述可以作為「生理學意義上的愛國主義」最高形式的例證：「因為他的體格構造與所有義大利人一樣，是由一雙富有靈感而又殘忍的手，按照我們半島的巍巍岩石的模樣鑄造、雕刻而成……他俯身在桌上，用寬大的肘支撐著，他的胳膊像緊繃的槓桿，他準備著著書立說攻擊一切害蟲與敵人。他從左到右擺動著靈活的軀幹，以丟掉那些瑣細之物。準備說話時，他向前彎著他那高傲的頭，那像一個準備作戰的火箭，裝滿了火藥，充斥著國家意志。」義大利人讀到這樣的文字，能不對墨索里尼五體投地嗎？

墨索里尼上台後，迅速將國王邊緣化，將政府、議會和法院「三權合一」。一九二五年十二月，義大利議會通過一項法律，授予墨索里尼主理一切重要國務的大權。政治反對意見和自由工會被禁止；新聞單位被迫接受審查，最後被法西斯全面接管；選舉產生的當地官員被墨索里尼任命的官員所取代；通過大政府逮

捕和拘留的權力，擴大死刑執行範圍，建立一種專門為政治犯設立的特別法庭，組建祕密警察……一九二六年起，墨索里尼一直控制內務部，將義大利打造成警察國家。

一九二五年十二月，墨索里尼主導義大利議會通過法律，他取得對最高國務的最終決策權，將早已邊緣化的國王完全架空。一九二六年，義大利法西斯黨修改黨章，「領袖」第一次被明確為該黨的最高領導。此後，所有黨的職位都不再由選舉產生，而由領袖任命。墨索里尼獨攬多個政府部門大權，這體現了他對權力的嗜好及貪婪。從一九二六到一九二九年間，由他兼任部長職務的政府部門不下八個。到二十世紀三十年代，墨索里尼政權就如同一份宣傳資料所說的一樣，是一人獨攬的。

早年，墨索里尼是一名堅定的無神論者和社會主義者，有他的反天主教的小冊子《胡斯的生活》和《紅衣主教的主婦》為證。在一九〇四年的洛桑，墨索里尼與當地一位新教牧師就上帝是否存在進行辯論。他上引伽利略（Galileo Galilei），下引馬克西米連・羅伯斯庇爾（Maximilien Robespierre），之後又爬到桌子上拿出一塊懷錶，大聲喊叫，如果上帝真的存在，那麼上帝就應該在接下來的五分鐘裡將他擊斃。同一年，他發表了一篇名為《天主不存在》的文章，將神父貶為「黑色的蝙蝠，他們給人類帶來的災難堪比結核桿菌」。在許多場合，墨索里尼明確指出，「天主教不僅從知識的角度看是站不住腳的，而且也是不道德的」。一九一九年，他起草的法西斯黨黨最早的綱領中，提出要沒收教會財產的設想。

後來，墨索里尼認識到天主教對義大利生活的巨大影響，轉向同教會妥協。他在一九二一年進入國會發表的第一場演講中說，全世界數億天主教徒都將羅馬視為精神家園，這一力量的源

泉是義大利所不能忽略的。他表示，法西斯黨將會為恢復基督教社會而貢獻一份力量，它會建設一個適合天主教民族發展的天主教國度。義大利法西斯政權很快與教廷勾搭成奸。法西斯的「和解政策」在一九二九年的《拉特蘭條約》中達到頂點。墨索里尼承認天主教是在義大利是「統治性信仰」，天主教會也願意與法西斯主義政權合作，雙方形成「不穩定的妥協」關係。

義大利法西斯主義的思想支柱有三個：馬克思主義、民族主義和國家主義。此三者之間存在著一定的矛盾衝突，法西斯主義本身就是「大雜燴」；但是，此三者都是新教信仰的對立面。從反面來看，凡是新教國家（尤其是喀爾文主義影響甚深的新教國家）都具備了抵禦法西斯病毒侵襲的較強的抗體（作為路德改革的起源地的德國是一個例外，路德神學本身就有國家主義傾向），凡是未經宗教改革浪潮席捲的天主教國家都不具備抵禦法西斯或其他獨裁政治模式的抗體──義大利、西班牙、葡萄牙等三個歐洲最主要的天主教國家以及作為「半個天主教國家」的德國都或長或短地淪陷為某種形式的法西斯統治。

就馬克思主義而言，墨索里尼早年是激進左派記者，從馬克思主義中吸取不少養料：義大利的法西斯主義比德國的納粹更具「工團主義」色彩；由於對馬克思主義改良主義式的修正，對墨索里尼來說運動就是一切；法西斯主義、社會主義和馬克思主義之間本來存在某種緊密聯繫，墨索里尼所倡導的社會主義，是為「人民」服務而不僅僅是為無產階級服務（「人民」是個抽象的詞彙）。

就國家主義而言，墨索里尼的政黨相比於希特勒的政黨孱弱得多，他未能在義大利實現納粹「黨國一體」的模式。但墨索里尼跟希特勒一樣鼓吹「國家至上」的觀念──個人只有與國家一

致時，法西斯主義才會將人當作有價值的個體。那是一種黑格爾（Hegel）式的國家代表絕對真理，「在法西斯主義的國家概念中，國家是一種權力意志，這種意志觀念構成了法西斯主義中最重要的一個哲學原則。」義大利人必須為建構超過羅馬帝國的「義大利帝國」而獻身。

就民族主義而言，墨索里尼把民族作為法西斯主義的中心，「民族不僅僅是領土，還是某種精神的東西，民族的偉大性在於它將精神的力量轉變為現實。」一九二二年，「羅馬進軍」的前三天，墨索里尼在其「那不勒斯演說」中宣稱：「我們創造了自己的神話……我們的神話就是民族，我們的神話就是民族的偉大性。」這裡的語言是活力論的、精神的、把神話作為民族動員的手段。法西斯主義通過民族作為其核心，嘗試著將工人階級「溶入」民族當中。

從墨索里尼成為法西斯主義者那一天起，戰爭和擴張就是其政治主張中不可分割的一部分。他試圖在義大利打造一個新的戰士階級，他們「隨時準備犧牲生命」，信奉物競天擇的生存法則，並且是一個菁英帝國的基礎。戰爭和革命將締造「新人類」，目標則是「帝國」。然而，孱弱的義大利軍隊沒有給元首增光，墨索里尼悍然發動的侵略希臘的戰役再次遭到慘敗，不得不乞求德國盟友幫其收拾殘局。墨索里尼自以為是獅子，義大利人仍是綿羊。

一九四三年七月，墨索里尼政權垮台。九月，新成立的義大利政府向前盟國德國宣戰。隨即，德軍發動奇襲，救出墨索里尼，扶持其在義大利最北端建立一個虛有其表的法西斯政權：義大利社會共和國（薩羅共和國）。這個只能在彈丸之地行使權力的「共和國」存在了一年多——一九四五年初，盟軍攻占整個義

大利。四月二十八日，墨索里尼在跟隨德軍逃亡的路上被抵抗運動組織抓獲，與情婦一起被處決，其屍體被運回米蘭。在那裡，義大利法西斯主義的發源地，「領袖」最後一次在公眾場合拋頭露面——他被頭朝下掛在市中心廣場加油站的電線桿上，接受民眾的嘲弄和唾棄。

◎義大利為何成為中國「一帶一路」狩獵的對象？

戰後，義大利重建民主，成為西方七大工業國之一，卻是七國中最弱的一國。不僅經濟弱，政治也腐敗和混亂。天主教民主黨長期執政，但政府更替頻繁，內閣經常改組。一九九三年，天主教民主黨遭遇嚴重的政治紛爭，加上被揭發貪汙腐敗，於次年下台並宣布解散。

一九七〇年代，義大利政治動盪，天主教意識形態無法抵禦左翼狂潮。自稱「紅色旅」的左翼恐怖主義組織展開地下武裝鬥爭。十年間，這類左翼恐怖組織製造若干謀殺、綁架、襲擊和各式各樣的暴力事件，殺害數以百計的政治家、政府官員、警察、新聞記者和法官。與此同時，知識界極度左傾——「不斷內戰」和組織「武裝」反對資本主義等口號在受人尊敬的學術圈廣泛傳播。當地共產黨並不知道，義大利「紅色旅」與聯邦德國、法國和比利時等國的左翼恐怖主義組織一樣，大部分資金都由蘇聯情報部門提供。

這些西歐恐怖主義組織留下的一個意外且無可爭議的「功績」是，它們將一個國家的人民心中殘留的對革命的幻想完全抹掉了。人們開始厭惡暴力活動，義大利的民主和法律制度總算得以保存下來。

半個多世紀之後，來自比蘇聯更東方的中共政權以另一種方式君臨義大利。二〇一九年三月，義大利與中國簽署加入「一帶一路」基礎設施建設計畫的協議，成為七國集團中第一個正式簽約加入中國龐大而富於爭議性的全球基礎設施項目「一帶一路」的國家。羅馬與長安的關係再一次逆轉。義大利為迎接像墨索里尼和希特勒一樣愛慕虛榮的中國獨裁者習近平，不惜使出渾身解數：皇家待遇、騎兵護衛、男高音安德烈・波伽利（Andrea Bocelli）感人至深的表演。背負著沉重債務的義大利希望通過向中國出口商品、吸引更多來自中國的投資來提振本國發展緩慢的經濟。

　　在美中展開貿易戰、歐盟領導人聯合起來要求中國結束不公平商業行為之際，義大利卻選擇另一條路——「一帶一路」。義大利與歐美盟友疏遠，同中國簽署廣泛的諒解備忘錄，這標誌著地緣政治從西向東轉移。中義兩國備忘錄中最具爭議的內容，也許要數義大利決定準許中國國有企業進入兩個機場，其中一個為美國海軍所用，距離北約在地中海最大的空軍基地只有一百公里。

　　義大利經濟發展部副部長、在中國待過十年的前經濟學教授和商人米凱萊・傑拉奇（Michele Geraci）成為義大利參與「一帶一路」的主要推手，領導一個新成立的「中國工作組」。「這不是孤立於歐洲之外，這是義大利在領頭，」他頻頻表示，「我們都是『中國義大利人』」。這個說法比美國人早已拋棄的「中美國」的概念還要肉麻。

　　米凱萊・傑拉奇讓其員工放棄WhatsApp，改用微信——一個充斥著安全漏洞的中國社交媒體。他為親中政策辯護說：「當你領頭時，你確實需要有片刻的孤獨。但這段時間將是非常短

的。」他儼然是義大利版的季辛吉，自以為是為義大利找到希望之路的先知。

義大利與那些「一帶一路」的加盟國有三個相似之處：第一，政府龐大臃腫，官員貪汙腐敗；第二，國家財政困難，經濟增長緩慢；第三，人民喜好逸樂，排斥工作。這樣的國家往往成為中國狩獵的對象。

早在中國的國家資本主義沿「一帶一路」向外輸出「中國模式」之前，就有「溫州模式」席捲義大利──義大利至少有三十萬中國人，其中最大族群是溫州人。尤其是義大利的服裝產業基地普拉托（Prato），Prada、Gucci等著名品牌和許多「快速時尚」服裝均在此生產。

義大利人對這群華人的感受相當複雜。一方面，華裔對普拉托地區生產總值的貢獻超過百分之十一，購買力驚人的中國遊客和中國市場更對義大利人充滿誘惑力。但另一方面，「中國製造」的低成本優勢，嚴重衝擊了小規模家族企業為主的義大利傳統產業，如紡織、皮革、製鞋等。武漢肺炎肆虐義大利，與數十萬中國移民往返中國與義大利之間不無關係。

比起草根特質的「溫州模式」來，國家資本主義乃至政治威權主義的「中國模式」，對義大利的威脅更大。二○一九年十一月二十八日，義大利國會邀請香港民主運動活動家、「香港眾志」祕書長黃之鋒發表視訊演講，中國駐義大使館在推特上批評義大利國會「不負責任」。

義大利總理孔蒂（Giuseppe Conte）表示，他有看到中國大使館的聲明，「老實說，我沒辦法接受這種表述方式」。他認為，邀請黃之鋒演講是國會的職權，應獲得完全尊重。義大利外交部長迪馬尤（Luigi Di Maio）回應指出，「中義簽署了經貿協

議，絕不代表中國能對義大利的體制、國會、政府說三道四」。

義大利參、眾兩院院議長均發言捍衛國會尊嚴。眾院議長費科（Roberto Fico）表示，國會議員有表達政治見解的權利。參院議長凱斯拉蒂（Elisabetta Casellati）強調，「保障言論與思想自由，是義大利民主政府的基石」。

義大利最大反對黨「聯盟黨」領袖薩爾維尼（Matteo Salvini）直言回嗆，「義大利並非中國的一省」。義大利兄弟黨主席梅洛尼（Giorgia Meloni）表示，北京外交官的傲慢和大膽令她震驚，中國政府現在連義大利國會的言論自由也要箝制。

義大利到了夢醒時分嗎？向中國卑躬屈膝意味著，義大利並未從法西斯時代的悲慘過往中汲取教訓，義大利的政治、經濟、文化和宗教信仰的模式，尚未走出那段幽暗歷史。

第三節　西班牙：找到金山，失去帝國

◎「多多益善」：腓力二世的「天主教君主國」

十六世紀，宗教改革如火如荼的世紀，最強大的歐洲國家既不是法國，也不是英國，而是西班牙。無論從政治、軍事、海外殖民等哪個方面來看，西班牙都是歐洲最先進、最強大的帝國，沒有之一。然而，到了十八世紀，西班牙卻沒落成歐洲邊陲一個沒有活力、不受尊敬、甚至不受注意的二流國家。

歷史學家安東尼・派格登（Anthony Pagden）指出，在歷史上，塑造西班牙性格、激發西班牙輝煌成就，同時也決定它淒涼沒落的，是三個相關主題：宗教、民族和征服。沒有經過宗教改

革的西班牙，追求天主教的正統以及中世紀大帝國的夢想——西班牙國王查理五世有充分的理由宣布他是羅馬帝國創建者奧古斯都的繼承人，羅馬帝國滅亡一千年之後，沒有哪個歐洲的君王敢於如此自命。他維持並整合散布在世界各地的領土，同時又要抑制新教教會的威脅。

西班牙擴張主義的根源，首先是天主教與伊斯蘭教的鬥爭——西班牙君王認為這是其不可動搖的、必須履行的責任。對於歐洲其他的君王來說，伊斯蘭教遠在天邊；但對西班牙國王來說，穆斯林王國就在伊比利亞半島上——伊莎貝拉女王（Isabella I）征服了半島上最後一個伊斯蘭教王國格拉納達，強迫猶太人和穆斯林改信天主教，否則必須離開帝國。西班牙進而向北非進軍，打擊穆斯林勢力。

與此同時，宗教改革浪潮席捲歐洲，西班牙擁有的尼德蘭成為新教反叛者的大本營。一五二一年，查理五世宣布路德為「歹徒」，準備興兵討伐——名義上，日耳曼地區是其屬地。但是，土耳其人來勢洶洶，兵臨維也納城下，他不得不先出兵抵擋土耳其人。等到他能抽身對付基督教內部的「異端」時，宗教改革已蔚為大觀，新教徒迥異於中世紀朝起暮滅的「異端運動」，他們掌握了足夠強大的精神和物質資源，而且站穩了腳跟。經過多次殘酷的戰爭，即便歐洲最強悍的西班牙陸軍也無法完勝。一五五五年，查理五世被迫與信奉新教的日耳曼諸侯簽訂《奧格斯堡和約》，允許德國各諸侯和城鎮自行選擇其信仰。

一五五六年，心力交瘁的查理五世退位，隱居於偏遠的朱斯特修道院。他絕望了，他無法對付那些強大的、無法消滅和控制的新教力量。他在修道院度過餘年，大吃大喝，並鍾情於製作精巧、有發條的玩具——晚年的查理五世無疑是一名重度憂鬱症患者。

查理五世最驚人的舉動是將好不容易統一的帝國一分為二：將奧地利及其屬地傳給弟弟斐迪南，將西班牙、義大利屬地、美洲殖民地和尼德蘭等地傳給兒子腓力二世。

腓力二世失去了神聖羅馬帝國皇帝的頭銜和半個帝國，但在一五八〇年，由於王朝繼承權難以預料的發展，他獲得了葡萄牙國王及其散布海外領土的所有權。這個龐大的集團，即後來所謂的「天主教君主國」，一直持續到一六四〇年，其版圖橫跨整個地球——是大英帝國崛起之前幅員最廣大的帝國。

腓力二世訂做了一套青銅甲冑，要求在上面刻上他統治的所有領土。製成品看起來像荷馬史詩中記載的阿基里斯的「上面刻有整個世界」的盾牌。在十六世紀九十年代，腓力二世統治的土地有：所有航海強國（西班牙、葡萄牙和低地國家），西西里和那不勒斯，從毗鄰今天加拿大的新西班牙總督轄區直到巴塔哥尼亞的連片美洲土地，遍及印度和南亞的貿易港口，西屬東印度群島，幾內亞和北非的戰略要地。他甚至因婚姻而可以對英格蘭提出領土主張。要說腓力二世的帝國是「日不落帝國」，嚴格來講，千真萬確。

這個帝國符合腓力二世的父親查理五世的座右銘——「多多益善」（Plus ultra）。這句話至今還寫在西班牙的國徽上。他們統治的西班牙無遠弗屆，這對父子也是宗教改革最大的敵人。

西班牙軍隊攻占菲律賓之後，在這個靠近亞洲大陸的地點醞釀入侵中國的計畫。一五八四年，馬六甲主教蓋爾建議，建立一支西班牙和葡萄牙聯軍，從泰國等地進攻中國。兩年後，由總督與主教所主持的「菲律賓的西班牙居民全體代表大會」，制定了一項請願法案，力勸國王出兵中國，並委託耶穌會信徒桑契斯將此信息傳遞給國王。但此事並無下文。當時的明智之士指出，入

侵中國在經濟上得不償失，在政治上是自取滅亡。

腓力二世終其一生未能壓服尼德蘭的反抗，其繼承人也沒有完成此一使命。漫長的戰爭以及尼德蘭獨立的結果，讓西班牙元氣大傷，財富和精神都面臨崩潰的邊緣。一五八八年，西班牙的無敵艦隊被英國海軍殲滅，天主教的西班牙統治歐洲的希望最終破滅。西班牙再也沒有從這個世紀人力物力過度的、無效的浪費中恢復過來。

與宗教改革差不多同時的歐洲貿易中心從地中海向北轉移，西班牙統治階級一無所知，西班牙的經濟在歐洲淪為從屬地位。

西班牙的海外事業，沒有為本國帶來制度性變革，反而促進了西北歐資本主義的發展。對美洲殖民地的剝削，使調整西班牙半封建的、以陸地為基地的、貴族的經濟和社會成為多餘的事。一六〇〇年以後，當歐洲諸維新國家正在對關於特權、專制國家、戰鬥的教會、公共權力的私人受益享用及其將真金白銀而非產品當做財富的觀念和做法表示質疑時，這些慣例卻在西班牙和西屬美洲扎下了根。

開疆拓土並不意味著可以實現良好的治理。在腓力二世的幾位才略遠不如他的繼任者治下，總督轄區體系變得混亂不堪、成本高昂。君主基本不受國會制約，並得到致力於帝國擴張的教會的支持。西班牙帝國將來自其南美殖民地的貴金屬耗費在失敗的遠征上，所用的武器是進口的，連士兵都日益依賴從外國輸入。西班牙國庫逐漸虧空，削弱了西班牙的對外影響力，這是現代早期帝國過度擴張的一個例子。與其他大帝國的衰亡類似，西班牙帝國的衰亡也是一個自我強化的過程：軍事資源投入過度，經濟領先地位不斷喪失。

當拿破崙率領的法蘭西帝國大軍跨越庇里牛斯山脈時，西班

牙政府迅速崩潰。兩百年的財政管理不善已令西班牙元氣大傷：它只是歐洲亂局裡的一枚棋子，再也不是無可置疑的霸主。西班牙畫家哥雅（Francisco Goya）的名畫《一八〇八年五月三日》銘刻了拿破崙士兵帶來的恐怖。在畫上，一個純潔的西班牙在入侵者的行刑隊面前屹立不倒，成為代表天主教烈士主義的經典畫面。但是，西班牙最終還是如同鬥牛賽中的公牛一樣倒下了。

◎「無政府主義者毀滅了許多教堂，
　　但在此之前，教士已經毀滅了教會」

西班牙歷史學家維仙韋夫（Jaime Vicens Vives）承認：「西班牙不瞭解資本主義世界，所以無法與歐洲競爭。這就是今日西班牙歷史中心問題的關鍵。」問題的根源更在於，西班牙信奉的天主教堅決反對資本主義和民主政治。

一八一二年，法國扶持的西班牙臨時政府通過自由主義的《加迪斯憲法》，規定對王權和教會施加限制。這部憲法對固守傳統的波旁王朝的流亡國王斐迪南七世（Ferdinand VII）構成了挑戰。拿破崙帝國覆滅之後，重新獲得王位的斐迪南迅速廢除憲法，他的行為符合對波旁王朝最為著名的斷言：他們「什麼事情都忘不了，什麼教訓都學不會」。

一八六八年，西班牙爆發「光榮革命」，女王伊莎貝拉二世（Isabel II）流亡國外。政變者胡安・普里姆（Juan Prim）將軍拒絕伊莎貝拉二世的兒子阿方索（Alfonso XII）繼承王冠，在歐洲四處尋找願意手按一本自由主義憲法宣誓即位的君主。在當時，這絕非易事。普里姆哀歎說：「在歐洲找一個支持民主的君主，就像從天堂找一個無神論者那麼難。」

義大利統一者伊曼紐爾二世（Vittorio Emanuele II）的次子阿瑪迪奧（Amadeo）被選中，但新國王抵達馬德里時，普里姆恰好遇刺，這是一個不祥之兆。阿瑪迪奧還沒有適應馬德里的環境，馬德里就厭倦了他。他無力解決西班牙的困局，退位離開西班牙，離開時宣稱，西班牙人「桀驁難治」。隨後，保皇派軍人發動政變，推翻共和政府，於一八七五年迎回阿方索，登基成為阿方索十二世。

一八七六年，阿方索十二世命令議會起草新憲法，試圖在西班牙政治生活中引入英國式的兩黨制。然而，未經宗教改革和工業化的西班牙無法適應英國憲制，西班牙政局仍動盪不已。

一九〇九年，巴塞隆納爆發起義，遭到阿方索十三世（Alfonso XIII）的軍事鎮壓。加泰隆尼亞總督在日記中寫道：「在巴塞隆納，人們不用準備革命，因為革命一直在準備之中。」整個西班牙何嘗不是如此？

在阿方索十三世的支持下，德里維拉將軍（Miguel Primo de Rivera）於一九二九年建立了獨裁政權。從那時起到一九三〇年，阿方索十三世實際上是依靠這個為人民所厭惡的獨裁者維持國王的地位。一九三一年，西班牙爆發革命，德里維拉政權被推翻。革命的結果是西班牙第二共和國的建立，阿方索十三世被迫退位並逃亡外國。

一八六八年之後，西班牙經歷了兩次共和，兩次內戰，長期腐敗且不穩定的君主立憲和兩度軍人獨裁。無論從天主教內部，還是從社會其他部分，都不能產生政治突破。西班牙的政治與宗教極為滯後──其標誌之一是，宗教裁判所這一中世紀制度，直到十九世紀初才受到挑戰，天主教會一直反對廢除，政府也樂於利用它鎮壓異己。

英國研究西班牙史的權威學者雷蒙德‧卡爾（Raymond Carr）指出，天主教社會缺乏創辦企業的冒險精神。閉關自守、自給自足成為獨裁者的理想。而政府對本國經濟過分的、片面的干預，通常弄巧成拙，造成一連串薄弱環節：它傾向於保護原有的工業，而非鼓勵獎掖新的發展；這種措施把西班牙同這個世界、尤其同歐洲經濟割裂。

西班牙的貴族和教士人口占百分之二，卻擁有百分之九十五至九十七的土地。他們看不起經營商業或從事工業的職業，認為有損貴族、紳士和教士的身分，這一偏見成為國民準則。在西班牙，地產比商業或工業財富更可靠。

長期以來，西班牙天主教會牢牢控制著富裕階層的中等教育，這是國家貧窮而教會財源滾滾的結果。天主教會捐款興建學校，信徒樂善好施，教會的教育收費低廉。然而，教會狹隘的眼界，無法籠絡最優秀的才智之士。在一八九八年的「文學復興」作家中，大多數人對有組織的宗教持冷漠或仇視的態度，並認為天主教會對西班牙的衰落具有不可推卸的責任。

具有一定反思能力的西班牙知識分子將拉丁民族與盎格魯－撒克遜民族作對比，認為拉丁民族缺乏務實意識和進取精神，喜歡擺闊，不講實效，因而不如盎格魯－撒克遜民族。馬埃斯庫埋怨說，西班牙人缺乏盎格魯－撒克遜人的愛財之心；加塞爾埋怨說，西班牙人坐汽車不是為了代步，而是為了配備車伕，作為身分地位的象徵；卡斯特羅指出，西班牙人曾創造出偉大的藝術，但做不出一把舒服的椅子。人們哀嘆說，大多數西班牙人沒有足夠的文化或理智，在把選票投入票箱時並不能理解公眾的利益。

在「漫長的十九世紀」，西班牙的工業化完全失敗了，農業也少有技術創新。從科技方面而言，西班牙仍停留在古羅馬時

代。大多數西班牙人只能勉強維持生存所需，農業產量遠低於英法等先進工業國，也低於義大利等同樣的地中海國家。

到了十九世紀初，西班牙帝國的海外殖民地僅剩下拉丁美洲和菲律賓等處。這些殖民地越來越獨立，越來越依賴國外貿易，也越來越怨恨遙遠且日漸衰落的歐洲專制勢力。一八○八年至一八二六年之間，經過一連串血腥的戰爭，所謂的「西印度群島王國」消失了。在這些地方興起了好幾個互相競爭、彼此敵視且內部不穩定的共和國，分裂與動盪一直延續。一八九八年，美國在戰爭中擊敗西班牙，占領菲律賓，並將西班牙人趕出古巴和波多黎各。

一九三一年春，西班牙第二共和國成立。西班牙思想家加塞特（Gasset）寫道：「不論我們喜歡與否，從四月十四日起，我們已今非昔比了。」但是，並沒有出現陽光燦爛的「新黎明」，而是「化了妝的君主制度」，五年間換了十八屆政府，人民搞不清楚究竟現在誰在台上執政。

第二共和國剛成立時，西班牙處於落後狀態。教育程度、工業生產、城市化和公共衛生都落後於義大利、德國幾十年，更不用說英國和法國了。一些人曾說，西班牙已是「歐洲的一塊殖民地」。加塞特發現：「西班牙公民共同體的正常性已被破壞，合法歷史的延續性已經斷裂。」

共和國建立一個月之後，西班牙左翼極端激進主義者以焚燒教堂作為野蠻發洩，臨時政府對此袖手旁觀、不加制止。這象徵了無產者、無政府主義者、左派反對總是與君主、貴族、軍隊站在一起的教會。即便是主張和平的自由派，也對教會少有同情，學者卡斯蒂里奧有如下名言：「無政府主義者毀滅了許多教堂，但在此之前，教士已經毀滅了教會。」這句話並非全無道理。

後來出任共和國總統的共和派領袖阿薩尼亞（Manual

Azana），在議會就憲法草案問題發表意見時宣稱，西班牙已經「不再信奉天主教」。一九三一年十二月通過的共和國憲法明顯是反天主教的：西班牙不再擁有官方宗教，離婚合法化，終止國家對教士薪水的資助，解散耶穌會並把其財產收歸國有，並禁止宗教團體參與工業、商業和教育。這些條款單方面廢止了西班牙於一八五一年與羅馬簽訂的協定，標誌著從立法上對教會在西班牙生活中的重要地位發動全面攻擊。

天主教對城市工人階級和中產階級知識分子早已失去吸引力。天主教工會主義的創始人比森神父居然相信，工人階級的反抗淵源於新教和自由主義這一對「孿生的異端邪說」，而天主教聽天由命的態度，才是治療這種弊病的良方。

不過，天主教會在守舊派、君主制的支持者和廣大農村仍擁有眾多信徒。他們構成反對左派共和政府的主力。佩德羅・賽古拉（Pedro Segura）大主教在寫給信徒的信中說：「當基督王國的敵人強硬進逼時，任何天主教徒都不能無動於衷。」他在布道時說：「願這個共和國受到詛咒。」

為應對共和國的反教會趨勢，天主教會成立了一個現代的群眾性政黨——「西班牙自治權利聯盟」。這個新黨產生了一批「政治天主教徒」，直接目標是保衛受迫害的教會不受左派的世俗化攻擊，最終目標是在西班牙建立一個天主教社團國家，它聲稱接受「不計形式主義」（即只要天主教的利益得到尊重，政府的形式無關緊要）以及天主教接受和利用「小惡」的舊策略。後來，他們果然全力支持佛朗哥（Francisco Franco）叛軍。自治聯盟的性質和命運是第二共和崩潰的關鍵因素之一。

◎西班牙內戰的悖論：
共產黨屠殺與佛朗哥屠殺之惡性循環

　　究竟正在發生些什麼事，誰在打誰，誰正在獲勝，一開始很難弄清楚。巴塞隆納人是那麼習慣巷戰，那麼熟悉當地的地形環境，以至於他們憑直覺就能知道哪個政黨會控制哪條街道和哪些大樓。任何一個外國人都會自歎不如。……當時或幾個月後在巴塞隆納生活過的人們，誰都永遠忘不了由恐懼、懷疑、仇恨、遭審查的報紙、人滿為患的監獄、奇長無比的購買食物的隊伍以及成群結隊到處巡邏的武裝士兵等等所產生的恐怖氣氛。

　　這是喬治・歐威爾（George Orwell）對西班牙內戰的描述。一九三六年末，歐威爾受左翼的英國獨立工黨委託，以記者身分去西班牙記錄正在那裡進行的內戰。沒過幾天，他就發覺「到前線去對抗佛朗哥是當時唯一應該做的事」。因為對在歐洲盛極一時的法西斯主義有足夠的警覺，他沒多少猶豫就從一個歷史的旁觀者成為歷史的一部分。西班牙內戰給整個一代歐洲知識分子留下無法磨滅的印記。幾乎每個重要的歐洲作家都支持共和國，美國作家海明威（Ernest Hemingway）為這場戰爭寫下他最長的小說《戰地鐘聲》。

　　歐威爾在關於西班牙內戰的回憶錄《向加泰隆尼亞致敬》中，翔實地記載了他的左翼信仰由虔誠到恐懼再到幻滅乃至憎惡的整個過程。他記錄下「全世界無產階級大團結」的旗幟和口號掩蓋之下殘酷的左翼黨派鬥爭：「戰爭的最恐怖的特徵之一，就是煽動戰爭的那些宣傳、叫囂、謊言和仇恨，全都出自從來不上前線作戰的那些人之口。」在這本回憶錄中，隱約顯現了後來在《一九八四》裡

被戲劇化的祕密警察、政治宣傳和草木皆兵的肅殺。

　　忠於史達林的派系對歐威爾等人下達逮捕令，他及時將護照拿到警察總局、法國領事館和加泰隆尼亞移民局三個地方蓋好章，並順利地通過國界。「幸好這裡是西班牙，不是德國。西班牙的祕密警察有蓋世太保的某些精神，但沒有他們那麼大的能耐。」該細節顯示，拉丁民族即便想搞極權主義，也會三心二意、吞舟是漏。

　　對於西班牙人來說，獨裁的佛朗哥軍政權和獨裁的左派共和國，不是壞與次壞的選擇，而是壞與更壞的選擇。

　　由於左翼掌權者與天主教和君主制支持者的尖銳衝突，第二共和國陷入困境。在一九三六年「不祥的春天」期間，不管軍方的密謀者和左翼的激進派頭腦裡想什麼，但想到的絕不是漫長而血腥的內戰。七月十八日從摩洛哥蔓延到西班牙本土的軍官叛亂，使馬德里政府辭職。

　　極左派接手權力，在每一個仍忠於共和國的城市和村莊，由強硬分子支配的地方委員會取代政府的正常機構。強硬分子頒布命令，由佩戴袖章的民兵巡邏隊執行。這是沒收汽車、遍張標語和卡車載滿握緊拳頭的狂熱士兵的時代。共產黨演說家伊巴露麗寫道：「整個國家機器被搗毀了，政權到了大街上。」政權被勞工總會、社會主義工人黨和全國勞聯等無產階級組織輕鬆撿到──但他們很快意識到，維持政權絕非易事，他們迅速陷入「內戰的內戰」，超過三萬軍人和平民死於派系鬥爭。

　　軍官的叛亂觸發了一九一七年以來意義最深遠的歐洲工人階級革命。正如馬克思預言的無產階級革命偏偏首先在其完全想不到的落後的農業國俄國爆發，歐洲的第二場工人革命在工人很少的農業國西班牙爆發──直到一九三○年，西班牙百分之四十六

的人口仍直接從事農業，另外百分之十從事鄉村工業，它的社會和經濟主要以鄉村和農業為特徵。

這一革命的狂瀾階段，發生了政府所無法控制的恐怖事件和不分青紅皂白的屠殺。六千八百三十二名教士被屠殺，數百個教堂被焚毀。這是法國大革命九月屠殺的愚蠢翻版，也是西班牙共和國歷史上最大的汙點。在巴塞隆納，「幾乎每個教堂都被洗劫過，所有神像都被焚毀」。歐威爾在西班牙期間，沒有看到任何人畫過十字。他相信，西班牙的教會還會捲土重來，但毫無疑問，在革命爆發時，教會已崩潰和瓦解到一種不可思議的程度，「基督教的信仰很可能已在相當程度上被無政府主義取代了，無政府主義得到廣泛傳播，其影響深入人心，毋庸置疑，無政府主義本身也帶有某種宗教意味」。[2]天主教世界只強調秩序和服從，拼命壓制自由，其自身又腐敗且專橫，故而反向刺激產生了風行一時的無神論和無政府主義；反之，新教尤其是清教徒主張自由與秩序的均衡，好的秩序必然保障自由，故而真正的清教徒不可能是無政府主義者。

當激進左派掌握權力之後，其做法跟俄國共產黨和中國共產黨相似：掠奪私有財產和摧毀文學藝術是其當務之急。在巴塞隆納，連戴領帶都不安全——戴領帶的人肯定是資產階級。在巴塞隆納和馬德里，上層生活所需的設備或被有意破壞——宮殿變成辦公室或軍營——或由於戰時的短缺而破敗不堪。在城市裡，出

2　歐威爾對巴塞隆納「神聖家族教堂」的評價相當不堪：「它是世界上最醜陋的建築之一。教堂頂部的四個尖塔有如酒瓶一般。它是唯一倖存下來的教堂，據說它之所以可以形成下來是因為極具藝術價值。無政府主義者本可以毀掉它，卻沒有那麼做，這只能顯示他們品味粗俗。」實際上，這是建築大師高第耗費畢生精力的傑作，至今尚未完成。

現故意使文明生活倒退的現象。佛朗哥的軍官、旅遊事務部長博林進入巴塞隆納時寫下他的第一印象：「赤色分子給每個城鎮留下的積垢汙穢臭氣薰天——里茨大街上的灰塵幾英吋厚。」

共和國崩潰了，與其說是被佛朗哥打敗的，不如說是敗於內部分裂。內戰的勝利者佛朗哥將軍成為「上帝恩賜的軍事領袖」，統治西班牙直至其一九七五年死亡。一九三八年三月，佛朗哥政權頒布《勞工憲章》，佛朗哥的傳記作者稱，該憲章「堪與任何開明的英國工黨領袖的法律相媲美」。佛朗哥時代的西班牙實行某種「國家指導下的有秩序的等級制」。

正如歐威爾所料，耶穌會教士回歸，教會全盤掌握教育系統，佛朗哥本人公開表演式地去教堂做禮拜，使西班牙重新回到對天主教的認同。在佛朗哥的西班牙是沒有宗教信仰自由的：新教徒和猶太人不可以公開舉行任何儀式或傳教。一直到一九六六年，佛朗哥才被迫通過一項法律，允許其他基督教派別的存在，而天主教仍享有特權。

歐洲輿論一般認為，西班牙和葡萄牙是西方殘存的「法西斯政權」——苛刻的審查制度、嚴格按照法律約束民眾的著裝和舉止、無所不在的警察、對待政治批評者的嚴酷刑法。西方左派將其歸入「右翼獨裁」之列。實際上，沒有廣泛的群眾動員和一個核心政黨的佛朗哥政權，稱不上法西斯，也不是極權主義，更與右派無關，而是保守的、天主教的和獨裁主義相結合的威權體制。

佛朗哥有跟希特勒很相似的地方——歇斯底里地反共，其經濟政策卻是左派孜孜以求的國家資本主義。佛朗哥按照內部和外部的壓力，不斷通過轉變制度內部影響力的平衡來保持控制；他允許其菁英借助國家制度為自己獲取財富，以此維持他們的忠誠。佛朗哥的國家似乎是天主教國王統治和義大利法西斯相結合

的再造物，希特勒輕蔑地稱之為「教會君主制的殘渣」。

佛朗哥時代，官方宣揚說，真正的西班牙，也就是「向著上帝的帝國」，必須在帝國和天主教國王的等級制傳統中尋找。達成這個目的的手段是處決、囚禁大量人口，通過懲罰性的勞動救贖，通過教育、心理規畫和媒體宣傳該體制和價值觀。

具有諷刺意味的是，教廷的官方意識形態很容易被佛朗哥拿來為其所用。教宗庇護十一世在一九三一年發表的通諭《四十年》中，同時批判資本主義和共產主義，提倡建立基於團結而非衝突的社會秩序，號召營造以企業、勞工和政府協同合作為基礎的產業關係，這些理念不僅為義大利的法西斯運動所利用，也為西班牙、葡萄牙的準法西斯政權所利用，成為建立「社團國家」的理由。

一九七五年，佛朗哥死亡，西班牙的政治民主化終於啟動。幸運的是，西班牙的政治變革按照西歐國家的議會民主模式進行，成功轉型成為君主立憲制國家。一九八二年，年輕的西班牙首相、曾經是左翼社會黨領袖岡薩雷斯（Felipe González）意識到，他的目標是帶領西班牙戰勝落後，那麼，「舊的左傾意識形態是問題的一部分，而不是問題的解決方案。西班牙的未來不在於社會主義，而在於歐洲」。

第四節　葡萄牙：
　　　從歐洲的船頭到民主化的末班車

◎「如果世界更大，他們也會發現它」

在海港拉古什以西二十英里處，葡萄牙海岸線的末端是一片

怪石嶙峋的海岬，俯瞰大西洋。這就是聖文森特角。這就是歐洲的船首，是歐洲大陸的最西南角。在中世紀，歐洲人對世界的有把握的認知以此為界。

以「歐洲的船首」而自豪的葡萄牙，與西班牙同屬伊比利亞國家，同屬抱殘守缺的天主教國家和君主專制國家。

葡萄牙在地理上位於歐洲的邊緣，在文化上位於文藝復興的邊緣，只能羨慕地看著威尼斯和熱那亞等城市的財富。這些城市壟斷了來自東方的奢侈品（香料、絲綢和珍珠）市場。

現代葡萄牙的疆界是一二四九年在國王阿方索三世（Afonso III）手中完成的。從十五世紀起，葡萄牙人在全世界快速推進，越走越遠，超過歷史上任何其他民族。他們沿著非洲西海岸南下，繞過好望角，於一四九八年抵達印度，一五〇〇年抵達巴西，一五一四年來到中國，一五四三年登陸日本。在十五世紀，葡萄牙全國人口僅有兩百萬，差不多只相當於南京這樣一座中國城市的總人口，但它的船隊的威懾力卻遠遠超過鄭和的大船隊。

歷史學家羅傑‧克勞利（Roger Crowley）指出，首先將兩大洋連接起來並為世界經濟打下基礎的，是葡萄牙水手。這是一部範圍廣泛的史詩，涉及航海、貿易與技術、金錢與十字軍聖戰、政治外交與間諜活動、海戰與海難、忍耐、蠻勇和極端暴力。少數葡萄牙人——如發現好望角的迪亞士（Bartolomeu Dias）、從歐洲繞好望角到印度航線的開拓者達伽馬（Vasco da Gama）——在幾名非同一般的帝國建設者——如國王約翰二世（John II）、航海家亨利王子（Prince Henry）——的領導下，企圖摧毀伊斯蘭，控制整片印度洋和世界貿易。在此過程中，他們建立一個影響力遍布全球的航海帝國，開啟歐洲人地理大發現的偉大時代，西班牙、尼德蘭、法國和英國起而效仿。達伽馬時代的歷史開啟

西方擴張的五百年，釋放出如今塑造今日世界的全球化力量。

　　歐洲競技場上沒有人預料到，葡萄牙這個處於歐洲邊緣的蕞爾小國，竟能向東方做一個大跳躍，將東、西半球連接起來，並建立起第一個全球性殖民帝國。達伽馬第一次在卡利卡特登陸時問道：「卡斯提爾國王、法蘭西國王或者威尼斯共和國政府為什麼不派人來？」這是一個合理的問題：為什麼只有葡萄牙能夠做得到？答案是，葡萄牙積累了數十載的相關知識，並且在歐洲的船頭堅韌不拔地努力奮鬥，在這期間，探索成了國家政策。

　　作為海上強國的葡萄牙開創了多項第一，包括最早探險至非洲最南端好望角的莫塞爾灣，開闢通往印度的新航線，麥哲倫（Magellan）的首次環航地球等。

　　葡萄牙人用青銅大炮和強大的艦隊打破了亞非拉各地自給自足的體系，也將世界連接起來。他們是全球化和科學發現時代的先驅。他們的探險家、傳教士、商人和士兵奔波到世界各地。他們來到長崎和澳門、衣索比亞的高原和不丹的山巒。他們跋涉在青藏高原、沿著亞馬遜河逆流而上。他們一邊旅行，一邊繪製地圖，學習語言，「一手拿劍，一手拿筆」，記錄自己的發現。文藝復興時代最偉大的葡萄牙詩人卡蒙斯（Luis de Camoes）如此描繪跟他同時代的葡萄牙探險家們：「如果世界更大，他們也會發現它。」

　　在此過程中，葡萄牙人啟動無窮盡的全球交流，既有良性的也有惡性的。他們把火器和麵包帶到日本，把星盤和四季豆引入中國，把非洲奴隸運往美洲；運送茶葉去英格蘭，胡椒去新大陸，中國絲綢和印度藥品去全歐洲；還把一頭大象送給教宗。世界各地的各民族第一次可以互相觀察、互相驚歎和描述。在日本畫家筆下，陌生的歐洲來客身穿碩大的氣球般鼓脹的長褲，頭戴

五彩繽紛的帽子。僧伽羅人對葡萄牙人普遍的充沛精力和飲食習慣大感困惑，描述他們為「非常白皙和美麗的民族，帶鐵帽子，穿鐵靴子，從不在一處停留。他們吃一種白色石頭，喝血」。這樣的形象、印象和貿易交換為全球的文化、食品、植物、藝術、歷史、語言和基因留下巨大而深遠的影響。

葡萄牙在大航海時代處於領先地位，原因有三個。一是其疆域不大，且位於大西洋沿岸，三面為西班牙領土所包圍，這有效地保護了葡萄牙人不會因受誘惑而將財力浪費到歐洲爭霸戰爭中去，他們轉而致力於遠洋事業。

二是葡萄牙人從義大利人那裡得到較多的航海知識，在航海術和地理學方面在歐洲遙遙領先。葡萄牙政府對航海業提供穩定的、始終如一的指導和支持，使得葡萄牙人取得了對西班牙鄰人和競爭者的決定性優勢。葡萄牙的海軍力量占有壓倒性優勢。葡萄牙具有將艦艇編隊布陣的本領，且擁有先進的海軍火炮和射擊技術。

最後一個原因是葡萄牙土地狹窄貧瘠，農業出產有限，故而轉向海外貿易，這個中國沿海的福建廣東人下南洋是一樣的道理。海洋貿易讓他們具有了商業頭腦，利用從美洲大陸源源而來的金銀供給作為資本，與東方通商。

達伽馬航行到亞洲，帶回的貨物獲得六十倍於航海費用的報酬。隨著葡萄牙商船和艦隊遍布全球，葡萄牙國王曼努埃爾（Manuel I）驕傲地接受了「衣索比亞、阿拉伯半島、波斯和印度的征服、航海和貿易之王」這一稱號。當時，葡萄牙人聲稱：「葡萄牙人作為海洋的主人，沒收任何未經許可便航行於海上的貨物，是完全有道理的。」

只有兩百萬人口的葡萄牙，卻能將自己的意志強加於高度文

明的、擁有大得多的人力物力資源的亞洲、非洲和美洲的諸國家。葡萄牙的殖民地包括今日五十三個國家的部分領土，其官方語言葡萄牙語現今為世界第六大語言。葡萄牙的強盛只維持了一個世紀多一點，但取得輝煌成就，它締造一種新型態、形式靈活的帝國，以機動的海權為基礎，並創造歐洲殖民擴張的模式。

葡萄牙的強大與西班牙同步，其衰落也與西班牙同步。宗教改革讓尼德蘭和英國迅速崛起，葡萄牙逐漸失去海上霸權。一五八〇年，因皇室姻親的關係，葡萄牙被併入西班牙，直到一六四〇年才擺脫西班牙統治。一八〇七年，葡萄牙遭到拿破崙的法國軍隊入侵，次年被法軍占領，葡萄牙的布拉干薩王室一度遷都到南美洲殖民地巴西，一八一二年戰爭結束才返回。在此期間，葡萄牙為爭取巴西的支持，宣布葡萄牙與巴西地位平等，改國號為「葡萄牙—巴西—阿爾加維聯合王國」。一八二二年，巴西宣布獨立，三年後，葡萄牙承認巴西獨立，其殖民帝國風雨飄搖。

葡萄牙偉大的海軍統帥阿爾布開克雖然凶悍，卻始終堅持一種理想主義，勘察霍爾木茲城牆時，他宣稱：

只要有正義支撐，不要壓迫人民，這些城牆就足夠了。但如果葡萄牙人在這些地區不再信守諾言和維持人道，那麼驕傲就會掀翻我們最堅實的城牆。葡萄牙是個窮國，窮人貪得無厭的時候，就會變成壓迫者。印度的影響是很大的，我擔心有一天，我們今天作為武士的名望會消逝，那時所有人都只能說我們是貪婪的暴君。

葡萄牙的厄運被他不幸言中：因為貪婪而墮落，因為墮落而

軟弱。而且，葡萄牙的衰落跟尼德蘭的衰弱不一樣：這兩個國家都掌握了數十年的全球海洋霸權，都因為疆域和人口有限而無法更長久地維持這一霸權。但是，尼德蘭有新教的觀念秩序打底，即便失去歐洲及世界的霸權地位，仍然擁有高素質的國民、運作良好的工業和商業體系，所以在二十世紀及二十一世紀，它一直是全球最富足和政治最穩定的現代國家。反之，被天主教牢牢捆綁的葡萄牙，一旦衰落，就是一場自由落體運動般的災難，它淪為歐洲最窮困的國家之一，經濟的困頓和政治獨裁形成惡性循環，一直延續到冷戰後期。

◎「貧窮但虔誠」的「新國家」：最後告別獨裁的歐洲國家

來自殖民地的財富讓葡萄牙本土失去了與其他實現工業革命的歐洲強國齊頭並進的動力。一八四〇年，當英國的工業革命接近尾聲時，葡萄牙全國僅有四台蒸汽機用於工業生產。直到一八八一年，也僅有三百二十八台，遠未達到工業化標準。這導致葡萄牙的工業產品競爭力低下，只能銷往農村和殖民地，因為城市中產階級以上的市場被外國產品牢牢把持著。工業產品缺乏利潤，又反過來抑制工業的發展。

葡萄牙沒有經歷宗教改革，也沒有經歷工業革命，近代以來也沒有經歷過哪怕是最初級的民主。二十世紀上半葉，葡萄牙與西班牙一樣進入漫長的獨裁時代，其獨裁時代的開端比西班牙早，終結卻比西班牙晚。無獨有偶，與西班牙一樣，天主教在葡萄牙為「法西斯」的獨裁政權提供了支柱性意識形態。

一九一〇年十月五日，葡萄牙爆發革命，推翻了君主制，國王曼努埃爾二世（D. Manuel II）逃亡國外，葡萄牙正式成

立第一共和國。但是,軟弱無能的共和國無法應對國內外的難題。一九二六年五月,葡萄牙發生軍事政變,卡爾莫納元帥(Carmona)上台,建立軍事獨裁政府。卡爾莫納治國無方,不懂經濟,找來經濟學教授薩拉查(Salazar)擔任其財政部長。由此,薩拉查走上現代葡萄牙的政治舞台。

薩拉查出生於葡萄牙中部內陸一個傳統而守舊的農村家庭,家境並不富裕,只能上免費的教會學校,在那裡接受了系統而完整的天主教教育。中學畢業後,考取科英布拉大學,本科學法律,研究生學經濟學,取得政治經濟學及金融學博士學位,並留校任教。「我十分清楚我想要什麼以及我將往何處去。」他在財政部長的就職演說上的這句話,成為葡萄牙現代史上的轉捩點。

薩拉查拯救了葡萄牙的經濟,舉國上下一片歡騰——「安東尼奧,你是上帝派來拯救葡萄牙的英雄!」葡萄牙的天主教徒如此稱頌他。隨即,薩拉查於一九三一年組織「國民聯盟」,次年就任總理,隨後成為長期掌權的獨裁者。他讓葡萄牙在二戰中保持中立,卻跟納粹藕斷絲連——葡萄牙殖民地出產的戰略金屬鎢,經過里斯本運往德國。

作為一位接受過系統教會教育的經濟學家,薩拉查和同時代的天主教學者一樣,信奉「合作主義」。他在葡萄牙建立了既非典型的(即德、義式的)法西斯式的國家,也非共產黨的階級鬥爭式的國家,而是充滿學者氣息、理想主義和天主教氣息的合作主義(corporatism)國家。「合作主義」和社會主義相似,強調「社會正義」,反對階級鬥爭、反對廢除私有制,提倡各階級之間的團結合作,將一國的社會經濟按照不同行業組成各種各樣的利益團體(協會),由這些協會代表通過協商來解決問題。

「合作主義」哲學的基礎是天主教,天主教提倡和諧與合作

的精神，教導人們尊重和維護上帝創造的「自然秩序」，而國家的任務就在於維護這種神聖的自然秩序。合作主義既反對破壞自然秩序的社會主義和無政府主義，也反對違背自然秩序的自由資本主義。

薩拉查在「合作主義」的基礎上還混入一些他自己和葡萄牙特有的哲學理念，比如葡萄牙獨特的民族主義——大航海時代的「偉大精神」以及根植於天主教文化的葡萄牙「光榮傳統」。

暴力機關也是「新國家」重要部分。薩拉查在「新國家」體制確立後，組建「國家情報與安全警察」，後更名為「國際和國家防衛警察」。該機構行使祕密警察職能，隨意對持不同政見者逮捕、審訊、羈押和處刑，讓葡萄牙人人自危。該組織從德國和義大利聘請教官，專門教授折磨人的技巧。相應地，薩拉查建立起媒體審查制度，一切未經有關機構處理的文字、圖像乃至廣播，都不能問世。許多藝術創作遭到篡改或封禁。一九三六年，准軍事組織「葡萄牙軍團」和「葡萄牙青少年」宣告成立。前者由狂熱的法西斯分子自願參與，類似於納粹早期的衝鋒隊；後者強迫在校中小學生參加，意在向青少年灌輸專制獨裁思想，類似共產黨的少先隊和共青團。

薩拉查的政治宣傳包括愛國主義、勤奮節儉、家長制等思想，努力給國民打造一個「貧窮但虔誠」的自我形象；法多（一種葡萄牙民間音樂）、足球和法蒂瑪（一九一七年發生於葡萄牙法蒂瑪的「聖母顯現」事件）崇拜成為這種政治宣傳的有力途徑。天主教會是其倚重的力量，尤其是在以農村和小鎮為主的北部，天主教樹大根深——一九七二年，平均每五百人就有一名教士，教士對民眾有巨大的精神控制力量。

在白色恐怖之下，薩拉查安心地治理著這個西南歐偏安一

隅的小國。在其統治的三十多年間，葡萄牙的經濟處於停滯狀態。直到二十世紀六、七十年代，葡萄牙仍是西歐最貧窮落後的國家之一，國民總體生活水平更像非洲國家而非歐洲國家——一九六六年，人均收入只有一百六十美元，嬰兒死亡率為歐洲最高，三分之一的人為文盲。在冷戰中，處於西方這一側的葡萄牙，堪與處於東方一側的羅馬尼亞相比，薩拉查跟羅馬尼亞獨裁者西奧塞古的統治手段也很相似。

薩拉查是一個奇特的獨裁者。在有生之年，殘酷迫害政治犯，壓制言論自由，極力保全自己的位置；但從不以權謀私，不貪汙，不受賄，也不給自己家族的人安插職務。獨裁幾十年，他還是過著普普通通的日子，衣食住行一點也不講究奢華。他穿戴簡樸，總是身著黑衣，儘管是葡萄牙的實際最高統治者，卻總是要求別人稱呼其「部長先生」。

薩拉查習慣於深居簡出，喜歡獨處，愛好記錄和分析以及冥想，睡前閱讀柏拉圖的《理想國》。終其一生，薩拉查沒有結婚。從方方面面看，他很像一個理想主義者和把心目中「理想國家」建設好的偏執狂，身上保留有天主教神父般的虔敬以及學者的思考方式和氣質。[3]

在對外政策上，葡萄牙獨裁政府無視戰後民族自決的潮流，堅持戰前的殖民主義政策，安哥拉、幾內亞比索、維得角群島、

3　在一則「獨夫們最愛的食物」的軼聞中，描述薩拉查的文字如下：「薩拉查覺得自己對葡萄牙全心全意，根本沒時間娶妻成家。他平時吃的飯由管家負責。薩拉查對食物和酒的開銷非常克制，早餐只是咖啡或茶配白吐司，不加奶油也不配黃油。午飯先喝火雞碎肉湯或者魚骨湯，有時甚至是白菜湯。他最喜歡吃烤沙丁魚配眉豆，因為能夠勾起小時候貧窮的回憶，那時候家裡窮，一條沙丁魚還要和手足分食。」

莫桑比克等殖民地先後反叛，由此爆發「葡萄牙殖民地戰爭」（一九六一至一九七四年）。葡萄牙為保衛其殖民地付出昂貴而血腥的代價：每四個到入伍年齡的葡萄牙男子中就有一個要應徵到非洲服役，長期的動員（總數二十萬人的軍隊派出了十六萬人）、大量的軍費（國家總預算的百分之四十四）、慘痛的犧牲（三萬多人傷亡），以及國內的嚴酷鎮壓，使政府大失民心。另一方面，葡萄牙幾乎所有海外殖民地都未能建立起民主憲政體制——若將澳門與香港相比，就一目了然。

薩拉查死後，其接班人卡埃塔諾（Marcello Caetano）無力維持局面。一九七四年四月二十五日，零點剛過二十五分，葡萄牙首都里斯本的無線電台突然播放起禁歌〈棕色之城葛蘭朵拉〉。當這首歌的歌聲自電台響起，參與政變的「尉官運動」的青年軍官們立即行動起來，迅速控制里斯本市區的政府部門、廣播電台、郵局、機場和電話局，政變進行得果斷又成功，只受到了來自保安部門的少量抵抗。到了上午時分，人群如潮，歡呼士兵，並且把里斯本市花康乃馨插在軍人的槍管和坦克的砲管中。到了傍晚時分，卡埃塔諾向新軍事領導人投降，次日流亡國外，葡萄牙獨裁政權壽終正寢。

美國政治學家杭亭頓（Samuel P. Huntington）認為，葡萄牙的「康乃馨革命」無意中成為世界性的民主運動的開端，即二十世紀下半葉全球「第三波民主化」中的代表性事件。經歷了一年多的動盪之後，葡萄牙這場軍人政變沒有淪為人們擔憂的一九一七年俄國二月革命，葡萄牙的民主化步入正軌。接著，民主潮流席捲一系列天主教和東正教國家：一九七四年，葡萄牙前殖民地、南美洲最大國家巴西的軍政權開始政治開放過程。同一年，西班牙獨裁者佛朗哥死亡，西班牙民主化也啟動。也是同一

年，東正教的希臘軍政權也告結束。在此後十五年中，這一波民主潮流變成一種全球性浪潮；大約有三十個國家從威權主義轉向民主政治。

若不算蘇聯解體之後仍未完成民主化的多個身處歐洲版圖的前加盟共和國（俄羅斯及白俄羅斯等），葡萄牙是最後實現民主轉型的歐洲國家，其現代化和民主化之路漫長而艱辛。不過，葡萄牙、西班牙和希臘這三個地中海沿岸國家相繼實現向議會民主的和平轉變。這是蘇聯崩潰、東歐劇變之前，歐洲最引人注目和出人意料的發展。

第五節　中南美洲：
在「伊比利亞遺產」的重壓之下

◎一個城市，圍牆兩邊，為何天壤之別？

諾加利斯市（Nogales）被一道圍牆分成兩半。如果你站在圍牆旁邊往北看，你會看到美國亞利桑那州諾加利斯市，這裡的家庭年平均所得約三萬美元，大多數十幾歲的少年男女都在學校唸書，居民享受政府提供的電力、汙水處理系統、公共衛生、治安等服務，不必擔心政府會侵犯他們的人身自由和私有財產。他們可以投票更換市長、州長、議員乃至總統。

圍牆南方的情況卻大不相同。墨西哥索諾那省諾加利斯市的居民，雖然生活在該國相對富裕的部分，但此地家庭的年平均收入只有美國鄰居的三分之一。大部分成年人都沒有高中畢業。母親必須擔心很高的嬰兒死亡率。道路狀況很差，治安更是混亂，

匪徒橫行，政府腐敗。居民可投票，但選舉往往被操縱。

美國學者戴倫・艾塞默魯（Daron Acemoglu）和詹姆斯・羅賓森（James A. Robinson）在《國家為什麼會失敗？》一書中，特別舉出一分為二的諾加利斯市的例子，進而發出追問：一個城市的兩邊為何會有如此大的差異？他們的答案是：這是因為美國的制度比墨西哥乃至整個拉美國家的制度更有利於政治和經濟的成功。不同制度的根源在於早期殖民地時代北美和南美有不同的社會形成方式。

兩位學者指出，今日的美國遠比墨西哥或祕魯富裕，是因為它的經濟和政治制度為企業、個人和政治人物塑造了誘因。經濟制度塑造的誘因是接受教育、儲蓄和投資、創新和採用新科技等。政治程序決定了人民生活在何種經濟制度下，也決定了這個程序如何運作。比如，公民是否有能力控制政治人物，政治人物是否為公民選舉的代理人。總而言之，制度決定著國家的成功或失敗。

戴倫・艾塞默魯和詹姆斯・羅賓森是「制度決定論者」，他們認為制度是最終決定因素，並否定地理假說、文化假說等「無效的理論」。他們也否定了「文化假說的顯赫淵源」即馬克斯・韋伯的理論——宗教改革和它激發的新教倫理，在西歐現代工業社會的崛起中扮演關鍵角色。他們認為，「宗教、民族的倫理對於了解為什麼世界的不平等長期延續至今並不重要」——「英國的影響不是北美洲成功的原因」，儘管「作為英國前殖民地的美國、加拿大和澳洲確實繁榮富裕」，但「獅子山和奈及利亞等英國的前殖民地卻很貧窮」，可見「前英國殖民地的富裕程度差異極大，就像世界各地的富裕程度差異一樣大」。

然而，這個結論只能說明兩位學者的疏懶。制度並非天然形

成，制度背後必然是文化，文化背後必然是宗教信仰。美國、加拿大、澳洲與獅子山、奈及利亞之間的巨大差異，不能證明韋伯理論的無效，反倒驗證韋伯理論的有效——若仔細考察這些國家的歷史淵源，就能發現兩種不同發展模式背後隱藏著托克維爾（Alexis de Tocqueville）所說的「民風民情」：在美國、加拿大和澳洲，來自舊大陸的白人新教徒移民占多數，他們整套移植新教倫理與資本主義精神，在普通法和權力受限的政府的保護下，勤奮工作、簡樸生活、重視商業貿易、珍惜個人自由，即便這些地方後來取得獨立地位，也並未割裂此種新教傳統；反之，在獅子山和奈及利亞等前英國殖民地，並沒有占人口壓倒性多數的白人新教徒移民，其居民的主體仍是原住民，英國的統治是簡單粗疏的，只是引入現代政治框架，未能讓新教倫理與資本主義精神在地扎根，少數白人官員和技術專家並未打算在此地定居，當英國殖民者撤走之後，這些國家很快陷入混亂與貧困之中。

今天，來自「政治正確」的巨大壓力，讓學術界只是泛泛而談地反對殖民主義，不願指出中南美洲落後的根源是沉重的「伊比利亞遺產」。所謂「伊比利亞遺產」，包括獨裁制和天主教兩個互相依存的方面。

◎西班牙、葡萄牙的「劣質殖民主義」 留給中南美洲的「天生缺陷」

十五世紀九十年代，哥倫布（Christopher Columbus）極力想說服自己和他的船員，古巴實際上是中國的一個半島。事實上，他們偶然發現了一片遼闊而具有地理多樣性的疆土，這是他們絕對沒有預料到的。

伊比利亞半島的帝國最早索取的疆土包括整個中美洲和南美洲、現代墨西哥、許多沿海島嶼，以及現在美國的部分土地。以現代地理政治角度看，這一地區現有十八個說西班牙語的共和國、說葡萄牙語的巴西和說法語的海地，以及若干說英語的加勒比海國家。

雖然並不是每個前英國殖民地都發展良好，但相當一部分前英國殖民地成為發達國家的典範。與之相比，西班牙和葡萄牙在中南美洲的前殖民地，沒有一個是政治穩定、經濟發達的國家。

美國政治學者法蘭西斯・福山（Francis Fukuyama）對美國和拉美的經濟發展狀況作了一個有趣的比較：一七〇〇年，在經過兩個世紀的殖民統治之後，拉美大陸的人均收入為五百二十一美元，這個水平同獨立之前的美國相差無幾——此時北美殖民地的人均收入為五百二十七美元。十八世紀，生產蔗糖的島國古巴遠比英國的美洲殖民地更富裕。然而，在接下來的三百多年裡，美國在經濟發展方面一直領先於拉美。二十一世紀初期，美國的人均收入已相當於拉美的五倍。

就拉美地區落伍的原因，學者們先後提出「地理說」、「制度說」和「文化說」等多種解釋範式。就「地理說」而言，人們提出地理環境、自然資源、疾病威脅等因素，比如，生物地理學家賈德・戴蒙（Jared Diamond）在《槍炮、病菌與鋼鐵》一書中指出，中美洲相對落後，與該地區沒有豬馬羊等馴化動物以及小麥等高產農作物有關；全球發展問題專家傑佛瑞・薩克斯（Jeffrey Sachs）指出，拉美位於熱帶，面臨更多疾病威脅，且沒有可供利用的航運水道，無法擺脫「貧困的泥潭」。但是，這些因素固然重要，卻並非決定性的——以農產品而論，中美洲的玉米、豆類等產量也很高；以氣候而論，炎熱的希臘及義大利半島

很早就步入了文明和富足的狀態。

就「制度說」而言，一種社會制度是經過長期的歷史演變形成的。詹姆斯‧羅賓森在《落後之源》的第七章〈拉美的均衡〉中指出，現代拉丁美洲的制度反映了一四九二年之後西班牙征服者所創造的社會組織。西班牙人最初的興趣在於開採黃金和白銀，然後轉向收取貢金和賦稅。他們建立的殖民統治是一種高度獨裁的統治，政治權力完全集中在少數西班牙菁英階層手裡，他們制訂了一系列旨在剝削土著居民財富的經濟制度和一系列旨在鞏固自己權力的政治制度。

與之相比，在北美的英國殖民地，社會各個階層都有機會擁有土地，法律體系相對公平。私有財產得到保護，創造了一種安全的商業環境。經濟制度與政治制度有一種協同作用，形成良性循環：經濟制度賦予大多數民眾安全的財產權，相對民主的政治制度則為經濟制度的實施提供了有力的保障，確保有利於鼓勵投資和促進經濟進步的良好環境持久地延續。

就「文化說」而言，文化可以被定義為一個社會的信仰與價值觀。戴維‧蘭德斯（David Landes）運用馬克斯‧韋伯的理論，將拉美經濟表現欠佳的事實歸咎於它被強加的殖民傳統，也就是伊比利亞的專制和天主教。這種傳統「缺乏北美人所擁有的那種技能、公民權益、進取心和開創性。由於西班牙在民族精神上存在著溫順、從眾以及追求虛無等特點，所以它自身在上述方面都很落後，而在殖民擴張的過程中，它又將這種缺點傳播到了海外。」

殖民主義並不全然是「反動」的，殖民主義可區分為優質和劣質兩種。如果說英國人在北美的殖民統治相對優質，那麼西班牙人和葡萄牙人在南美的殖民統治就相對劣質乃至惡質。

拉美人不得不咽下西班牙和葡萄牙殖民者留下的苦果。在十九世紀第一個二十五年中，拉丁美洲大部分地區贏得了獨立。一小部分享有特權的上層人士占據了有錢有勢的位置。除了少數例外，這些上層人士享盡昔日殖民體制下的利益，又在民族國家早期階段獲得更高的獎賞——他們原封不動地繼承了殖民者的遺產。新國家的獨立幾乎立即變得有名無實，古巴獨立運動領導人何塞·馬蒂（Jose Marti）貼切地斷言，占人口總數不到百分之五的上層人士創立了「理論上的共和國」——這就是作家奈波爾（V.S. Naipaul）所說的「自我殖民主義」。

對此，拉美人也有深刻反思。拉美獨立運動領袖西蒙·玻利瓦爾（Simon Bolivar）在《牙買加書信》中討論了西屬拉丁美洲在獨立運動中所面臨的困難。他認為，這一地區正在經歷的並不是美國和法國那樣的大革命（他對美國和法國革命的性質並未作出明確區分），而是比羅馬帝國的崩潰更為嚴重的一場歷史災難，他哀嘆說：「我們在獨立建國之後，過去的一切都蕩然無存了。」

◎中南美洲落後之源：
伊比利亞獨裁主義和天主教蒙昧主義

福山承認，必須將「正式的制度」與「非正式的制度」作出區分，後者的重要性超過前者。所謂「正式的制度」，如憲法和法律；所謂「非正式的制度」，指一種內在社會習慣——這種習慣難以被察覺和衡量，而且通過由國家政策所提供的常見槓桿也難以操縱。這正是杭亭頓的觀念：文化和信仰在塑造政治結果的過程中發揮著核心作用。

若以美國為例，杭亭頓認為，清教徒文化在塑造美國的國家特徵以及隨後的美國式民主過程中起到了關鍵作用。這是一種「反制度主義」的立場，杭亭頓非常「政治不正確」地追問說：

　　如果十七世紀和十八世紀來到美國定居的不是英國新教徒而是法國、西班牙的天主教徒，那麼，我們看到的還是今天的美國嗎？答案是否定的：我們看到的將不再是今天的美國，而是魁北克、墨西哥或者巴西。

　　杭亭頓認為，美國的國家特徵不僅是由諸如憲法和法律體系所決定，而且根植於某種宗教和文化傳統（英國新教教義）之中。這是無可爭議的歷史事實。杭亭頓對於美國社會的這樣一種闡釋還得到布萊斯（Bryce）以及李普塞特（Lipset）等學者的支持。

　　福山至少部分地接受該觀點。他發現，美國的政治體系能夠相對成功地處理社會矛盾並且聯合新的社會階層，建國以來只經歷過一次「政治秩序的崩潰」，即圍繞奴隸制度的存亡引發的內戰。（美國的政治秩序並未「崩潰」，只是「險些崩潰」，南北戰爭之後很快重建）拉美的情況則截然不同，自從獲得民族獨立以來，所有國家都無法持久地維持其政權的穩定性和連續性。

　　英屬北美殖民地擁有自治制度，這使得美國在制度連續性不受破壞的情況下實現國家獨立。原來的殖民地變成聯邦國家，而且各邦的邊界依然維持原狀，新建立的聯邦制度源於英國法律體制之下所確立的自治制度。相反，西班牙的殖民統治則更直接，權力更集中，留給拉美國家的自治空間非常有限。

　　當北美、西歐、東亞國家在二十世紀七十年代致力於改造自

身經濟時，拉美國家都在幹些什麼呢？在此期間，多個中美洲國家（瓜地馬拉、薩爾瓦多及尼加拉瓜）都爆發了殘酷的國際戰爭，戰爭還對洪都拉斯和哥斯達黎加產生間接影響。阿根廷、厄瓜多爾、智利和烏拉圭的憲制政府被推翻。同時，「南錐體地區」國家的軍事政府無視最基本的法律和人權，打著保護西方文明的旗號暗殺數千名同胞。此外，獨裁軍事政權的不穩定性，即軍事政府同樣遭遇軍事政變，這種情形先後在玻利瓦爾、祕魯和阿根廷出現——所謂「維持社會秩序的正義力量」反而成了製造混亂的邪惡源泉。到了二十世紀七十年代中期，除了哥斯大黎加、哥倫比亞和委內瑞拉之外，所有拉美國家都處於獨裁政權的統治之下，這些政權幾乎全都是軍事政權。

在拉美國家，形形色色的獨裁者扮演著「國王」角色，對臣民的控制程度超過前宗主國西班牙和葡萄牙的君主。「我既不想要，也不喜歡動腦筋的部長。我想要的是只會寫字的部長，因為能夠動腦筋的只能是我。」他們喜歡權術，在思想意識上無責任感可言，其意志和狂想主導一切。為了統治，施用暴力而不受懲罰。

在拉美國家，軍隊作為唯一的真正的國家機構，成為最重要的政治力量。軍隊扮演了兩個角色，一方面保證秩序，一方面改換政府。拉丁美洲的軍隊一直維持著軍官人滿為患的狀態。軍隊不僅通過對政治的干涉來阻擋民主發展，還通過吞噬大量的國家預算造成經濟增長緩慢。

在拉美國家，天主教會與各式各樣的獨裁政府如影隨形。拉丁美洲的天主教會跟西班牙、葡萄牙的天主教會一模一樣，是一種金字塔式的等級制度。教會中的最高職務與行政部門一樣，都與貴族相關或被他們占有。在財富、權力、榮譽和教育壟斷等方

面，天主教會在十八世紀末期被視為西半球權力無限的機構。

拉丁美洲的天主教會是從拉丁美洲獨立運動中倖存下來的殖民地體制，得到民眾廣泛支持。由於高效的組織、能幹的管理機構，以及慷慨的信徒，教會繼續積累財富。十八世紀末期，教會在新西班牙某些州內控制的土地高達百分之八十。在農村地產和城市地產方面占整個國家不動產總值的一半以上。教會壟斷從小學到大學的教育。民眾與教會的接觸比與新政府官員的接觸更多。

天主教會內部也出現過零零星星的對自身傳統和政府獨裁體制的反思。但這些反思並沒有指向英美自由民主價值，而是汲取左翼馬克思主義意識形態來「改造」天主教，結果出現了「解放神學」，以及讓智利的經濟和社會走向崩潰的阿葉德（Allende）社會主義政府和祕魯的「光輝道路」等恐怖主義組織。南美為天主教貢獻的第一位也是唯一的一位教宗方濟各就是這樣一位極度危險的左膠，他對天主教的危害甚至超過歷史上那些花天酒地、紙醉金迷的腐敗教宗，因為最嚴重的腐敗、最徹底的腐敗乃是觀念秩序和精神、心靈秩序的腐敗。

伊比利亞獨裁主義和天主教蒙昧主義的固化結構，使拉丁美洲左右搖晃的改革、革命都徒具虛名，一番血腥殺戮之後，一切又回到原點，正是一幅「百年孤獨」的畫面。民意數據顯示，在拉丁美洲，「所有問題都依然如故，同民主政治文化相關都重要問題都沒有得到改善，民眾對政府的信任度仍然不高甚至有所下降，公民文化未見起色，法治意識沒有提高，對未來的期望值繼續增加」。人們紛紛走上街頭抗議，甚至出現極端化的反抗方式。

◎國家失敗的罪魁禍首不是美國，而是「內在的惡魔」

祕魯文學家尤薩（Mario Vargas Llosa）曾發出天問：「祕魯究竟是在什麼時候開始變得一團糟的？」這個問題已成為所有拉丁美洲國家人們心中共同的傷痛。拉丁美洲人民選擇了一條錯誤的發展道路，使得社會結構支離破碎，大好的發展時機付諸東流。他們忍受著強烈的不平等，很多時候都在遭受暴政的折磨，只能生活在虛幻的夢想之中。

然而，拉丁美洲知識分子宣洩的都是不滿、怨恨和嫉妒：「我們」的命運悲慘而不幸，這一切都是「他們」造成的，「他們」是「我們」失敗的根源。在很多人心目中，「他們」，即那些貪婪的剝削者、殘酷的掠奪者和無恥的害人蟲，指的是美國。當指責的矛頭被不公正地指向美國時，通常就會出現更離譜的觀點：不是完全否認發展上的差距，而是徹底地顛倒和互換成功與失敗者的角色。某些拉美知識分子宣稱，「他們」並不是勝利者，「我們」才是勝利者，因為「我們」掌握著比粗魯的物質慾望更為「高級」的「精神真理」。

對於拉美盛行的「反美主義」，身在同樣盛行「反美主義」的法國的政治哲學家雷蒙·阿隆（Raymond Aron）有過深刻的剖析。雷蒙·阿隆在《帝國主義的共和國：美國和世界（一九四五──一九七二）》一書中探究了被對手稱為「帝國主義」的體系在多大程度上促進或阻礙了窮國，即發展中國家的「起飛」：「十九世紀以英國為核心的『帝國主義體系』並未阻止日本起飛，同樣這個體系變成以美國為核心以後，也沒有阻止日本加入第一流國家的行列。不少國家和地區，如韓國、新加坡和台灣也是在世界經濟的背景下，採取自由方式，提供了高速發

展的榜樣。」

雷蒙・阿隆直言不諱地指出：「拉丁美洲的知識分子喜歡把他們的一切不幸都歸咎於美國。但是在一九四五年以前，北美這個共和國對它的南方鄰國，並不怎麼感興趣。阿根廷在十九世紀是從倫敦而不是從紐約弄到資本的。法國知識界對巴西的影響超過美國。……斷言南美的不發達是北美高度發達的條件或代價，這是不對的。阿根廷也好，巴西也好，都不曾為美國經濟提供原料或必不可少的市場。南美洲國家的政局不穩，既不是美國佬造成的，也不是他們培育下來的；它們在軍人獨裁和脆弱的、寡頭政治民主之間來回搖擺，其根源在於這些國家的社會結構。」

雷蒙・阿隆認為，美國的拉丁美洲政策未必符合正義的定義，但美國只能無奈地在「壞」與「更壞」之間作出選擇。「一九四五年以後，美國曾替這些國家中的多數國家訓練軍隊，不管這些國家是否由軍閥執政。故而，美國實際上幫助了它本來討厭的政權維持下來。特別是不少中美洲國家，事態的發展導致了進退維谷甚至可悲的境地：不讓一些小暴君繼續在位，就得瞧著成立卡斯楚式的政權。」其中最典型的例子是：彌爾頓・傅利曼（Milton Friedman）等信奉自由市場經濟的芝加哥學派經濟學家，勉為其難地為智利的皮諾契特（Pinochet）政權制訂經濟改革方案，受到左派的嚴厲譴責。彌爾頓・傅利曼為自己辯護說，他並不支持獨裁政權，並堅信「自由市場經濟不可能持久，除非軍政府被一個信奉自由政治的民選政府所替代」，因為「自由市場經濟體系在自由社會中才能正常運行」。[4]

4　從一九五五年開始，芝加哥大學經濟系與智利天主教大學合作，為智利培養經濟學人才。從芝大返回智利的學生，鼓吹自由市場經濟，將其作為擺脫經濟停滯

早在兩百多年前，拉美獨立運動最傑出的領袖玻利瓦爾就指出，拉美應當借鑑希臘、羅馬、法國、英國及北美的發展經驗。在危急時刻，它們都能夠「排除萬難，通過適當、公正、合理以及有用的法律手段來建立國家、維護和平」。其中，英國為玻利瓦爾提供了一種革命模式。為了確保西屬美洲革命能夠獲得成功，玻利瓦爾曾建議置於英國的保護之下，即便革命成功之後，「如果我們（通過攻守同盟的形式）和英國結盟，我們就能夠繼續生存，否則，我們必然會走向滅亡」。他主張學習英國、並與英國結盟，並非為了抵禦已不存在的外在威脅，而是為了讓西屬美洲國家驅除「內部惡魔」。

　　那麼，什麼是拉美的「內部惡魔」呢？如玻利瓦爾所說，在經過三百多年的殖民統治之後，該地區依然帶有「人類蒙昧時期」的特徵，依然表現出「很大的不確定性」、依然「處在無知和錯誤的狀態」。在拉美，正是這種「內部惡魔」使得「發展進步只是短暫的插曲，貧窮落後和社會排斥則是主旋律」。在朝著更高的目標邁進時，亞洲四小龍發展成了「智慧之邦」（smart state）──儘管民主只是部分地實現了，富裕卻是大部分民眾都能體驗到的事實。社會契約是這些國家的支柱，理想的發展成績源於其英明的國家政策。亞洲國家在競爭中不斷進步，拉美國

的方法。在皮諾契特政變之前，他們著手起草解決方案，後來方案為皮諾契特接受。一九七五年，彌爾頓・傅利曼應邀訪問智利，提出經濟改革建議，並與皮諾契特會談四十五分鐘。他並非皮諾契特的私人顧問，七天的訪問卻使他此後十年備受困擾，左派將其妖魔化為獨裁者的幫凶。一九七六年，彌爾頓・傅利曼獲諾貝爾經濟學獎，頒獎典禮現場之外有多達五千名抗議者。隨後，左派學生發起「用抗議與揭露把傅利曼從校園驅逐出去」計畫。在一些地方演講時，他「習慣」了從廚房或其他通道走上主席台，為的是避開前排的抗議者。由此可見，左派侵犯言論自由和學術自由無所不用其極，對不同觀點絲毫不寬容。

家極力效仿但收效不大。針對「華盛頓共識」提倡的自由主義經濟模式，拉美國家還出現了抵制傾向。

作為一種觀念秩序及精神和心靈秩序，天主教和伊比利亞傳統很難像清教徒精神那樣有力地抵禦左翼社會主義和共產主義毒素入侵。以當代的拉美國家而論，石油儲量排名世界前列的委內瑞拉落到查維茲（Hugo Chávez）等準共產黨匪徒手中後，迅速淪為貧困且獨裁的流氓國家；玻利維亞原住民血統的總統莫拉萊斯（Evo Morales）執政十四年，其領導的「爭取社會主義運動」貪腐和舞弊成風，被民眾趕下台，避往墨西哥；巴西歷史上第一位通過選舉取得政權的左派總統魯拉（Lula），曾是反抗軍政權的工運領袖，執政後卻陷入多件腐敗案件，以至於卸任後被判處十二年重刑。這就是拉美的「內部惡魔」。

拉美的問題需要拉美人自己解決。正是因為對革命事業的全身心投入，使得玻利瓦爾有了一種深刻而痛苦的發現：事實證明，中南美洲所面臨的問題是難以解決的。今天的拉美政治人物不需要四處尋找根治拉美痼疾的藥方，玻利瓦爾早就開出了藥到病除的藥方——走英美的道路，「不僅需要培養和建立有助於降低政治風險的政治制度，而且需要打造能夠解決有效性與合法性缺失問題的可靠政治領導」。一場文化和精神的更新運動，掃除伊比利亞獨裁主義和天主教蒙昧主義，則是一切的開端。

你們這些富足人哪，應當哭泣、號咷，
因為將有苦難臨到你們身上。

——《新約·雅各書》，5：1

第二章

法國路徑：
革命的斷頭台為誰而設？

人權並非始於法國大革命……它實際上起源於猶太教和基督教。
英國一六八八年發生了平靜的革命，議會把它的意願強加給了國
王，它與法國的大革命不同。「自由、平等、博愛」──我認為他
們忘了還有責任和義務。當然，後來很長一段時間也無博愛可言。

──柴契爾夫人（Margaret Thatcher），《唐寧街歲月》

一九八九年，世界面臨新一輪劇變之際，法國隆重慶祝法國大革命兩百周年。英國首相柴契爾夫人應邀前去參加紀念活動。

　　慶祝活動的規模極其盛大，柴契爾夫人諷刺說：「我想只有法國人或者好萊塢拍電影才會這麼做，遊行沒完沒了，還有閱兵，還上演了一出歌劇，在舞台上的顯要位置竟然放了一個巨大的斷頭台。」柴契爾夫人帶了一本第一版的狄更斯的《雙城記》送給密特朗總統——他是一名藏書家，非常喜歡這份禮物。但密特朗可能沒有理解柴契爾夫人用這本書委婉地表達的看法：法國大革命以自由為開端，卻以殺戮為結局，並不值得標榜。以倫敦和巴黎這兩座城市為代表的盎格魯─撒克遜圈與歐洲大陸，其精神傳統和觀念秩序是格格不入的。

　　早在一八九五年，德國憲法學家格吉歐・耶利內克（Georg Jellinek）就在《人權和公民權宣言》中指出，人權的確立，不是「法國時刻」，而是「美國時刻」；應歸功於美國的清教徒，而不是法國的革命者：「以法律的形式確立個體不可剝奪、與生俱來和神聖的權利的思想起源不是政治，而是宗教。一直被人們當成革命（一七八九年法國大革命）傑出的成果，事實上是宗教改

革和鬥爭的果實。」

　　法國大革命不是現代世界的源頭。法國大革命，首先要革掉國王的命，其次是天主教會的命。身為天主教徒和保皇黨人、反對啟蒙運動的哲學家約瑟夫・德・邁斯特（Joseph de Maistre）說：「法國革命具有一種惡魔的本質……我們這個時代有些人似乎已經被教育到仇恨上帝的地步。」革命時期，一切舊的東西都被視為與革命為敵。天主教會被革命者認為是對國家最大的威脅，是聽命於羅馬教宗的叛國者團體。在革命的血與火中誕生的由「無套褲漢」掌權的國家，不能再容許獨立集團在國家內部存在，特別是舊有的集團。國家的目標是將教會變成政府的一部分，沒收教會財產，將神職人員變成國家職員。一七九〇年二月，國民議會將一項義務強加於教會，規定每位牧師必須在布道壇上宣讀議會所有最新法令的文本。神職人員不再僅僅是上帝福音的傳道者，他們現在還必須成為這個革命國家的發言人。

　　美國歷史學家戴維森指出，法國十九世紀的歷史也可以視為革命者創建的世俗價值觀念體系與天主教會根深蒂固的宗教根源之間的鬥爭。與法國大革命如影隨形的是反教權主義。但事後來看，革命派承擔起教會改組的責任時，正遵循他們的革命邏輯進入一條非常危險的死胡同。他們試圖將教會納入革命政權，而他們過了好一段時間才明白教會是無法融入革命的「異物」。

　　唯有法國方能孕育出這樣大革命。俄國無政府主義思想家克魯泡特金（Peter Kropotkin）指出：「法國大革命，是由兩大潮流準備起來並完成的。一個是觀念的潮流，起於資產階級，想改組國家的政治；一個是行為的潮流，起於人民，各地的農人和工人，他們想對於他們的經濟情形，要有即刻的確定的改良。這兩大潮流又是有一個共同的目的；當兩大潮流會合起來連結起來

要去實現這個目的時，在一定期間，兩大潮流彼此互相為助時；那結果就是革命。」托克維爾則指出，法國大革命不是一場出乎意料的（英雄或惡魔的）颶風，乃是眾多遙遠深層原因的結果，「大革命是從已往事物中自然產生的」。換言之，法國大革命自有其民族性根源、社會根源和思想根源，法國國王和天主教會這兩大革命的敵人，也是革命的幕後推手。

第一節　法國是怎樣錯過宗教改革的？

◎聖巴托羅繆日屠殺是法國大革命的前奏

法國國王路易十六為解決支持美國獨立戰爭而導致的財政危機，不得不召開停止已久的三級會議，不料卻點燃了革命的導火索。第一等級的貴族和第二等級的教士，與第三等級的平民彼此為敵，大革命變成了一場血腥內戰。國王被剝奪了權力，國民公會成為最高權力機構，進而成立公安委員會和救國委員會這兩個超越法律的鎮壓機器。當革命向國外蔓延、歐洲強國興兵干涉之時，革命派宣稱「必須用恐怖手段對付敵人」。誰是敵人，當然由革命派說了算──他們就是反對共和國的「教會和國王的臣民」。

一七九二年九月二日，巴黎警鐘長鳴，各處柵欄緊閉，一場大屠殺開始了。卡爾默監獄、阿爾貝監獄、巴黎裁判所附屬監獄、福爾斯監獄中的囚犯，大部分是貴族和天主教教士，在三天中，全部被一個由公社支持領導的、約有三百人的行刑隊殺死。這幫人肆意殺人，神態自若。他們把神聖的法律制度變成了一場

屠殺，一會兒充當審判官，一會兒充當執刑人。他們不像是在施行復仇，而像是以殺人為職業，毫不動心，毫不內疚地屠殺著，既有狂熱信徒的信念，又有劊子手的服從。不久之後，他們中的大多數人都喪生在自己掀起的風暴中，遭到同樣的暴力殺戮。

在大革命中遭到滅頂之災的天主教會，大概不會承認大革命期間的屠殺與兩百多年前的另一場屠殺有關：一五七二年八月二十四日，周日，聖巴托羅繆之日。巴黎的街巷潮濕異常，「就像是下過一場大雨」——一位路過巴黎的斯特拉斯堡市民如是說。他仔細一看才發現，街巷中流淌的不是雨水，而是鮮血。

這天夜晚，法國新教徒政治家、海軍上將加斯帕爾・德・科利尼（Gaspard de Coligny）[1]在位於貝蒂西街的府邸被天主教暴徒殺害。他被一柄長矛刺穿，屍體從窗戶扔到院子裡。對新教徒的屠殺蔓延到整個巴黎，全副武裝的士兵挨家挨戶搜查，一旦發現新教徒就拖出屋外，不經審判立刻處死。塞納河北岸及拉丁區幾乎全部胡格諾派顯要人物都被殺死。

在大屠殺中，新教徒死無全屍，屍體被拋至塞納河中。還有很多新教徒的屍體堆在廣場與十字路口，隨後被人用小推車棄至河邊。老弱婦孺，無一倖免。嗷嗷待哺的嬰兒被從母親的懷中奪走，拋至河中；全家老少滅門，主僕同遭毒手。婦女被開膛破

1　加斯帕爾・德・科利尼（Gaspard II de Coligny）：法國貴族、將軍、新教領袖。科利尼在弗朗索瓦一世和亨利二世統治時代，參加反對神聖羅馬帝國皇帝查理五世的戰爭。一五五七年，科利尼在抗擊西班牙的聖康坦戰役中戰敗被俘，在西班牙的兩年監禁生活中，與新教徒接觸，贊同喀爾文主義，成為新教徒。此後，他成為法國新教的重要領袖，對年輕的國王查理九世具有很大影響，結果引起王太后凱瑟琳・德・麥地奇的猜忌。一五七二年八月二十四日，科利尼在聖巴托羅繆大屠殺中遇害。

肚，老人被刺穿喉嚨，兒童被拋至河中，男人被殘忍去勢，兇手嗜血狂熱。鮮血染紅塞納河河水。一位親歷者記載：「巴黎人在此後很長一段時間內都不吃河裡的魚，因為河水已被完全汙染，屍臭撲鼻。」

這場屠殺持續了整整一周，死亡人數在前三天達到頂峰，後來雖有下降，但直到八月三十日周六仍有人被殺。巴黎約三千人遇害，外省十五個城市也發生屠殺，全法國罹難者總數達萬人左右。巴黎畫家法蘭索瓦・杜布瓦逃到瑞士，避免了殺身之禍，他的名為《聖巴托羅繆日屠殺》的油畫，反映的正是充滿暴力、仇恨、野蠻的殺戮場景。數百年後，站在這幅畫面前，似乎還能聽見空氣中回蕩著被割喉者的呻吟聲，殺人者的呼喝聲和火槍開火的聲音。

聖巴托羅繆大屠殺在法國歷史中的一系列黑暗時刻占有一席之地。一五七二年八月二十四日，是塑造近代法國的關鍵時刻。聖巴托羅繆大屠殺打破了新教徒抱有的改宗王國願望。法蘭西不再可能成為新教國家，法國從此與宗教改革擦肩而過。十六世紀六十年代初，法國新教徒的數量約為兩百萬人，及至宗教戰爭末期，減至一百萬人以下，在政治上成為無足輕重的邊緣群體。

另一個方面，作為法國國教的天主教會並非毫髮無傷的勝利者。很快，天主教會與總體上的天主教教義因有蒙昧主義之嫌而被送上了啟蒙運動的被告席。反教權的、世俗的、伏爾泰式的法國嶄露頭角，一旦大革命的導火索被點燃，法國天主教會首當其衝成為暴民摧毀的對象。殺人者的後代，慘遭更殘暴的革命者無情殺害。

◎胡格諾派的興起與失敗：法國的宗教改革功虧一簣

當路德率先在德語地區開啟宗教改革，其著作也被翻譯成法文，借助谷騰堡的新式印刷術，進入法國這個歐洲最強大的天主教國家。

法國國王法蘭索瓦一世（Francis I）的姐姐瑪格麗特被路德和喀爾文的著作所吸引，相信因信稱義的教義，並寫下許多記載宗教運動中最令人緊張的悸動的詩歌以及故事書《七日談》。瑪格麗特被許多宗教改革家們推崇，他們希望藉此擴大基督徒智識的範圍，以基督教的道德來浸潤人文主義。

法國新教徒最終追隨的不是路德，而是喀爾文。喀爾文的《基督教要義》發表後，法國的宗教改革超越了單個地追隨路德或慈運理的階段，在敵人面前變成一個堅固的重裝步兵集團，它圍繞一個宣言團結起來，這個宣言既是完備的教義綱要，又規定了禮拜的方式，還是一部道德法典。它找到了一個領袖，這位領袖既是導師又是統帥。喀爾文是法國人——是他們中的一員；他不是操陌生語言的外國人；他不是祖國的敵人。喀爾文的固定住所位於法國疆界之外；但正是距離賦予他行動的自由，使他更受尊敬。他是針對「所有在法國的、為上帝喜悅的、被召喚為選民的人」寫作的使徒。

喀爾文將《基督教要義》獻給法王法蘭索瓦一世。敏銳的觀察者塔瓦內如此評論《基督教要義》的獻辭：

這個前言並非要代表宗教改革同國王辯論，而是將該運動呈現在他面前，讓他自己看清楚。當喀爾文直接對法蘭索瓦一世說話時，語氣堅定而高貴，平穩而莊嚴……他在平等的狀況下與平

等地位的人交談。所有這一切都展現出一位基督徒民主派的形象，而不帶一絲革命派的影子。

喀爾文的《基督教要義》深深地吸引法國以及其他國家的信徒，「是因為它對羅馬天主教會對弊病和醜行作了最強烈的抗議，它包含了對上帝和人類應當如何履行職責的法典，它展現了純潔和高尚生活的理想，它向被召喚被揀選有信仰的人許諾了永恆的幸福。它同時既滿足了需要邏輯論證的理智，又滿足了需要激情支撐的心靈」。

法國各思想流派的人物都認識到喀爾文這位同胞的力量。朱爾‧米什萊說：「喀爾文持續不斷地在精神上與殉教者們對話，置身這些殉教者中間，他自己也成了一個殉教者；他如此生活著，感到在他面前整個塵世都消失了，他調準了他最後的讚美詩，他整個的眼神都凝視著上帝的眼神，因為他知道第二天早晨他也許就得上火刑柴堆。」

短短十多年間，儘管遭受迫害，法國新教徒的數量令人驚異地不斷增長。許多天主教學者、神父和修士皈依了福音派教義，或是公開或是祕密地講道，由於他們知道天主教的內情，他們能夠生動有效地揭露教會的腐化。高等法院的逮捕令也無法阻止「日內瓦錯誤有害的教義」迅速傳播。在日內瓦和斯特拉斯堡等地受過教育和訓練的法國青年新教徒冒險回到國內，走遍法國。在天主教會密探的記錄中，可以看到宗教改革的思想如何沿著法國的大道和水路傳播。

一五五五年，法國新教徒開始組織教會，他們在地窖中祕密做禮拜，宛如羅馬帝國迫害基督徒的高峰期的基督徒。正是從這一年開始，法國大批貴族和市民接受喀爾文的教義。

一五五九年，來自法國全國各地新教的若干牧師和長老在巴黎祕密召開法國新教教會第一次全國宗教會議，他們代表著全國六十六個教會。在會上通過法國新教教會的信仰告白，以喀爾文一五五七年草擬的一分簡短告白為基礎。天主教會用「胡格諾」（Huguenots，即德語的Eidgenossen，意為「宣誓結盟」）稱呼這些喀爾文的信徒，他們也被稱為「結盟者」，而這些人的自稱「改革者」。

天主教會依附王權，背離聖經，在信仰和思想的層面上無法與宗教改革抗衡。新教信仰拉枯摧朽、深入人心，贏得了將近一半的貴族和三分之一的城市居民。胡格諾派在法國南部、西南部和普瓦圖、諾曼第以及阿爾薩斯、洛林擁有強大的前哨陣地。同時，新教吸引了婦女，它強調提高所有信徒的靈魂和智力，對婦女特別有吸引力。

法國胡格諾派信徒迅速提升的組織力量和經濟地位，令天主教會和朝廷感到不安。胡格諾派是辛勤工作的忠誠子民，他們工作高效，創造力強，在經商方面更為成功。他們的商店和作坊搶走大批生意，這也是天主教徒要求打壓他們的主要原因。在更高的層次上，這一要求被賦予充分的理由——在宗教方面持不同政見就是對國王的背叛。

在平靜的表象下，屠刀已悄然揮起。

◎廢除《南特敕令》、鎮壓胡格諾派是「法國最大的災難」

在法國，新教與天主教的鬥爭呈現為從一五六二年至一五九八年間的八場黑暗的宗教戰爭。暴力與屠殺的惡性循環，從上層階級延伸到草根階級。

宗教改革要求個人生活的淨化，這種淨化既與法國國王個人糜爛的生活習慣不符，也與法國宮廷驕奢淫慾的風格不合。在法蘭索瓦一世執政時期，法國政府對宗教改革者的政策總是在鬆疏的保護與嚴厲的鎮壓之間搖擺。亨利二世（Henry II）執政時期，法國政府和天主教會對新教徒的迫害加劇了。一五四七年，法國政府建立了審判異端案件的火刑法庭。一五五一年，法國政府頒布《夏托布里昂敕令》，規定可動用一切官方措施來捍衛天主教，將新教當作跟異教一樣邪惡的異端，「異端是具有傳染性的瘟疫，每一位臣民都要幫助政府鏟除這一禍患」。一五五九年，嗜好殺戮的亨利二世戲劇性地死去：在為慶祝女兒的婚禮而舉行比武大會上，他意外被長矛刺中，不治身亡。

年僅十五歲、文弱多病的法蘭索瓦二世（Francis II）即位，王后正是來自蘇格蘭的瑪麗女王。瑪麗非常強悍，經過其運作，她舅父們的吉斯家族掌握了法國的實權。吉斯家族是狂熱的天主教徒，鎮壓新教徒毫不手軟。巴黎高等法院設置四個刑事法庭，專門審判異端分子。王室頒布新法令，凡是舉行過新教祕密集會的房屋均要夷為平地，所有組織非法集會的人都要處以死刑。

在如此嚴峻的情勢下，法國的胡格諾派教徒來到日內瓦，請教喀爾文是否可以武力反抗。喀爾文拒絕承認武裝反抗的合法性：「如果在這種造反中流了一滴血，那麼就會血流成河；與其為了嫉妒及其福音的事業而引致這種醜聞，還不如我們大家都死去。」受喀爾文的這一立場的影響，很多胡格諾派信徒遭受屠殺時如同待宰的羔羊不作抵抗。也有少數胡格諾派信徒奮起反抗。

不久，年輕的國王法蘭索瓦二世突然病倒並去世。瑪麗王后成為寡婦，回到宗教改革如火如荼的蘇格蘭，企圖用暴力消滅新教運動，讓蘇格蘭重新回到天主教的懷抱，與她展開殊死鬥爭的

正是在蘇格蘭眾望所歸的新教精神領袖約翰‧諾克斯。

在法國，繼位者是年少的查理九世（Charles IX），來自義大利的太后凱瑟琳‧德‧麥地奇成為攝政，掌握實權——正是她參與策畫了聖巴托羅繆大屠殺。

新教與天主教的鬥爭持續至查理九世的下一任國王亨利三世（Henry III）的年代，變成「三個亨利之間的衝突」。所謂「三個亨利」是指持中庸路線的國王亨利三世、天主教領袖第三代吉斯公爵亨利、胡格諾派領袖波旁的亨利親王。由於吉斯公爵亨利煽動極端的天主教徒組成天主教團，公開反對亨利三世，亨利三世下令將其謀殺。吉斯公爵亨利被殺後，法國國內情勢更加惡化，統治巴黎的「十六人委員會」號召「誅殺暴君」，亨利三世不久即遇刺身亡。隨後，雙方的殺戮愈發殘酷。「啊，巴黎！」一本巴黎出版的政治小冊子哀嘆說，「已不再是巴黎，而是野獸的黑漆漆的山洞；是西班牙人、瓦隆人和那不勒斯人的城池，是強盜、殺人犯和刺客的避風港、收容所……」

一五八九年時，唯一生存的波旁亨利名正言順地繼承王位，是為亨利四世（Henry IV）。然而，極端天主教徒不承認其王權，誘使西班牙出兵相助。亨利四世發現，法國大部分人民仍是頑固的天主教徒，無法容忍身為新教徒的國王統治他們，為了保住王位，他放棄新教信仰，於一五九三年宣布信奉天主教，次年風光地進入巴黎，正式登基，創建波旁王朝。

一五九七年，法國新教教會委派四名代表到巴黎與亨利四世談判。曾是胡格諾教派首領的亨利四世，儘管改信天主教，但對胡格諾派的境遇深表同情。雙方達成《南特敕令》，即法國新教徒的憲章。該憲章包括九十五條總體性條款及五十六條具體條款，確保國家每個地方都擁有完全的良心自由權，任何人不得因

其宗教而受到迫害或侵擾。新教徒被給予完全的公民權和保障，可以進入一切大學、學校和醫院，可以擔任一切公職。新教徒可以擁有他們的教會會議，被允許開會討論政治問題。法國政府承認新教徒對兩百個城鎮的控制權，包括擁有民兵武裝的權利。

一六一〇年，亨利四世遇刺身亡，法國再一次陷入戰爭的血雨腥風之中。許多胡格諾派信徒逃到鄰近國家甚至美洲新大陸。一六二八年，胡格諾派最後的根據地拉羅舍爾被攻占，這是零星戰鬥中最嚴重的一次。次年，胡格諾派在法國全面崩解，隨後以獨立教會的形式生存下來。

一六八五年，自稱「太陽王」的法王路易十四（Louis XIV）頒布《楓丹白露敕令》，廢除《南特敕令》，宣布新教在法國境內為非法。占法國人口多數的天主教徒狂熱支持這一決定，稱之為「我們這個時代的奇蹟」、「以前從未有過這樣勝利的喜悅」。聖西門寫道：「從來沒有過這麼一致的好評……國王聽到的全是溢美之詞。」

然而，這是一個愚蠢的決策。伏爾泰將其稱為「法國最大的災難之一」（當然是在法國大革命發生之前），其結果是「完全違背了初衷」。數十萬信仰新教的胡格諾教派信徒大舉外遷，多是紡織工人、造紙商和其他工匠，將在法國居壟斷地位的技術帶到英格蘭和德意志；銀行家和商人帶走了資金；印刷工人、出版商、造船商、律師、醫生及很多牧師逃離。四年內，海軍有八千到九千人，陸軍有一萬到一萬兩千人，還有五百至六百名軍官，逃到尼德蘭，極大增強了路易十四的敵人威廉三世的軍隊實力。三年後，當威廉三世取代被趕下台的詹姆斯二世成為英格蘭國王時，其軍隊實力已是法國的兩倍。圖爾和里昂的絲綢行業遭到嚴重破壞，像蘭斯和盧昂這樣重要城鎮的工人數量銳減一半。

反之，新教國家很快意識到流亡者的價值。尼德蘭即刻給他們公民權利，並免除三年賦稅。勃蘭登堡議員弗雷德里克·威廉在《蘭特敕令》廢除不到一周就頒布法令，邀請胡格諾派來定居，這些流亡者帶來的工業企業對柏林及普魯士的崛起做出了重要貢獻。

對宗教信仰自由的剝奪和對新教徒的迫害，是法國在近代化的門檻上邁出的致命的錯誤一步。此後四百年，法國接踵而至的悲劇遂不可避免。

◎法國的天主教化、絕對君主專制和中央集權制的建立

波旁王朝的開端，以偏狹、極端的天主教教義的勝利為顯著特徵。這是十七世紀最具諷刺意味的事件之一：一方面法國絕對君主專制和中央集權制度得以確立，法國君主的名望不斷提升，以至於成為整個歐洲最有權勢、聲望最高的君主；另一方面，伴隨而來的是天主教的復興和宗教上的不寬容，新教在法國日漸邊緣化，法國社會內在的活力日漸枯竭。

年幼的路易十四曾經歷由法院貴族和資產階級領導的「投石黨運動」，跟隨朝廷逃離巴黎。這段如驚弓之鳥般逃亡的經歷，讓他執政後致力於加強王權、削弱高等法院的權力並鉗制貴族勢力。

一六六一年，路易十四親政。他事事躬親，稱自己從事「國王職業」。剛一上台，他就判處財政總監福凱終身監禁，然後打擊高等法院的權威，把一切介於君主和庶民之間的、承上啟下的權力機構撇在一邊，加強專制王權。

路易十四推行科爾伯的重商主義政策，大力修建基礎設施，

降低稅率，獎勵工業生產，積極從事對外貿易，造成法國經濟的
繁榮。同時，他慷慨贊助文學藝術和科學，成立法蘭西科學院、
法蘭西建築科學院和法蘭西戲劇院，興建華麗堂皇的凡爾賽宮。
法蘭西宮廷成為歐洲富庶、高貴與時尚的樣板。

　　路易十四擁有一支自羅馬帝國以來歐洲人數最多、最強大的
常備軍。一六七二年，法國陸軍人數達到十二萬；一六九〇年，
超過三十萬，幾乎相當於歐洲其他國家軍隊人數的總和。依靠這
支軍隊，路易十四打敗了法國傳統的敵人普魯士和西班牙，與諸
多歐洲國家結盟，法國成為歐洲大陸唯一強權。

　　在宗教領域，路易十四在紅衣主教們的幫助下成為絕對專制
君主，又竊取「教會的保護者」的地位。他大力推行「君權神
授」思想，宣稱「朕即國家」，樹立起無上的權威，深信「我
應該成為上帝的使者，讓所有臣服於我的人按照上帝的教導行
事」。他的國家概念是「一部法律，一個國王，一個上帝」，將
天主教奉為國教和唯一合法的宗教，不能容許任何政治異見和不
同教派的存在。

　　在外交上，路易十四為了與新教的英國爭霸，竭力主張歐洲
應當回歸天主教至上的傳統。同時，他又與羅馬教宗爭權奪利甚
至兵戎相向，表明唯有自己才是正統觀念的捍衛者，由此重申古
代法國乃「最虔誠的基督教王國」。

　　在路易十四執政的五十五年裡，打了二十二年仗，法國一度
稱霸歐洲，這一時期被伏爾泰稱為「路易十四世紀」。然而，路
易十四的窮兵黷武和揮金如土，導致法國陷入嚴峻的財政危機
中，他的後代無力整頓他留下的爛攤子。費內隆在路易十四駕崩
前夕抱怨說：「整個法國就是一個令人巨大的、荒涼的、缺乏供
給的醫院。」其繼任者路易十五的情婦龐巴度夫人評價這種統治

的後果道：「在我們死後，哪管洪水滔天。」

　　法國是歐洲大陸最早成形的中央集權、絕對君主專制的大國。當國王和天主教會聯手鎮壓了宗教改革運動之後，國王、貴族和教士沉浸在勝利的喜悅中，越發專橫腐敗。他們意識不到，法國喪失了數十萬勤勞睿智的新教徒人口，法國與英國之間的百年競爭，天平已向英國一邊傾斜。

　　很多法國人認為，路易十四時代法國的強大來源於中央集權模式。但托克維爾反駁說，表面上，中央集權很容易讓國家表現得秩序嚴明；但實際上，這種良好秩序讓整個社會處於昏睡狀態，「一句話，中央集權長於保守而短於創新」。[2]

　　法國更失去了新教倫理帶來的資本主義精神，特別是基督新教帶給尼德蘭、英國和大洋彼岸年輕的美國的法治、個人自由與秩序的平衡、私有財產的保障以及孜孜不倦的創新精神。歷史學家布勞岱爾（Fernand Braudel）認為，法國對包括農業技術、造船業、武器等新事物和多種經濟活動缺乏敏感，是受法國的地理位置的牽累，「法國的落後不但與其地處歐洲中心有關，更重要

2　托克維爾論述到此處時，特地加了一個注腳：「在我看來，中國是以最集權的行政，為被統治的人民提供社會安逸的最好代表。一些旅行家告訴我說，中國人有安寧而無幸福，有百業而無進步，有穩勁而無闖勁，有嚴苛的制度而無公共的品德。」他在作這個判斷時，正是大清道光年間。道光皇帝頒布了防止外商做生意的八條章程，而西方正要用船堅砲利打開清帝國的大門，兩種文明的衝突迫在眉睫。極有諷刺意味的是，在二〇二〇年中國病毒肆虐世界、歐美國際損失慘重之際，曾經宣稱西方自由主義大獲全勝、歷史已然終結的美國政治學者福山，居然盛讚中國的中央集權模式的成功：「中國模式是非西方模式中最成功的一個：國家干預和準資本主義的混合體。這個國家所關切的，即便不能說是實現人民福祉，至少也是向人民提供幫助。」若托克維爾聽到這樣的言論，不知當作何感想？

的恐怕還在於它自身的地理結構。往昔的法國土地遼闊廣大，經濟生活勢必處於四分五裂的狀態；這也說明這個國家儘管門戶洞開，而任何外族入侵卻進展緩慢。同樣，法國地處交叉路口，儘管各種外來文化都在這裡匯聚，但進展十分緩慢，無論在藝術觀念方面，或是物質財富方面，莫不如此。」但是，地理決定論其實並不成立：法國的落後不是因為疆域廣大，美國的疆域難道不比法國更廣袤嗎？為什麼美國人的政治、經濟、文化各方面生機勃勃？比地理因素更重要的，是一個民族的精神氣質，而決定其精神氣質的乃是其宗教信仰。

第二節　地獄之門就在天堂之路的隔壁

◎為什麼大革命發生在法國而非英國？

法國大革命是法國的王公貴族、天主教會及啟蒙主義者聯手打造的歐洲歷史上空前的暴政。在英國作家狄更斯的小說《雙城記》中，法國貴族草菅人命、凶殘暴虐，讓人毛骨悚然。統治階層認為他們的體制穩如泰山，殊不知整個法國如同即將噴發的火山，啟蒙主義為人們砸爛舊制度壯了膽——既然可以不信上帝，又怎麼會尊重國王和教會？

舊制度的危機首先應視為君主政體、天主教會和思想觀念的危機，更具體地表現為財政危機和經濟危機，威廉・多伊爾（William Doyle）在《法國大革命的起源》一書中說：「經濟危機將民眾推進政治領域，這是數代人所經歷的最嚴重的經濟危機。」

這場大革命為什麼在法國發生而沒有在英國發生？英國法學家福蒂斯丘（John Fortescue）認為，這是因為英國有憲制，法國沒有憲制。英國經過宗教改革完成政教分立，拒絕宗教改革的法國是政教合一。在英國憲制之下，國王成了一個「天使般的角色」，這並非說英國國王在人性上比法國和其他國家的國王更善良，而是英國國王不再擁有作惡的能力或權力，英國國王只擁有「負權柄」，即為國民服務的權柄——英國國王不能在宗教和精神層面對民眾指手畫腳，在英國式的「政治且王室的統治」中，國王提供的正義比較得體，人民「按照他們自己希望的那樣獲得正義」。

　　再次，在英國，國王受到法律制約，如阿奎那所言「王乃是為了王國而設立，而非王國為了王而設立」。反之，在法國，「純粹王室政府」可以盡行「邪惡之事」——比如：法國國王不容忍臣民自己製鹽來吃，除非他們從國王那裡用國王單方面制定的價格買鹽（《鹽鐵論》之後的中國也是如此）。即便窮人寧可不吃鹽，也不願意花昂貴的價錢向國王買鹽，他馬上被迫以國王的定價，購買他家裡所供養的全體成員按照人頭配額的鹽。

　　英國平民有《大憲章》保護其基本人權，而法國平民百姓中若誰被指控犯罪，不是像英國人那樣被召喚到普通的法官面前，而是常常在君主的密室或別的私人場所被審訊。一旦被定有罪，就不再需要任何形式的司法審判，直接被裝進一個口袋，在夜間由憲兵長官的手下人把他投進河裡淹死。

　　福蒂斯丘進而比較了法國和英國的窮人的生活狀態，「憑著他們的果子，就可以認出他們來」：

　　在法蘭西，是一幅窮困潦倒的畫面，人們生活在苛捐雜稅的

壓力下，不能自由享有其所有，隨時遭受國王的侵奪。他們掙扎在土地上，穿著粗麻布，光著腳流浪，吃不上肉。在英格蘭，即便是窮人也擁有烤牛肉和自由，人民享受著勞動成果，吃的是肉食，穿的是羊毛品。

福蒂斯丘引用聖經《申命記》的經文形容說，英國人的生活是上帝「對這塊正義而溫順的土地的賜福」，法國人的生活則是上帝「對暴政的詛咒」。

法國大革命的發生，更有其思想根源。對法國大革命持肯定態度的歷史學家喬治‧勒費弗爾（Georges Lefebvre）指出：「革命行動發生於精神領域。」也就是說，法國大革命不僅是一場權力和財富的「乾坤大挪移」，更是一場「想像的革命」和「觀念的革命」。主導法國大革命的，不是在會堂中發表長篇大論的革命領袖，也不是在街頭衝鋒陷陣的暴民和殺手，而是並未實際參與其中的人，是法國啟蒙運動的巨人們——盧梭（Jean-Jacques Rousseau）、伏爾泰（Voltaire）以及「百科全書派」的學者、哲學家、詩人們。

英國思想史家以賽亞‧伯林（Isaiah Berlin）在為邁斯特的《論法國》一書所寫的導言中，特別引用俄國革命者亞歷山大‧赫爾岑（Alexander Herzen）對法國大革命的評論：赫爾岑認為，一七九二年的人與眾不同，就在於他們同整個舊制度絕裂的徹底性——

他們不僅譴責它所有的罪惡，而且否認它的一切優點。他們不想保留任何東西，他們要把罪惡的舊制度消滅得一乾二淨，以便建立一種全新的、純潔無瑕的制度。他們不想做出任何妥協，

他們不想讓自己建立的新國家，對作為地基的廢墟承擔任何舊債。這就是「十八世紀哲學家的天上之城」。

劍橋學派學者波考克（J. G. A. Pocock）指出，英格蘭的「普通法」具有島國特質，它作為一種歷史傳統，也就是「古老憲法」，通過一代代的教育與文化傳承，深入到英國人心靈深處，使他們擁有一種「普通法心靈」，相信「普通法保障個人自由權利，這是英格蘭自古以來神聖而不可侵犯的傳統，沒有任何力量可以改變」。換言之，不論是封建法、教權或君權，都不能凌駕於英格蘭的古老憲法之上。從十七世紀初以降，歷經清教徒戰爭，直到光榮革命結束，將近一百年的政治紛擾，都圍繞著「古老憲法」是不可妥協、不可侵犯、絕對自由的爭論之中。「人生而自由」這句話在英國，不是哲學啟蒙家的理想烏托邦，而是紮紮實實地根植由法律與習俗交織的社會共同體之中。

英國人有值得保守和發揚的傳統，英國人珍惜且活化其傳統；反之，法國人認為他們的不幸與災難都來自於傳統，要全盤推倒重來。正如伯林所說：「在人類建設的實證主義和樂觀主義時期，人們高傲地宣稱，我們馬上就能運用經濟或社會手段，消除一切弊病，但是到頭來卻歸於無效。」由此，伯林發現了法國大革命和俄國革命之間的血脈關係，「馬克思主義中更為嚴酷和狂暴的一面，都可歸因於人類希望認識這些醜惡面的願望」。

◎法國大革命是「文人」的革命

托克維爾晚生了半個世紀，沒有經歷法國大革命，卻親身經歷了二月革命——二月革命是大革命的延續，也是縮小版的大革

命。[3]托克維爾總結出法國大革命的一個重要特點：大革命爆發之前，文人在思想上準備好了點燃法國社會這堆乾柴的火柴，這火柴就是啟蒙思想。法蘭西民族疏遠自身的事務，厭倦了它自身的制度，又無力去改革它，同時，它又是所有民族中最具文學色彩，對高度文明最欣喜若狂的民族。這種精神分裂症的情形，解釋了知識分子怎樣成為一種政治權力並最終成為「第一號權力」的。

美國學者格特魯德·希梅爾法布（Gertrude Himmelfarb）指出，在十八世紀中葉，希望取代國王和教士來統治法國的，是一批相信人的絕對理性精神的文人們，這一特殊事件「最終確定了法國大革命的地位、發端和性質」。這批文人乃至「哲人」相信宗教的社會效用是「似是而非的」、「矛盾的」、「落後於他們對社會的思考」，這源於他們不能在世俗信念基礎上產生一個有機而整體的社會觀念。他們具體的政治觀點南轅北轍，但在一個最普遍的觀念上是一致的：應該用簡單而基本的、從理性與自然法中汲取的法則來取代統治當代社會的複雜的傳統習慣。所謂十八世紀的法國的政治哲學，就包含在這個唯一的觀念之中。

在法國，看似高尚的文學和哲學居然成為災難的源頭。每種公眾激情都喬裝成哲學；政治生活被強烈推入文學之中，作家控

3　托克維爾寫道：「一場暴動就跟小說創作一樣，如何收場是最困難的。」美國歷史學家譚旋（Timothy Tackett）亦指出：「結束一場革命可能要難於開始一場革命。」法國小說家福婁拜（Gustave Flaubert）二月革命時也在暴動的群眾中，他在小說《情感教育》中描述了親眼目睹的場景：「暴民進據王宮，撕裂搗毀所有能夠搬運的物品，包括鏡子、窗簾、吊燈、燭台、桌椅、馬桶等，甚至畫冊和縫紉用的針線籃都不放過。這種舉動，與其說是報復，不如說是示威。他們是勝利者，自然有權為所欲為。群眾將昂貴的蕾絲和羊毛製品披在自己身上，極盡嘲弄之能事。……有的人跳舞，有的人喝酒。……暴民將酒窖搜刮一空，聚在兩排長廊縱酒狂歡，放蕩的模樣令人卻步。」

制了輿論的領導，一時間占據了在自由國家裡通常由政黨領袖占有的位置。作家們不僅向進行這場革命的人民提供思想，還把自己的情緒氣質賦予人民。當國民終於行動起來時，全部文學習慣都被搬到政治中去。那時連政治語言也從作家所講的語言中吸取某些成分：政治語言中充滿一般性的詞組、抽象的術語、浮誇之詞以及文學句式。這些新品格與法蘭西性格的舊底子完全混為一體。法國人在政治方面崇尚普遍思想，崇尚體系，崇尚誇大其詞，這種喜好與「文學精神」相關聯。

　　法國的文學之士走得太遠了——他們用抽象的體系及「簡單而基本的規則」代替一個迅速變動的複合體和古老制度。這種語言風格和模式，日後成了喬治・歐威爾所思考的語言與實際嚴重脫節的「新語」的範本。

　　政治需要以法律來約束和規範，政治不能由文學來操縱和引導。法國人偏偏迷戀於「政治上的文學精神」。托克維爾本人也具備濃烈的文學精神，他的政治學著作因而擁有史詩般蕩氣迴腸的魅力；不過所幸，他從未讓這種精神壓抑其理智的政治判斷。托克維爾發現，法國人疏遠於自己的公共事務，喪失了經驗，受制於制度，卻無力改變它們，與此同時，法國人又是世界上最具文化修養、最崇尚智慧的民族。能想到這些就很容易理解，作家何以凝成一股政治力量，而且最終成為了領導力量。他對法蘭西民族的這種「政治上的文學精神」深懷警惕：

　　它所追尋的是新奇巧妙的事物，而非真理：喜歡有趣的圖像，勝過實際的目的；欣賞舌燦蓮花的表演，而不顧後果為何；憑藉印象來判斷事物，而非仰賴理性。

這種「政治上的文學精神」精神貽害至今，它是各種形形色色的左派的共同點——左派和不自覺地受到左派思想觀念支配的人們，經常拿美學標準套用於政治及道德判斷。

　　法國大革命不僅是「文人」的革命，更是「邊緣文人」的革命。法國大革命及法國之後的歷史進程被那些對社會充滿仇恨的「邊緣文人」所把持，他們本已一無所有，熱衷於破壞和毀滅，興高采烈地觀賞火焰和鮮血。此種模式也成為左派革命的阿基里斯之踵（Achilles' Heel）——蘇聯獨裁者列寧（Vladimir Lenin）和史達林（Joseph Stalin）、中國獨裁者毛澤東、越南獨裁者胡志明，在階級身分和人格特質上都如此同構，用歷史學家余英時的話來說，都是「打天下的光棍」。

　　相比之下，在英國，並沒有一個法國式的「知識階層」——一個有組織的、持不同政見的、有潛在革命傾向的知識分子階級，大多是無神論者。法國的文人階層跟中國的士大夫很相似，四體不勤、五穀不分，一屋不掃而掃天下。而英國擁有按照他們本身的「節奏」行事的思想者、作家、傳道者和改革者，很多人在信仰上是新教徒，在職業上是小業主或莊園主，身體力行、心靈手巧、研究園藝、騎馬狩獵、性情溫和、舉止從容、尊重傳統、講求實際。法國文人所仰賴的法語，汪洋恣肆、絢爛多姿；英國中產階級使用的英語，簡單平實、素面朝天。兩種語言背後是不同的民情，不同的民情背後又是不同的信仰、不同的觀念秩序及精神、心靈秩序。

　　對於英法兩國的文人及思想傳統的差異，十八世紀後期的美國人有敏銳的觀察和比較。美國人繼承英國憲制，獨立革命發生數年前，這個新國家的國父們就對沿襲自英國的代議制政府很熟悉了。他們不是誇誇其談的旁觀者，而是有豐富實踐經驗的政治

家。其中，漢密爾頓（Alexander Hamilton）是把實踐經驗、對傳統和歷史的連續性的尊重以及政治想像力結合得最好的人。他把美國看作一個與英國共享同樣的意識形態和經濟紐帶的商業帝國。作為華盛頓的副官，他親身參與了反抗英國的獨立戰爭；但他並不仇恨英國的一切，而將英國的大部分遺產精心保存下來。在托克維爾之前，漢密爾頓是最早對抽象政治哲學（特別是法國的沒有受過代議制政府經驗補充的政治哲學）表示警惕的美國人之一。他認為，「好的政府」應該是「抉擇與反思」的、不斷創新的政府。他很看重政府的持續性以及堅固與穩定的制度，對那些沒有經驗教訓的幻想之士表示擔心，強調「經驗是人類判斷力最少犯錯的向導」。

美國第二任總統約翰・亞當斯（John Adams），曾赴法國促成締結美法結盟。在巴黎期間，亞當斯經常宴請有名望的法國知識分子，他發現，這些法國知識界的名人博學通識，但總是沉溺在自己的幻想中，對如何治理政府完全無知，「法國的哲學家們對於經驗和常識的缺乏令人震驚」。他們對於持續的民主制度的創造沒有任何貢獻，事實上是在把歷史推向後退。他們需要的是即時性的完美，「他們是把一件完整的衣服割裂開並撕成碎片，不留下一根完整的細紗」。他們所發明的「空想的方案」已經延緩人類進步狀態整整一百年了。亞當斯毫不掩飾對法國的烏托邦理論家們的輕蔑，這些人大都相當不堪：伏爾泰是「撒謊者」，盧梭是「紈褲子弟」和「好色之徒」，達朗貝爾是「寄生蟲」和「蝨子」，杜爾哥是「缺乏判斷力和實際經驗的政治家」，孔多塞是「騙子」和「白癡」——孔多塞如果僅僅是一位哲學家，那就很好；但他作為一位立法者，則非常危險，會摧毀他自己追求的道德理想。孔多塞日後恰恰成為法蘭西第一共和國憲法主要起

草人之一，他專門設計了一套看似精密的投票方法，後世稱之為「孔多塞投票法」。然而，在大恐怖期間，孔多塞這位革命元勛卻被更激進的革命派逮捕關押，慘死獄中。

◎法國大革命是敵基督的革命

法國的文學之士將天主教會當作首要敵人，他們以滔滔言辭攻擊天主教會，最後在革命者那裡轉化為對教士的屠殺和對教堂的破壞。啟蒙思想家們的信條分為兩部分，「一部分包括關於社會和民事、政治法律準則所有新的或革新的觀點」；另一部分「是與教會為敵，他們攻擊教士、教會等級、教會機構、教義，而且為了更徹底推翻教會，他們還想將教會的基礎連根拔掉」。從某種意義上說，天主教的遭遇多半是其咎由自取，在法國「天主教之所以激起這樣強烈的仇恨，並非因為它是一種宗教教義，而是因為它是一種政治制度」。

神學家保羅・田立克（Paul Tillich）認為，天主教會確實存有法國的文學之士所攻擊的那些醜陋惡習——正如路德所說，「教宗的神權是一種魔化的要求，實際上是敵基督者的要求」，路德不是批判某一個教宗的缺點，而是批判教宗成為基督的神權代表的地位，教宗和天主教「以這種方式敗壞了靈魂」。這是天主教腐敗的根源。

法國的文學之士對天主教的攻擊並不比路德和喀爾文兩百多年前的著作更深刻，他們用更具煽動性的語言，在法國社會贏得廣泛共鳴，甚至天主教會內部的改革派也隨之翩翩起舞。

然而，這個國家在兩百年前錯過了宗教改革，現在一切都太遲了。法國天主教會在漫長的中世紀已固化，寄希望於它自發改

革是不切實際的。文學之士又不屑於在教會內部開啟改革，他們只想破壞乃至毀滅。於是，等待雙方的，只有玉石俱焚的結果。

法國大革命剛一登上歷史舞台，就呈現出作為一種新的宗教的特質。法國大革命是一場以宗教革命的形式開展的社會政治革命；法國大革命反對的對象之一是法國的傳統宗教和主流宗教——天主教，歷史學家彼得·麥克菲（Peter Mcphee）指出：「一場基於人民主權、聲稱不容所有信仰、通過世俗理性達成世俗成就的大革命，無法與基於上級任命、神聖教條、唯一信仰的教會相調和。」

為什麼法國民眾的怒火首先向教會迸發？因為法國天主教會跟專制皇權緊密結合，教士是塵世的地主、領主、什一稅徵收者、行政官吏，占據著最具特權、最有勢力的地位。革命者當然要取而代之：法國大革命成了一種新型的宗教，一種不完全的宗教。沒錯，它沒有上帝，沒有儀式，也沒有死後的世界；但它卻像伊斯蘭教一樣，擁有大批士兵、使徒和烈士。

一七九〇年十一月二日，國民公會為解決財政危機，投票通過將教會財產沒收充公。教產發交拍賣，修士修女們的生活陷入困境。革命政權廢除了宗教稅，改由政府向教士發放薪金。

國民公會進而通過《教士法》，其中有逼迫教士結婚一項。該法律包括：此後主教及本堂神父應由人民選舉；主教應從國家任命的首席主教那裡領受神權，不再由教宗授權；主教及本堂神父應宣誓忠守此法令。經過宣誓的教士才有資格成為受政府保護的「公民教士」及「人民的僕人」。

在國民公會逼迫下，有部分主教同意宣誓，其他大部分拒絕宣誓。不宣誓的神父，有的被放逐，有的被監禁，有許多神職人員因此殉教。當局故意散播謠言說，如果天主教神父和信徒不服

從政府的新規定，政府將引入新教的勢力並強迫所有人接受。

　　由此，革命派自上而下分裂了法國，並且無端地在他們自己和全國大部分地區之間引發了一場曠日持久的衝突。一些歷史學家認為，這場衝突是革命派犯下的最無必要的滔天大錯之一。但革命派必須這樣做，因為革命作為一種新宗教（理性主義、無神論）必然要摧毀舊宗教。

　　革命政府還下令，為「提高效率」而關閉大量「多餘」的教堂。按照一個城市中每六千人中有一個教區教堂的標準，巴黎將關閉五十二座教堂中的十九座，其他的城市和鄉鎮大致也是如此。教堂被關閉，宗教團體慢慢消亡，地方自治亦走向崩潰，於是中央政府的手就伸進來，對地方的控制超過了以往任何一個時期。

　　革命政權還推動若干激進的文化宗教政策，以剷除天主教的生存根基。國民公會通過羅姆制定之共和曆法，廢除基督紀年及傳統的基督教節日。此曆法以一七九二年九月二十二日為共和元年，一年十二月，一月三十日，每月共分三旬，每旬的第十日代替禮拜天作為休息日，以十天為一周來循環，藉此取消教會的禮拜日。之後，政府採取更嚴厲的破壞行動，關閉所有教堂（部分改為理性殿堂），教會的藝術傑作悉數遭到破壞。武裝分子更改了城鎮、街道和地標的名稱，聖徒、聖母以及總體上與基督教相關的名稱都被抹去。法國近代史專家雅克・索雷（Jacques Sole）指出：

　　法國大革命激發了傳播信仰的熱望，掀起一場宣傳運動。由此，它終於帶上宗教革命的色彩，使時人為之震恐；或者不如說，大革命本身已成為一種新宗教。

大革命對教會的迫害相當有效。一七九九年，革命之後十年，整個法國只有零星地區的人們保持虔敬的信仰，那裡的人因為矜持信仰生活相當艱難。相當部分人口已停止日常宗教活動。與一七八九年相比，西北部和中部的某些地區，復活節領聖餐的人數減少了三分之一。在周日工作成為慣例。許多教堂重新開放後無人光顧。拉梅內（Lamennais）認為，一八〇八年時宗教已徹底毀滅。維琪埃里則認為，在大革命的各個階段，都可以看到一股將信眾和教士們相隔離的力量，阻撓民眾參加聖禮，這背後有一套有序而高效的迫害制度。大革命在去基督教化上取得了暫時的勝利。

　　但革命者深知，宗教信仰是人正常的精神需求，他們就用一套革命崇拜的禮儀取代天主教被摧毀後留下的空缺。很多革命崇拜都帶有模仿天主教的特色。比如，羅伯斯庇爾倡導的「美德」中有護教者的神學印記，他以「最高存在」的稱呼來取代上帝。一七九四年六月，羅伯斯庇爾企圖賦予這種偽宗教信條可信度，他在新創立的公眾盛會上充當儀式主導者，帶領一群國民公會議員走上戰勝廣場上的假山，他們高唱讚歌，發誓摧毀所有國王。約有四十萬名男女出席了該儀式。但當羅伯斯庇爾倒台之際，他的人造宗教也轟然倒塌。

　　歷史學家約翰·麥克麥納斯（John McManners）指出，革命宗教雖然誕生於一七九一年與天主教斷絕關係之後，但它身上帶著啟蒙時期的天主教的烙印，對道德化禮拜儀式的需求持續了整個大革命時期。大革命本身變成一種現代「政治宗教」。托克維爾是最早發現這一祕密的「有高尚心靈的偉大的基督教思想家」，他發現，政治宗教竄升的立即後果是：人們失去對自由的愛。「政治宗教」是一種比馬克思所說的「作為催眠的鴉片的宗

教」更強勁、更危險的藥物——它可能跟傳統宗教一樣殘暴，如同在大革命時期的恐怖統治中所見；甚至可能更為凶殘——納粹及中共就是例證。

與法國革命相比，英國和美國的革命沒有反基督教色彩，而以教會為盟友——新教教會本身就有革新精神。英國革命的動力不是人的絕對理性，而是「社會美德」或「社會情感」——它們背後是基督教信仰。在美國，獨立革命的動力是「個人主義」和「政治自由」——它們都是首先在教會中實現和養成的。對於英國的政治哲學家和美國的開國先驅們來說，理性只是達到更大社會目的的工具，不是目的本身，而宗教是盟友，並非敵人。

法國革命者對基督教的刻骨仇恨，讓漢密爾頓深感厭惡，他如此評論法國革命者的蠢行：

> 熱愛自由的政治人物遺憾地將它們看作是一道可能會吞噬他汲汲以求的自由的鴻溝。他明白，一旦道德被顛覆（而且道德一定會和宗教一起淪陷），僅有暴政的暴行才能夠抑制住人的衝動的激情，並以社會義務束縛他。

最深刻地論述法國大革命敵基督本質的是約翰‧亞當斯。當亞當斯首次聽到法國革命爆發的消息時，他就思索著「在一個有三千萬無神論者」的國家將會發生些什麼，他的答案是：「我不知道怎麼建立一個由三千萬無神論者組成的共和國。」當有人不斷地走上斷頭台，當頭顱不斷地落在擠滿人群的路上，法國的執行內閣依舊在爭論與釋放他們的理想。亞當斯發現，在法國進行的是一場真正的革命，一場階級畫分，階級的革命；而在美國革命中，所有階級都站在同一戰線上對抗英國。當法國革命繼續走

向血腥之路時，它亦是在走向亞當斯《為美國憲法辯護》中所稱的自殺之路。

早在法國革命之前，亞當斯與盧梭就一直進行著爭論。盧梭認為新的民主時代將會是「大眾的意願」的勝利。亞當斯認為，如果多數票是五十一票，少數票是四十九票，那麼大眾的聲音又怎麼會成為「上帝的意願」呢？難道上帝也在天天改變主意嗎？

盧梭對「上帝的意願」不置可否，他那響亮的「人生而自由，又無處不在枷鎖之中」的呼聲，可以迷惑庸眾，卻無法說服一個充滿原罪思想的頭腦。由於盧梭高度讚揚無辜而又高貴的野生動物，亞當斯給他寫信說：「以前，從來沒有一個聰明人會把我們變成野獸。閱讀你的作品，使人產生一種用四肢走路的渴望。」亞當斯不能接受將理性作為信仰的主張，儘管許多法國思想家都期望實現這個理想，

亞當斯晚年讀瑪麗·沃斯通克拉夫特的《法國大革命》，書中的幾乎每句話都與他的意見相左。當作者稱政府一定要簡單時，亞當斯在空白處注道：「如果你把時鐘的所有齒輪都毀掉，那這座鐘也會變得很簡單，可它就不能報時了。」他還寫道：「如果一個偽善和迷信的帝國被推翻，這對全世界來說確實是件好事；可如果所有的信仰和道德也隨之被推翻——即我們都是上帝的子民，彼此的行為都要對上帝負責，平等地約定要尊重彼此——結果還是好事嗎？」

亞當斯對宗教的熱忱並不輸於伯克，「有沒有這種可能，各國的政府會落入這樣的人之手——他們教導那些最為陰暗的信條，教導人不過是螢火蟲而且所有這一切都沒有先祖？」與此同時，伯克宣稱，諸如此類的無神論前設將人降格到「夏日蒼蠅」的水平。

作為律師、法學家和美國憲法的制定者之一，亞當斯說，他與一味稱頌希臘傳統的法國人不同，他更看重的是希伯來傳統：「儘管我喜愛、敬重和仰慕希臘，但我相信希伯來人對人類的啟蒙和文明所作的貢獻更大。摩西比希臘所有的立法家和哲學家做得都多。」由亞當斯一手起草的《麻薩諸塞憲法》確認個人有「義務」去尊崇「至高無上的存在」（上帝），並且個人有權在不受騷擾的情況下以「最符合他自己良心指示的方式」這樣做。

亞當斯與法國知識分子分歧的根源，在於對基督教的態度。一七九六年，亞當斯批評湯瑪斯・潘恩在《理性時代》中對基督教的批評幼稚可笑：

基督教超越所有曾經盛行或存在於古代和現代的宗教，不管流氓潘恩他怎麼說，基督教是具有智慧、德性、公平和人文性的宗教。

◎馬拉、丹敦、羅伯斯庇爾：人的偶像化是大屠殺的開端

在法國大革命的反基督教狂熱中，出現了尚—保羅・馬拉（Jean-Paul Marat）、喬治・丹敦（Georges Danton）和羅伯斯庇爾等「三偶像」。對絕對理性的推崇，必然投射到活生生的人物身上，於是馬拉、丹敦和羅伯斯庇爾等人便成了「半神半人」的英雄和偶像。一旦對人的偶像崇拜這一思想觀念被從潘朵拉的盒子中釋放出來，大屠殺就勢在必行。偶像崇拜與大屠殺呈現雙螺旋結構，不到整個國家和民族筋疲力盡、走向崩解，就不會停止。法國大革命是近代偶像崇拜和大屠殺的開端，此後俄國共產革命、德國納粹革命、中國共產革命都是其在不同民族文化中的

升級版本——它們分別擁有自己的偶像崇拜：列寧和史達林、希特勒、毛澤東。

馬拉、丹敦和羅伯斯庇爾等革命領袖最終都死於非命。殉道者的死是法國大革命中的政治家最高的目標，而非投身公眾服務的模範生活，也不是獲得史學家永恆的讚揚。羅伯斯庇爾布道式地說道：「好人和壞人都從世界上消失了，聽我的吧，公民們，死亡是不朽的開始。」儘管雅各賓派領袖喜歡談論美德和精神，但他們留下的遺產是貧瘠無益的。他們的公開言詞不包括任何閃亮的、值得紀念的對自由與正義的貢獻，也沒有任何關於民主的洞見。其中充滿著非邏輯性的格言，熱愛人民的強烈的號召，偏執式的告發以及對自殺的譫妄的頌歌。與之相反，華盛頓和麥迪遜懷念的是維吉尼亞，而不是死亡。當他們離開政治舞台時，渴望回到自己的農場和莊園，過獨立自足的生活，而不是犧牲自己。對他們來說，沒有什麼事情比永恆的榮譽和贏得理性和睿智的人們的尊敬更重要。

法國大革命期間被譽為「人民之友」的馬拉，被左派形容為「自由的傳播者和蒙難者」以及「我們整個革命的主要鼓舞者和思想家」。實際上，馬拉是啟蒙時代後期小知識分子、邊緣知識分子的典型，在一七八九年之前，他一直都是貧困潦倒的失敗者，他生活在巴黎的槍手作家和「蠕蟲街」作者的怪異陰暗角落。他研究過科學，但他對牛頓學說的攻擊慘遭失敗。他的政治論文未能在公眾中激起反響。他苦澀地抱怨正規學術機構陰謀剝奪他的學術事業。

大革命初期，馬拉通過政治報刊成為革命先鋒，他是激進左派陣營排名第一的宣傳家。此後，列寧、希特勒、墨索里尼、毛澤東、胡志明、波爾布特、查維茲等人都以他為榜樣——先拿起

筆桿子，再拿起槍桿子。馬拉創辦了一家足以影響全國政治走向的激進小報《人民之友》，這份報紙的名字成了他的別稱。他號召暴民拿起武器，讓那些擋路的貴族和教士「人頭落地」。他的恐怖言論擊潰了企圖維持紳士風度的保皇黨人，也使他超越政治記者身分成為革命領袖，並被選入國民公會。

馬拉參與策畫了可怕的一七九二年九月大屠殺，用筆殺人之後，就要用刀和槍殺人了：「一年前，砍下五百或六百人的頭顱後，你們就認為你們已經永遠自由幸福了。現在則需要一千個人的頭顱；在幾個月後，也許要砍下一萬人的頭顱，你們會完成這項工作的；除非你們已經消滅了最後一個頑固的國家公敵，否則你們將永無寧日。」這裡，他所列出的數字是隨心所欲的，如同日後史達林所說，被消滅的「幾百萬階級敵人」，不是人，只是統計數字。

一七九四年七月，馬拉被年輕的女天主教徒夏洛特・科黛謀殺在浴缸中，刺客隨即被處決。畫家雅克—路易・大衛（Jacques-Louis David）所作的名畫《馬拉之死》永遠定格了馬拉遇刺的那個時刻。跟拉丁美洲的切・格瓦拉（Che Guevara）一樣，馬拉死後名聲大震，成為左派永垂不朽的烈士。[4]

第二個死去的是丹敦。丹敦早年是律師，在大革命初期，他的第一次出場的是作為「科德利埃俱樂部」的主席。[5]丹敦主張，法蘭西應以「人民主權」組成人民的國家，以「人民本體」

4　具有諷刺意味的是，很多文青迷戀這些革命者，將他們的頭像當做炫酷的標誌，殊不知，資產階級的文青正是革命者要消滅的對象。

5　該俱樂部因在科德利埃修道院舉行會議而得名，其正式名稱為「人權與民權之友會」。從這個細節可以看出，天主教會已完全空心化，無力抵禦革命思潮的衝擊，修道院居然成為革命者的巢穴。

為中心，以「自由、平等、博愛」作為座右銘。在革命初期，丹敦的表現並不出色。

　　一七九二年八月十日，暴民攻占杜樂麗宮，國王和王后避難於國民議會，天亮後君主制垮台了。丹敦是此一事件的幕後策畫者，事後成為司法部長，掌握了實權。

　　一七九三年一月，丹敦力主處死被罷黜的路易十六，促成表決投票。對國王的處決實施後，他怒吼說：「歐洲的國王們敢挑戰我們嗎？我們用國王的頭擲向他們！」埃德蒙·伯克在海峽的另一邊嚴厲譴責法國的暴徒政權殺害國王和王后的暴行，並指出這種「殺人有理」的哲學「乃是冷酷心靈和理解混亂的產兒」，法國已淪落到「各種法律只有靠它們自身的恐怖來加以支撐」的地步：

　　當理性排斥了深情厚愛之後，在他們的學園的叢林中，在每一排的盡頭，你看到的只有絞刑架。沒有留下來任何東西是致力於共和國的深情厚愛的。

　　此時此刻，作為律師的丹敦，卻拒絕承認其所作所為是對法理的根本性破壞。丹敦是創建「革命法庭」關鍵人物，是親手毀滅法律的律師，是將恐怖統治制度化的政治家。

　　一七九三年四月六日，丹敦參與創建超越於法律之上的「公安委員會」。丹敦是這個機構的九名創始成員之一，還當選為第一任主席。他認為，「作為救援的手段，接受人民激情的憤怒是一個不可避免的小事件」。「公安委員會」是近代第一個極權主義的「利維坦」，後來蘇聯的克格勃、納粹的蓋世太保和中共的政治保衛警察都從中脫胎而來。

一旦實行恐怖統治，恐怖統治就成為家常便飯。城頭變幻大王旗，革命一路狂飆突進，丹敦很快從激進派淪為保守派，從革別人的命變成被別人革命。他在一場政變中被捕並在一場草率的審判中被判處死刑，罪名是「背叛革命」。

　　一七九四年四月五日，丹敦等十五人被送上斷頭台。「我留下的這一切是一個可怕的混亂，」他說，「他們沒有一人有管理的理念。羅伯斯庇爾將會步我的後塵；他是被我拖累的。啊，一個貧窮漁民所參與人的管理還是會比較好！」這句話中的「一個貧窮的漁夫」可以肯定是指耶穌的門徒彼得──丹敦最終意識到耶穌的道路高於革命的道路。

　　大革命時代的處決是全民盛典，圍觀者人山人海，如同過節一般。被處決者的排序頗有講究，通常是從小人物到大人物，逐漸推展到大會的高潮。丹敦交代劊子手：「你要把我的頭拿給人民看，它是值得人民看的。」劊子手桑松順從地執行了他的第十五個主顧的要求。早已習慣了血腥屠殺的人民，對這個他們昔日視為偶像的人的頭顱不屑一顧，沒有人為丹敦的死亡掉一滴淚。

　　丹敦在死前預言了羅伯斯庇爾的命運，果然一字不差。羅伯斯庇爾出身貧寒，靠教會獎學金上了巴黎路易大帝高中。一七七五年，路易十六和王后在登基典禮後經過這所學校，學業優異的羅伯斯庇爾代表全校向國王背誦拉丁文獻辭。由於其獻辭較預定時間有所延遲，在冒著大雨的環境下的獻辭被國王和王后所忽視。此一遭遇，使這個原本崇拜君主制的年輕人對王室充滿刻骨仇恨。這跟毛澤東早年在北京大學當圖書館職員期間受北大師生輕視而仇恨知識分子如出一轍。

　　如果不是法國大革命爆發，羅伯斯庇爾或許以一名平凡的律

師身分終其一生。革命是邊緣人改變下流人生的契機,他迅速成為雅各賓派領袖,並贏得「不可腐蝕者」的綽號。與丹敦一樣,他力主處死路易十六,聲言:「路易必須死,因為共和國要生。」他以此表示,他與國王並無私仇,國王必須成為共和國的第一件祭品。然而,國王之死並不能讓殺戮停止。羅伯斯庇爾與同黨實行雅各賓專政,以革命的恐怖政策懲罰他們所認定的罪犯和革命的叛徒,史稱「恐怖統治」。在此期間,許多無辜的人被誣告並殺害,成千上萬人被送上斷頭台。

羅伯斯庇爾當選「救國委員會」主席後,一方面通過戰爭消滅敵人,另一方面又利用法律鏟除異己。他不是一名普通的殺人犯,他有狂妄的野心和縝密的思想,他是「以理殺人」。他的專長不單單是殺人,如何指導人民的思想一直是他關心的主要問題。他提議在法令中寫明:「法國人民承認最高主宰的存在和靈魂不死。」

然而,羅伯斯庇爾的恐怖統治並未持續太久,對他不滿的派系逐漸結集並先下手為強。一七九四年七月二十七日,羅伯斯庇爾等人在出席國民公會會議時遭到逮捕。他的同黨糾集一群民兵將其救出。隨即,他們以巴黎市政廳為基地對抗被反對派控制的國民公會。然而,大勢已去,幾個小時後,羅伯斯庇爾集團被軍隊拋棄,支持者亦相繼散去,人們厭倦了革命和流血。

當憲兵進入巴黎市政廳內搜捕之時,羅伯斯庇爾朝自己的頭部開槍自殺,轟掉半個下顎,卻沒有死去。此時,自殺未遂的羅伯斯庇爾「只不過是一堆可憐的血淋淋的肉」,在被拖到斷頭台的路上,「人們對這個軀體大肆咒罵,對他開各種低級玩笑,對此他只抱以低沉而驚訝的呻吟」。

當羅伯斯庇爾的頭落下斷頭台時,人們持續鼓掌數分鐘。偶

像崇拜的破滅，何其迅速。羅伯斯庇爾所擁有的是一種輿論和恐怖力量，他被其野心所吞噬。米涅（Mignet）在《法國革命史》中評論說，斷頭台安排好後，不可能有公正和寬容：

> 一個人怎樣爬上去，就必然會怎樣跌下來；叛亂殺人者必然死於斷頭台，正如征服者必然死於戰爭一樣。

羅伯斯庇爾的死亡象徵著法國大革命階段性落幕，「恐怖統治隨著他的人頭落地而結束了」。大概因為其手上沾的鮮血太多了，巴黎陸續豎立起馬拉和丹敦的塑像或紀念碑，卻沒有為其塑像或立碑。

羅伯斯庇爾的肉體雖然死亡了，其思想觀念沒有隨之死去。他在別的國家找到落腳點：俄國十月革命成功後的第二年，布爾什維克便在權力中樞克里姆林宮為其塑像，這是列寧親自下令修飾這座作為新政權大本營的舊宮殿的工程一部分——俄國的布爾什維克領袖根據法國大革命的經驗創造了「人民民主專政」政體。

當時正處於俄國內戰之時，伴隨著外敵入侵、麵包缺乏、犧牲以及苦難，工匠們沒有青銅，也沒有大理石可用，羅伯斯庇爾的塑像是用質量很差的、暫時性的石頭做成的，很快出現裂縫並碎掉。這個雕塑從內部崩潰或許是一個隱喻，列寧未能領悟這個隱喻，反倒認為自己是復活的羅伯斯庇爾，毫不猶豫地用恐怖手段來實現其目的。

法國大革命與俄國十月革命在此交匯：羅伯斯庇爾在莫斯科的塑像幾個月就崩解了，蘇聯政權卻延續了整整七十年才崩解。

◎殺了路易十六，迎來拿破崙

一八〇四年十二月二日，拿破崙（Napoleon Bonaparte）在巴黎聖母院舉行極為隆重的皇帝加冕儀式。這是法國大革命終結的標誌，也是對法國大革命最大的嘲諷——革命者砍掉路易十六的頭顱，卻迎來比路易十六更強悍、更殘暴的拿破崙。此前，即便是以「太陽王」自居的路易十四，也只是法國國王而已，拿破崙則號稱法蘭西帝國的皇帝——他廢黜了神聖羅馬帝國的皇帝，歐洲只能有他一個皇帝（他不認為俄羅斯屬於歐洲，俄國沙皇不是歐洲的皇帝）。

大革命的恐怖過程無可避免地導致專制政治，拿破崙是最大的受益者。一旦坐上權力的寶座，他就不懈地追求更高的權力，將其統治擴張到幾乎涵蓋整個歐洲——他是羅馬帝國崩潰以來，離實現歐洲統一之夢最近的帝王。他從來沒有想到要研究一下同時代的資深典範喬治·華盛頓。華盛頓將其軍事的勝利轉化成文明的進程，並以律法的統治取代武力的宰制，但拿破崙總是將他的信任託付在刺刀和槍炮上。武力是他唯一懂得的語言，武力最終也對他做出充滿敵意的宣判。

為了讓整個歐洲承認其統治合法性，拿破崙用武力脅迫教宗庇護七世（Pius VII）親自來巴黎為之加冕。在加冕時，拿破崙拒絕跪在教宗面前讓教宗為之加冕，而是粗魯地將皇冠從教宗手上奪過來戴在頭上。[6]拿破崙心中的想法是：我看不上教宗，

---

6 庇護七世將拿破崙的公開羞辱視之為平生之奇恥大辱。一八〇九年，拿破崙進攻維也納，併吞教宗國屬下各邦。庇護七世大發雷霆，宣布將拿破崙絕罰。拿破崙便於同年七月六日逮捕身處梵蒂岡的庇護七世並將其押解回薩沃納囚禁。一八一四年，拿破崙兵敗退位後，庇護七世被釋放。

但他有利用價值，他必須出現在這個歷史性場合。我要告訴所有人，我的權力不是從教宗而來的，是我從法國的傳統中繼承來的，更準確地說，是自己打出來的，我自己就能加冕。這一場景折射了法國大革命之後法國的政教關係。

畫家雅克—路易‧大衛奉命作了巨幅油畫《拿破崙一世及皇后加冕典禮》。為了避免拿破崙自我加冕這一事實，畫家煞費苦心地選用皇帝給皇后加冕的後半截場面。畫面中心形象是拿破崙從教宗手中接過王冠，賜給皇后約瑟芬（Joséphine）。這樣，既在畫面上突出拿破崙的中心位置，又沒有使教宗過於難堪。畫上的三個人物──不可一世的拿破崙，畢恭畢敬的約瑟芬，遭到脅迫而無可奈何的教宗庇護七世──栩栩如生、對照鮮明。大衛將古典主義的典雅精美發揮到了極致。

另一幅跟《拿破崙一世及皇后加冕典禮》一樣家喻戶曉的畫面，是希特勒蒞臨納粹占領的巴黎的照片。一九四〇年六月二十八日，希特勒穿上純白的閱兵服──這是有悠久傳統的標誌──準備在拿破崙的墓前深深地鞠躬，向這個前輩強人致敬。此前，希特勒在歌劇院聽了歌劇，並在特羅卡德羅的露天平台上散了步。陪同他的是御用建築師施佩爾（Albert Speer）及納粹雕刻家阿諾‧布雷克（Arno Brecker）。這個蓄著小鬍子的陰沉男人在這次旅途中拍下一張有艾菲爾鐵塔為背景的著名照片。

希特勒的夢想不僅是占領巴黎，還包括到拿破崙的墓前鞠躬致敬。此後，納粹國防軍和黨衛隊中有成千上萬的官兵模仿希特勒的舉動，來到巴黎向拿破崙墓地致敬。到這裡來的德國人太多了，管理方為此建造了一處仿製的墓碑，以免納粹的軍靴把殘疾老軍人院前的大理石磨壞。

希特勒將拿破崙視為導師，正如納粹主義以法國大革命為溫

床。希特勒認為，拿破崙不僅有赫赫戰功，更是種族主義的先驅者。拿破崙是法國大革命的催生者、法國啟蒙主義思想家伏爾泰的信徒。而伏爾泰有另一個不為人所知的身分——歐洲文學史上最惡毒的反猶太和反黑人的作家，伏爾泰很早就說過：「稍微受過教育的人都永遠不會進化，除非純血種族退化。」崇拜伏爾泰和肯定法國大革命的左派，永遠不敢面對啟蒙主義祖師爺說過的這句話。希特勒借用伏爾泰和拿破崙的思路，幫助法國人總結出法國潰敗的原因：「如果法國的演變還要以如今的形式繼續延續三百年，那麼剩下的純血將會在這個正在形成的非洲—歐洲國家中消失。」

在崇拜拿破崙的人中，最突出的是希特勒和墨索里尼。墨索里尼從歌頌拿破崙的劇本《五月戰場》中獲取靈感，希特勒則讓人將它翻譯成德文並排練、上演。一九三二年二月，該劇在柏林首場演出時，希特勒拿著一大束玫瑰花來到尼采（Friedrich Nietzsche）的妹妹的包廂，向她致意。這一幕頗具象徵意義。

另一幅同樣具有象徵意義的畫面鮮為人知。英國最重要的波拿巴主義者是湯瑪斯·卡萊爾（Thomas Carlyle），他在一八四一年的講稿《英雄與英雄崇拜》中，將拿破崙放在舞台中央。對於拿破崙的崇拜，讓卡萊爾著手撰寫普魯士國王、軍事天才腓特烈二世（Frederick the Great）的傳記鉅著。拿破崙視腓特烈大帝為啟蒙老師，拿破崙擊敗普魯士時，曾站在腓特烈大帝墓旁說：「假如他還活著的話，我們就不可能在這裡。」卡萊爾的這本書在德國起滲透性的振奮效果。在一九四五年的柏林地堡最後的日子裡，戈培爾（Joseph Goebbels）唸這本書給希特勒聽，彼此互相慰藉。在海涅（Heinrich Heine）這位德國最受歡迎的抒情詩人的詩句中，波拿巴神話、堅強的領導者、馬背上的

男人，在德國找到落腳處。其舊時偶像黑格爾所構想出的全能國家，如今成了馬克思主義與納粹極權主義的核心思想。

法國學者克洛德·利布（Claude Ribbe）在《拿破崙的罪行》一書中，勇敢地戳破法國人延續至今的對拿破崙的偶像崇拜，他揭露了拿破崙對數十萬計非洲人和原籍非洲的法國公民所犯下的罪行，這些人在法國殖民地淪為奴隸，並且被屠殺。「沒有拿破崙的先例，就不會有紐倫堡法。」就連美國國父中最親法、最推崇法國啟蒙主義的傑佛遜（Thomas Jefferson），也不得不承認拿破崙犯下「令人髮指的暴行」。

然而，法國知識分子不敢指出更深層的真相：拿破崙乃是法國大革命之子，他們即便否定拿破崙，亦不敢否定法國大革命。

拿破崙所建立的法蘭西第一帝國，是近代第一個具有極權主義色彩的專制帝國。拿破崙在全國實行郡、縣、市的行政建制，各級行政長官由他親白任命。他改組法院，取消陪審制度，設立司法部主管全國司法事務。他將財政管理權集中到中央，取消地方政府分配與徵收直接稅的權力，設立直接稅行政總署，各省設分署。

在思想文化方面，拿破崙嚴格控制輿論，建立比波旁王朝更苛刻的書報檢查制度。他不准人們議論政治，取消法蘭西學院政治與倫理學部。他瘋狂迫害政治犯，把大批政治犯送進瘋人院。拿破崙帝國具有近代警察國家的主要特徵：拿破崙建立了一支直屬於皇帝的近衛軍和巴黎警察總監，在全國布置一套組織嚴密的警察系統和與之並存的憲兵隊，他們到處監視人民，隨時隨地把「反動言行」上報中央。

拿破崙的出現，以及幾十年之後其才能平庸的侄子拿破崙三世（Napoleon III）的出現，表明法國人無論經歷多少場洗心革

面式的革命，還是離不開濃得化不開的個人崇拜、英雄崇拜、皇帝崇拜。一百多年之後，法國還會出現當代拿破崙——戴高樂（Charles de Gaulle）。

第三節 陽光，還是閃電：
法國革命與英美革命之差異

◎亞當斯視角：法國大革命是人類歷史上「恐怖的浩劫」

傑佛遜聽到法國大革命爆發的消息時欣喜若狂，彷彿久旱逢甘露。傑佛遜不知道，他出使巴黎期間結交的知識界的朋友，即將個個人頭落地。[7]除了認為法國大革命是受美國革命啟發，他更認為美國人民自由的未來依賴於法國革命的結局——如果法國同志失敗了，美國的共和主義注定也要失敗。因此，殺戮是被容許的。即便他的朋友威廉·肖特從巴黎寫信告知，巴黎的暴力事件愈演愈烈，暴徒們的濫殺無辜造成社會秩序的全面崩潰；傑佛遜仍堅信，暴力很快就會結束，對法國來說，全新的、美好的一天已初見曙光，「在整個地球上，自由是必須依靠競爭的，有哪一個能不流血犧牲而獲勝的呢？我對為這一事業而獻身的人們感到悲傷和痛苦，但如果他們失敗了，我會看到地球的一半都會變

---

7 傑佛遜在巴黎過著堪比法國貴族的奢華生活，他在香榭麗舍大街租用一整棟小樓，成了他在巴黎的蒙蒂塞洛莊園。租金和家具的費用遠遠超過他九千美元的年薪。他專門從美國帶來黑奴，他希望其學會法國烹飪。他擁有充足的祕書、助手、男僕、女僕、廚師、馬車夫和園丁。正是這種生活激起法國貧苦大眾的仇恨。在法國大革命期間，過這種生活的法國貴族幾乎無一倖免於難。

得荒無人煙。即使每一個國家僅有一個亞當和一個夏娃留下，能夠自由自在，這要比現在好。」這種極端的說法暴露了傑佛遜性格中冷酷且固執己見的一面。

激進的雅各賓派領袖羅伯斯庇爾曾嘲諷美國人說：「我們還沒有真正開始革命，你們就想結束我們的革命。」他說對了一半：美國人並不想結束法國的革命，但美國革命確實不是一場有新創舉的激變，而是要保守性地恢復殖民時期的特權——恰如伯克所言，「一場尚未發動既已被阻止的革命」。由於一開始便習慣於自治，各殖民地認為，它們因傳承而享有英國人的權利，因習俗而擁有獨獨屬於他們自己的權利。

共和主義者（其中領軍者是傑佛遜和麥迪遜）試圖運用先驗的觀念來解決為何獨立的問題，並逐漸認同法國的平等理論。他們的對手聯邦黨人則訴諸於歷史的教訓，英國的自由遺產以及對習俗性憲制的保障。在美國建國初期的選舉中，兩邊各有勝負，但總體上並沒有跟隨法國大革命的道路。

亞當斯對法國大革命的原因表示理解，他明白那是因為政府濫用權力，專橫的「僧侶、士兵和朝廷命官」奢華無度。他大力支持法國愛國者信奉的理想，但他認為革命之後法國的情形令人擔憂。他預言，這場革命不會有好結果，法國人選出來的唯一的立法機構只能意味著「巨大且持久的災難」，沒有分權，意味著必將有獨裁者登場。

亞當斯不得不面對一種突出的矛盾：美國革命最熱情的衛士，卻變成了法國革命最激烈的批評者——他對法國革命的批判早於伯克，其尖銳程度不亞於伯克。亞當斯的立場，激怒了那些早已看到或者認為他們已經看到，自己的啟蒙思想在美國革命中取得勝利的法國思想家們——然而，他們中的大部分人很快被送

上斷頭台。

　　亞當斯的很多文章都針對激進法國思潮的危險而寫。他特別駁斥啟蒙思想家杜爾哥的思想，即完全的民主和單一制，或者用杜爾哥的話說，「把所有的權威集中到一個中央，那就是國家」。亞當斯認為，單一、完全的民主從來就不存在。全體人民決定不了任何事情，即使在一個村子那麼小的範圍之內。他在家鄉參加過足夠多的鎮議會，經驗讓他清楚地知道，要想做成任何事情，必須把持特定的權力和責任交由一個仲裁人代表：鎮文書、治安官或特別的委員。亞當斯以嘲諷的口吻矯正孔多塞走火入魔的進步信念：「不管他們如何歡呼雀躍，美國人和法國人都應牢記，人的可完善性只是人間和塵世的可完善性。」[8]

　　亞當斯認為，依賴單一立法機構肯定是通向災難之路，原因等同於依賴單一的行政機構：國王、當權者、總統，結果注定要帶來毀滅和專制。正如向心力和離心力使各個星球按軌道運轉，「而不是衝向太陽或突然飛出原來運行的路線」，必須有一個公正持久的政府充當制衡的力量。制衡、平衡和均衡是亞當斯反覆使用的詞彙。如果所有的權力都歸屬於單一的立法機構，「還有什麼能夠制約它免於制定專制的法律並以專制的方式執行呢？」

　　憑著自己的經驗，亞當斯十分瞭解在劇變中崛起的野心家的危害，他警告說：「在革命的過程中，最殘忍的人物和最反覆無常的天才往往比有理智和判斷力的人勢力更大，意志薄弱的人可能會採取愚蠢措施來反對最能幹的人提出的明智舉措。」亞當斯

8　亞當斯雄辯地指出：「冷天仍有冰凍，火仍會繼續燃燒；疾病和惡習會持續帶來失序，而死亡會繼續讓人類感到恐懼。僅次於自我保存的競爭將永遠都是人類行動的偉大原動力，而且僅僅秩序良好的政府的均衡便足以阻止競爭退化為危險的野心、無序的對立、有害的幫派活動、破壞性的騷動以及流血的內戰。」

相信，大多數人的意志如果失去控制，可能會導致「恐怖的浩劫」。「我在政府問題上的一個信條就是，永遠不要將羔羊託付給狼」，他擔心在法國扮演狼的正是「大多數人」。他先於美國政府的所有官員，早早預見到法國革命會帶來混亂和恐怖，以及它最終會導致暴政。

亞當斯明確反對法國大革命中建立的「全民民主」原則。作為立憲主義者，他相信「法律的目的不是要人們想幹什麼就幹什麼，而是要防止他們去幹可能想幹的事情」。法國的革命者們拒絕亞當斯的《美利堅合眾國諸政府憲法之辯護》以及孟德斯鳩的《論法的精神》，試圖建立一個沒有權力分離機制的、直接民主的國民大會，該機構果然成為暴政的淵藪——正像柏克所說：「他們只用一個夏天就完事了，……他們完全摧毀了他們的君主制、教堂、貴族、法律、稅收、陸軍、海軍、商業、藝術和他們的製造業。」法國「毀掉了保持國家穩定並指明前進方向的制衡力量，他們把所有一切都融入互不調和的暴民與民主的熔爐之中。」

在美國的國父們之中，漢密爾頓也是法國大革命的激烈反對者。漢密爾頓告訴拉法葉（Lafayette），君主制的暫時消滅和九月大屠殺「澆滅了我對法國大革命的美好期盼」。真正讓漢密爾頓反感的，不只是法國背叛了革命的希望，還有像傑佛遜等美國人把「玷汙人類歷史的最殘酷、最血腥、最暴虐的事態」正當化的作法。對漢密爾頓來說，法國的烏托邦式的革命過於強調自由，而排斥了秩序、道德、宗教、財產權利以及應有的社會秩序。這場革命迫害的對象——銀行家和商人——恰恰是漢密爾頓視為漸進改革的中堅力量。在財產權發生翻天覆地的轉移意義上，美國革命不是後來馬克思主義所定義的那種「革命」，英國革命也不是。大致符合馬克思主義定義的「革命」，法國大革命

之後，又陸續發生在蘇聯、中國、北韓、越南、紅色高棉和古巴等地。

真理和謬誤需要時間的沉澱來甄別。耐人尋味的是，晚年的傑佛遜在與亞當斯漫長的通信中，首先承認自己早年對法國大革命的誤判：

你的預言……最終被證明比我的正確，但是對事實的具體估計上並不準確，因為這一系列的震盪造成的並非一百萬人，而可能是八百萬到一千萬人的毀滅。在一七八九年，我並沒有想到這種動亂會持續如此之久，更沒有想到它會造成如此之多的流血犧牲。

只有熟悉那個時代歷史的人，才能認識到傑佛遜作出多麼大的讓步和多麼深刻的個人懺悔。

亞當斯沒有輕輕放過傑佛遜。這場爭論無關個人恩怨。他在回信中尖銳地指出，傑佛遜之所以誤解了法國大革命的意義，而且是真誠地誤解了，不僅僅是出於政治目的而利用法國大革命大做文章，而是因為一種「錯誤的思考方式」之故。這種思考方式被一個新法語單詞恰當地表達出來：意識形態。是拿破崙使這個詞流行起來。這個詞指的是烏托邦式的思考方式，諸如完善人性或社會平等這樣一整套的理想和願望，用今天的詞語來說就是「政治正確」。

◎托克維爾視角：愛平等勝過愛自由是法國的大不幸

沒有一個法國人能比托克維爾更深諳美國民主的真諦，托克

維爾的成名作是《民主在美國》；也沒有一個法國人對法國大革命的反思超過托克維爾，托克維爾直到臨終前仍未完成的集其思想之大成的作品是《舊制度與大革命》。托克維爾追求的是一種「思源」，也就是一種核心的、有啟發性的、能衍生出各種不同觀點和觀察的想法。或者說，他探討的是觀念秩序及精神、心靈秩序層面的問題。

托克維爾的《民主在美國》一書，有些章節冷靜如手術刀，有些章節熱情澎湃如大江大河，其中有一段最真情流露的文字：「這本書是作者在目睹不可抗拒的（平權）革命後，內心陷入一種信仰驅使的氛圍下寫出來的……就算上帝不說話，我們也清楚地看到了祂貫徹旨意的痕跡。」

托克維爾堅信，「若無道德情操，就不會有自由；若無信仰，就不會有道德情操」。這是亞當・史密斯（Adam Smith）和約拿單・愛德華茲（Jonathan Edwards）念茲在茲的議題，也是托克維爾聚焦的議題。二十一世紀左派知識分子通常不屑於討論此類話題，他們承接法國大革命的傳統——以討論宗教信仰和道德倫理為恥。然而，托克維爾誠實地宣布：「我寧願質疑自己的判斷力，也不會質疑上帝的正當性。」這樣的措辭十分嚴肅正經，展現出一個虔誠的凡人對上帝應有的祈求。信仰的問題，還有上帝在人類各種事務中所扮演的角色，經常盤踞托克維爾的心靈。

正是宗教信仰的維度，讓托克維爾對人性有了深切的認識，他「總是喜歡從黑暗面看待每件事情」——也就是思想史家張灝所說的「幽暗意識」，它是清教徒的專利，在法國和中國的傳統中並不存在。

終其一生，法國大革命的負面結果深深驚擾著托克維爾。法

國政治的動盪、善變和不牢靠都是大革命的產物，這些遺毒延續不止，沒完沒了。[9]

托克維爾希望通過研究美國的民主制度，以「瞭解我們可以期待什麼、戒慎什麼」。《民主在美國》這本書的主角當然是美國，托克維爾心目中的讀者卻包含、甚至主要是法國人。書中寫的是美國的民主經驗，卻是法國應該好好學習的一課，法國的民主最不缺的就是災難：法國的民主不是停滯不前，就是走到必須處理自己毫無節制的激情的局面，它推倒所有阻擋它的一切，動搖所有讓它還沒有破壞的事物。法國大革命之後，「一直以來法國人情感和思想之間的那種和諧顯然不是已經被摧毀，道德判斷的法則似乎也被廢棄了」。

對於托克維爾來說，自由是整個政治乃至人性議題的核心，一切的一切：「我將自由視為首要之善。……在我心目中，它一直是人類品德與偉大行動追豐盛的來源之一。」反之，集權是最讓人害怕的，集權不僅讓愈來愈少人掌握權力，也剝奪了人民管理自己事務的權力和能力。

9　托克維爾家族的很多成員在法國大革命中被殺。他外曾祖父馬勒澤布是他內心中的榜樣。這位老貴族是一位充滿自由思想的人，同時又保持著對波旁王朝的忠心。但這個忠誠不是佞臣的趨炎附勢，而是一位諍臣，在為國王服務時，堅持自己的道德理想。一七七五年，馬勒澤布致信路易十六，反對解散稅務法院，他在信中說：「任何一個公民單位，或社會，都保留有管理自身事務的權力。這種權力，在我們看來，並不是國王最初始的憲章的一部分。因為它可以追溯得更遠，它是一種自然權利和理性權利。但是陛下，它從您的臣民那裡被奪走了。我要冒昧地指出，在這一方面，政府像頑劣的兒童一樣不知節制。」這是法國缺乏普通法傳統的必然結果。在大革命的審判中，他自願站出來成為路易十六的辯護律師，最終自己也被送上斷頭台。托克維爾對於這種公義深有體悟，他曾說：「我是馬勒澤布的後裔，他在國王面前為人民辯護，又在人民面前為國王辯護。」

托克維爾認為，自由應當先於平等。他對法國大革命中宣揚的平等優先乃至絕對平等的觀念持負面看法，這種平等「就是希望大家都不會比自己好」，這種平等「就是嫉妒的表現」。而「自由是必要的，我堅定、毫不猶豫地爭取自由……希望我也毫不退縮」。

　　托克維爾以遊歷美國的經驗，從古典自由主義和清教徒的思想傳統出發，揭示了美國的民主制度及其根源。他指出，美國是一個年輕的國家，但美國的民主已相當成熟，可以反過來成為法國的老師：「六十多年以來，我們昔日創制的人民主權原則，在美國正完全取得統治地位。它以最直接最廣泛最絕對的形式，在美國得到實施。」當然，他並不認為法國可照搬美國的各項制度，只是希望法國能學習美國民主制的基本原則：

　　美國的各項制度所依據的原則，即遵守規則的原則，保持政權均勢的原則，實行真正自由的原則，真誠而至上地尊重權利的原則，對所有的共和國都是不可或缺的。它們是一切共和國都應當具有的，而且可以預言，不實行這些原則，共和國很快就將不復存在。

　　托克維爾長期擔任國會議員，也曾短暫出任外交部長，他從政治第一線的實踐經驗出發，對「多數暴政」和「人民意志」深懷戒備之心。革命者特別喜歡使用的「人民」這個名詞，指的只是城市中被意識形態煽動的無產階級，也就是流氓無產者（無褲漢），而不包括辛勤勞動的農民，以及為了過比較像樣的生活而勤奮工作的法國人。

　　托克維爾在美國發現了避免革命、避免暴政的藥方：其一，

聯邦制的國家政體，使美國不存在大一統的行政集權。由於具體施行行政管理的權力分屬各州，它避免了形成全國範圍的一致多數，從而避免大範圍的多數暴政。

其二，美國人賦予法學家的權威以及法學家對政府施加的影響，是美國防止民主偏離正軌的最堅強堡壘——在法學家的心靈深處，隱藏著貴族的部分興趣和本性。他們和貴族一樣，生性喜歡按部就班，由衷熱愛規範，他們也和貴族一樣對群眾的行動極為反感，對民治的政府心懷蔑視。在美國，一切政治問題都會變成法律問題。托克維爾特別讚賞美國的法律至上原則，保證該原則能具體實施，因為「法學家的行業是唯一容易與民主的自然因素混合，並以有利於己的方式，與其永久結合的貴族因素」，這正是喀爾文強調的貴族制與民主制的綜合模式。

其三，陪審團制度。這個制度不僅是法律制度，而且是政治制度，它把確定何為正義的權力交給普通人，這就使制度本身始終是共和性質的，而不是專制性質的。陪審團制度對民眾具有教化作用，當每一個公民都有責任參與審判、確定公義時，他們自然會對法律產生敬畏之心，這就有效地防止了多數暴政。有參與法律義務的民眾，很難團聚成無理性的暴力團夥，他們會恥於做暴民，而自覺承擔公民責任。

◎根茨視角：
美國革命是拆掉腳手架，法國革命是拆掉建築本身

英美革命與法國革命分道揚鑣，除了各自民族性格與文化傳統的差異之外，更重要的原因還在於是否經過宗教改革的洗禮。宗教改革之後，新教國家與天主教國家「大路朝天，各走

一邊」。

在歐陸知識分子中，生活在德語世界的弗里德里希‧根茨（Friedrich Gentz）是一名罕見的英國式保守主義者和古典自由主義者，是「德國的埃德蒙‧伯克」，也是德語世界極少數為大不列顛辯護的雄辯士之一。

根茨論證說，英國的優勢源於工商業，並非惡行，「英美對歐洲大陸的經濟優勢不是因為他們的陰謀詭計，而是他們的商業勇氣和天賦。在這方面歐洲各邦有充分的自由模仿不列顛，所有歐洲各邦都能夠而且應該這麼做」。恐怕這不是歐洲大陸的知識階層願意傾聽的意見。

在德國思想界，根茨是一個異數，如果知道他是法國胡格諾派流亡者的後裔，就不會為此感到奇怪。根茨和其他保守派一樣，對革命既不喜歡，也不信任，他確信社會需要延續性和傳統。輕易運用激進的政治暴力，以便實現激進的社會變革，是保守派痛恨的對象。根茨對大幅度使用暴力的法國大革命的評價非常負面，他是德語世界第一位深刻論述法國革命與美國革命（包括英國革命）之根本性差異的思想家。美國政治哲學家拉塞爾‧柯克（Russell Kirk）在《弗里德里希‧根茨論革命》一文中指出：

十九世紀主流自由派史家接受的觀念是：法國革命形成了高貴而不可逆的潮流，終將導向普遍的和平、啟蒙和兄弟情誼。他們將美國革命和法國革命混為一談，視為同一個進步運動，表現幾乎相同。……只有經歷了二十世紀的浩劫，自由派才會相信，法國革新家的最初原則可能有誤。塔爾蒙（Talmon）教授將這種捲土重來的暴政稱為「極權主義民主」，佩爾西（Percy）稱

之為「全能主義民主」。

法國大革命開啟了民主神話，兩百多年後，在民主被奉為絕對真理的今天，質疑民主是政治不正確，需要莫大的勇氣。

在根茨看來，美國革命是一場正當合法的革命，所以它不是「真正的革命」。它的目的是根據英國傳統的憲政原則，建立立憲政體。美國革命沒有釋放大範圍的暴力，它的目的明確而有限。這些目的一旦實現，革命就完成了。它在政治鬥爭和軍事衝突中，大體上保持文明的做法。它也無意將自己的原則強加給其他邦國。

反之，法國革命發生在精密、有效的法律體系下，統治他們的國王願意頒布法律，推行憲政改革。革命卻破壞法律，殺害國王。它面對國內的激烈抵抗，只能以殘暴的鎮壓平定。巴黎人常說，羅伯斯庇爾想把法蘭西共和國的人口減少到革命前的一半（毛澤東也有相似的想法）。法蘭西毀法的程度和嚴重性遠超美洲殖民地對英國的反叛。

兩場革命孰優孰劣，根茨以兩場革命破壞「真正權利」的多少為評判依據。如果針對抵抗的政治暴行跟抵抗本身不成比例，它就是對真正權利的破壞。法國革命（以及更大程度上的俄國革命、中國革命）以窮凶極惡的暴行製造了為數眾多的受害者。

根茨從史料中總結出美國革命與法國革命的四個基本性差異：

第一，美國革命的基本原則一部分是顯而易見的，另一部分無人能清楚而確定地界定是非。法國革命則是無法分割的一連串步驟，不可能有片刻懷疑其嚴格的原則性謬誤。法國革命一開始就侵犯權利，每一步發展都侵犯權利。只有到絕對謬誤確定為邦

國最高和公認的準則，邦國完全解體並只剩下一片血腥廢墟，這一切才會停止。

第二，美國革命自始至終局限於美國人當中，僅僅是一場「防禦性革命」。美國革命在一切意義上都是必要的革命——英格蘭單方面的侵犯造成了革命。而法國革命自始至終，體現了「侵略性革命」一詞的最高意義。法國革命有攻擊性的起源和發展，全部範圍和時時刻刻的每一項特徵都有攻擊性。正如美國革命在防禦中體現節制的典範，法國革命在攻擊中，為激烈狂暴、勢不可擋的憤怒體現了無與倫比的典範。

第三，美國革命在每一個時期都有固定和明確的目的，在明確的限度內活動，指向明確的目的。北美的特殊形勢和特殊性格加強和鞏固了這場革命發展的溫和、有益的特性。美國革命的奠基者和領導者一開始就確切地知道他們要走多遠，止步於何處。他們的目的不是創造，只是保存；不是樹立新建築，而是拆除舊建築外面沉重累贅、礙手礙腳的框架。目標明確，手段一致，原則溫和，一直是美國革命所有階段的突出特徵。美洲戰爭達成和保證殖民地脫離英格蘭獨立並建立新的聯邦共和國，這是美洲人唯一和僅有的鬥爭目的。而法國革命從來沒有明確的目標，成千上萬个不同方向始終彼此衝突，穿行在武斷意志空想的無限天地間和無政府狀態的無底深淵中。法國革命最頑強、最基本、肯定也是最可怕的特點之一是：極其缺乏明確的目的，因此選擇方法、修正原則永遠動搖不定、反覆無常。這樣一場革命除了選擇攻擊既成憲制，別無其他原則，勢必一發而不可收拾，將空想和罪惡推到極端。

第四，美國革命抵抗的是英國軍隊，它形成、鞏固自身的方式更容易、更單純。美國革命一結束，美國就迅速步入幸福、繁

榮的新憲制。路易斯・哈慈（Louis Hartz）指出：「美國革命成了世界革命的象徵，自己卻不是真正的革命。……美洲人受惠於過去，他們心裡有數。」法國革命幾乎向所有的人類感情和激情挑戰，遭遇最激烈的抵抗，只能借助暴力和犯罪開闢道路。因此，法國革命只留下深仇大恨，和平的記憶一再遭到暴力打斷。財產關係是文明的土壤，美國革命沒有造成大規模的財產轉移，而在法國革命中，財產關係卻和國內外貿易、公私信貸一起，遭到革命風暴、外部動盪，尤其是紙幣災難的沉重打擊。

總體而言，在起源的合法性、手段的特徵、目標的性質、抵抗的範圍這四個方面，美國革命都與法國革命風牛馬不相及。根茨、伯克和亞當斯都意識到，從杜戈爾、孔多塞、盧梭和潘恩的謬誤出發，災難不可避免。正如泰涅生動形象的描述：「法國人對歷史、延續性和社會永恆契約的整個態度跟美洲人有天壤之別。狂飲社會契約的劣藥和無數摻假烈酒，酩酊大醉。剎那，他們的大腦癱瘓了。同時，法蘭西器官紊亂、四肢顫抖，行動互不協調，抽搐來回顛倒。它肆無忌憚，受苦受難，無惡不作；或成就不可思議的壯舉，施展十惡不赦的暴行。它的導向和它自己一樣顛倒錯亂，時時為自己的狂暴尋找敵人或障礙。」

根茨對照了謹慎和狂想兩種不同原則和觀念，一方是自古相傳的歷史權利，另一方是逾分的野心；一方是歷史的智慧，另一方是烏托邦主義；一方是自由政體，另一方是民眾專制。根茨對美國革命的肯定和對法國革命的否定，至今仍發人深省。拉塞爾・柯克說：「英美政治墨守成規的權威，狂熱的雅各賓黨窮凶極惡，掀起了平等化理念的風暴。二者短兵相接。」這兩種對抗的力量仍在全世界範圍內交戰。

◎希梅爾法布視角：人的理性能取代上帝嗎？

英美革命與法國革命是完全不一樣的革命，它們背後的啟蒙主義也是不一樣的啟蒙主義。美國保守主義歷史學家格特魯德·希梅爾法布（Gertrude Himmelfarb）在其代表作《現代性之路：英法美啟蒙運動之比較》中對此作出深刻又透徹的分析。[10]

希梅爾法布觀察到，美國也許成為未來之國，但不是美國革命鼓舞了後來的革命。在過去的兩個世紀裡，成為普通革命典範、也是啟蒙運動典範的，唯有法國大革命。漢娜·鄂蘭（Hannah Arendt）說過：

這個問題令人傷心的事實是，以災難為結局的法國大革命創造了世界歷史，而美國革命，它如此成就斐然，卻仍然被人認為是一個差不多只具有局部重要性的事件。

---

10 格特魯德·希梅爾法布的丈夫歐文·克里斯托（Irving Kristol）被譽為「美國新保守主義教父」，她的兒子威廉·克里斯托（William Kristol）為《旗幟周刊》主編，一家三口都是新保守主義健將。歐文·克里斯托出生於紐約猶太裔家庭，在校期間曾追隨左派政治，二戰前後轉而成為堅定的反共主義者。一九六五年，與社會學家丹尼爾·貝爾（Daniel Bell）共同創辦《公共利益》雜誌，同新左派論戰。一九七九年，登上時尚雜誌《Esquire》封面，標題是《美國最有影響力的新政治力量「新保守主義」的教父》。歐文·克里斯托認為，新保守主義不是一場「運動」，更多是一種「信念」。他致力於經營發行量不大的「小雜誌」，堅信只有幾百份的雜誌即改變世界，「統治世界的是理念，因為理念決定了現實如何被理解」。歐文·克里斯托證明了他的信念，他的思想影響了上世紀七〇年代以後美國的政治格局，讓新保守主義成為共和黨的基本哲學。小布希總統（George W. Bush）曾授予其總統自由勳章，稱讚其「設定了二十世紀後半段保守主義復興的基本知識架構」。

革命的背後動力乃是思想原則、觀念秩序。英國、美國和法國的革命都與十七、十八世紀的啟蒙主義有關。雖然都名為啟蒙主義，但實質大不相同，希梅爾法布清晰地界定了英國、法國和美國的啟蒙運動之差異：英國的啟蒙運動體現美德的社會學，法國的啟蒙運動體現理性的思想，美國的啟蒙運動則體現自由的政治。換言之，英國的道德哲學家們是社會學家，也是哲學家，他們關心與社會相關的人，視社會美德為健康和人道社會的基礎；謹慎的美國人尋求一門新的「政治科學」，可以在自由穩固基礎之上建立一個人類歷史上從未有過的大型的共和政體；法國人則有一個更崇高的使命——使理性成為社會和思維的指導原則，在某種程度上，使世界「理性化」。

　　三場不同的啟蒙運動決定三場革命的不同：在英國，即便在革命年代，美德的社會學標誌著不主張革命者、改良主義者的性情和特質，他們讓革命因不流血而「光榮」；美國的《聯邦黨人文集》中發展出來的自由的政治，深深影響了美國憲法的制訂；而法國崇尚理性的思想體系，為法國革命奠定了基礎——沒有上帝，人作惡的程度超過人自己的想像。

　　希梅爾法布指出，理性取代上帝，成為法國大革命的最高權威和思想體系。理性不僅挑戰宗教和教會，而且挑戰所有依賴於它們的制度。理性天生具有顛覆性，它的眼中只有理想的未來，而鄙視當前的各種缺陷，對過去更絕口不提。但對於伯克來說，宗教本身，尤其是宗教異議，正是自由的基礎——不僅僅是信仰自由，而且是所有自由。在被法國人認為「不夠徹底」的美國革命中，基督教信仰不是革命的阻力，而是革命的動力。當年，正是在自由——宗教自由——的名義下，最早的移民來到美國，他們選擇的革命，不是以反基督教為旗號的革命，而是在上帝的引

導下恢復上帝所賦予的人權的革命。

任何討論法國大革命的歷史學家和政治學家都繞不開伯克。希梅爾法布亦如此。她通過發掘伯克的思想遺產而讓今天的美國人剔除法國思想的毒素。法國大革命讓縈繞在人們心頭的「兩個伯克」問題再次重現了。讚美美國和伯克和反對法國的伯克，如此完美地融合在一個人身上：前者例證了《關於與美洲殖民地和解的演講》中的「溫和的美德」——自由、妥協、宗教寬容；後者例證了《法國大革命的反思》中的「冷酷的美德」——權威、傳統、宗教組織。這「兩個伯克」在美國合二為一，將其統合在一起的正是托克維爾心儀的美國清教徒觀念秩序及精神、心靈秩序。

扼殺胡格諾教派、繞開宗教改革的法國，不具備清教徒觀念秩序。看似強大的天主教淪為一具行屍走肉——忠於國王、仰賴王權的法國天主教會，與羅馬教廷爭風吃醋，就連海外宣教的步伐都不能合一，甚至彼此為敵。法國天主教不僅沒有阻止王室的腐敗和官僚系統的殘暴，反倒與之同流合汙。他們對教義不感興趣，對斂財和淫亂有興趣。當革命潮起，法國天主教會成為眾矢之的，無數主教跟貴族們一起被送上斷頭台——很多主教本身就兼有貴族身分——很難說他們完全是無辜的。

法國天主教的知識分子中，有少數明白人，他們試圖在天主教內部扮演更溫和的路德，拯救天主教於水火之中。比如，天主教思想家邁斯特論證說，是天主教的觀念秩序而不是人的理性，維持著社會的運轉，法國社會必須尊重天主教：「從世界歷史上畫時代的偉大制度到微乎其微的社會組織，從帝國到社團，都有一種社會基礎」，「每當一個人盡力遵循造物主的意旨，以上帝的名義進行創建時，……此人作為萬能之主的一件工具，也以某

種方式構成了萬能權力的一部分，能夠創造具有驚人效能和持久性的業績」。他的聲音宛如空谷回音，在世俗化、無神論氾濫的法國，無人傾聽。

在法國，理性和人民等詞彙成為獨裁者最喜愛的「大詞」。失去上帝這個最高的標準，個體之理性若彼此衝突，如何是好？「人民的理性」、「人民的利益」等子虛烏有的觀念就出現了。每一個斷頭台都是以人民的名義被豎立起來的，希梅爾法布指出：

> 法國大革命不是一場社會革命，恐怖統治也不是源於對窮人的同情，而是為了「公共安全」，即這個政權安全的目的。羅伯斯庇爾借其名義建立共和國的「人民」，不是任何通常意義上的人民，更不用說悲苦的人民了，而是一個唯一的、抽象的「人」，他由在某種程度上是唯一的、抽象的普遍意志所體現。

不同的革命及啟蒙運動結出不同的果實，各自的路徑仍深刻地影響乃至支配著當今世界。希梅爾法布指出：就宗教而言，唯有在美國，福音教派仍然是一股重要的宗教力量，也是一股重要的社會力量，美國比任何歐洲國家篤信宗教得多；英國沒有政教分離運動了，因為英國國教已經如此適應大眾思潮，以至於英國沒有了政教分離的誘因；而今天的法國已變得如此世俗，以至於它不再反對宗教——基督教已經衰落到了不值得反對的地步，後基督教時代的法國是後基督教時代的歐洲的縮影。在法國和歐洲，唯一有活力的宗教變成了伊斯蘭教，當年伊斯蘭世界未能通過戰爭占領歐洲，如今卻用一種不戰而勝的方式占領了歐洲的心臟。

◎鄧恩視角：革命的墮落是從將謀殺合法化開始的

　　一七九〇年，法國大革命進入第二年，剛剛露出猙獰的面目，美國外交家和政治活動家古維諾爾・莫里斯（Gouverneur Morris）如此形容這場法國人類歷史上前所未見的革命：「以實驗代替經驗，在閃電與陽光之間，法國人更願意選擇前者，也正因為此他們一直在黑暗中摸索徘徊。」而美國人選擇的卻是陽光。從這個生動的比喻出發，美國歷史學家蘇珊・鄧恩（Susan Dunn）在《姊妹革命：美國革命與法國革命啟示錄》中指出「閃電」（法國革命）與「陽光」（美國革命）之根本分歧在於：

　　美國人小心翼翼地避免打碎英國留下的傳統，而法國人卻致力於對其千年歷史的完全破壞；美國人接受眾聲喧嘩的政治場域並選擇用非暴力的方式解決政治衝突，而法國人則不惜用暴力方式達成表面上的統一與團結；美國人強調個人的權利和自由，法國人則重視公共秩序和團體的內聚力。

　　在美國政治史上，費城大會代表著一個特別「恩典」的時刻，一個產生了一部包容性憲法的和諧的時刻，同時也是一個神聖地信奉分歧和衝突原則的時刻。雖然是一名學院派思想史家，蘇珊・鄧恩在此卻明確地使用了「恩典」這個不符合「學術規範」的基督教術語——在今天左翼占有壟斷地位的西方大學，這個詞語本身就構成了對主流的無神論者的冒犯。然而，鄧恩相信，美國革命的過程和結果，都是上帝的恩典，單單靠人類自身的智慧和力量無法取得如此不可思議的成功。

　　鄧恩指出，美國革命期間，分歧和派系就清晰地呈現出來。

儘管華盛頓不願看到黨派鬥爭，但黨派鬥爭乃是人性的必然。美國的國父們因為有清教徒神學的精神背景，理解並承認這一現實：人按自身利益行事，形成不同的派別，不同集團之間會發生衝突。所以，麥迪遜在為美國政體設計方案時，給予公民們自由支配的權利，即便為此要承擔無序和混亂的風險。這一政體並非企圖消除衝突，而是緩和衝突或者為衝突提供緩和的途徑。

反之，在法國，革命的動力是朝向集權而不是騷動，朝向一致而不是多樣。法國人不願意接受差異和衝突，而是對同質性和一致性頂禮膜拜。他們的領袖相信，革命的拯救最重要的是依靠人民絕對的統一和團結。在其革命議程上，三個等級——貴族、教士和第三等級——應該成為一個等級的二千五百萬公民——應當組成一個統一的整體。為了大家共同的利益，所有的人都應該犧牲私人利益，所有不同的觀點都應該屈從於一致。法國的傳統就是中央集權的模式，而天主教強化了這個傳統。

然而，第三等級很快就越位，它自以為真理在握，強迫其他兩個等級沉默，不惜從肉體上消滅對方。被第三等級控制的國民大會，成了毀滅大革命自身的怪物——不只是因為它由一院組成，而是因為它吞併了政府其他部門，不允許獨立的司法機構，不為持異議者和反對派創造合法地位。大革命的鼓吹者、啟蒙主義哲學家孔多塞直到逃離恐怖行動而躲藏起來時，還癡迷於統一的觀念，還在批評美國的均衡與制約的體系，並喋喋不休地談論「損壞簡樸形象」的多樣性。幾個星期後，他絕望地自殺了。在斷頭台從不空閒的那一年，他死得無聲無息。

美國人正視並肯定人類利己的本性，法國人卻試圖鍛造出某種大公無私的新人類。鄧恩指出：

美國人制定《權利法案》旨在保護個人以及少數派免受多數

派的壓制，而法國《人權宣言》的起草卻基於擔心「利己」的個人以及「有獨立發展自身利益傾向的」小團體可能有損國家的和諧和集體的利益。這兩分文件的初衷如此不同，後來產生的效應自然也就天差地別。

與最先將伯克的《法國革命論》翻譯為德文的根茨、家族皆為保守派的希梅爾法布一樣，鄧恩也從伯克那裡汲取智慧和養分。伯克沒有明確地比較美國革命和法國大革命之差異，但他的確非常重視將法國大革命與一個世紀前英國發生的「光榮革命」進行對比。伯克指出，一六八八年英國的「權利宣言」，以同樣的句子加進了「國民的權利與自由」和「王權的連續性」，使得這兩者「不可分地聯繫在了一起」。英國革命意在成為「和解的開端，而不是將來繼續發生革命的溫床」。英國革命和美國革命守護住了他們的「自由世系」，比如「世襲的權益」、「世襲的遺產」。財產得到保障，才能獲得更多財產；享有更多的財產，才能得到更多的自由——這是典型的英格蘭的文明。伯克說：「從《大憲章》到《權利宣言》，我們憲法到一貫政策都是要申明並肯定，我們到自由乃是我們得自我們祖輩的一項遺產，而且是要傳給我們的後代的。」

反之，伯克發現，法國人沒有這種幸運的「自由世系」。他們只擁有一座古舊大廈殘破的牆壁和地基。革命者們不是去修補這些斷牆，在這些地基上進行構建，而是選擇將它徹底摧毀並完全新建。在一開始，伯克就正確預測到法國大革命的趨勢。巴黎的暴民隊伍衝到凡爾賽宮，殺掉無辜的衛士，衝入王后的房間，用刺刀和匕首把床捅了幾百下，「這位被追捕的女人剛剛幾乎是赤身裸體地逃出這裡，並且通過兇手們所不知道的途徑逃到國王兼丈夫的腳下，而他本人的生命卻一刻也不安全」。就在這時，

「所有革命中最重要的革命」──「一場感情、生活方式和道德觀的革命」──發生了。

這場「感情、生活方式和道德觀的革命」後來成為現代形形色色的恐怖統治的理論淵源和實踐樣板。引人注目的是，伯克曾預言過恐怖統治。「在為公共利益而將出賣和謀殺合法化後，公眾利益將很快成為擋箭牌，而出賣和謀殺成為真正的目的；直到貪婪、惡意、報復和比報復更可怕的恐懼使他們無休止的慾望能夠得以滿足。」這一切可怕的景象，先後在俄羅斯、中國、北韓、越南和柬埔寨上演了。

絲毫不讓人驚訝，對於法國大革命，列寧的看法與伯克截然相反。對列寧而言，法國革命不是一場失敗的運動，而是一項未竟的事業。法國大革命的不足在於恐怖統治不徹底，俄國革命將通過徹底的恐怖統治，完成其未竟的使命，最終實現真正的、絕對的平等。鄧恩評論說：

> 雅各賓派教會了列寧如何去奪取事件的控制權，建立紀律嚴明的執政黨，以及遵循他的意志將革命推向前進。他們也使他學會了不必為個人的權利和自由或者民主而操心，所有這些都被扔進了臭水溝。

法國大革命的恐怖統治只持續六年，俄國革命的恐怖統治卻持續七十年。即便努力為法國大革命遮羞的法國左翼知識界也承認兩者之間的血脈繼承關係：一九七四年六月，索忍尼辛（Aleksandr Solzhenitsyn）揭露史達林暴政的巨著《古拉格群島》第一卷的法文譯本在法國上市，短短幾周內就賣出七十多萬冊，法國《人道報》用一句話評論說：「這是一種用恐怖主義手

法描述的法國大革命。」

第四節　現代法國何以成為
　　　　禍害世界的左派思想之發源地？

◎法蘭西第三共和國崩潰的內在原因是缺乏「德性」

一七八九年法國大革命的餘波席捲歐洲，影響長達兩百多年。布勞岱爾說：

> 法國大革命既使二十世紀的歐洲成為一個革命的歐洲，又使其成為一個無休無止的反革命的歐洲……大革命幾乎像聖經似的矚望著二十世紀。

一談起法國大革命，文人和詩人們便激動萬分、熱血沸騰、潸然淚下。英國詩人威廉・華茲華斯（William Wordsworth）稱之為「春天般的樂觀主義」，「這是歐洲歡欣鼓舞的時辰，法國立於金色時代的頂峰，人性彷彿又獲新生」。實際上，「革命」所到之處首先是人頭落地──「革命」在國際事務辭典中是一個新詞，它聽起來具有濃濃的法國味。

兩百多年後，法國大革命所生出的「孽種」讓人肝膽俱裂、不堪回首：俄國革命、中國革命、越南革命、柬埔寨革命、古巴革命……與之相伴的是持續至今的階級屠殺和種族屠殺。兩百多年來，法國一直是向全球輸出左派思想的發源地：即便在蘇聯國力最強盛的時期，蘇聯主要是使用武力尤其是核武威脅西方民

主世界，蘇聯的政治制度從未得到本國第一流知識分子的衷心擁護；而法國第一流知識分子則十有八九都是極左派，在冷戰時代選擇站在蘇聯集團一邊，後來又擁抱毛主義。用浪漫主義、理想主義包裹的左派思想，宛如糖衣藥丸，讓年輕人如醉如癡——一九六八年學運時代的大學生，最崇拜的對象是毛澤東和切·格瓦拉。二○二○年，在美國荒腔走板的「黑命貴」運動中，法國大革命時期打砸搶的場景又重演了。

法國大革命沒有為法國帶來穩定的政體。在十八世紀後期和十九世紀中期之間，法國經歷了四種不同形式的君主政體、兩個共和政體，這期間包括七次革命或軍事政變，並伴隨一系列政治暴力事件。與之相比，英國在光榮革命之後再也沒有發生過政體崩解，美國在獨立之後也只經歷過一次憲政危機——南北戰爭。英國和美國政治和社會的穩定性，法國政治和社會的不穩定性，不單單取決於具體的政體設計和安排，更取決於其公民是否具備共和國公民所必須的「德性」。

法國最可怕的崩潰發生在一九四○年納粹德國大軍壓境之際。已穩定運行七十年之久、一度無比強大和繁榮的第三共和國，像紙房子一樣崩塌了。德軍在法國境內沒有打過一場硬仗。在春夏之交的六個星期，僅僅由於一場戰役的失利，作為一個有著悠久歷史和高度文明的西方強國的法蘭西，傑佛遜稱之為「每一個人的第二故鄉」的美好國度，乖乖向納粹德國舉起白旗。全世界驚愕而茫然地注視著希特勒的軍隊如此迅速地擊敗被認為是世界上最優秀的法國軍隊。更不可思議的是，法國政府和法國人民不再具有戰鬥意志。

當時，《第三帝國的興亡》的作者、美國記者夏伊勒作為中立國記者觀察到法國崩潰的整個過程。戰後，他用十年時間研究

史料，完成一部法蘭西第三共和國物質與精神的衰亡史——《第三共和國的崩潰》。夏伊勒的結論是，擊敗法國的，不是希特勒的新式戰術「閃電戰」，而是法國人自己。

六月十二日，奉法軍總司令魏剛（Maxime Weygand）將軍之命，構築於東部並未遭到敵軍突破的龐大的馬奇諾防線被放棄了。但是，這一調動來得太遲。四天之後，正在撤退的四十萬防線守軍被德軍包圍並投降。法國政府和法軍總司令部匆匆放棄巴黎，逃往盧瓦爾省。政府各部分散住進省會圖爾的各個城堡。每個城堡只有一部老式電話，通常設在樓下的衛生間裡，沒有一部性能良好，每部電話只能與最近的村莊通話，那裡的接線員堅持照例在午飯時間休息兩個小時並在下午六點下班。

逃亡期間負責外交事務的外交部副部長博杜安發現，自己唯一的消息來源是一部便攜式野外用收音機，這還是英國大使隨身攜帶的。邱吉爾來訪時，發現法國流亡政府一片混亂，官員們指責是英國將法國「拖下水」，邱吉爾憤怒地稱之為「一座瘋人院」。

此時此刻，唯一的「戰鬥」在兩個女人之間展開——法國總理雷諾（Paul Reynaud）的情婦波爾特伯爵夫人在紅色睡衣外罩一件晨衣，站在大門口的台階上親自指揮車輛。波爾特伯爵夫人對雷諾總理具有一種強烈而神奇的魅力，她正在施展這種魅力說服雷諾退出戰爭。就一個女人而言，波爾特伯爵夫人此時占據整個舞台，她上竄下跳、大吵大鬧、痛哭流涕，迫使那個她可能愛過而且激起過她強烈慾望的男人，去做看起來他決心不要做的事情。

另一位名聲更顯赫的貴婦呂索爾侯爵夫人也沒有閒著，她是前總理達拉第（Edouard Daladier）的情婦，如同她們著名的情

夫一樣，這兩個女人也是死對頭。此前十年一直是法國總理的達拉第，三個月前被雷諾取代，並被徹底排除在政府之外。呂索爾侯爵夫人比達拉第更積極地謀求火中取栗、東山再起。外面天翻地覆，祖國淪亡，並沒有激起這個貴婦絲毫的哀傷。

法國的政治領袖不認為婚姻出軌、拈花惹草有損名譽，法國選民不會對政治人物的私德有最基本的要求。在下流與風流之間，沒有明確的界限。看似嚴厲的天主教教義，對維繫社會道德毫無作用。

幾個星期之後，貝當（Philippe Pétain）與賴伐爾（Pierre Laval）在南方小城維希組織傀儡政府，參眾兩院通過埋葬第三共和國、成立仿效納粹的極權主義政府的決議。法國恥辱地成為納粹德國的傀儡國。社會黨領袖、戰前後戰後三次出任總理的萊昂・布魯姆（Léon Blum）後來試圖解釋這種現象，他認為恐懼像毒液一樣將第三共和國菁英的面孔變得無法辨認，「他們像驚慌失措的民眾一樣，任由自己被恐懼和怯懦交匯的洪流席捲而去」。他哀嘆說：「被打敗並不意味著你必須成為奴僕。以為通過曲意逢迎希特勒就能減輕他的鄙視或者平復他的仇恨的設想，是一種極其愚蠢的癡心妄想。」然而，這就是當時大部分法國菁英和平民的真實想法。

「時窮節乃見」，大禍臨頭之際，從鄉間電話接線員到議員、軍官、部長乃至總統、總理、總司令，絕大多數法國人都不具備共和國公民的「德性」，即喀爾文在日內瓦、諾克斯在蘇格蘭以及美國國父們在新生的美國竭力塑造的「德性」。沒有「德性」，共和國無法維持下去，所有堂而皇之的制度架構和憲法文件只是一紙空文──沒有公民願意用生命去捍衛的憲法，不具備憲法的尊嚴與權威。

「德性」絕不可能從天而降，它背後是傳統、是信仰、是上帝的光照、是聖經的教導、是美好的家庭生活和以教會為中心的社區的養成。法國王室對胡格諾教派的大屠殺，使法國與宗教改革背道而馳，從此新教徒在法國只是極少數的、無法左右社會走向的邊緣人。而法國啟蒙運動和法國大革命給腐朽的法國天主教會以沉重打擊，天主教成了牆壁上毫無生氣的聖像畫。從此，絕對理性、人本主義、無神論和唯物論成為法國的主流意識形態，這個國家大部分民眾不再具備任何信仰，甚至連德國人信奉的國家主義和民族主義都沒有。這就是法蘭西第三共和國崩潰的根本原因。

◎「胡志明伯伯」是羅伯斯庇爾的粉絲：
　為什麼法國殖民地無法轉型為民主國家？

　　一九五四年三月十五日晚，查理斯・皮羅特眼中噙滿淚水。「我失掉了榮譽」，這位炮兵指揮官對戰友說。隨後他走回掩體，用牙齒咬掉手榴彈引信，將手榴彈抵在胸膛上。像他這樣寧願死去也不願投降的法軍軍官寥寥無幾。戰友敬佩他的英雄氣概，他曾在未麻醉的狀態下挺過手臂截肢。在二戰中，他曾在義大利戰鬥，現在則是第三次在印度支那作戰。

　　這場爭奪越南熱帶叢林堡壘奠邊府的戰役將持續到五月七日。越盟——第三世界的一支解放運動組織，越南共產黨的前身——將令一支西方軍隊嘗到失敗的滋味。

　　「白人完了。」早在皮羅特自盡的九年前，一位名叫胡志明的革命家在河內宣布越南民主共和國誕生。與此同時，法國卻夢想著恢復舊日的榮光。二戰中，蘊藏著豐富原材料的法國殖民地

印度支那被日本占領。在法國看來，它應該被重新納入法蘭西的殖民帝國，卻沒有料到，法國革命史早已滋養了一名越南革命者。在漫長的與英國爭奪海外殖民地的過程中，法國也輸出文化和發展模式。無數仰慕法國的年輕人到法國訪問和就學，並將在法國體驗和學習到的一切帶回本國。然而，很多從歸國的莘莘學子搖身一變成了獨裁者。

列寧不是法國之外唯一崇拜羅伯斯庇的革命者，越南的這位長髯飄飄的「胡志明伯伯」也是羅伯斯庇爾的粉絲。這位革命者年輕時在印度支那的圖書館中，找不到越南語的法國大革命的著作，連盧梭和伏爾泰的著作都沒有──法國殖民當局禁止將這些書籍翻譯成越南文字。於是，胡志明利用在法國輪船上當廚師的機會，遊歷法國和歐洲，從法國《人權宣言》和美國《獨立宣言》中汲取撰寫越南獨立宣言的思想和辭藻。

然而，現實中的法國政府和美國政府先後成為越南革命派的敵人，胡志明只好向蘇聯求助──他的轉向，與「中國革命的先行者」孫文如出一轍。儘管如此，胡志明沒有放棄對羅伯斯庇爾的尊崇，以及從法國革命中學習如何無情地揮舞政治權力。「法國革命造成了很多人犧牲，對此沒有絲毫的畏縮和猶豫」，他寫到，「如果我們要發動革命，我們也不能害怕犧牲」。

胡志明之所以留名後世，不僅僅在於他是共產黨越南的「國父」，是專一的民族主義者，還在於他在一九五五年所實行的無情的土地改革措施、他對平民的屠殺等一系列暴行。

胡志明麾下的將軍武元甲則以拿破崙為榜樣，這位傑出的戰術家架好重炮之前，法國人誤以為勝券在握。奠邊府在短時間內被包圍，周邊陣地相繼失守。有人將這場戰役喻為「法國的史達林格勒」──法國是失敗方。陷於絕望的巴黎請求華盛頓動用戰

術核武器。美國總統艾森豪（Dwight D. Eisenhower）拒絕實施「禿鷲行動」。倫敦也不願參與其中。

一九五四年五月七日，法軍投降。數千名戰俘被殘酷地驅趕到越盟的拘留所，很多人在途中死亡。

奠邊府戰役意味著印度支那戰爭、法國在亞洲的殖民統治及其世界強國地位的終結。

法國是老牌殖民帝國。一六〇五年七月二十七日，當法國在新斯科舍建立起皇家港（加勒比海航運中心，十七世紀被稱之為「西方最邪惡的城市」）開始，就揭開法蘭西第一殖民帝國的序幕。數年後，法國探險家薩謬爾‧德‧尚普蘭（Samuel de Champlain）在北美建立魁北克城，稱為新法蘭西──後來被英國人奪取，成為加拿大的一部分，但仍是法語區。

法國殖民事業最大進展是在非洲。法蘭西第二殖民帝國的建立，始於一八三〇年對阿爾及利亞的侵略。然後，向東在突尼西亞、利比亞一帶擴展，將摩洛哥變為保護國。在中非及西非，法國把茅利塔尼亞、塞內加爾、幾內亞、馬利、科特迪瓦、貝南、尼日、查德、中非及剛果納入其控制下。在東非則占據吉布提一帶的狹長海岸。

法國在亞洲印支半島的殖民計畫也進行得較為順利，先占領越南南部交趾支那，取得柬埔寨的保護權。中法戰爭後，法國將整個越南、柬埔寨及寮國變成殖民地，建立起法屬印度支那。法國還在南太平洋建立殖民地。

十九至二十世紀初，法國成為僅次大英帝國的第二大殖民帝國。這個殖民帝國在一戰後達到顛峰，接收了前鄂圖曼帝國的領土黎巴嫩及敘利亞，及德國擁有的喀麥隆及多哥。其後，在西非建立法屬西非。法國的殖民帝國橫跨一千兩百多萬平方公里土

地，加上法國本土，占世界土地總面積的百分之八點六。

法國枉顧在二戰中被納粹蹂躪的經歷，戰後變本加厲地鎮壓殖民地人民的反抗，僅在阿爾及利亞就派出五十萬大軍鎮壓暴動。這場危機導致法蘭西第四共和國垮台，戴高樂東山再起，接管議會和政府的所有權力，創建第五共和國，擁有軍事獨裁者般的地位。即便如此，戴高樂仍然無法挽救搖搖欲墜的「法非共同體」，他有拿破崙的野心，卻沒有拿破崙的軍事天才。一九六〇年，共同體十一個成員，包括聯合國託法國管理的喀麥隆、多哥紛紛獨立。法國代表從一個殖民地首都趕到另一個殖民首都，參加降下法國三色旗、升起獨立國旗的典禮。一九六二年，打了八年仗，付出五十萬條性命，最終法國不得不承認阿爾及利亞獨立，百萬居住於此的「黑腳」法國人於混亂中倉皇逃回法國。

法國對殖民地的治理明顯比英國殘暴。大部分前法國殖民地，經濟無法自立，政治無法維持最低的治理，脫殖之後陷入長久的混亂乃至崩解狀態。法國在非洲的十四個殖民地，獨立後都是一黨制獨裁國家，都發生血腥內戰。正是法國遺產（以及從法國轉口的馬列主義）使若干前法國殖民地深陷於暴政：最具代表性的是束埔寨，紅色高棉奪權後實行階級屠殺，消滅了全國四分之一的人口和幾乎全部的知識階層（兩百萬人）──紅色高棉領導層大都是留法高材生，在法國接觸馬列主義並成為其狂熱信徒。[11]

---

11 紅色高棉最高領袖波布（Pol Pot）獲束埔寨王室獎學金而留學法國。第二號人物英薩利（Ieng Sary）曾任副總理兼外交部長，畢業於巴黎政治大學。英薩利的妻子英蒂麗（Ieng Thirith）曾任社會部長，畢業於法國索邦大學。紅色高棉國家主席喬森潘（Khieu Samphan）為法國蒙彼利埃大學經濟學博士。一九七八年，越南出兵束埔寨，推翻紅色高棉政權。此後，其殘餘勢力逃入山區從事游擊戰。

◎雷蒙・阿隆與沙特的對立：
站在美國一邊，還是站在蘇聯一邊？

　　左派將革命和屠殺視為進入權力場的門票，但歷史一次又一次地證明：流血太多的國家很難建立起穩定的憲制與美好的秩序。

　　對法國近代化之路的反思，必須從聖巴托羅繆大屠殺開始。聖巴托羅繆大屠殺，而不是法國大革命，才是法國現代史的起點——法國大革命也是聖巴托羅繆大屠殺的結果之一。

　　聖巴托羅繆大屠殺的後果，並非天主教消滅了胡格諾教派，而是天主教會、絕對君主制和封建制度聯合起來宣布了自己的死刑。

　　法國大革命之後，法國人只相信人的理性，他們嘲笑「盎格魯－撒克遜圈」中虔誠的新教信仰，他們對喀爾文這位法國同胞感到無比陌生，把喀爾文看作是缺乏浪漫氣質的英國人或美國人。

　　赫伯特・呂蒂在《法國知識分子》一文中指出，十八世紀以來，在法國，「知識分子」和「左翼知識分子」成了同義詞。「知識分子」這個詞語染上一種明確的意識形態色彩，「知識分子」很自然地與「左派」相連——且與「理性」和「百科全書」、「進步」和「共和」等法國左派觀念一樣，含義十分模糊。沒有一個國家像法國這樣，知識分子自成為一種封閉的圈子，一個團體——「名士」階層。

　　一九九八年，波布病亡，喬森潘宣布投降。此後，喬森潘等人被柬埔寨特別法庭以反人類罪、種族滅絕罪判處終身監禁。

俄國十月革命成功之後，法國始終是西方最親共的民主國家——尤其是二戰之後，共產主義擁有勝利的光環，史達林受到敬佩，史達林格勒的勝利銘刻在每個人的腦海裡。法國幾乎沒有抵抗過納粹德國，一場硬仗都沒有打過；而蘇聯是最頑強抵抗並擊敗納粹德國的國家——這一事實似乎證明「資產階級民主」的虛偽和脆弱，也證明蘇聯模式的成功與偉大。於是，眾多法國知識分子站到共產主義大旗之下，加入共產黨，為黨服務，對共產主義的忠誠超過對法國的忠誠。

　　在整個冷戰期間，大部分法國知識分子都反對美國、支持蘇聯，跟隨法國共產黨為蘇聯的利益奮鬥，就連馬歇爾計畫都被法國知識界攻擊為「提出幫助那些受難的國家恢復戰爭造成的破壞，實際上是為了能用另外一隻手準備一場新的經濟和軍事方面的戰爭」。被法國知識界視為獨裁者和右翼政客的戴高樂，也以退出北約來顯示「法蘭西的驕傲」——天真的美國人沒有追問：法國向納粹德國投降時，「法蘭西的驕傲」在哪裡呢？

　　在法文詞典中，「反美主義」是唯一一個在某個國家名稱前加上「反」這個前綴詞的詞彙。這本身就有特殊的意義。菲利普·羅傑（Philippe Roger）在《美利堅敵人：法國反美主義譜系》一書中指出，美國文化——不僅僅是白宮政治，被作為資本主義、使人愚鈍的標準化、城市犯罪以及其他可恥的現代化典範，受到猛烈抨擊：法國人以法國的葡萄酒來反對美國的可口可樂，以法國飲食來反對美式快餐，以優雅的法國姑娘來反對「美國式濃妝豔抹的洋娃娃」，更以同性戀、墮胎和對傳統婚姻、家庭的蔑視來反對美國人清教徒般的「陳舊」生活方式。

　　為美國說話的有影響力的法國知識分子，幾乎只有雷蒙·阿隆一個人。雷蒙·阿隆孤軍奮戰，說出最「政治不正確」的真話

和真相：「美國正是為了對世界經濟─政治體系負責，才在柏林和首爾駐軍，最終不得不在亞洲大陸進行兩次干涉戰爭。」

然而，尚─保羅‧沙特（Jean-Paul Sartre）而非雷蒙‧阿隆，才是法國知識界的領袖。在法國及法語文化圈中，二戰之後的半個世紀，可稱之為「沙特的世紀」。沙特獲得知識分子夢寐以求的所有榮譽──包括被主動放棄的諾貝爾文學獎（後來他有悄悄向諾貝爾基金會傳話說他想得到獎金），也贏得無數年輕學生的愛戴，那種愛戴僅次於史達林時代蘇聯人對史達林的愛戴和毛澤東時代中國人對毛澤東的愛戴。而沙特本人跟大部分法國左派知識分子一樣，先是史達林的崇拜者，後是毛澤東的崇拜者。

作為沙特的老同學和論敵，站在右翼一邊的雷蒙‧阿隆，被若干學術機構和文人圈子所排斥，遭遇到來自學生和同事或沉默或明顯的敵意。那個時代，馬克思主義屬於明白無誤的真理。眾星拱月的沙特主導公共輿論，對孤芳自賞的老同學不屑一顧，他大聲攻擊說：「一個反共的傢伙，就是一隻狗。我不會帶出來，永遠也不會。」雷蒙‧阿隆則毫不畏懼地堅持其立場：

有人說我一貫反對共產主義，我可以問心無愧得堅持這一立場。我認為，共產主義的可憎程度不亞於納粹主義。

蘇聯大軍入侵匈牙利和捷克，殺戮平民，讓法國和西方的左翼知識分子震驚，但不足以讓他們徹底轉向。索忍尼辛的《古拉格群島》揭露了鐵幕後蘇聯勞改營比納粹集中營還要可怕的真相，部分人這才大夢初醒。雷蒙‧阿隆感嘆說：「在西方，誰在像索忍尼辛一樣戰鬥呢？回答很簡單──沒有人。要進行同他一樣的戰鬥，就必須面對同樣的敵人，冒險在集中營裡度過漫長的

歲月，在同樣的較量中汲取抵抗地獄般機器的無窮力量。」法國共產黨及其同路人沙特等人仍假裝看不到「房間裡的大象」：索忍尼辛使人難堪，惹人發火，正是因為他擊中西方知識分子們的敏感點，擊中謊言。

雷蒙・阿隆精準地預見到，法國路徑、德國路徑和蘇聯路徑在當代的某一歷史節點匯合在一起。它們終將在與英美路徑的競爭中敗下陣來。

歷史的發展趨勢與左派書齋中的想像背道而馳。史達林的大清洗之後，是毛澤東發起的醜陋的文化大革命，紅色高棉的階級和種族屠殺，車諾比核事故，柏林牆倒下，蘇聯和東歐集團瓦解。歷史證明沙特錯了，雷蒙・阿隆對了，儘管兩人都沒有看到冷戰的結局。

高齡的海耶克（Friedrich Hayek）和更高齡的喬治・凱南（George F. Kennan，又譯喬治・肯楠）都看到了冷戰落幕，自由市場經濟和英美模式大獲全勝。在冷戰結束之前去世的雷蒙・阿隆留下了精準的預言：

當日耳曼的諸神已成為明日黃花後，由黑格爾—馬克思主義體系變異而來的一種學說就成為美國式民主體制的唯一對手了。美國式民主制講究實用，拋棄了形而上學，並且追求嚴謹的語義哲學。全世界的技術突飛猛進。在現實面前，馬克思主義的種種空想最終幾乎自行消失了。

法國和西方的左派知識分子在所有重大社會政治議題上都作出錯誤判斷。他們的左派意識形態並非他們的信仰，乃是表演的面具。就像沙特和傅柯（Michel Foucault），從來不願意親身實

踐其口頭說的和書上寫的那一套。他們自稱反抗資本主義，卻迷戀資產階級的生活方式；否定基督教傳統，卻找不到可安身立命的精神歸宿。拉爾夫・阿蘭・史密斯在《伯特蘭・羅素為什麼不是基督徒》一文中尖銳地指出：「並不是所有的無神論者都道德敗壞。並不是所有的無神論者在面對難題時都選擇撒謊。並不是所有的無神論者都在日常生活中都荒唐透頂。但保羅・約翰遜（Paul Johnson）告訴我們，盧梭、黑格爾、沙特、羅素、馬克思等人臭味相投——撒謊成性、道德敗壞、在哲學和私生活上自相矛盾。……作為個體，無神論的幹將當中沒有幾個是值得尊敬的。」

聖巴托羅繆大屠殺和法國大革命讓法國近代化走上一條與英美截然不同的歧途。直到今天，法國還在這條歧路上掙扎。

一九六八年的「五月風暴」及阿爾及利亞危機，催生法蘭西第五共和國。近年來，運行半個多世紀的法蘭西第五共和國，與眾多歐陸國家一樣，沉迷在絕對的多元主義和去基督教的普世價值的幻影之中，深受左翼社會民主主義和福利國家等綜合症之折磨，再加上歐盟的官僚化及穆斯林移民等問題，社會危機潛滋暗長。

二〇一八年十一月，法國以巴黎為中心爆發聲勢浩大的「黃背心」運動，暴民無懼衝突、怒砸商店與古蹟，無視重挫經濟與國家形象的後果。暴民表面上聲討主政者，實際上嘲弄了整個代議民主體制。

日光之下無新事，「黃背心」喊出的口號全都脫胎於法國大革命——「馬克宏，我們不是你待宰的羊！」、「這套制度，讓富者愈肥富、貧者愈窮貧！」

那麼，未來的法國，將何去何從？

我要使法老的心剛硬，他要追趕他們，
我便在法老和他全軍身上得榮耀；
埃及人就知道我是耶和華。

——《舊約・出埃及記》，14：4

第三章

德國路徑：
黑森林裡的迷失者

正如專制是羅馬和古代中國的宿命一樣，專制也是我們的宿命。

——斯賓格勒（Oswald Spengler）

電影《戰地琴人》是波蘭導演羅曼・波蘭斯基（Roman Polanski）的代表作之一。波蘭斯基是納粹集中營倖存者，德國入侵波蘭後，年僅五歲的波蘭斯基和全家被送進集中營，母親死於奧斯威辛集中營，父親在毛特豪森集中營倖存。波蘭斯基在幾個天主教家庭幫助下逃離集中營，戰後與父親重聚。

　　《戰地琴人》改編自波蘭鋼琴家華迪史洛・史匹曼（Wladyslaw Szpilman）的真實故事：從集中營中逃出來的史匹曼在斷壁殘垣的華沙城四處覓食，被納粹軍官維爾姆・霍桑菲爾德（Wilhelm Hosenfeld）發現，對方知道他是鋼琴家之後，讓他彈奏一曲。史匹曼彈奏蕭邦的《升C小調夜曲》，飄蕩在瓦礫堆上的優美旋律令霍桑菲爾德動容，他決定保護這位落難的鋼琴家。

　　這個故事是真實的，卻是罕見的個案。絕大多數猶太人不會有運氣遇到既保存良知，又有音樂鑑賞力的德國軍官。絕大多數德軍官兵和納粹分子既喜歡音樂和哲學，又毫不猶豫地屠殺猶太人以及反對派。在人間地獄般的死亡集中營裡，常常迴蕩著宛如天堂裡才有的優美鋼琴聲，那是納粹管理者們的精神盛宴。如此浪漫，如此暴戾，這就是現代德國之縮影。

「集中營惡魔」、黨衛軍頭子希姆萊（Heinrich Himmler）在日常生活中不是「惡魔」，而是「懼內」的丈夫和慈愛的父親，還是素食主義者──他反對殺害動物。他的妻子是金髮碧眼高個女性，是其心中理想的「德意志女性」。希姆萊非常疼愛女兒古德仁（Gudrun），稱她為「Püppi」（人偶），常常帶女兒去其工作場所，包括集中營。

　　魯道夫・豪斯中校（Rudolf Hoess）擔任「死亡工廠」奧斯威辛集中營最高指揮官長達三年半之久。豪斯夫婦同五個孩子一起生活在集中營的官邸。妻子赫德維希在這裡找到夢寐以求的滿足感，「我想在這裡生活到死」。豪斯證實說：「我的家庭在奧斯威辛過得很好。孩子們自由自在，不受約束，而我夫人也有身處天堂之感。」但在周圍，每天都有大批猶太人被打死、殺死、燒死或毒死。一九四四年秋，豪斯被調離奧斯威辛，豪斯夫人感到前所未有的失落，隨行的四個火車皮裡裝滿掠奪的財物。

　　戰後，豪斯被法庭判處死刑。其證詞事實清楚、條理清晰，在細節上精確到無可挑剔的程度。他在等待處決期間，在獄中上吊自殺。死前幾天，他請求向牧師懺悔並寫了認罪書，在給妻子的信中說：「我今天才意識到，我曾經堅信的意識形態看來是完全錯誤的，它遲早要崩塌，我所做的事情也完全是錯誤的。」在給兒子的信中寫道：「不要接受任何聽起來絕對正確的事物，要具有批判能力，我人生最大的錯誤是堅信來自上層的觀點都是完全正確的，我不敢有一絲一毫的懷疑，即使真相就擺在我眼前。」豪斯在獄中所寫的回憶錄後來得以出版，他與那些因自己的命令造成的實際結果保持著一種奇怪的感情距離，在這一點上，他與後來受審的艾希曼極為相似。在回憶錄的結尾，他沒有向猶太人及受害者表達懺悔，而是向家人表示輕若游絲的遺憾：

「今天我深感遺憾，我認為我沒有花足夠的時間陪伴我的家人。我一直相信我必須堅持幹好工作。在這種誇大了的責任感的鞭策下，我讓自己的生活變得愈加艱難。」

從豪斯、艾希曼到希姆萊、希特勒，他們都是人格分裂者。奧斯威辛集中營並存的鋼琴聲與焚屍爐，呈現的正是德國近代化路徑的致命缺陷。

第一節　兩個路德：
「上帝的路德」和「德意志的路德」

◎路德反對羅馬教廷，也反對神聖羅馬帝國，卻臣服於德意志諸侯

當路德在威登堡教堂的門口貼出《九十五條論綱》之際，他沒有想到自己會是第一隻振動翅膀的蝴蝶，帶來歐洲一千年來「大一統」的天主教世界的崩裂；而他本人也將成為羅馬教廷下令追殺的首要敵人——那個時代，羅馬教廷就是「天下」，就是世界，羅馬教廷的通緝令比今天國際刑警組織的全球通緝令更有權威。

路德獨自赤身裸體地暴露在羅馬教廷的刀劍之下。他所生活的薩克森地區，由一名德意志諸侯統治，並非政治上統一的近代國家，而屬於虛有其名的「神聖羅馬帝國」之疆域。這個帝國的現任皇帝查理五世來自西班牙，是一名虔誠的天主教徒，自然而然，查理五世自告奮勇充當羅馬教宗的打手。於是，路德必須面對兩個似乎不可戰勝的敵人：羅馬教廷和神聖羅馬帝國——這

是兩個完全成熟的地緣與意識形態，兩者對權威的主張，是神學家、法學家、政治理論家和知識分子在一種充滿自信的普世主義氛圍中相互比拼形成的，在十二世紀以來的有識之士眼中，西歐拉丁基督教世界就是「基督教世界」；當宗教改革出現時，兩者罕有地攜起手來企圖將其消滅在萌芽狀態。

幸運的是，神聖羅馬帝國不是中央集權的西班牙或法國，路德有了絕處逢生的機會。在神聖羅馬帝國存在的五百年裡，它更像是共和國，統治者從哈布斯堡家族選出。中世紀的帝國是宗教權力和世俗權力的結合體：由國王、主教、漢堡和法蘭克福這樣的自由市以及其他類型的自治地區組成。其正統性和合法性源於它自稱「羅馬帝國的延續」，然而，十七世紀的法學家普芬道夫（Pufendorf）說，帝國是一個怪物，「它不符合政治學上的傳統定義，既不是羅馬的，也不是神聖的，甚至不是一個帝國」。不過，在宗教和文化上，帝國傳統仍是強有力的黏合劑，這個概念也能為統治者服務。古老的帝國在存在之時無法阻止有力的進攻，卻能進行異常堅固的防守。它保持著「忠誠」這個古老的盟約，並在逐漸顯現的歐洲權力制衡中形成一個平衡系統。

在宗教改革過程中，路德兼有改教家和政治家雙重身分。他試圖將神聖羅馬帝國改造成脫離羅馬教廷、信奉新教、上帝之下的新帝國——路德教會對主禱文「我們的天父」的翻譯中，兩次提及「上帝的王國」，這個名稱含義模糊，卻包含對未來德國的期待。

神聖羅馬帝國的鬆散特性，讓路德游刃有餘。他沒有軍隊，無力抵抗教宗和查理五世，只能依靠德意志諸侯、特別是薩克森選帝侯「智者」弗里德里希的保護。單單靠弗里德里希一個人的力量是不夠的——捍衛新教宗教自由的需要催生了諸侯邦國之

間的軍事結盟，即新教諸邦的「施馬爾卡爾登同盟」，並引發一場與查理五世之間的政治和宗教戰爭。德國詩人、歷史學家席勒（Friedrich Schiller）指出：

正如宗教改革使市民之間、統治者與臣民之間出現另一種關係那樣，國家彼此之間的地位亦發生新的變化，因此必須藉助事物的特殊進程達到教會分裂，從而導致國家間集成為一個靜謐的聯合。

這場讓許多歐洲國家捲入其中的、持續三十年的戰爭，以交戰雙方相持不下、簽署《西發里亞條約》而告終──這份條約意味著近代國際關係體系的誕生。

為了得到德意志諸侯的支持，路德巧妙地重新闡釋宗教改革運動的動因：這是一場對抗作為「外國人」的義大利教宗的鬥爭──那個時代，天主教教宗幾乎都是義大利人。長期以來，教廷向各國徵稅和販賣贖罪券等行為，既是對基督信仰的背叛和侮辱，也是義大利人對德意志人的經濟掠奪。德意志人再也不能如此忍氣吞聲。這是鬥爭方式的策略性和技術性調整，卻牽一髮而動全身──由此，德意志民族主義成為路德神學的核心部分，而這種激昂的民族主義很容易升級為種族主義。

路德手上沒有刀劍，卻有比刀劍更具殺傷力的筆和紙，他的著作總計四百種，超過一千卷，他甚至被認為創立了德國的書籍行業。谷騰堡發明的印刷術為路德思想的爆炸性傳播提供了有力的技術支持。路德以匿名方式編輯和出版了《德意志神學》這部具有象徵意義的作品。他在前言中指出，德意志神學「把德國人民引導到上帝那裡，而拉丁文、希臘文和希伯來文的書籍卻沒有

做到這一點」。他宣稱，這是德國神學家超過羅馬、希臘和猶太神學家的優越性。他嚴厲警告外國人，不要把德國人的質樸當作軟弱。這個小冊子是所有德國人團結在一起的又一民族之根，用以支持和回憶受過歷史傷害而仍未治癒的德意志人的自豪感。這本書的出版是整合反對羅馬教廷的新教力量和民族運動的第一步，也是復興德國歷史與文化的第一步。

路德知道諸侯們和新興的城市資產階級想要什麼。他建議薩克森選帝侯弗里德里希發布一道命令，宣布教會必須服從世俗當局，從而以新的權力替代日益衰落的天主教主教的權力。選帝侯對這個建議很滿意，這對他十分有利。選帝侯表揚了路德，並承諾保障其安全以及新教教會的宗教自由——選帝侯本人在新教與舊教之間猶豫了很久，考慮的重點不是教義的差異，而是如何維持王位和權力，他直到臨終時才第一次領取路德宗樣式的聖餐，確立了新教徒的身分。

很快，德意志地區的王室和城市貴族都發現，在這場戰爭中，他們的地位和權力都得到了加強。希望維持秩序的各個階級在路德面前握手言歡。所有的有錢階級——王室、貴族、城市市民都鬆了一口氣。他們發現路德在這場動亂中是忠於王室的，他甚至願意把教權置於世俗當局之下。

◎路德的「兩國論」與德國人的「奴僕精神」

在德國統一、德意志第二帝國建立之後，德國基督教具有了三種特質。

首先，新教成為國家宗教；德皇威廉一世成為德國新教的最高領袖，至少德國新教教徒都承認這一點。威廉一世的統治完全

擁有「凱撒加教宗的特徵」，這造成了一個「非同尋常的獨裁複合體」。德國君主雖不如俄國沙皇那樣絕對專制，卻比英國憲制之下僅具象徵性地位的國王的權力要大得多（儘管英國的君主也是英國聖公會的宗教領袖），帝國政府專門成立了一個受到皇帝和首相雙重領導的、掌管宗教的「公共信仰與教育部」。

其次，路德的宗教虔誠及神祕主義傾向，在德國人之中導致了一種帶有「深遠政治後果」的「純粹感性的形而上學」。在德國的宗教和社會團體中，具有巨大影響力的虔信主義要求信徒回歸「內心世界」，於是常常導致一種正統且僵化的虛偽。虔信主義要求通過個人生活方式來改變世界，它有意識地拒絕改變國家的專制結構。路德對權威的需要以及征服他自己和其他人身上「邪惡力量」的願望，使他主張在政治領域服從世俗權威。

再次，路德的宗教改革成功地改變了北方，但南方仍籠罩在天主教的勢力範圍之下。德國天主教會漸漸勉強接受了帶有新教印記的德意志帝國，德意志帝國的愛國主義對處於次等國民地位的天主教徒給予某種補償。德國的天主教徒與路德宗的鄰居們一樣，變成了君主制國家順從的、小心謹慎的臣僕。長期以來，天主教沒有對獨裁的憲法結構以及獨裁的政策產生過什麼疑問。對於德國天主教徒而言，「愛上帝」被抽象化，「愛國」成為一種高於「愛教宗」的情感。

誠如斯賓格勒所說，「路德宗不是開始，而是終結」，德意志宗的教改革沒有產生內在的結果——即韋伯所說的「新教倫理」。路德為個人困境找到的解決方法，也是對德意志特性中基本困境的解決方法：順服權威、壓抑個體以及民族主義、集體主義和神祕主義的混合。但這種解決方法卻產生了新問題，它比所解決的問題更為嚴重。比如，路德為了反對起義的農民而列舉的

各種論點，作出早期的暗示：路德教義將被證明對整個近代德意志史上無數暴君大有用處。

　　與歐洲其他大國的國民相比，德國人身上具有最強的農民性，這種農民性跟奴僕性格緊密相連。路德一直沒有將自己從家鄉獲得的農民的各種信念中解脫出來，他對德意志農民運動強烈反對，在某種程度上是制服其個性中存在的那位反叛農民的自我鬥爭的一種表露。在路德身上，叛逆的衝動和服從的衝動同樣強烈，在他一生中，首先是一種衝動，而後是另一種衝動，決定了他的舉動。他反抗天主教會的精神權威，卻在德意志農民戰爭期間維護諸侯們的世俗權威。

　　路德神學中聖俗二分的「兩個國度論」導致路德對世俗政府的性質漠不關心達於極點，他甚至禁止被土耳其人奴役的基督徒為自由而戰鬥：「那將是從你主人那裡偷走你的肉體，由於他買到了它或將用某種方式獲得了它，它就不再是你的財產，而是他的財產，就像牲口或其他東西一樣。」美國南方的奴隸主和南非種族隔離制度的倡導者樂意引用此類論述。路德認為，現存的社會和政治秩序是由上帝建立的。德意志社會的沉悶和德意志官僚政治對於人民的控制，可以溯源到這種存在就是合理的觀念。

　　通過否定天主教會在個人與上帝之間的中介角色，路德使個人與上帝更加靠近，這是革命性的精神突破。但與此同時，他又使社會和上帝遠離。在路德看來，上帝再也不會以一種活生生的力量存在於社會實體之中。上帝創造了社會秩序，接著離它而去，將它的管理完全交給世俗政府。結果是，德意志社會永遠不能成為真正的共同體。它只能發展為一種日益複雜的等級制度，其中，一條完整的控制鏈條從諸侯、國王以及皇帝一直向下延伸到最底層的臣民。路德一舉創造了這樣一種思想意識，它使近代

德意志的統治者有無限權力，也產生了近代德意志平民的無限順從。

路德無法超越的德意志的民風民情。當路德看到，思想能轉化為行動，信念能轉化為願望時，不禁大驚失色，就像一個孩子在死一般的寂靜中，擦亮一根火柴溫暖自己，突然刮來一陣大風暴，把整個森林燃燒起來一樣。他竭盡全力把無意追求的權力拱手讓給被他稱之為「毒蛇和狐狸」的貴族。在國家和權力面前，路德背叛了自己的思想和道德。

十六世紀路德在德語地區領導的宗教改革的最重要後果之一，是建立新教教會和新教國家。與此相關，作為其所統治的邦國的最高領袖，德意志及歐洲的諸侯們不再受制於羅馬教宗，而變成新教的「小教宗」。這是將世界分為聖俗兩個王國的路德神學的必然結果。喀爾文神學不認同王權高於教權，但喀爾文派及喀爾文神學對德國的影響有限，不管喀爾文派對普魯士統治菁英們的雄心及其內心世界對成功的追求的影響有多大，它對路德的國家教會強有力的極權思想沒有很有效地起到鬆弛作用。

路德在德意志地區的宗教改革未能催生占據社會主流地位的「德國版的清教徒」，除了他必須與德意志諸侯結盟並訴諸於德意志民族主義的策略之外，更重要的原因乃是路德本人個性的缺陷、路德神學的缺陷以及由此折射出的德國人的民族性格和傳統文化的缺陷。

毫無疑問，清教徒的某些特徵在德國人身上出現了：比如工作倫理、天職觀念等，德國人成為歐洲最勤勞的民族之一，德國人的紀律性和時間觀念在歐洲首屈一指，這成為德國迅速實現工業化乃至後來居上的文化基礎。然而，德國的宗教改革和近代化始終未能孕育出個堅固的個人主義、古典自由主義、憲政共和的

價值和觀念秩序。

路德的宗教改革留下了一個缺口，甚至一個深淵。馬克斯・韋伯指出：

從政治上看，事實是，德國人過去是，現在仍然是內在化意義上的特殊「臣僕」，因此，路德宗是德國人的合適宗教。

愛因斯坦也說過：「沒有任何革命能夠……幫助克服這種祖傳的奴僕精神。」於是，「要順從，不要有異議」成了德國特色的格言。

◎一個誕生了路德、歌德、康德的國家何以如此缺德？

一個誕生了路德、歌德、康德等思想文化巨人的國家，為何如此缺德？英國歷史學家泰勒為此感到迷惑不解：「德國曾經出現過最多的先驗哲學家、最震撼心靈的音樂家和最冷酷、最厚顏無恥的政客。一方面，德國民族多愁善感、值得信賴、十分虔誠，幾乎是世界上最善良的民族，但另一方面又殘酷冷血、缺乏原則、野蠻低級，甚至不配生存在這個世界上。這兩種都屬實。德國人的這種雙重性格不僅存在於同一時代，而卻存在於同一個人身上。」

德國人特別強調個人責任感和民族使命感。然而，責任是幸福的源泉，卻可以變成對社會文化決定的義務制度的奴性服從；民族使命感帶來強烈的愛國熱情，卻又非常容易滑向排他性的種族主義。希特勒非常巧妙地利用了德國人的這兩個民族特性，將其轉化為選票和國民對他個人的忠誠。

在近代化過程中，古老的條頓騎士團成為近代路德派的容克貴族，這個階層主導著普魯士王國以及第二帝國和第三帝國的政治生活，也為德國軍隊提供了大量出色的軍事領導人。不幸的是，他們也成為支持納粹的中流砥柱。德國國防部長勃洛姆堡（Werner von Blomberg）向希特勒宣誓效忠的誓詞與條頓騎士團的古老誓言頗有幾分形似——「我在上帝面前發下神聖的誓言，我無條件服從德意志帝國領導人、德國人民國防軍總司令阿道夫·希特勒，並準備作為一名勇敢的士兵隨時獻出生命。」絕大多數德國國防軍官兵都被此誓言所束縛，被希特勒送進戰爭的絞肉機。

基督教會為何未能用愛和正義的價值來遏制德國近代化過程中的暴戾之氣？在路德與希特勒之間，有一道若隱若現的橋樑。

德國新教教會的主體是德國福音教會（German Evangelical Church），該教會在十九世紀早期統一了路德宗和喀爾文宗。然而，這個過程導致喀爾文宗自身的神學立場被稀釋，同時卻未能影響路德宗減少對世俗權威的順服。早在俾斯麥執政期間，德國福音教會就因為俾斯麥打壓天主教而欣喜若狂，認為德意志第二帝國是一個新教國家，教會應當向國家和皇帝表示效忠。一九一四年，德軍入侵比利時和法國時十分仇視天主教會，入侵俄國時也打擊作為沙皇統治基礎的東正教會，這使得德國新教徒認為這是一場針對天主教和東正教的聖戰。很明顯，民族主義和新教在意識形態上密不可分、互為表裡。

納粹的理論家和宗教官員從路德那裡尋找靈感，似乎合情合理。律師奧古斯丁·雅格擔任普魯士福音教會的行政長官，他聲稱希特勒正在完成路德開創的事業，他們都是在「為拯救德意志種族而共同奮鬥」。他認為耶穌代表了「飽受退化威脅

但仍然十分優秀的日耳曼種族」。希特勒的御用理論家羅森博格推崇路德，吸收了一些中世紀神祕主義大師埃克哈特（Master Eckhart）的理論，認為經過種族改革之後的基督教能夠融入一個全新的德意志宗教之中。身為「德意志基督徒信仰運動」領袖的萊恩霍·克勞司（Reinhold Kraus）表示，路德留給德國人「一個明確的傳承：藉著第三帝國完成德國的宗教改革！」既然路德可以跟天主教決裂，沒有任何事情是固若堅石的。對德國新教徒來說，其國家認同跟路德會信仰融合為一，無法把兩者切割開來。

　　教會越是順服，希特勒越是為所欲為。希特勒向來對弱者心存鄙視，在他眼中，福音教會的基督徒都是弱者。他對助手們說：「對他們，你可以愛怎麼辦就怎麼辦。他們會屈服的……他們是微不足道的小人物，像狗一樣順從，當你對他們說話時，他們惶恐得汗流浹背。」

　　路德的缺口，正好成為希特勒的支點。德國歷史學家哈夫納（Sebastian Haffner）認為，路德在其許多方面幾乎是德意志民族特性的化身，而希特勒是一個奇蹟，「對於德國人來說，希特勒不僅來自奧地利，更來自更遠的地方；先是從天上來的，後來是，上帝可憐他們，來自地獄的最深處」。實際上，希特勒與路德一樣，是德國傳統的產物。

　　以反猶主義而論，希特勒的很多想法都受到路德啟發。路德的反猶主義是為了「純潔教會」；希特勒的反猶則是「反基督」的一體兩面。從其職業生涯開始，希特勒對猶太問題的思考不時地進入更玄虛的領域：「我們再次談到宗教，」戈培爾在一九三九年十二月九日記錄到，「元首在宗教方面造詣極深，但卻是完全反對基督教的。他把基督教看做是一種衰落症。確實如

此，它是猶太種族的沉澱物，從宗教禮儀的相似性也可以看出這一點。」路德固然不需要為希特勒的暴政負責，但德國思想文化重建過程中，有必要剔除路德神學中的幽暗部分。

大屠殺的消息從各個渠道傳來，但包括基督徒在內的德國民眾用一種馬基維利式的心理來為自身開脫，他們只關注有限的利益和直接相關領域，如此才能安全地活著。在此期間，作為德國國家教會的路德宗的所作所為，在第三帝國的歷史記載上相當模糊。以路德宗為首的新教教派的信徒向納粹奉獻了與其比例不相稱的大量選票。他們因納粹對有精神疾病或弱智的德國人執行「安樂死計畫」提出過抗議，卻從未對猶太人的遭遇發出異議。他們嚴格區分宗教和政治（國家）的界限，為此搬出路德「兩個國度」的神學觀點作為擋箭牌。

大屠殺是罪行，對大屠殺的漠視是道德的潰敗和人性的淪喪。大屠殺以後，德國人在全世界的聲譽損傷到什麼程度呢？沒有一個德國人能說，他是被統治階級脅迫的，因為幾乎每個人都有朋友在納粹黨內，幾乎整個國家都參與或擁護這場浩劫。整個國家都接受了納粹司法部長的格言「只要對德國有利的，都是正確的」。

德國的新教教會無法迴避自己在第三帝國時期的表現。納粹時代的教會領導層在戰後得到了保留，所以，經歷了整整一代人以上的時間，教會仍然不肯完全直面自己過去的作為，而是經常採取自我辯護的調子，大肆強調教會對納粹政權的抵抗，卻對教會與納粹主義的高度合作輕描淡寫。

一九四五年十月，德國新教教會發表了一份《斯圖加特悔過書》：

我們帶著極大的痛苦宣告，我們給許多國家的人民和土地帶來無盡的苦難……我們譴責自己，我們沒有更勇敢地說出來，我們沒有更忠誠地祈禱，我們沒有信任更多喜樂，也沒有展示更熾烈的愛。

這封悔過書承認教會的罪責，卻沒有提及具體事情。悔過書在一定程度上安慰了一些神職人員的良心，但許多德國人認為遠遠不夠。

在那些黑暗歲月裡，作為一個整體的教會，與社會一樣缺德；作為一個整體的基督徒，與非基督徒一樣缺德──「今天有一半德國人被教育成蠻橫無禮，另一半則被教育成懦夫。」這意味著那些毫無顧忌地使用著鎮壓良心的方法的人們，他們本身的良心已經死去了──基督教精神的殘餘不復存在了。

第二節　「踢正步的歌德」：
浪漫主義是極權主義的前戲

◎在玫瑰與鋼鐵之間：作為「德國事件」的浪漫主義

二〇〇二年諾貝爾文學獎獲獎者、匈牙利作家因惹‧卡爾特斯（Imre Kertész）在小說《慘敗》中寫到一個細節──主人公從書架上取下一本書，讀到以下文字：「一七四九年八月二十八日，正午，鐘敲十二點的時候，我在美因茨河畔的法蘭克福出生。星座位置是吉利的；太陽在處女座的標記中，一天天地到達中天……」

明眼人一看便知，這段文字摘自歌德自傳《詩與真》，是歌德描述其出生時的一段話。卡爾特斯隱沒出處，代以嘲諷：好吧，人得這樣出生，作為瞬間的人——但在這樣的一個瞬間，誰知道還有多少人同時來到這個地球上。那位天才，偉大的創造者，作為神話英雄踏上地球。一個空缺的位置熱切地盼望著他，「一個詩人，」他以後會說，「必須有一種出身，必須知道，他源自何處。」

　　歌德生前對德國浪漫主義並無好感，但他仍不能免俗。卡爾特斯對歌德這位「天才」、「偉大的創造者」和「神話英雄」之自負的巧妙諷刺，也是對德國浪漫主義的反思。

　　英國思想家以賽亞・伯林（Isaiah Berlin）在探討浪漫主義的根源時發現，敬虔運動是「真正的浪漫主義之源」。敬虔派是路德宗的一支，特別強調受苦的人類個體理論與造物主之間的個別關係。敬虔運動的發起人試圖為大量遭受社會欺凌和政治苦難的人們帶來安慰和救贖。

　　德國浪漫主義來自於憂鬱和恐懼，哲學家班雅明（Walter Benjamin）在路德身上發現這種揮之不去的「偉大人物的憂鬱感」——「甚至在路德本人那裡，他生命的最後二十年裡也充滿愈加沉重的精神負擔。他對信仰恪守不渝，但卻從未能阻止生活的汙濁腐爛。」路德是嚴重的抑鬱症患者，他的情緒時常大起大落，德國的浪漫派作家和藝術家們大多如此。

　　浪漫主義的重要性在於，它是近代史上規模最大的一場運動，它改變了西方的生活和思想。它是發生在西方意識形態領域裡最大的一次轉折，發生在十九、二十世紀歷史進程中的其他轉折都不及浪漫主義重要，而且它們都受到其深刻影響。伯林指出，這是一次革命：

這次革命是西方生活中最深刻、最持久的變化,比起影響力不曾受到質疑的那三次大革命——英國的工業革命、法國的政治革命、俄國的社會和經濟革命——一點都不遜色。

浪漫主義席捲整個歐洲,但它從誕生和發展到頂峰都是在德國。丹麥文學評論家布蘭德斯(Georg Brandes)認為,「以浪漫主義為開端的德國文學,活躍在最深沉的情緒之中,陶醉在種種感覺裡面,努力想解決問題,不斷創造著隨即加以破壞的形式。」伯林認為,「無論如何,浪漫主義運動起源於德國」。德國思想史家呂迪格·薩弗蘭斯基(Rudiger Safranski)將浪漫主義視為「一個德國事件」,給浪漫主義貼上德國標籤。

經過三十年戰爭,德國文化一方面滑向路德式的極端經院學究——細微瑣碎但相當枯燥無味;另一方面則潛入人類靈魂深處——其精神追求恰與經院派南轅北轍。後一種傾向雖由路德主義引發,但在很大程度上則要歸結到當時瀰漫全國的自卑屈辱心理。從那些相當憂鬱的十七世紀末德國民謠和通俗文學中,甚至從德國專長的藝術形式——音樂之中,也可以感覺出德國人耿耿於懷的傷痛和屈辱。

浪漫主義延續了人類平衡物質與精神、現實與理想、肉體與靈魂、理智與情感之衝突的努力,帶來文學、哲學和宗教融會一處的激情時代。海涅說,浪漫主義是基督的鮮血中萌發出來的激情之花——當然不是,浪漫主義不像啟蒙主義和理性主義那樣強烈地反對基督教,但它最終「促使人們不再相信世上存在著普世性的真理,普世性的藝術正典」——包括聖經真理。浪漫主義如同罌粟花,如此美,也如此罪惡。

伯林進而發現所謂「浪漫主義的經濟學」，其代表人物是費希特和弗里德里希・李斯特（Friedrich List），他們認為一切經濟制度必須服從精神進步這一理想，有必要建立一個隔絕的國家，即統一貿易的國家，以使這個民族實現其真正的精神力量而不受別國阻撓；經濟學的目的，金錢和貿易的目的在於人類精神的自我完善，而非遵循經濟本身的規律——而埃德蒙・伯克相信，商業規律就是自然規律，也是上帝的法令，激進改革於事無補。

　　浪漫主義作為思想運動結束後，在二十世紀，帶給德國的是並不光彩的歷史。「浪漫的」思維方式，作為德意志民族的性格要素，越出文學疆域，染上民族主義色彩，開始涉足政治，在一戰期間變身為「鋼鐵浪漫主義」，將無數青年送上戰場；在納粹時期，再度被利用，助紂了二十世紀的政治大災難。戈培爾說，「鋼鐵般的浪漫主義不害怕此在的嚴酷或者試圖逃避到遙遠的天邊躲避這種嚴酷，它有勇氣面對問題，並且堅定和毫無畏懼地直視那無情的目光」。

　　德國文學家維克多・克倫佩勒（Victor Klemperer）承認：「我在自己內心中，一直有著納粹和德國浪漫主義之間，最緊密之聯繫的完全確定的知識……因為浪漫主義含有造成納粹的一切東西的胚胎：對理性的廢黜，對人性的獸化，對權力思想、食肉動物和金髮猛獸的美化。」歷史學家弗里茨・施特里希（Fritz Strich）在一九二二年出版了《德國古典主義與浪漫主義》一書，那時還沒有出現納粹運動，而此書在一九四五年再版時，德國已是一片戰爭的廢墟，他在新寫的序言中闡述了自己彼時和此時思想立場的巨大翻轉：「倘若當時的一個任務，是闡明浪漫主義面對古典主義的獨特權利，那麼今天我要承認，歷史的發展促

使我，在德國的浪漫主義中辨識出一種巨大危險，而這些危險此後確實導致了降臨世界的災難。」浪漫主義並非天真無邪且美不勝收，歷史學家梅尼克（Friedrich Meinecke）指出，浪漫主義和新技術參與了希特勒的演出——納粹的浪漫主義不是回溯田園牧歌的遠古時代，而是發展一種高科技的、有工業效率的、建造高速公路和宏大的公共建築並做好戰爭準備的社會。

由於浪漫主義的滲入，使清教主義出現特別的普魯士形式。哈夫納指出，他的父親是一個典型的普魯士清教徒，普魯士式清教主義在一九三三年以前曾是主宰德國的首要精神力量，它與英國古典的清教主義有相似之處，強調嚴謹、尊嚴、責任與忠誠；也有著明顯的差異——它的先知是康德而非喀爾文；其標誌人物為腓特烈大帝而非克倫威爾；它強調獻身，因而具有忘我的作風；它要求看輕塵世間的事物，以致具有陰鬱傾向。普魯士清教主義喜好具有「堅韌的外殼，柔軟的心腸」之人物，它鍛造了德國人的分裂人格，讓外國人疑惑不已：德國整體看來總像是一架沒有人性、既殘酷又貪婪的機器；可是，若把它拆開來看，就會發現單個的德國人相當人性化，不具傷害性。德國這個國家具有雙重性格，正是因為幾乎每個單獨的德國人都過著雙重生活的緣故。

在第三帝國，人們將赫然發現，踢正步的士兵中，有一個人宛若神采飛揚的歌德。梅尼克不能接受這個畫面，他認為歌德是無辜的，比尼采和華格納更無辜。浩劫後的德國精神重生的救星是歌德，正如希臘人通過荷馬尋求自由，德國人也可以通過歌德重建和平。梅尼克期盼戰後德國的每個市鎮和村落都建立「歌德社團」，那樣一個有文化有教養的德國必定熱愛和平：

落在那些「歌德社團」身上的重任是，通過嘹亮的聲音把偉大的德國精神之最富生氣的見證帶到聽眾心裡。由於納粹焚毀了那麼多的書籍，今天誰還完整地擁有甚至僅僅是他心愛的書籍、他的全套的歌德、席勒等等呢？……像歌德和席勒那些靈心善感的沉思的詩篇——這或許是我們德國文壇上最富於德國性的部分了。凡是浸沉其中的人，都會在我們祖國的不幸和山河破碎之時，感受到某種永不破碎的東西、某種永不磨滅的德國特色。

　　然而，梅尼克無法解釋的事實是：歌德的後人、歌德的讀者並未阻止德國人整體性地淪為納粹的幫兇，並未阻止大屠殺的發生。希特勒的吹鼓手戈培爾博士曾下令在收音機中播放包括歌德作品在內的最美好的音樂和最精彩的詩篇，以阻止人們周末去教會禮拜。戈培爾並不害怕德國人讀歌德，並不害怕熱愛歌德的德國人對納粹離心離德。歌德固然無需為納粹對他的利用和推崇負責，但歷史早已驗證，歌德並非納粹思想的解毒劑，因為歌德並不具備清教徒觀念秩序。

◎黑森林中的《格林童話》其實是限制級的恐怖小說

　　每個民族或國家都有其圖騰或對應的自然象徵物：中國是河流（黃河與長江），俄國是雪原，印度是大象，美國是白頭鷹。作家卡內提指出，英國人喜歡想像自己在海上，德國人喜歡想像自己在森林中，很難把他們在國家情愫方面的區別表達得比這更簡潔。

　　在德國人心目中，存在各種同樣強烈的記憶和印象，其中首先是關於森林的記憶。幾個世紀以來，它們在德意志民族的心

理、文化和歷史上留下了印記。德意志民族是歐洲各重要民族中較晚接受基督教的，其基督信仰中摻雜相當多異教成分，如泛神論和摩尼教。海涅說過，德國人的祕密宗教是泛神論，這個論斷揭示了關於德國靈魂的重要真相，森林正是泛神論的起源與氾濫之地。英國歷史學家尼古拉斯・斯塔加特（Nicholas Stargardt）則指出，「能或否」、「生存或毀滅」、「全部或全無」、「勝利或毀滅」等摩尼教二元論觀念在德國源遠流長，且構成希特勒的中心思想，而生活在山林中的人更容易接受這種思維方式。

在近代國家中，沒有一個國家像德國一樣，對森林保持著如此鮮活的感受。筆直而平行的樹木，它們的密度和數量，使德國人的心中充滿了深切而神祕的歡樂。儘管德國的人口密度是英國和法國人口密度的兩倍，但其森林覆蓋率高於法國，是英國的三倍。時至今日，德國人仍在尋找祖先居住過的森林，感到人與樹木是一體的。在德國人的民間記憶中，森林始終具有雙重意義，它既是德國人的休閒之地和保護之地，也是邪惡和暴力的發源地。

森林是保護力量的象徵。當路德受薩克森選帝侯之庇護，隱居瓦爾特堡時並翻譯德文聖經時，常常遙望圖靈根綿延起伏、古木參天的山丘。這些森林也是他快樂的源泉。又如卡斯帕・弗里德里希（Caspar David Friedrich）所繪的名作《霧海上的旅人》，那名站在群山之巔的人物就是那個時代德國人的縮影。而在海德格（Martin Heidegger）的「詩化哲學」中，「黑森林」是一個關鍵的意象，那是一種神祕的、充滿母性的庇護者。

另一方面，森林中隱藏著野獸和精靈，人們很容易在其中迷失。森林代表一種永恆的威脅。這種對「邪惡力量」的恐懼，是德國人普遍有之的「黑森林情結」，例如《格林童話》的故事大

都在森林中發生，它們是如此讓人恐懼，包含了大量的暴力敘事，並不適合兒童閱讀，根本不能稱之為「童話」，稱之為限制級的恐怖小說更恰如其分。耐人尋味的是，納粹的文化理論家對《格林童話》評價甚高，呼籲每個家庭都擁有一本。從第二帝國時起的大多數時間裡，《格林童話》在德國的銷量和受歡迎程度僅次於《聖經》。

浪漫主義小說家路德維希·蒂克首次將擁有中世紀城市、森林、古堡廢墟和礦山的法蘭肯地區，神話為德國浪漫主義的聖地，他寫道：「我覺得，自己似乎要被一個祕密社團，一個神祕的聯盟所接納，或者被帶上一個私立法庭。我記得，在童年時代的夢中，偶爾見過這樣長長的、狹窄而黑暗的走道。」浪漫主義詩人同時也是採礦學家的諾瓦利斯，對森林中的地下世界更有興趣，他在《夜頌》中寫道：「晶瑩的波浪，非通常的感官所能聽見，湧入山丘幽暗的懷抱，塵世的潮水在山腳冒出；誰品嘗過它們，就不會返回喧囂的世界。」在他的詩歌中，夜的圖像與山中世界合二為一，夜是時間，而山是起源之地。森林中的地下世界比天堂還好美好：「值得羨慕的幸福」是「與大自然古老的岩子岩孫，與其黑暗和神奇的洞穴打交道」所帶來的。這種感受可以用來解釋希特勒為何在戰爭的大部分時間裡都待在東普魯士森林深處的「狼穴」之中——那不僅僅是為了安全的緣故，黑暗給希特勒以靈感和勇氣。

腓特烈大帝以來，德國擁有了歐洲第一支近代意義的職業陸軍，德國也成為第一個帶有軍國主義特徵的近代國家。德國的群眾象徵是軍隊，軍隊又宛如森林——德國特色的「黑森林」。軍隊不只是一大群人，軍隊是行進著的森林。森林成為軍隊的預表，說明德國精神的核心是集體主義而非個人主義的，如卡內提

所論：

　　對德國人來說，軍隊和森林無論如何是融合在一起了，儘管他自己不認識這一點。儘管在他人看來，軍隊是枯燥、單調無味的，但是在德國人看來，這種枯燥和單調卻是森林的生命和光輝。他在森林中並不害怕，他感到自己受到了所有這些樹木的保護。他以樹木的剛毅和正直作為自己的準則。

　　德國的「黑森林」情結，也與德國在精神結構上的東方化有關。德國在精神上比若干地理上更東的東歐國家還要「東方」。冷戰時期，聯邦德國是第一個啟動「東方政策」的西方國家，這絕非偶然。日本《讀賣新聞》常駐德國記者三好範英在《德國風險》一書中指出，德國位處歐洲的中心，並不完全認同西歐的價值觀。在觀念上，德國人更崇尚東方，包括俄國和中國。德國人認為西歐過於表象和淺薄，不及東方的深邃和神祕。三好範英舉出德國知識分子中最西化的湯瑪斯·曼為例——湯瑪斯·曼在一戰期間寫下《一個非政治人物的反思》，把「具德國性的」定義為「文化、靈魂、自由與藝術，而非文明、社會、投票權或文學」，以此與西方對照。這些歷史遺產讓德國和東方保持著某種心性上的聯繫。

　　有趣的是，英國學者斯蒂芬·葛霖從一個類似角度看待全球化時代德國與中國的親密關係：除了經濟上的利益之外，德國和中國都有同樣的受害者心態——作為後發展國家的怨恨心理。中國永遠將自己置身於西方和日本殘酷殖民政策的受害者的位置上，如今中國正在奪回亞洲乃至世界中心的地位及自豪感；德國則將受害者的感覺深深掩藏起來，因為兩次世界大戰它都是罪魁

禍首和加害者，但德國內心深處也有一種「凡爾賽和約情結」，這種情結對於重新成為歐洲第一強國的德國來說是非常危險的，卻正好與中國情投意合。

◎馬克思不是德國人嗎？馬克思主義不是德國思想嗎？

德國人承認納粹是他們的發明，卻不認為共產主義誕生於德國。德國人認為，共產主義的幽靈不是歐洲的產物，更不是德國的產物；它是亞洲的產物，是俄國的產物。真的如此嗎？

在戰爭之前幾年，某夜，康拉德・艾德諾（Konrad Adenauer）渡過易北河前往柏林，他在臥車裡打瞌睡。當火車進入東邊，艾德諾張開一隻眼睛，喃喃自語道：「亞細亞，亞細亞。」

數年之後的一九四六年，身為英國占領區主要政黨「基督教民主聯盟」主席的艾德諾，因為曾反抗希特勒而深受西方盟國信任，此後當選聯邦德國總理。他寫了一封信給美國朋友，為未來的德國勾勒新的藍圖：「危險是不可輕忽的。亞細亞已經到了易北河畔。唯有一個在經濟上、政治上都健康的歐洲，以及在英國和法國——德國自由地區所屬於的西歐菁華區——的領導下，才能夠阻止亞細亞的意識形態與力量的進一步擴張。」

艾德諾指的東方和亞洲是蘇維埃共產主義。對於這位來自靠近德國西部邊界的古羅馬城市科隆的政客而言，東方是野蠻落後的，文明的羅馬人和查理曼帝國都不曾到過那裡。自由和民主，是羅馬人、基督教徒、經過啟蒙的西方之特色；亞細亞則意味著，極權、專制、戰爭、屠殺。因此，納粹帝國是亞細亞式的。艾德諾的任務是把德國或是西德帶往西方，以割除猶如癌症擴散

一般的亞細亞的殘跡。

艾德諾代表了德國知識分子中非主流的另一翼——西化派。他們對東方的看法是負面的，並竭力彰顯德國文化的西方特質，長期以來，他們還試圖與比之更「高級」或更「純粹」的法國和英國爭奪西方的代表權及領導權。

頗有諷刺意味的是，艾德諾的這個看法居然與他厭惡的軍國主義者、德皇威廉二世（Wilhelm II）一模一樣——在口俄戰爭之後，威廉二世對俄國問題提出與眾不同觀點：「俄國人是亞洲人和斯拉夫人。儘管戰敗了，他們仍然會選擇與日本團結在一起而不是選擇德意志帝國。」更有趣的是，日本自明治維新以來，其主要目標就是「脫亞入歐」，卻在相當長的一段時間內不被歐洲所接納。

即便艾德諾將俄羅斯畫入地理和文化上的亞細亞範疇、將德國看作是歐洲及西方文明的中流砥柱，卻不能掩蓋馬克思是德國人、馬克思主義誕生於德國的事實。與納粹主義一樣，馬克思主義不是東方文化孕育出來的怪胎，而是西方現代性的產物，是極端現代主義的頂峰。德國不能迴避其先後充當馬克思和希特勒的「宿主」的事實。

二〇一八年五月五日，馬克思誕辰兩百周年之際，馬克思的故鄉德國特里爾市舉辦慶祝活動，為中國贈送的馬克思雕像舉行揭幕儀式。[1]特里爾地方政府、德國聯邦政府甚至整個歐盟都在紀念馬克思、擁抱聲稱遵奉馬克思學說的中共政權。但德國若干

---

1 據德國媒體報導，約有三千人參加馬克思塑像揭幕活動，包括萊法州州長德賴爾、社民黨領袖納勒斯、中國駐德大使史明德。德賴爾要求人們恰當看待馬克思，不要把二十世紀的暴行算在馬克思頭上，她稱馬克思雕像這一來自中國的禮物是夥伴關係的支柱與橋樑。納勒斯表示，馬克思對社民黨的影響無人能攀比。

權威歷史著作偏偏隻字不提馬克思是出身在德國的德國人（儘管馬克思在一八四五年十二月宣布脫離普魯士國籍）、馬克思主義誕生在德國（儘管馬克思晚年居住在英國，在英國完成其重要論著）的事實。在德國，掩蓋納粹屠殺的歷史真相是「政治不正確」，乃至犯罪；但掩蓋馬克思主義、淡化共產主義給人類帶來的更大浩劫，卻是「政治正確」。

馬克思出生在特里爾一個富裕的猶太律師家庭，在特里爾生活了十七年。其父親為躲避反猶思潮，放棄猶太教而接受路德宗洗禮。馬克思本人在六歲時接受路德宗洗禮。但路德宗信仰並未進入馬克思內心，成年後的馬克思反戈一擊成為「敵基督」的思想家。馬克思一生有兩大敵人：基督教和資本主義。耐人尋味的是，兩百年來影響力最大的三名反對基督教傳統的知識分子，都產生於日耳曼文化體系之內。[2]

馬克思是近代第一名「恐怖主義思想家」，馬克思主義是浪漫主義的變種之一。馬克思所著的《共產主義宣言》，認為人類所有歷史均為階級鬥爭歷史，全世界的工人階級應該聯合起來，用暴力手段從資產階級菁英手上奪取權力，建立無產階級專政的政權。

馬克思在《德意志意識形態》一書中提出「歷史唯物主義」的觀念，認為唯物主義是歷史上唯一的動力，明確提出由無產階級奪取政權的歷史任務。左派狂歡說：「正如達爾文發現了有機自然界的發展法則一般，馬克思也發現了人類歷史的演進定律。」

2　除馬克思之外，另外兩位反基督教的德國哲學家為尼采、奧地利心理學家佛洛伊德（Sigmund Freud）。

馬克思最重要的著作是《資本論》。他認為，建基於私財產的經濟制度，本質上並不穩定，工人被資本家壓榨、無法擁有其勞動所得，令他們與機器無異。資本主義的內部矛盾會導致它自身的滅亡，並會被新的社會主義社會形態所取代；資產階級和無產階級之間存在的矛盾，將由工人階級奪取政治權力而終結，最終建立工人自由人聯合體所管理、形成無階級制度的共產主義社會。

　　馬克思將其學說命名為「科學社會主義」，宣稱其接受所有科學方法，但他破壞了最基本的科學原則，即開放心胸、並願意因為新事證出現而修改其理論。馬克思主義成為羅素所說的「準宗教」，它「對於客觀上可被質疑的事物總是抱持著激進堅定的確信態度」。此種主義乃是一種睥睨所有異議的僵硬學說，對於不同意見的人，馬克思的態度相當明顯：「批評並不是一把外科手術刀，而是一件武器，其目的不是要駁倒敵人，而是要毀滅他們。」

　　馬克思主義誕生之後，先後在俄國、東歐諸國、中國、北韓、越南、柬埔寨、古巴、南美諸國、非洲諸國付諸實踐。歷史記錄清楚地顯示，所有實踐馬克思主義的國家無不走向獨裁暴政，一個世紀以來，共產主義烏托邦實驗給人類帶來慘痛的代價。僅人命的損失而言，據《共產主義黑皮書》估計，全世界死於共產主義運動的人超過一億。馬克思主義與納粹主義表面上敵對，實際上既競爭又合作：它們擁有共同的敵人——尊重公民權、私有財產制度的自由民主國家；它們由執政黨壟斷政治，並在安全警察的協助下鞏固其無限權力，法律並非用來保護人，而是用來捍衛統治機器的工具。

　　馬克思主義的錯誤乃是觀念秩序的錯誤，它是極端的理性，

也是極端的非理性。它企圖徹底改變人性，這是無法達成的烏托邦理想。法西斯主義者最能理解共產主義者，墨索里尼如此評價馬克思在俄國的再傳弟子列寧：「如同其他人貫注精神於大理石或金屬一般，列寧可以說是一個以人類為素材的藝術家。不過，比起花崗石或更具可塑性的鋼材，鍛造人類困難多了，迄今都還沒有出現過大師級的作品。因此，我們不僅得說這位藝術家是失敗了，事實上他的工作遠超過其能力範圍。」墨索里尼對蘇聯的共產主義實踐不乏同情，卻也知道這是不可能完成的任務。

既然德國人並不認為馬克思主義的興起是他們的錯，他們所受的苦難更多來自於納粹而非共產黨（二戰之後，只有東德人遭受了共產黨四十四年暴政之奴役，西德則在美國的庇護下盡享資本主義的榮景），那麼德國並未具備對左派及新左派意識形態的免疫力。德國繼續向世界輸出變種的馬克思主義病毒，即所謂的「西方馬克思主義」、「法蘭克福學派」等等。這些劇毒的意識形態很快左右整個西方世界的人文社會科學領域，將大學變成瘋人院、將媒體變成謊話大王。

第三節　國家近代化了，個人沒有近代化

◎對基督教的攻擊，從十九世紀就開始了

一九四七年一月，湯瑪斯・曼在遙遠的美國加州結束其反思德國災難深重命運的小說《浮士德博士傳》。他借德國天才作曲家阿德里安・萊韋爾金的生平來展示這位尼采式人物的悲劇：被公布的是一個由梅毒感染和魔鬼結盟組成的完整的惡魔系統。這

個故事影射了希特勒，如同米開朗基羅在西克斯圖斯教堂裡畫的天使墮落圖。湯瑪斯・曼在小說的結尾，就德國說道：

　　如今它墜落了，被惡魔環繞著，一隻眼睛上遮著手，另一隻眼睛呆滯地望入恐怖，從絕望落向絕望。何時到達深淵底部？只有那時，才能從最後的無望中生出一個超越信仰、承負希望之光的奇蹟。

　　在這部小說結束前不久，湯瑪斯・曼在一九四五年十月發表的《德國和德國人》的演講中說：「不存在兩個德國，一個惡的和一個善良的，相反，只有一個，它通過惡魔詭計將其善打造成惡。惡的德國，這是走錯路的德國，不幸、罪惡和沒落中的善。」

　　德國的現代化走上歧途，是以德國思想界攻擊基督教同步的。在整個十九世紀，德國知識分子對正統基督教教義發動了連續的攻擊，這場攻擊比十九世紀的歐洲其他地方的更為激烈。

　　這一波對基督教的攻擊的領頭人是哲學家尼采，尼采宣稱「上帝已死」，但上帝並沒有死，尼采自己卻瘋掉了。

　　尼采的攻擊來自於基督教外部，基督教內部的攻擊危害更大。神學家兼哲學家施萊爾馬赫（Friedrich Schleiermacher）出版了《基督教信仰》，他認為宗教是人對依賴性的深刻的本能反映，基督教表達的就是這種依賴性，而非客觀的形而上學或歷史真相。大衛・施特勞斯（David Strauss）發表經過批判整理的《耶穌傳》，他認為福音書記載的神跡只是神話而已，它似乎切斷了基督教的歷史基礎，就像康德完全否認了本體論的確定性的可能性。

德國知識分子認為基督教代表的是一種虛弱、退化的倫理原則，和人類奮鬥的真正推動力並不一致。費爾巴哈用《基督教的本質》開闢了新的攻擊戰線，「不是神創造了人，而是人創造了神」。人類可以按照自己的目的塑造上帝——而且人類已經這樣做了。他發展了尼采的觀點，使之更具毒性。

德國人自我選擇的新的上帝就是希特勒——德國新教教會從一戰戰敗開始，就在為德國出現一個「真正的政治家」而禱告，他必須「手操戰與和的大權，與上帝相通」。根據這樣的思維，新教牧師及信徒普遍認為，一九三三年希特勒上台標誌著國家開始覺醒，這將激發信仰的再興。

然而，希特勒和納粹主義從來就沒有打算跟基督教會共存，只是大多數教會和基督徒主動蒙上了自己的眼睛。十九世紀德國哲學家對基督教的攻擊，被納粹政權發揚光大。納粹的理論家早就指出：「一個人要麼是忠實的納粹信徒，要麼是忠實的基督徒。基督教摧毀了種族紐帶和國家種族共同體……我們必須否定舊約和新約。納粹理念至高無上。對我們來說榜樣只有一個，那就是希特勒，除此之外別無他人。」

納粹黨內的高級農業專家達雷提出「血與土」的意識形態，即復興遠古的自然神崇拜，給黨衛軍頭子希姆萊留下深刻印象。達雷認為，中世紀的條頓人本來英勇善戰，是南歐衰弱的拉丁人用基督教荼毒他們，才使他們走向腐化。希姆萊在達雷的影響下放棄了早年的基督教信仰。一九三七年的一項黨衛軍計畫裡明確指出：「我們生活在和基督教進行最終鬥爭的時代。黨衛軍的部分使命是，在未來五十年內為日耳曼種族尋找一種符合他們自身品性的生活方式的非基督教意識形態基礎。」

在希特勒青年團的活動中，飯前禱告的對象，由希特勒取代

了上帝。孩子們被教導如此歌唱：「不信基督，不信天主，身著褐衫，勇赴險阻。」在他們的歌聲裡，不是十字架，而是納粹的標誌為世界帶來救贖。

納粹德國對蘇聯開戰後，戈培爾呈給希特勒一本小冊子，那是準備在武裝部隊中散發的，是要喚起在進行反布爾什維克主義的士兵們那種德國人對上帝的信仰——因為蘇聯共產主義者是反對基督教的。

「宗教？上帝？」希特勒是這樣說的，「恐怖就是最好的上帝。我們在俄國人身上就看到這一點。要不然，他們就不會那麼打仗的。」

黨衛隊最高司令部日誌處主管如實記載：「耶穌作為拯救者，在希特勒的觀念世界中自然是沒有位置的。」希特勒曾坦白，他出生於天主教徒家庭，但不是虔誠的天主教徒。他早就發現信仰與理性之間的矛盾。作為一個熱情的「新生代」，他並不受傳統宗教信仰和深厚的歷史知識的擺布。他從一開始就相信，永恆的生命規則是可以創造的。希特勒在青年時代就相信，有某種超自然力量在指引他，會在各種情況下告訴他應該做什麼，或不應該做什麼。他在天主教學校時的野心是加入教會，並成為一名修道院院長或牧師。希特勒早在開始疾速上升的經歷以及因德國人民的愛戴而成為基督公開的競爭者之前，就有救世主情結。一位歷史學者指出：「希特勒曾經研究過如何篡奪宗教的地位，這可能是出於對基督教傳統的變相仇恨，一種叛教者才有的仇恨。」

那麼，德國教會為何對各種攻擊毫無還手之力？這是緣於教會自身的衰弱，基督教神學與實踐已喪失進取精神。在一戰爆發之前，很少有創新型人才進入教會領導層，或者在後啟蒙時代的

思想世界探索可信的、真正的基督教神學方法。領導知識界的是哲學家和詩人，而不是神學家。當年輕的潘霍華宣布從事基督教牧師事業時，人們對他的選擇感到非常驚訝——他們認為這位智力超群的年輕學者竟然以這種方式埋沒自己的才華。

教會的衰弱，標誌的不是教堂的傾頹、奉獻的減少、信徒的冷淡，而是教會無法孕育有遠見的知識分子和有深度的思想。政治哲學家沃格林（Eric Voegelin）深刻剖析了德國的新教和天主教為何雙雙成為希特勒的獵物：在希特勒崛起之前，教會的思想和精神就已走向衰敗，對現代政治運動極端無知。在教會和神學界，人性被浪漫派的民族意識形態取代。更進一步說，德國對共產主義和國家社會主義類型的諾斯替運動的特徵極端無知。另一方面，作為路德復興的副產品，也產生一種神學上對自己民族的抬高，把自己民族視為宗教改革運動的搖籃，幾乎把德國的歷史改造成一部拯救史。然而，自我神話的結果就是作繭自縛。

基督教會向希特勒下跪不是無緣無故的。美國牧師、學者歐文・路茨爾指出，德國教會有三大破口：首先，德國教會有著漫長的被完全民族主義化的歷史。其次，德國教會擁抱神學上的自由主義，「在各種教義之間來回穿梭」的自由派人士尤其不能抗拒納粹旋風帶來的衝擊，他們更關注復活了的德國的奇蹟，而不是新約中的奇蹟。第三，路德神學中的「兩個國度」論和敬虔主義，產生了一種積極效忠於政治權威甚至即使有違個人信仰也要順從國家的觀念。他們不知道，基督徒不可能退出文化和政治場域，單純地「傳揚福音」。如果國家隨心所欲地侵犯公民的自由和人權，基督徒屬靈的領域必將持續萎縮，直到宗教信仰自由也被拿走。

◎普魯士道路碾壓法蘭克福道路

德國現代化的歧途，第一步是普魯士道路取代法蘭克福道路。

法國大革命給德國知識分子樹立了負面榜樣。法國大革命的激進平等主義要求及向一切傳統挑戰，為國家對人的體制性暴政鋪平道路，這使得德國知識分子在一八一三年精神中找到一七八九思想更為合理的德國替代物——通過法令自上而下地創立一個有效率的現代化君主國，動員整個民族的人力資源，並且提供各種條件，將個人自由、司法保護、大眾在某種程度上參與公共事務和對傳統權力組織的尊重相協調。這不是烏托邦，而是可以實現的制度設計。

德國原本有一次走向統一的共和國的機會，卻被德國人自己拋棄了。在一八四八年革命的背景下，第一個德意志議會——法蘭克福國民大會——在聖保羅教堂召開，與會者提出應該通過人民選舉，產生國會代表。聖保羅教堂是一座圓拱形的大廳，有著羅馬萬神殿的氣勢。這是德國人在兩千年歷史中第一次將自己團結在一起的代議制。但是，只有少數代表渴望建立共和制。即便最自由化的德國菁英，也傾向於認同具有貴族與威權傾向及獨特官僚體制的霍亨索倫王朝，他們認為可以在立憲君主制中實現「法治國家」，這一君主制提供了群眾代表機構，同時又維持行政統治的特權，尤其是涉及外交事務的特權和一支不受議會控制的軍隊。這是一種不同於英國模式的君主立憲——在英國，「國王在憲法之下」；在德國，「君主在憲法之上」。

法蘭克福議會人才濟濟，群賢畢至。八百三十名議員中，受過高等教育的占百分之七十五，教授和學者多達四百三十六人，

這是自由主義知識分子和「教育界的紳士們」的議會。然而，德意志的統一、德意志的邊界、德意志的自由，以及社會公正，四個問題同時出現。這些問題在那些更幸運的民族（如英國）是一個一個地出現，一個一個地解決；而在德意志則同時出現，並且要同時解決，否則一個也難以解決，而同時解決的努力又面臨著嚴重的社會緊張。所以，並不是像斯賓格勒嘲諷的那樣，「法蘭克福的保羅教堂裡是一些呆瓜和學究，一群可笑的理論家」，而是他們所面臨的是一個無法完成的使命。

當時還是普魯士中級官僚的俾斯麥（Otto von Bismarck）看到問題的實質：「如果在法蘭克福議會的決議和普魯士國王的命令之間發生矛盾時，在八分之七的普魯士居民中間，議會的決議是無足輕重的。」當普魯士軍隊占領法蘭克福之際，議會在士兵的刺刀之下被解散，沒有人站出來捍衛它。

緊接著走錯的第二步，是由普魯士王國走向德意志第二帝國。

在普法戰爭大獲全勝之後，普魯士軍隊占領富麗堂皇的凡爾賽宮。威廉一世（William I）在凡爾賽宮鏡廳——而不是在他自己的人民中間——被宣布為德意志帝國皇帝。

俾斯麥誘騙南德意志諸邦接受德意志帝國，威廉一世卻不願接受德意志帝國皇帝（German Emperor）這個新頭銜，他只想要德國皇帝（Emperor of Germany）的頭銜，與俾斯麥發生激烈爭論。強勢的俾斯麥認為，他才有權「規定皇帝登基的儀式」，這是對帝國憲法的尊重。巴登大公以及其他王侯們直接歡呼「威廉皇帝」，避免了這一爭議。威廉一世十分不滿，從君主站的高台走下來，對獨自站在台前空地上的俾斯麥不屑一顧，從其身邊走過去，同站在其身後的將軍和諸侯們握手。

登基儀式上還有一個重要細節：王侯們紛紛拔出劍來向皇帝效忠，鏡廳中頓時劍光閃閃。這個細節表明，德意志第二帝國從建立開始，武力就是其支柱，這是一個奉行軍國主義的帝國。

有人不喜歡這種赤裸裸的暴力。巴伐利亞王位繼承人奧托親王對慶典發出抱怨：「我甚至無法向你描述，我在儀式上感到多麼悲哀和痛苦……一切都如此冷漠、如此高傲、如此炫目、如此賣弄、趾高氣揚、無情和空虛……」歷史學家齊庫爾施指出：新的德意志帝國這一壯觀城堡的建立與時代精神相背離。它建立於詭計和暴力，通過與國內外敵人的嚴酷爭鬥，不惜違反憲法和進行內戰，不顧國王們的反對，違背大多數德國民眾不願走在俾斯麥所選擇的道路基礎之上。

然而，對新帝國持否定性想法的德國人寥寥無幾，新帝國誕生於鮮血和狂喜中，並得到主流民意的支持。突如其來的勝利和統一讓德國人對自身的力量和重要性有了新的感受。勝利披著戲劇化的英雄主義外衣，德國人覺得他們的生活和共同命運發生了劇變。他們不再把自己看作詩人、夢想家和思想家的民族：十九世紀七〇年代初，他們發現自己踏上通往權力和世界大國的道路，在軍事上和政治上，不再是歐洲的鐵砧，而成了鐵錘。

德國作為一個國家確實快速實現近代化，比第一個實現近代化的英國的速度更快，德國的工業產值在短短三十年間超過了英國；但德國人是以集體的形式實現近代化，作為個體的德國人並未在精神上實現近代化，並未理解個人主義、自由和人權的真諦。這種虛幻的近代化很快就蛻變成讓霍布斯（Thomas Hobbes）也想像不到的可怕的利維坦，它吞噬了歐洲，也吞噬了德國人自己。

◎俾斯麥：用鐵與血拓展生存空間

　　德國人選擇了獨裁，也選擇了戰爭。對丹麥、奧地利和法國戰爭的勝利絕非偶然。在一八〇六年被拿破崙打敗之後，普魯士是歐洲第一個實施義務兵役制和義務教育的國家，其陸軍開始稱雄歐洲大陸。在一八六六年的普奧戰爭中，普魯士一舉擊敗奧地利，此前一直是德意志聯邦主席國的奧地利被驅逐出德意志聯邦，普魯士取代奧地利成為德語世界霸主。奧地利於次年與匈牙利結盟建立奧匈帝國，號稱承襲哈布斯堡家族和神聖羅馬帝國的權力，卻對德國模式進行心有餘而力不足的模仿，在第一次世界大戰中淪為德國的戰鬥力低下、屢屢需要救助的僕從國。[3]

　　在普法戰爭中，普魯士輕而易舉地打敗法國，是因為其士兵在接受嚴格軍事訓練的同時還在接受教育。德國的勝利毫無難解之處：它的根源在於文化與政治的結合。紀律是德國人最為有效的武器。德國知識分子像德國軍官一樣有條不紊。

　　新的驕傲既是自發的，也是精心培育的。經過許多個世紀的分裂，在遭受許多恥辱的失敗後，整個民族都為勝利陶醉。即使施皮岑貝格伯爵夫人這樣老於世故和敏銳的見證者，也在一八七一年三月的日記裡興奮地寫道：

3　在一戰前夕的歐洲，奧匈帝國國土面積僅次於俄國，人口數量僅次於俄國和德國，工業總量僅次於美國、德國和英國。但它是一個民族問題嚴重、政府效率低下的弱國，它通過與德意志帝國結盟確保其生存，卻淪為後者的附庸。一戰戰敗後，奧匈帝國解體，剩下的奧地利成為中歐的二流國家，儘管維也納仍是歐洲文化和學術重鎮。一九三八年，納粹進軍奧地利，受到大部分奧地利人歡呼，與其說奧地利是被第三帝國吞併，不如說是自我選擇加入第三帝國——他們對日耳曼人的種族認同高於對奧地利的國家認同，也高於新教與天主教之分歧。

對我們德國人來說，這是什麼樣的和平啊！比我們曾經取得過的一切更加偉大和光榮！我們統一成了一個帝國，歐洲最偉大、最強大和最令人敬畏的帝國，它的偉大不僅來自物質力量，更來自其文化，來自感染其人民的精神。

　　短短幾個月，德國人突然長高了幾英吋，走路的姿態也更加驕傲。

　　那麼，一八七一年一月一日建立的德意志帝國是一個什麼樣的國家呢？其機構和組織法的基礎是同年五月四日生效的德意志帝國憲法，該憲法嚴格按照北德意志聯邦憲法發展而來。根據該憲法，擁有主權的二十二個德意志諸侯邦和三個自由市結成「永久聯盟」。按該憲法的組織原則，最高的權力屬於帝國，處於附屬地位、承擔明確義務的各邦被授予一定的主權。這是有中央集權烙印的聯邦制。

　　毫無疑問，是俾斯麥，而不是皇帝威廉一世，才是帝國的靈魂人物。俾斯麥是名副其實的獨裁者。威廉一世坦承：「在這樣一位宰相手下當皇帝，不是件容易的事情。」口氣不無酸楚。俾斯麥本人也用令人激賞的坦率，準確地描述出他熟練地裝出的「勃蘭登堡選帝侯國的封臣」的角色：「總之，我是德國的主人，只是名義上不是。」[4] 威廉一世的孫子威廉二世說：「俾斯

4　極端保守的德國駐聖彼得堡大使馮・施魏尼茨將軍曾評價道：「一切都只取決於俾斯麥，絕不會有一種更徹底的專制。」後來出任國務祕書和文化大臣的博塞，在進行近距離的觀察後，得出這樣的看法：「一切都取決於俾斯麥。他完全控制著大臣們」。自由黨的卡普尖銳地嘲諷：「對俾斯麥而言，根本上只存在一種政府形式，就是他個人。」

麥就像草地前聳立的一塊突兀的巨石，如果將這塊巨石搬走，下面一定是大量蠕蟲和腐爛的植物根莖。」

　　一八六二年，俾斯麥在下院的首次演講中，宣布其「鐵血政策」：「當代的重大問題不是通過演說和多數派決議所能解決的……而是要用鐵和血來解決！」從此，俾斯麥被冠上「鐵血宰相」的綽號。

　　面對革命的危機，普魯士國王很擔心自己像法國國王那樣被送上斷頭台，他對俾斯麥說：「我很清楚結局，他們會在歌劇廣場的窗前砍下你的頭，過些時候再砍下朕的頭。」俾斯麥回應道：「既然遲早要死，為何死得不體面一些？……無論是死在絞架上抑或死在戰場上，這之間是沒有區別的……必須抗爭到底！」俾斯麥通過三次對外戰爭，在鐵與血中打造了德意志第二帝國。

　　俾斯麥被視為保守派，但他不是清教徒意義上的保守主義者。他是名義上的路德宗信徒，但並無確信的宗教體驗。他唯一信仰的是權力，竭力維護專制體制，鎮壓社會民主主義運動，從左右兩邊打壓工運和天主教。他發起一場促成政教分離的「文化鬥爭」，將天主教的力量約束在教會和大學內部，更嚴禁天主教神職人員干預非宗教事務。另一方面，他通過立法，建立了世界上最早的工人養老金、健康和醫療保險制度，及社會保險，德國成為現代第一個福利國家。

　　德意志第二帝國是一個後發展的資本主義國家，在其完成統一、展開工業工業之際，海外殖民地已被英國、法國、俄國等老牌帝國主義國家瓜分了大半。所以，俾斯麥等統治者採取趕超式發展戰略，對內大力發展國家資本主義經濟、扶持金融和工業寡頭；對外拼命擴軍備戰，爭奪海外殖民地，拓展帝國的「生存空間」。

德國的經濟和工業突飛猛進，到了十九世紀末，工業總量已超過法國和英國，成為歐洲冠軍；其人均收入和國民生活水平超過美國，成為世界冠軍。一戰之前，帝國模式得到大部分德國人的擁戴。

帝國的意識形態是軍國主義，軍隊是帝國的支柱，俾斯麥認為，「普魯士軍隊制度的最可靠基礎就是不僅士兵不會拋棄軍官、而且軍官也不會拋棄士兵這種情感」。而比之更加窮兵黷武的威廉二世，則「只希望得到單方面的、無條件的效忠、信賴和不可動搖的忠誠」。威廉二世放棄了俾斯麥謹慎的、保持歐洲勢力均衡的外交政策，將德國帶上第一次世界大戰的不歸路。

◎威廉二世：「我是上帝的利劍」

俾斯麥執政期間，一直以「文化鬥爭」的方式打擊德國天主教徒。當威廉二世還是普魯士王子並在波恩讀書時，已意識到這場「文化鬥爭」的不利影響，宗教分歧會導致不同宗教間的敵對狀態，從而影響臣民對帝國的效忠。他在一次狩獵探險中，萊茵地區一個貴族拒絕接待他，這個家族屬於教宗權力至上的政黨。威廉二世決定為了民族利益創造「一種新的生活方式」，讓信奉不同宗教的人和平相處，並同樣效忠於帝國。

威廉二世執政之後，致力於與天主教和解。他先後三次赴羅馬與教宗良十三世（Leo XIII）會面並公開宣稱：教宗是天主教和世界指定的「基督在地球上的總督」。路德如果聽到此言論，一定會革除其路德宗信徒之教籍。

在談話中，教宗「很滿意德意志帝國的天主教以及教徒們的生活現狀，並保證他會努力使德意志的天主教徒們像其他德意志

人民一樣熱愛祖國，忠於祖國」。威廉回應說：「一個基督徒君主有義務保護自己的臣民，不管他們信仰什麼。在其任期內，任何人都可以在不受干涉的情況下信奉自己的宗教。這是我最基本的統治原則。」[5]

良十三世赤裸裸地鼓動威廉發起類似於十字軍東征的宗教戰爭：「在這樣一個時刻，德意志帝國必須成為天主教的利劍。」作為新教徒的威廉不敢接受來自天主教教宗的封號：「我回覆說德意志民族神聖羅馬帝國已經不復存在，現在的情況跟從前完全不一樣，但他仍然堅持自己的觀點。」他不願充當「天主教的利劍」，卻自詡為「上帝的利劍」。

鑑於天主教在全球範圍內的統一和強大，威廉產生了「聯合新教教會」的想法，「希望先團結普魯士新教教會，然後團結德意志帝國新教教會，最後遍及整個歐洲」。他認真和基督教首席議員、總管以及其他人一起尋找促成團結的方法。但結果並不理想，普魯士教會聯盟取得了成功，但其他地方的路德派和改革宗仍保持分裂狀態。

威廉二世的老師、樞密院顧問辛茲佩特博士是西發里亞的喀爾文教徒，威廉說：「他教導我在《聖經》中成長、生活，同時讓我摒棄了所有教條式的、存在爭議的問題。」但從他給海軍上將霍爾曼的一封討論信仰的信中看出，他的信仰混亂而蕪雜，其政治原則與個人信仰脫節。

威廉二世讚揚路德改教的成就，「由於路德，尤其是對我們

5　利奧十三世表示，完全讚同威廉二世的統治原則。威廉二世寫道：「他一直對我的統治方式非常感興趣，也為我在堅實的基督教教義根基上建立秩序感到高興。他還表示崇高的宗教原則使他認為有責任為我和德意志帝國祈求天國的祝福，他也給予我他的使徒祝福。」

信仰福音派的人來說，上帝的話語成了我們的一切」。同時他繼承了路德的種族主義思想，尤其是敵視猶太人的態度，他否定舊約的神聖性：「毫無疑問，舊約中大量篇幅純粹是描述人類歷史的，並不是上帝的啟示。」

威廉二世宣稱他是和平主義者，他並未預料到戰爭如此迅速地來臨。實際上，工業化成為軍事現代化的基礎，第二帝國擁有當時世界上最強大的陸軍，在海軍方面也跟英國展開激烈的競爭。從凡爾賽宮鏡廳德皇登基儀式那一天，一場人類歷史上規模最大的戰爭就在醞釀之中。正如英國軍事史家李德哈特（Liddell Hart）所指出的那樣，「讓歐洲步向爆炸，過程花費了五十年。引爆它，卻僅需五天時間」，俾斯麥埋下的地雷，被威廉二世輕率地引爆。

在德國參謀本部長大的威廉只相信拳頭和正步。從少年時代開始，他左臂的天生殘疾使他產生強烈自卑感，這種自卑感因為皇帝的身分而蛻變成狂妄自大。德國人在世界上慣於採取的粗暴、大聲喧嘩和傲慢自負的舉止，在這個國家的頭號人物身上表現得淋漓盡致。威廉的父親在去世前兩年說過：「鑑於我的兒子不成熟，又具有傲慢自負、自高自大的傾向，我不得不認為，在這個階段讓他接觸外交政策問題，實屬危險之事。」

戰爭後期，威廉二世親自赴前線指揮作戰，他認為德國軍隊並未被敵人打敗，是德國內部的敵人葬送了近在咫尺的勝利：「近三十年來，德意志帝國的陸軍一直是我的驕傲，我為它而活，為它工作。經過四年半的戰爭，陸軍取得了前所未有的戰績。現在，和平的曙光就在眼前，革命者的匕首卻從背後刺向軍隊，摧毀了德意志帝國的陸軍。」士兵希特勒也堅信「背後一刀」的說法。

德國宣布投降後，威廉二世流亡尼德蘭。當他的列車抵達尼德蘭時，他的第一個要求是一杯夠燙的英國紅茶。

從公眾生活中消失以後，人們只是從報紙上得知威廉二世的新娛樂方式是「鋸木」。他每天親自披掛上陣，操刀砍伐樹木，二十多年間砍伐了六千六百多棵樹。不到三天就要砍伐兩棵樹。他失去了殺人的權力，用砍樹發洩內心怨憤。威廉看到若干猶太裔知識分子在威瑪共和國大放異彩，恨得牙齒發癢。他呼籲建立「基督教國際」，發動反對猶太教的鬥爭。他還建議重寫《聖經》，刪除關於猶太人的大部分，僅保留「真正的基督教成分」。他相信耶穌「英俊瀟灑、高個子、稍瘦、帶有尊嚴和仁愛的高貴面孔」，「金黃色的頭髮略帶栗色，手臂和手高貴而完美」。

納粹上台之初，威廉二世對希特勒頗為蔑視。[6]但是，當希特勒的裝甲大軍橫掃歐洲，威廉興奮地表示：「指揮這場戰爭的主要將領，英勇善戰，都是從我的那所學校畢業的。他們將沿著我們在一九一四年制定的路線進軍。」當尼德蘭政府向納粹投降後，他向希特勒發了一封電報：「我的元首，祝賀您的勝利，同時熱切期待德國能在您的英明領導下重歸君主制。」德軍攻陷巴黎，他在另一封電報裡寫道：「恭喜您又獲勝了，雖然是用我

6　一九三八年十二月，威廉二世輕蔑地評價希特勒：「有這麼一種人，他沒有家人，沒有後代，沒有信仰……他組建軍隊，但他不能組織一個國家。國家基於家庭，信仰和傳統：它源於上一代的心血與智慧和下一代的激情與朝氣。我曾有一段時間傾心於國家社會主義，曾覺得這是一場必要的狂熱。同時為他們之中的民族菁英深感欣慰，但這些驕子接連被拋棄甚至被殺。……我們的德意志，是文豪與勇士，藝術與音樂之國；他却用一群騙子與瘋子率領的暴徒把德國人自此變得狂熱而冷漠。」

的軍隊。」希特勒在收到電報後，惱怒而無語，良久才評論道：「真是一個蠢貨！」納粹始終不允許威廉回到德國——希特勒不願身邊出現一個如此自戀的皇帝和另一個權力中心。

直到一九四一年臨終前，威廉二世仍未放棄復辟君主制，以及反對猶太人、反對英國民主制度、建立一個由德國領導的族群純正的「歐洲聯邦」的夢想——他身上有英國血統，英國維多利亞女王是其外祖母，但他對英國的恨與鄙視多於愛與羨慕。他宣布德國是君主政體國家，也是基督的國土；英國是自由主義國家，也是撒旦和反基督者的土地——這是斯賓格勒的觀念，德國與英國的對立是永恆的對立：

普魯士主義和社會主義是同一回事，它們一起與我們「內在的英格蘭」對抗，與破壞和精神上削弱我們整個民族的一系列觀念對抗。

威廉死於一九四一年，如果他多活四年，看到納粹帝國灰飛煙滅，不知當作何感想？

◎威瑪共和國的覆滅：民主是不能承受之輕

近代以來，德國的民情高度軍國主義化。包括威廉二世在內的第二帝國的統治者通常身穿戎裝，舉行盛大閱兵儀式。現代國家的閱兵儀式非常誘人，給人造成有力的視覺衝擊，它體現的是軍國主義。今天幾乎所有國家的閱兵儀式上，士兵的步伐通常是由普魯士正步（Stechschritt）演變而來。這種正步在共產集權主義的中國、俄羅斯和朝鮮尤為流行。歐威爾指出，正步是「世界

上最令人厭惡的景象之一」：

　　這簡直就是對赤裸裸的權力給予肯定；故意甚至蓄意地給人一種用腳踩在臉上的畫面感。

　　軍國主義和皇權專制思想在德國如此深入人心，去軍國主義化的和沒有皇帝的威瑪共和國對德國人來說如此陌生。

　　威瑪立憲主義的成就，唯有在與一九一七年前的半專制主義獨裁模式和一九三三年後的納粹主義極權模式的比較中，才能得到肯定。倡導民主與和平的威瑪共和國以及身為社會民主黨人的總統艾伯特（Friedrich Ebert）從未得到德國人發自心底的愛戴——人民需要威嚴的皇帝而不是貌似普通人的總統。威瑪共和國擁有最為完備而公正的憲法，艾伯特和他的同僚們廉潔務實、品行高潔，但這一切因為不符合德國的傳統和民情而逐漸枯萎。

　　德國社會民主黨實際的成就是創建了威瑪共和國。如果考慮到威瑪共和國的悲劇性結局，可以說社會民主黨給自己喝了一杯毒酒。社會民主主義者希望「通過議會道路走向社會主義」的理想失敗了，而納粹「通過議會道路走向法西斯主義」的努力卻成功了。

　　威瑪憲法將國家的合法性建立在民主決斷性、法制性、社會福利國家性三大原則基礎上，這是整個西方世界裡一場史無前例的試驗和冒險。威瑪憲法代表了多元性、開放性的政治行動框架。然而，憲法在議會通過，但支持憲法的僅有其起草者，「在德國人心目中，威瑪共和國注定要走向滅亡。人們對憲法的批准置若罔聞」。威瑪共和國本身是負載著它的失敗而產生的。

　　威瑪共和國挺過了一戰戰敗之後的經濟崩潰和布爾什維克革

命，創造出「金色的二〇年代」，那是技術和經濟的繁榮階段，代表著社會生活和個人生活的理性化。親歷這個時代的哈夫納描述說，處處感受得到清新氣息，傳統的謊言已消逝無蹤。各個階層之間的分界既寬鬆又容易穿透，許多大學生兼差當工人，許多年輕工人抽空在大學進修。階級的傲慢變得不合時宜。兩性之間的交往前所未見的開放與自由。各民族之間的關係湧現出新的可能性，含有更多的包容及對彼此的更大興趣。柏林是國際化都市，歡迎任何到來此做客的人，無論出於自願（如美國人和中國人），抑或被迫背井離鄉（如俄國難民）。當時大行其道的是樂於接受外來事物的開闊心胸，以及殷殷善意之中夾雜的好奇。

然而，威瑪共和國十四年短暫的民主生涯，一直處在傳統價值觀與現代化生活環境要求的尖銳對立之中，一直在經歷一場現代化的全面危機。一九二五年至一九三〇年之間，最優秀的德國年輕人正默默致力於非常美好、可為將來造成深遠影響的事物。那是一種新的理想主義，其中不存在懷疑與失望：那也是第二波自由主義運動，比十九世紀的政治自由主義寬廣、深入和成熟，為新的高尚行為、英雄史詩和生活美學奠定基礎。只可惜這一切距離成為事實和形成一股力量還差十萬八千里。人們才剛起了念頭，剛用語言把它表達出來，就有一隻四腳怪獸過來把它踩得稀爛。

「金色二〇年代」的主潮是對「美國主義」的全盤接受。評論家魯道夫・凱澤爾在一九二五年評論說：「美國主義是一種全新的歐洲方式，是一種具體化的和有潛力的方式，它完全建立在精神和物質的現實性基礎上。」然而，德國人接受的「美國主義」只是最膚淺的表面：爵士樂、好萊塢電影、《亨利・福特自傳》中的工業化模式。托克維爾和馬克斯・韋伯論述的深藏在

繁榮與富強表象之下的新教倫理與資本主義精神，在德國不為人知。

德國知識界那些「文化悲觀論」者堅決反對以美國為代表的「沒有靈魂的醜惡形式的純粹商業資本主義」，相信「這個由民主、自由虛弱無力的哲學所統治的社會正在敗落並最終要滅亡」，並號召「造就一個英雄民族來把德國從這種迫在眉睫的局勢中拯救出來」。哲學家布魯克大聲疾呼：「以美國為代表的商業資本主義和民主自由，強調的只是偽善的理性而毀滅了人類英雄的精神，用自由的名義造就了無拘無束的道德敗壞，以進步的名義培養了守財奴和奢侈浪費。它偽造著生活的本質，阻礙了本能的發展，抑制了人們為應付苛刻的現實所不得不具備的能力，慢慢破壞民族道德結構，剝奪民族對權力的熱情，促使民族的崩潰。……德國將會屈服於同樣的疾病，除非在它青年人的胸膛裡能重新鼓舞起抵抗的意志，除非這個民族能重新返回到古老、單純、質樸、榮譽和勇氣的普魯士品質上來。」後來，希特勒在《我的奮鬥》一書中，吸納了這種強烈的反資本主義和反美主義以及德意志文化自豪感。

「美國主義」再次來到德國，要等到德裔美國人艾森豪率領美國大軍到來。

威瑪共和國的失敗，跟一八四八年民主革命的失敗、法蘭克福議會的失敗一脈相承，這是德國現代化歧途的第三步。悲劇在德國再次重演，悲劇並沒有演變成喜劇或鬧劇，仍是悲劇本身。推崇強權的斯賓格勒對威瑪共和國充滿仇恨，用咒罵式的語氣說：「無知、無能、軟弱和無禮的糟糕表現足以讓議會制在德國威風掃地。……共和國已經喪失了它的實質，因為它只不過在執行一個清算的過程，本身既無勇氣，也無幻想；它在無聲無息中

產生，又在無聲無息中結束。」然而，如果後人對威瑪共和國稍稍抱有同情心，或許更同意歷史學家彼得·蓋伊（Peter Gay）的結論：

威瑪共和國是活生生被體制的缺陷、不情願的守護者以及一群沒良心的貴族和企業家所合力扼殺，另一方面也是被威權主義的歷史包袱、紛亂的世界局勢以及精心設計的謀殺所葬送。

第四節　納粹德國：
如此唯美、如此理直氣壯的邪惡

◎希特勒：元首是最偉大的「藝術家」

一九三三年希特勒上台時，哈夫納是一名剛剛完成法律學業、通過初級國家考試的「候補文官」。他自豪於「用鼻子」對納粹作出非常明確的判斷，馬上確定納粹是敵人——不僅是他個人的敵人，也是他所珍惜的一切事物之敵人；但是，他承認當年犯下了絕對的錯誤——「我傾向於完全不把那些人放在心上……我們感到事不關己，於鎮定自若之下保持平靜，就好像從劇院的包廂作壁上觀一般。可是那場革命的目的，卻是要讓我們在世上站不住腳。……我們的那種態度在當時幫了納粹很大的忙，而且直到今天依然如此。」

希特勒不是通過革命上台的，他是通過選舉上台的。一九三三年三月，希特勒給德國帶來四樣東西——恐怖措施、慶典和慷慨激昂的宣言、變節行為、集體崩潰，它們製造出堅不可

摧的納粹政權，哈夫納稱之為一場「假革命」。

　　歐洲歷史上出現過的恐怖形式有兩種：一種是革命群眾沉醉於勝利之中，演變成如脫韁野馬般的嗜血濫殺行動。另一種則是國家機器勝券在握以後，所進行的冷酷無情、經過精心策畫的殘暴統治，藉此產生嚇阻作用及展示其威權。此兩種形式的恐怖，分別位於革命和鎮壓兩極之上。前者是革命式的恐怖，後者是鎮壓式的恐怖。納粹為自己保留了特權，將兩者結合成一種特殊形式。

　　希特勒要恢復的不僅是威廉二世的帝國，還要創建更輝煌的千年帝國。希特勒與威廉二世的性格有許多相似之處。兩人都不信任夥伴，總是事必躬親，在短暫時間內狂熱地工作。兩人都是才華橫溢的雄辯家和演員，因缺少文化，喜歡講排場，個人倒是一樣有節儉的習慣。兩人都有神祕感，喜愛祈求上帝保佑。兩人都認為自己是人類的菁華，自恃擁有偉人的知識，向人民許願締造光榮的時代。這兩人都是庸材又是演員，既易於上當受騙，又是大吹大擂的專家。

　　這兩人的區別在於，威廉是國王之子，希特勒則是平民王子。威廉因為他的世襲身分而受到寵幸，希特勒則從底層崛起。威廉易受友好感情的影響，希特勒內心充滿仇恨的化身。威廉生在權勢財富之家，沒有後顧之憂；希特勒出身貧寒，始終擔心失去已獲得的成就。威廉的一位密友對三十歲的威廉做過一段描述，這段話也很適合希特勒──這個人希望自己的一切都超過別人，從關心自己的地位到取得人們的愛戴。此外，還加上擔心自身的安全和迅速膨脹的虛榮心。他抓住一切歡迎場面，最喜歡博得群眾的掌聲和歡呼。由於他過高地估計了自己的能力（實際上這是一種不幸的錯覺），因而非常喜歡聽恭維話。他走到哪裡，都能贏得人心，只是不能停留太久。

希特勒並不兼任過多職務，但他凌駕於所有權力機構之上，對每一個部門的首腦都頤指氣使、任意撤換。他不像史達林或雍正皇帝那樣「日理萬機」、「韋編三絕」，有許多時間留在臥室或耗費在冠蓋雲集的酒會上。歷史學家伊恩・克肖（Ian Kershaw）研究了希特勒的國務祕書威利肯斯的資料之後，發現了希特勒「垂拱而治」的祕密。威利肯斯寫道：「每個人都可能注意到，元首幾乎從不對他希望遲早要做的事下達指示，每一位在『新德國』任職的人都必須全力以赴為元首做事。也就是說，每一位為元首做事的人都要能投其所好，任何人能夠早知道這一點就不會犯錯。任何人根據元首的要求，達到目標，無論在現在或未來，都會在職位上獲得最好的回報。」這種「為元首做事」的權力結構，產生了超過傳統官僚機構的神奇的高效率。

　　希特勒不是卓別林電影《大獨裁者》中那個逗笑小丑。這種將希特勒漫畫化的做法無助於理解希特勒及納粹主義的真相與本質。希特勒堅信，他個人的特質是納粹主要的力量，他著力營造「大人物」的姿態。弗里多林・馮・史班彭記得，在一場晚宴中遇見希特勒時的情形：「希特勒的目光對著我，於是抬頭相望。這是我一生中最奇妙的時刻……希特勒眼光集中在我身上，突然穿透身體進入幽深之處。這不尋常的一瞥，讓我堅信他有崇高的目標。」

　　這種感覺不是孤立的個案，而是人們普遍的感受。時任美國駐德國大使的歷史學家多德（William E. Dodd）是最早看穿納粹政權本質的外國人之一，但他的女兒瑪莎，第一次與希特勒見面時宛如遭到電擊，「希特勒的眼睛令人吃驚且難忘，它們似乎是淡藍色的，眼神熱烈，堅定不移，令人移不開視線」。瑪莎回家之後，興奮地告訴父親，希特勒的舉止「過度溫文有禮」，讓她

覺得像害羞的少年，而不像無情的獨裁者，「他不唐突、健談，帶有某種安靜的魅力，說話和眼神幾乎透著溫柔」。

希特勒是士兵政治家，還是對美有著敏銳眼光的藝術家。希特勒在母親去世前兩個月，到維也納參加藝術學院入學考試。他知道，母親死後，他很快將獨自面對冷酷、艱難的世界。第一天考試所指定的繪畫題目是「逐出樂園」。對他來講，是天意選擇了這個符合他個人境況的題目。第二天，當他發現畫的題目是描繪「大洪水片段」時，他感到這是上天在反覆強調他的不幸。這些特殊的題目喚起他緊張的情感反應，使他不可能發揮出最佳水平。考官的評語是：「頭腦太簡單。」儘管如此，不能簡單地將希特勒貶斥為不入流的業餘藝術家：

當德國的一流知識分子們看到政治在如此程度上呈現出美學風格時，他們都深深沉醉了。政治就是最高形式的藝術，國家就是一件藝術品——被這種思想所誘惑，他們都開始相信元首就是位藝術家。

希特勒最推崇的哲學家是尼采，最推崇的音樂家是華格納。尼采和華格納是古典德國轉向現代德國的典範。希特勒對華格納結構宏大、充滿英雄氣概的歌劇推崇備至，視之為日耳曼精神的化身，終生頂禮膜拜。從維也納流浪時代起，囊中羞澀的希特勒經常買站票欣賞華格納歌劇。他表示，願意當華格納樂隊中的一名鼓手，《特里斯坦與伊索爾德》他聽過三十四遍。

音樂之美未必能喚醒人性之善。華格納音樂成為納粹美學的核心部分，甚至決定著希特勒的政策。最具代表性的一幕是：希特勒一向重視在拜羅伊舉辦的華格納音樂節。一九三六年，為了

紀念音樂節六十周年，希特勒個人出資支持華格納歌劇《羅恩格林》重新上演。劇中人海因里希的一句台詞是：「時間已到，捍衛帝國的榮耀吧。」觀賞完歌劇後，希特勒接見佛朗哥派到德國的兩名特使。受雄壯的華格納歌劇感染，希特勒大筆一揮，給佛朗哥的支援超過其所要的規模。德國的軍事援助讓西班牙戰局迅速逆轉。

希特勒是藝術家，其邪惡的思想以美妙的形式呈現出來。希特勒很尊重作為藝術家的邱吉爾，他承諾說，納粹勝利之後，英國首相是唯一不會被送進監獄的敵國首領，「邱吉爾會舒舒服服地住在城堡中，我會為他提供方便，讓他得以作畫，寫回憶錄」。這是藝術家對藝術家的敬意嗎？[7]

◎納粹美學的象徵：紐倫堡黨代會與奧運會

納粹黨在德國執政，是經過民主選舉的勝利，更是一場美學競爭的勝利。納粹成功地散發出強烈的美學魅力，很大程度上是通過儀式而非信仰。德國首屈一指的公共知識分子、德國書業和平獎得主沃爾夫·勒佩尼斯（Wolf Lepenies）指出，一九三三年後，德國的政治形式表面看來是歌劇版華麗，實質卻與民主無關，而是獨裁政治。他引用費斯特的話形容說：「希特勒想把世界變成一場華格納歌劇。這個企圖使他想建造一個非人的樂土，那裡不僅非同尋常地明亮，而且藝術與政治再不分離。」所以，

7　有趣的是，邱吉爾想的是在更漫長的時間跨度，而不僅僅是在希特勒的千年帝國中當畫家。邱吉爾的女兒瑪麗在半個多世紀後提到父親的一句話：「當我去了天堂，我要將生命最初的整整一百萬年的時光投入繪畫中，這樣我才能有所建樹。」

要完全理解希特勒，就要從華格納的語境中認識他。

德國人和外國參觀者對紐倫堡集會的反應驚人地相似。他們不約而同地成為獨特的納粹風格的俘虜。

法國作家、法國法西斯政黨創始人之一德里歐・拉羅舍爾寫道，納粹集會在他心中激發的情感衝擊，只有俄國芭蕾堪與其媲美。

一九三七年，親納粹的英國大使維爾・亨德森第一次訪問紐倫堡時，被激發出同樣的澎湃情感：

> 那種感覺既莊嚴又美妙，好像身處一座冰雪的大教堂之中……戰爭爆發前我曾在聖彼得堡居住了六年，那時候正是俄國芭蕾的黃金時期，但是與我現在看到的壯美景象相比，俄國芭蕾大為失色。

美國記者夏伊勒在第一次參加納粹集會之後表示自己被深深震撼。「我覺得，我開始有點明白希特勒為何如此成功了。」在一九三四年九月五日的日記裡，他吐露了真相：「希特勒借鑑了羅馬教會的經驗，他為二十世紀德國人無趣的生活重新帶來了色彩、壯麗以及神祕感。今早在紐倫堡近郊盧伊特波爾大會堂的公開集會絕不僅僅是一場華麗的演出。它還伴有一種在哥德式大教堂舉行復活節或者基督教彌撒時才有的神祕感和宗教激情。」

在紐倫堡的集會上，數十萬穿著整齊制服的褐衫軍、黨衛隊和納粹活躍分子列隊和元首互相致意。希特勒先高喊「同志們萬歲」，然後數十萬個聲音同時回應，「元首萬歲」。進入夜晚，一百盞探照燈射向天空，參與者與圍觀者彷彿置身聖境，英國大使稱其為「光明大教堂」。

希特勒是納粹美學的奠基者，他有很高的藝術鑑賞力，對音樂、建築和美術均有獨到的識見。在美術方面，他崇尚寫實主義的精確細膩、具體而微；在建築方面，他追求新古典主義的簡約、力量、莊嚴和崇高。希特勒對大型建築物、體育場、橋樑和高速公路充滿熱情，它們被設計出來就是要給他自己和別人留下深刻印象。他必須成為世界上最偉大的人，他傾向於將每樣東西都建造得極為巨大。他計畫以後要建造永恆的建築物，宏偉巨大，設計壽命至少一千年。這些建築對於希特勒來講是合適的紀念碑，他計畫用他的新的生命觀統治德國人民一千年。

　　希特勒親自為柏林穹頂大廈繪製草圖，堅信國家只有通過思想和感覺的重塑才能保存下來。建築設計師施佩爾是納粹建築的實施者，那座能容納三十四萬人的帝國黨大會廣場，擁有上百盞探照燈、幾千面納粹黨旗。在巨大的納粹旗幟下，所有人都顯得渺小，置身其中，誰能保持冷靜的思考和判斷？此後，蘇聯、羅馬尼亞、中國、北韓的公共建築和群眾運動，都是對希特勒的東施效顰。

　　希特勒認為，軍國主義思想必須有其美學體現。他命令德國最優秀的服裝設計師為軍隊設計軍服。納粹軍裝全部用黑色高級毛料，挺拔、舒適、莊嚴，加上軍帽或鋼盔、真皮長靴、腰中皮帶，剛毅、雄壯，把軍人之美發揮到極至。官兵穿上這樣的軍裝，能不在前線奮不顧身地浴血奮戰嗎？

　　希特勒是藝術家，也是心理學家，他知道催眠民眾的祕訣是訴諸於感情而非頭腦。像充滿激情的華格納分子一樣，希特勒鼓勵大眾參與的慶祝活動，這類活動具有激情力度，參與其中的人將經歷「從蠕蟲成為巨龍的一部分的變形」，同時感受到重新充滿活動、獲得力量和得到拯救。

希特勒認為強大的視覺衝擊能喚起人們對政治運動的興趣，他看中了才華橫溢的女導演蘭妮·萊芬斯坦（Leni Riefenstahl），邀請其為為納粹拍攝紀錄片。由萊芬斯坦執導的影片《意志的勝利》記錄了納粹巔峰時期的會議、集會和遊行盛況，納粹提供無限制的經費，萊芬斯坦可以越過戈培爾直接向希特勒尋求幫助。這個龐大且豪華的攝製隊伍加上萊芬斯坦天才的創造力和美學理念，讓納粹美學震驚世界。

一九三六年八月在柏林舉行的奧運會，使納粹有一個向全世界展示其「美好面孔」的機會。以前任何運動會都沒有過那麼出色的組織工作，也沒有過那麼不惜工本的款待。象徵先進科技的齊柏林飛船不時在天空盤旋，專程前來參加奧運的十多萬各國觀光客對雄偉的奧林匹克體育場、井然有序的公共交通和精緻的文化節目驚歎不已——戲院公演的歌舞秀節目的名稱是《美麗世界》。戈培爾為外國客人準備了豪華宴會，一千多名賓客冠蓋雲集，場面之盛大宛如《天方夜譚》中的場景。從英國和美國來的客人們對此留下深刻印象：在希特勒領導下的德國團結一致、快樂、健康和友善。

在奧運會開幕式上，十萬觀眾的焦點不是運動員，而是希特勒。希特勒在國際與國家奧委會眾委員的陪同下，如同羅馬皇帝般，經由馬拉松大門旁的台階步入會場。人們高呼「希特勒萬歲」、「勝利萬歲」，「根本不能算是叫聲，而是一種綿綿不絕的嘶吼，吼到不能再吼的極限」。

萊芬斯坦受命拍攝柏林奧運會。在十六天賽會中，一共拍攝了四十萬公尺影片。萊芬斯坦剪輯成《美的慶典》和《民族慶典》兩部影片，在一九三八年四月二十日首映，以慶祝希特勒四十九歲生日。這兩部影片成為納粹美學里程碑式的著作。

◎改造教會，改造靈魂

希特勒的政治理念來自於一種被扭曲的彌賽亞主義，一種激進的現代極權主義。希特勒對蘇聯的看法比西方民主國家的政客深刻，他的綱領一半幾乎與社會主義者相同，另一半與他的對手民族主義相同。馬克思主義和納粹兩者都揚棄基督教，並尋求用一種對行將到來的現世幸福的新信仰取而代之。馬克思主義是公開而堅決地這樣做，希特勒的國家社會主義則用審慎而隱蔽的方式——一方面限制基督教的生存空間，另一方面又利用和改造基督教，打造一種用希特勒取代上帝的「帝國宗教」。

納粹並沒有一套一以貫之的宗教政策，而是視現實情況不斷做出靈活的調整。希特勒剛執政時，暫時沒有全面禁止基督教會公開活動，但他告訴身邊的人說，未來的第三帝國將不再有基督徒、教會和牧師。希特勒對基督教的深仇大恨，是因為基督教中所活躍著的有一個獨立的、只對上帝負責的良心這一觀念，要服從上帝更甚於服從人這一誡命以及要承認一個人不是屬於這個世界的王國，並要服從在國家社會主義所承認的法律之外的法律——所有這些都使希特勒意識到，這裡澎湃著反極權主義的最深厚的根源。

最初，納粹試圖通過「德意志基督徒信仰運動」建立一個「德意志基督教會」。該運動扭曲與篡改聖經的內容與教會教義的傳統認識，拒絕接受舊約，認為那是猶太人的骯髒歷史，也要清理新約中的「『拉比』保羅的劣等神學」。加入該運動的新教神學家為反猶主義、種族理論和納粹統治提出教義上的辯解；加入該運動的牧師和基督徒熱情地在教堂上懸掛納粹標誌，舉行各種儀式慶祝新教教會與第三帝國的合作關係。

一九三三年十一月十三日，德國人在公民投票中壓倒性地支持希特勒的第二天，「德國基督徒信仰運動」在柏林的體育館舉行盛大集會。其領導人米勒建議修訂聖經，使耶穌的教導「完全符合於國家社會主義的需要」。歷史學家桃樂絲‧卑爾根（Doris Bergen）在《扭曲的十字架：第三帝國的德意志基督徒運動》一書中記載：「『德意志基督徒』把基督教宣傳成猶太教的對頭，耶穌是反猶太的首腦，十字架則是與猶太人抗爭的象徵。」在紐倫堡的一次大型集會上，一幅希特勒的巨大畫像的標題中寫道：「太初有道。」有人將主禱文改成：「我們在紐倫堡的父希特勒，願人都尊你的名為聖，願第三帝國降臨……」

緊接著，納粹黨挾持民意，向教會施壓，要求教會通過「雅利安條款」，不准猶太基督徒參與被按立的事工。他們還提出「領袖原則」，宣稱希特勒是一個「德國先知」，有著與基督和使徒同等的權威；整本聖經應該在希特勒的教義和信念裡被重新解釋。

新教教會對此發起一定程度的反抗，尤其是「認信教會」（Confessing Church）的成立，讓納粹的如意算盤受挫。米勒等納粹官員悍然將路德宗牧師武爾姆和邁澤爾解職，此舉引發大規模的遊行示威，不少納粹黨內的知名人士也參與其中。希特勒等納粹領導人意識到宗教事務太過敏感，收回了對米勒等激進派的支持。這樣一來，納粹不得不放棄從內部整合福音教會，「德意志基督徒信仰運動」因而失敗。

納粹對天主教會的迫害引發更大反彈，因為天主教會具有更強大的組織體系，還有其全球性的網路，更得到梵蒂岡的教廷和教宗某種程度的支持。普遍而言，德國天主教會在反抗納粹上的力道比新教教會更大。一個引人矚目的事件是：郵政和交通部

長、信仰堅定的天主教徒呂本納赫在一次授勛典禮上，不僅拒絕接受希特勒的勛章，還當面告訴希特勒，希望他停止迫害天主教徒。希特勒火冒三丈，一句話沒說就衝出了房間。呂本納赫立即被解除了職務。

梵蒂岡不曾為納粹迫害猶太人發聲，卻多多少少為德國天主教徒的險惡處境發聲。德國天主教會在全國十二個地點偷偷印刷教宗譴責納粹迫害教會的通諭，由小男孩們騎著單車或步行送到各個教區的神父手中。

因此，納粹對天主教會的迫害程度超過新教教會——新教教會勉強算是帝國的自己人，而天主教會在帝國內部從俾斯麥時代就一直被視為異己，納粹稱「天主教是我們種族健康軀體上的一顆膿瘡」，「天主教是腐化人民心靈的毒物」。

納粹成功地大大削弱了新教教會和天主教會在德國社會的權力和影響力，但無法將其斬草除根。納粹政權的激進派和一些低級官員一度試圖創造一個有吸引力的基督教的替代品，如此才能打敗教會。「有必要搞出來一種新的神祕主義，」早在一九三五年就有一份蓋世太保報告主張，「這種神祕主義會比基督教宣傳更有效。基督教傳統晦暗不明。不要被其歷史悠久給欺騙了，裡面其實充滿了一段邪術。」

然而，希特勒等納粹高層領導清楚地意識到，不太可能將納粹主義變成一種新宗教，進而完全取代基督教。對希特勒而言，納粹主義與其說是宗教，還不如說是科學，納粹主義對來世、永生和靈魂不死等宗教必須解釋的問題隻字不提，它比馬克思主義離宗教更遠。希特勒在一九三八年九月六日的演講中說，「國家社會主義學說建立在現實基礎上，是冷靜清醒的。它有最好的科學知識支持，由最好的頭腦設計出來」。他接著強調說，納粹

主義尊重自然規律，通過為人類利益服務來進一步效忠上帝。當然，希特勒所說的上帝已被高度抽象化且不具位格，根本不是聖經中充滿公義和慈愛並護佑人間的上帝。

◎力阻巨輪：《巴門宣言》、潘霍華與尼穆勒

一九三四年五月的最後三天，「牧師緊急聯盟」的一百三十九位神學家在巴門舉行宗教會議。他們發表了《巴門宣言》（Barmen Declaration），然後從中衍生出「認信教會」。

由瑞士人、喀爾文教派的神學家卡爾·巴特（Karl Barth）起草的《巴門宣言》，其宗旨是要聲張德國教會歷來的信仰，以聖經為根基，跟「德意志教會」提倡的歪理邪說畫清界限。《巴門宣言》表示，德國教會不在國家威權的轄制下，納粹控制下的「德意志教會」是異端，它背離了福音和信仰，將信仰的對象由上帝轉向國家主義與希特勒。巴特將宣言的文本直接寄給希特勒本人。隨後，巴特因拒絕向希特勒宣誓效忠，被迫辭去波恩大學教職，回到瑞士老家。

儘管是為了還擊一種特定的威脅而寫，《巴門宣言》卻成為當代關於政教關係的一項經典聲明。它尊重屬世政府的角色，同時保留對基督最終的忠誠，拒絕對聖經教訓妥協的嘗試。《巴門宣言》突破了路德神學中「兩個國度」之觀念，指出「上帝國」是完整無缺的：

我們堅拒錯謬教導，宣稱國家於其特定職責之上或以外，可以成為管治人類生活唯一與全部之權勢，從而成就教會的使命。

《巴門宣言》堅持基督信仰的核心是：「在聖經中所顯明給我們的耶穌基督，也是我們必須聆聽、生死相隨的上帝獨一的道。」有歷史學者認為，《巴門宣言》是「宗教改革以來所出現的最為重要的教會文獻」。

一九三七年八月，納粹政府正式頒布《希門拉法令》，規定所有認信教會的神學院均屬非法組織，勒令立即關閉；其神學考試亦屬違法，不受法律認可。據一九三八年官方統計，受納粹祕密警察逼害的「認信教會」成員達四千多人，被捕者八百多人。「認信教會」的牧師大部分都在「祕密警察」的嚴密監視下生活。「他們不得離開自己的城市……家中的電話被安裝了監聽器、所有信件都被人拆開。」一九四九年，前身為「認信教會」的德國福音教會發表了一份《殉難者手冊》，當中列出數十名被殺害的和死於集中營的認信教會的牧師和信徒的名單。

潘霍華（Dietrich Bonhoeffer）是少數挺身而出的牧師和神學家之一。他深信，不願意為猶太人捨命的教會，不再是耶穌基督的教會。他指責教會沒有為受害者發出聲音，宣稱教會在耶穌基督最脆弱也最缺乏保護能力的弟兄姊妹之死亡上犯下了罪。一如以往，他遠在時代洪流前面。有些人覺得他這樣做是在自討苦吃，但當有人問他為何不先加入「德意志教會」，然後從內部對抗他們時，他的回答是他做不到：「如果你搭錯車的話，即使沿著車廂走道往相反的反向跑也沒有用。」

潘霍華不僅在教會內部發出反對納粹的聲音，還親身加入抵抗運動。他參與了暗殺希特勒的行動，以及將猶太人偷運出德國的計畫。他為此犧牲了生命，這就是做門徒的代價。他在上帝所指定的時間以上帝所指定的方式死去。如此深情地愛著基督的他，遵循主人的道路，死在他人的暴力之下。他會說，上帝給他

享有「昂貴恩典」的榮幸。

在《追隨耶穌》一書中，潘霍華徹底放棄了路德的「兩國論」：

任何區分我的個人身分和公共責任的概念都可能與我的行為方式有關，和耶穌則完全無關。祂不止一次地表達過這種觀點。祂向拋棄一切跟隨祂的門徒宣揚這種觀點。無論是「私人行為」還是「官方職責」，都受耶穌的支配。耶穌的道包括這兩者，而且是整體的，不可分割的。

教會和基督教徒反抗納粹的方式各不相同。另一位反抗者是尼穆勒牧師（Martin Niemoller），他在集中營裡倖存下來，一直活到一九八四年。

尼穆勒在 戰中是帝國海軍艦艇指揮官，立下過卓越戰功。他最初支持納粹政權，支持排猶政策，後來發現希特勒的目標是要摧毀教會，遂與納粹分道揚鑣，並成為巴門會議的組織者之一。不久，尼穆勒因在布道中公開反對納粹而被捕，法庭宣判他無罪，但希特勒親自下令將其投入集中營。他在集中營裡面見證了猶太囚犯的苦難，開始推翻早年的反猶主義觀點，認為猶太人應當和所有日耳曼人一樣，應當被平等對待。

尼穆勒在集中營中常常受到獄卒虐待，一名獄友回憶說：警衛讓尼穆勒牧師一蹲一跳，一邊看他跳，一邊打他，讓他動作再靈敏些。有一次他顯然是叫出了「上帝」兩個字，因為一個警衛吼道：「這隻蠢豬在叫他那骯髒上帝的名字，我倒想看看上帝能不能幫他出去。」

然而，尼穆勒在戰爭爆發後又自願報名重披戰袍，希望擔任

潛艇艦隊指揮官。這個行動充分暴露德國人靈魂深處的雙重性，以及這個國家命運的根源——這個充滿大無畏精神和自信的人，與路德一樣，願意以生命來保衛其信念，他宣傳反納粹的理論，堅決拒絕向另一個似乎是上帝的人宣誓效忠。但就是這個人，卻願意在這面意味著褻瀆的、可恨的納粹旗幟下，潛入到大海中去，用魚雷襲擊德國的敵人，他能夠做到不效忠希特勒，卻不能做到不效忠德國。

戰後，尼穆勒成為代表德國新教教會懺悔的《斯圖加特悔罪書》的起草人之一。此後，他的思想急劇左傾，將昔日對德國國家的效忠轉向參與蘇聯操縱的「世界和平運動」。一九五二年，他訪問莫斯科；一九六六年，他獲得列寧和平獎；一九六七年，他訪問北越。他的經由反抗納粹而樹立的崇高聲譽被自己濫用了。戰後，德國乃至歐洲知識分子大都投靠左派意識形態，他們深受納粹死亡集中營的刺激，認為作為納粹的敵人的蘇聯或許代表著人類的正確方向，這是一種淺薄的非此即彼的思維方式——他們很快將被同樣殘暴的古拉格的真相所震撼。

與尼穆勒相似，英國歷史學家、左翼知識分子霍布斯邦青年時代在柏林目睹了威瑪共和國的崩潰和希特勒的興起，後半生以支持蘇聯來彰顯其反法西斯立場，「像我這樣的人其實只有一個選擇，」他回憶過去的時候說，「特別是對一個來到德國時感情上已經左傾的孩子來說，除了共產主義，還能選擇什麼呢？」

但是，對於德國來說，共產主義道路不是戰後的正確選擇——東德的道路在一九八九年可恥地失敗了，醜陋的柏林牆倒下了，東德人比西德人更加不幸，他們在一至三代人之間經歷了兩次國家及信念的坍塌。

歷史學家梅尼克認為，浩劫之後，德國的重建也意味著「在

靈魂上必須重新加以安排」，德國的新生離不開「在幾千年的過程中，西方基督教在各民族的共同體的土壤上所成長起來的共同宗教財富，那就是對於一切的善都有其神聖的根源這一信仰，對於永恆、對於絕對的敬畏，要把握住虔誠的基督徒所稱為神之子的靈魂，承認良心是『我們到的生涯中的太陽』」。如此，新時代的德國人才能「超越人性中感官的低級基礎，並朝著出自永恆而遠遠擺脫了血統和種族的那種道德律前進」。

◎未完成的轉型正義，未完成的身分定義

戰後，德國分裂為東西兩個部分，西德重建威瑪共和國的民主和憲政，東德則成為蘇聯的衛星國。除了極少數的反抗者：潘霍華，二十四歲的慕尼克大學醫學生漢斯・紹爾（Hans Scholl）和他二十一歲的妹妹蘇菲（Sophie）以及二十四歲的克里斯多夫・普羅布斯特（Christoph Probst）共同組織的「白玫瑰」運動，以及刺殺希特勒的德國國防軍總參謀部的副官、陸軍上校克勞斯・馮・史陶芬堡（Claus von Stauffenberg）等人之外，絕大多數的德國人都是「希特勒的自願行刑者」。

美國猶太裔記者米爾頓・邁耶（Milton Mayer）在威瑪共和國的末期深入德國訪問，與當地的德國家庭共同生活了長達十年之久，結識了十個支持納粹的德國朋友，他嘗試從這些人身上找到「正派人」如何且為何成為納粹的答案。他發現，納粹主義不僅是一種政治體制或意識形態，更是一種十分適合一戰後德國人氣質和心態的世界觀。納粹征服了偉大的和平庸的德國人的心靈，也壓垮了他們。他進而指出德國的去納粹化和轉型正義的艱巨性：「在任何情況下，對德國人進行治療，都不會是沒有代價

的，也不會有任何處方能夠確保治癒。」在德國問題再次成為歐洲和歐盟的核心的當下，這樣的觀察和結論並未過時。

美英法占領當局本來要對西德全面去納粹化，但冷戰的爆發使這一過程被迫中斷。西德的民主化和美國化遠不如日本：日本是由美軍單獨占領，儼然是「日本總督」的麥克阿瑟（Douglas MacArthur）戰功卓著，而且是堅定的保守主義者，遵循其清教徒觀念秩序對日本做出大刀闊斧的改變；西德由美、英、法分別占領，各國占領區的政策並不統一，且缺乏麥克阿瑟式的靈魂人物，加之蘇聯的威脅近在咫尺，安全問題迫在眉睫，使得除垢工作虎頭蛇尾。

一九四六年，美國占領當局釋放了被關押在巴本豪森─達姆施塔特戰俘營的德國戰俘，美國陸軍部在大門上貼出一份公告：「無論是黨衛軍成員舒爾茨還是下士米勒，在你們跨出這道大門之時，你們的步伐會把你們引向自由。遺留在你們身後的是數月和數年的奴隸般的屈從、數年的殺戮和數年間人的個性遭受難以置信的羞辱。……你們不要自責。你們受到了蒙騙，盲目追隨了錯誤教義的呼召。自現在開始，你們在家庭圈子中的生活，能夠展現出自由的和泰然自若的情態。」這份文稿是典型的美國式的樂觀主義和理想主義。

然而，現實並非如此。在一九四六年，美國管制區百分之五十七的民眾對轉型正義工作表示滿意；到了一九四九年，滿意度只剩下百分之十七。原本接受美國委託執行海德堡大學去納粹化工作的哲學家雅斯培（Karl Jaspers），因為看到轉型正義理想無法實現，失望地離去，轉往瑞士巴塞爾大學任教。雅斯培的離去，成為終戰之後，原來在納粹時期耿直堅忍地以「德國良心」留在德國家鄉，此時反而黯然離開的著名例子。而海德格、施密

特（Carl Schmitt）等納粹御用學者，很快復出並在學術界享有崇高地位。

德國自以為其轉型正義優於日本——第一位社民黨總理勃蘭特（Willy Brandt）在華沙在納粹屠殺受難者紀念碑前下跪，德國政府拿出巨款來賠償以猶太人為主的受難者群體。伊恩・布魯瑪（Ian Buruma）的著作大大強化了這一觀點，他發現德國知識分子特別討厭日本，他們認為：「我們德國人是歐洲基督教文明的一員，講究實事求是，因此老老實實地承認我們對外侵略的歷史。可是日本人則不同，他們以所謂的『東洋文明』為由，不想承認錯誤，這難道不是軍國主義思想的體現嗎？」但這件皇帝的新衣經不起推敲。日本記者三好範英反駁說，德國為了要平衡納粹犯下的不可饒恕的「唯一的惡」，對歷史採取斷然二分的態度，以全然的否定來顯示對自己過去的「克服」。由此，所謂「以罪為傲」讓德國在戰後重新站到世界舞台的中央。而且通過和日本的比較，產生某種道德優越感，日本成了德國重新做人的道德對照組——德國台面上人物屢屢公開批評日本戰後對待歷史的態度，但這恰恰是一種「扭曲的民族主義式的自豪表現」。

柏林牆倒塌、兩德統一之後，聯邦德國成為歐洲第一大國，靜悄悄地成為歐盟領頭羊。德國通過加入歐元、歐洲單一市場、追求「歐洲一體化」、輸出福利國家概念等政治經濟手段，逐漸實現其野心。在可預見的一段時期內，德國難以擁有昔日的軍事力量，但它對東歐一帶將持續保有地緣政治的野心——歐盟東擴最大的受益者是德國，德國得以掌控大部分東歐與巴爾幹半島地區。

在德國長期執政的梅克爾（Angela Merkel），其觀念秩序在東德共產黨時代就已定型。梅克爾所在的基督教民主聯盟被視為

中間偏右，但梅克爾本人比社民黨更左——那些特別標明為基督教政黨的，往往是沒有基督信仰甚至敵基督的政治力量。梅克爾並不珍惜德國和歐洲的基督教傳統，敞開大門接納百萬穆斯林難民，大大稀釋德國的基督教傳統。

德國的命運與歐盟糾纏在一起。歐盟體制是帶有德國烙印的官僚政治產物，是個超越現有國家實體的跨國管理機構，它並不民主，其官僚機構不需要對歐盟選民負責。歐盟不可能通過體制改革走向民主，嚴重官僚化且腐敗，如同一個擴大版的普魯士模式。歐盟的困境也是德國的困境。

在美中進入新冷戰的國際格局之下，梅克爾政府堅持與中國結盟，儼然要「脫歐入中」。美國與中國的衝突烈度，將超過冷戰時代的美蘇對峙。全球所有國家都必須選邊站。如果德國選擇站在中國一邊，那將是兩次世界大戰之後德國第三次選錯邊。

近年來，在一個眾所周知的「民族品牌」指數排行榜上，德國位列第二位，僅次於美國。然而，「何為德國」的答案仍眾說紛紜，遠不如「何為美國」清清楚楚。德國哲學家哈伯馬斯提出「憲法愛國主義」的身分認同，但若完全拋棄歷史、民族和宗教信仰，憲法何以成為效忠對象？戰後，德國新教和天主教都日漸衰微，甚至比在嚴酷壓迫下的納粹統治時代的影響力還要小。在德國乃至整個歐洲那些飽經滄桑仍金碧輝煌的大教堂中，除了少許白髮蒼蒼的老人，就是蜂擁而至的亞洲遊客。

德國和歐洲的知識分子是最反對宗教（基督教）的一群人，他們認為，德國和歐洲的身分不能建立在基督教基礎上，因為德國和歐洲國家正變得越來越世俗化，大部分還成了擁有多元化宗教信仰的社會。英國學者斯蒂芬‧葛霖認為，如果說存在一個與現代歐洲的宗教意識平行的東西，這種東西既不是基督教世界的

統一，也不是神聖羅馬帝國宗教改革後奉行的「在誰的地盤，信誰的宗教」，它更類似於歷史學家吉朋對羅馬帝國晚期宗教生活的描述——「對於人民而言，所有宗教都一樣真實；對於哲學家而言，所有宗教都一樣虛假；對於政府而言，所有宗教都一樣有用。」然而，這些自由派（左翼）知識分子無法解決的悖論是：如果抽去作為「屋角石」的基督教及其觀念秩序，「普世價值」還能剩下什麼？法國式的啟蒙主義能夠定義德國何以成為德國嗎？「普世價值」既然是「普世」的，又如何成為德國及歐洲的身分認同和核心價值？無法準確定義何謂「歐洲文明」的歐盟憲法的難產，絲毫不足為怪。

第五節　「在我的結束時是我的開始」： 他們從德語世界流亡美國

　　詩人和保守主義思想家艾略特（T. S. Eliot）說過：「我們必須寂靜前行，進入另一種炙熱。為了更深入的聯合，更緊密的團契，越過黑暗的寒冷和空寂的荒蕪，越過驚濤駭浪，狂風怒號，海燕和海豚的浩淼大海。在我的結束時是我的開始。」（《四重奏》）這段話可用以形容那些逃離納粹魔爪、堅持思想文化創造的人們的人生。

　　納粹暴政唯一的「正面後果」是，大批德語世界的優秀人物流亡異國他鄉，其思想文化創造在別國（尤其是大西洋彼岸的美國）開花結果、生根發芽。

　　一九四〇年五月，在成為美國公民之前四年，湯瑪斯·曼（Thomas Mann）在NBC的廣播中驕傲地宣稱「我是美國

人」——不是國籍的意義上,而是文化、價值和觀念秩序的意義上。他不僅希望成為美國公民,更希望被人看作是美國的愛國者。他寫道,他希望整個世界遲早會「美國化」,這種「美國化」是在「某種基本的道德意義上」,而且「華盛頓和平」會在全世界成為風尚。他指出,道德混亂已經將歐洲大陸的國家推向災難的邊緣,面對這種情況,為道德賦予清晰的規則,並使得這些規則在世界範圍內取得勝利,是抵制災難、恢復健康狀態的最佳藥方。他比大部分在美國出生、在美國長大的美國人更熱愛美國、對美國的自由和秩序更有信心。

美國當代保守主義的復興,離不開這群為逃避納粹政權的迫害、從德國和奧地利移居美國的流亡者。儘管德語國家的現代化走入歧途,德語文化圈主流的觀念秩序與英語文化圈截然不同,但宗教改革的種子——新教信仰及其觀念秩序——仍然在德語區的某些地方和社群生根發芽,離開德語國家的移民更讓其觀念秩序在移居地大放異彩,為美國秩序的穩固作出重要貢獻。

就德語知識界而言,並不全是投靠納粹的施密特或支持共產黨的布萊希特(Bertolt Brecht)那樣的敗德者,流亡者中的傑出人物諸如米塞斯(Ludwig von Mises)、海耶克、沃格林、列奧‧施特勞斯(Leo Strauss)等人,一生與法西斯主義和共產主義這兩種二十世紀敵基督的意識形態和政治力量鬥爭。美國成了他們後半生的「第二戰場」。他們通過艱苦卓絕、孜孜不倦的著述和講學,形成學派和思潮,豐富和活化了美國的保守主義傳統。美國政治學家納什指出:

二十世紀三〇年代來自中歐的知識分子「遷移大浪潮」是我們時代知識分子史上一個重大事件。同樣,奧地利學派分散地移

居英美也是美國保守主義歷史上的重要篇章。

◎米塞斯：不要向邪惡低頭，鼓起勇氣，繼續與之對抗

在奧地利經濟學派的大師當中，米塞斯是最後一個離開歐洲的。當納粹占領法國之後，早已移居日內瓦的米塞斯意識到歐洲不再安全，匆匆啟程抵達美國。

那時，米塞斯已五十九歲，美國沒有人知道他。在新大陸，他是一名孤獨的戰士，真理在握，卻不合時宜。他是堅定不移的反社會主義者和反干預主義者，在其論著中駁斥德國歷史學派、幼稚的馬克思主義者，鼓吹自由市場經濟。而當時美國學術界對自由市場經濟的熱情降到最低點，凱因斯主義大行其道，認為社會主義在技術上是可行的，還可能改良資本主義，因此把米塞斯排除在主流學術圈之外。

米塞斯生於奧匈帝國蘭堡（今烏克蘭利沃夫）的富裕猶太人家庭，在維也納大學取得博士學位，成為奧地利總理恩格爾伯特・陶爾斐斯（Engelbert Dollfuss）倚重的經濟顧問，被譽為「奧地利經濟學派的院長」。

第二次世界大戰爆發前，米塞斯即高聲譴責西方國家對德義法西斯的綏靖政策，「兩次世界大戰之間英國政策之荒謬怎麼說都不為過。英國人真是不可救藥」。[8]他指出，西方國家對法西斯的期待超出「作為對抗共產主義的權宜之計」的範圍是一個致

8　米塞斯在回憶錄中記載了與一位英國工黨高級官員的對話。這位英國人告訴米塞斯：「我們英國人，絕對不想再次挑起戰爭。」米塞斯問他：「但是如果希特勒攻擊英國呢？」對方回答令人頗感困惑：「那麼我們將被德國而不是英國的資本家統治和剝削。對於人民來說並沒有什麼不同。」

命的錯誤。

　　與此同時，米塞斯竭力反駁另一種極權主義——蘇聯共產主義。他認為，二戰中西方為對抗法西斯主義而與蘇聯結盟，是另一種錯誤。他從未對蘇聯有過好感，當一戰之後經濟凋敝的德國和奧地利出現左派革命之際，他冷靜地評論說：「布爾什維克主義不出幾天就會把維也納拖入饑荒和恐怖。」他從經濟學角度指出，離開外在的市場經濟體，社會主義將無法形成有效的價格體系，社會主義必定失敗：

　　　所有人都會同意，在蘇維埃政權下對於俄國問題的唯一確定事實是：俄國民眾的生活標準要大大低於生活在像美國這樣一個被普遍看作是資本主義典範國家的民眾。如果我們把蘇維埃政權當作一個實驗，我們將不得不說這個實驗已經清晰地證明了資本主義的優越性和社會主義的無能。

　　蘇聯崩潰以後，這種比較成為眾所周知的常識。但在蘇聯勢力如日中天之際，堅持說出此種政治不正確的真相，需要「雖千萬人，吾往矣」的勇氣。

　　一九四四年，米塞斯出版了兩本書——《權力無限的政府》和《官僚政治》，使美國古典自由主義者大大受惠。兩本書含有同一主題：反對一切形式的政府干預。他指出，中央集權下的經濟統制是「現代世界上極大而又普遍的罪惡」。他對美國古典自由主義早期復興的最大貢獻是在一九四九年出版的巨著《人的行為》，有書評家稱之為「資本主義的宣言」、「對自由放任主義不加掩飾的、毫無保留的辯護」。

　　在此基礎上，米塞斯對福利國家模式做出嚴厲批判：「福利

國家僅僅是將市場經濟一步一步地轉變為社會主義的手段……直至所有的經濟自由都喪失殆盡，最終出現的是一個全面的計畫體制。……政府的首要功能不是建立福利制度，而是保護私有財產。」今天的聯邦德國乃至整個歐盟仍以福利制度為政策核心，而福利制度是俾斯麥和希特勒的遺產。納粹統治促成全民汽車化的第一步，它引入當時聞所未聞的休假概念，使休息日數量增加一倍，並發展今天人們所熟悉的大眾旅遊。今天歐盟的農業配給制度、道路交通規則、兒童補助制度、稅率等制以及自然保護的基礎都源於那個時代。歐盟對此諱莫如深。米塞斯的警告並未過時：倘若「福利國家仍然是社會平衡及國家控制的堡壘」，那麼崇尚大政府和福利國家模式的德國和歐盟並未實現自由與公正。

米塞斯對「左派」和「右派」的定義迥異於流行的政治學教科書，他指出：

一般人對於政治術語的使用是相當無知的。什麼叫做「左派」而什麼又是「右派」？為什麼希特勒會是「右」，而史達林會是「左」？誰是「反動派」和誰是「革新派」？對抗一個愚蠢的政策絕不應該被譴責，而推行會導致大混亂的「革新」絕非可取的行為。任何東西並不會因為它是新出現的、激進的和時尚的就會被接受。「正統」的原則如果真的正統那也絕非邪惡。究竟是誰在反對勞工？是美國的那些資本家嗎？還是那些企圖將勞工地位降至和俄國一樣水平的人？誰才是「民族主義」？是那些希望保持國家獨立的人？還是那些企圖將自己國家置於納粹魔爪之下的人？

二十世紀人類的兩大災難是共產主義和法西斯主義。米塞斯

如同舊約中的先知，預見到這兩場災難。他堅信，與「不幸的事實」作鬥爭只有一種辦法，就是絕不放鬆「對真理的追求」。唯有觀念才能打敗觀念，最激烈的鬥爭乃是觀念與觀念的對決——「經濟知識的本體，是人類文明結構中的基本因素；它是現代工業化和最近一兩百年當中，所有道德的、知識的、技術的和醫療的成就所憑藉的基礎。」米塞斯和奧地利經濟學派其他學者們一起，努力開創出一條經濟解釋的新路——自發秩序是人類行為的產物，但它不是人類有意識設計的產物，而是大量個人有目的的行為的無意圖結果。如海耶克所說，對市場恰當的觀點不是它為何失敗，而是它何以成功；如彌爾頓・傅利曼所說，像「奧地利學派經濟學」這樣的事物並不存在，有的只是好的經濟學和壞的經濟學。米塞斯將包括「好的經濟學」在內的真理的新枝嫁接到美國國父們開創的「秩序、正義與自由」傳統之中，幫助美國避免步入歐洲之覆轍。

米塞斯相信他的工作對於保持人類文明至關重要，他正是以這樣的信心挺過兩次世界大戰和漫長的冷戰：

面對不可避免的巨大災難，人們將會怎樣生活？這是一個關乎性情的問題。我還在讀中學的時候，按照慣例，選擇了維吉爾的一句詩作為我的座右銘：不要向邪惡低頭，鼓起勇氣，繼續與之對抗。在戰爭時期那些最黑暗的時刻，我回想起這句詩。我曾經一次又一次地陷入絕境，面對那種處境，理性的深思熟慮完全無濟於事；可是接著，意想不到的事情發生了，救贖隨之降臨。甚至現在我也沒有失去勇氣。

◎海耶克：如何避免通往奴役之路？

　　米塞斯的衣缽傳人是海耶克，海耶克堅持古典自由主義、個人主義、自由市場資本主義，反對社會主義、極權主義、凱因斯主義和集體主義。一九九一年，美國總統布希（George H. W. Bush）頒給海耶克美國總統自由勛章，以表揚他「終身的高瞻遠矚」，這是美國政府頒發給平民的最高榮譽。

　　海耶克生於維也納一個知識分子家庭，一戰中被徵召入伍。他回憶說：「讓我決定成為學者的最關鍵因素是第一次世界大戰，那場戰爭讓我開始重視政治結構的問題。」在讀過米塞斯的《社會主義》一書後，他轉向古典自由主義。

　　一九三一年，海耶克前往倫敦政治經濟學院任教，並在一九三八年成為英國公民，此後終身保有英國公民身分。一九五〇年，他搬到美國，後半生的學術成就都在美國取得。

　　一九三二年，海耶克與凱因斯（John Maynard Keynes）在《泰晤士報》上展開一場激烈辯論。兩人關鍵的分歧是對於市場干預的態度：凱因斯對之持正面肯定態度，認為政府的干預能在市場中扮演重要角色，可減少不穩定性，克服經濟危機；海耶克認為，計畫經濟是一條通往奴役之路。當時西方的經濟、文化和政治思潮都站在凱因斯那邊，凱因斯贏得了當下，海耶克則贏得了未來——「作為一個對短期經濟需求敏感的『狐狸』，凱因斯成功地影響了美國乃至世界重要工業國家的經濟政策；而作為一個對長程經濟走向有洞察力的『刺蝟』，海耶克則從根本上捍衛了自由市場制度的核心。」

　　海耶克不認同當時英國學術界普遍將法西斯主義視為是「社會主義的反動運動」，而認為法西斯主義是「前一時期社會主義

趨勢的必然結果」，「共產主義俄國和民族社會主義德國內部制度許多令人憎惡的特點具有相似性」。在二戰方酣期間，海耶克出版了《通往奴役之路》一書，這本書的名稱靈感來自於托克維爾著作裡「通往奴役的道路」一詞。該書一出版便成為為最熱門的暢銷書，由於戰期紙張限制配給，在書店上架很快被一掃而空，成為一本「得不到的書」。芝加哥大學緊接著出版此書，比在英國更受歡迎，經濟學家瓦特・布拉克稱該書是「對中央計畫的宣戰書」。

海耶克主張，社會主義一定會有中央的經濟計畫，它最終將導致極權主義，因為被賦予強大經濟控制的權力的政府必然擁有控制全部社會生活的權力：「現在難能有人還記得，社會主義從一開始便直截了當地具有獨裁主義性質。……論及自由之處，社會主義的奠基者們毫不掩飾他們的意圖。自由思想，在他們看來是十九世紀社會的罪惡之源，而現代計畫者中第一人聖西門甚至預告，對那些不服從他所擬議的計畫委員會的人，要『像牲畜一樣來對待』。」

海耶克憂心忡忡地看到，近百年來德國思想發展的最重要特點為「科學家們鼓吹將社會『科學地』組織起來」，這一特色如今在各英語國家差不多以同樣形式出現：

凡是熟悉歐洲大陸主要國家過去二十五年歷史的人，如果研究一下目前致力於建立一個「有計畫的社會」的英國工黨的新綱領，定會感到極端沮喪。這個為了反對「任何恢復傳統的不列顛的企圖」而提出的方案，不但在整體輪廓上，而且也在細節上，甚至於在措辭上，都同二十五年前支配德國輿論的社會主義夢想沒有絲毫區別。

這是當今時代最讓人痛心的一幕——民主運動支持一種一定會導致民主毀滅的政策。幸運的是，英國和美國的勞工並未跟隨左派吹笛人翩翩起舞。英國人選擇了柴契爾夫人，美國人選擇了雷根。

一九七五年二月，柴契爾夫人被選為英國保守黨領導人，不久親自向海耶克請教經濟政策。同年夏天，柴契爾夫人造訪「保守黨研究部」，當時一個研究員主張避免極左和極右的「中間道路」是最適合保守黨的路線，在他還沒講完之前，柴契爾夫人打斷他，從公事包裡拿出一本《自由秩序原理》，高舉此書讓大家看見。「這本書」，她堅定的說道，「就是我們所相信的」，並且重重的將書敲擊講桌上。雷根也將海耶克列為影響其政治哲學最重要的兩三個人之一，曾邀請海耶克到白宮面談。

彌爾頓・傅利曼指出：「世界上再沒有人如同海耶克一般，對鐵幕裡的知識分子產生如此龐大的影響。他的書的翻譯本在那些國家的黑市被廣泛流傳和閱讀，最後形成了導致蘇聯解體的公眾輿論環境。」捷克共和國前總統瓦茨拉夫・克勞斯（Václav Klaus）回憶說：「我二十五歲時正攻讀經濟學的博士學位，也因此被允許在義大利的拿坡里待了六個月。那段時間我讀了許多西方的經濟學教科書，也讀了海耶克等人的著作。當我回到捷克斯洛伐克時，我已經開始了解市場的原則。」

海耶克對「保守派」這個概念有不同的理解。他寫過一篇名為《為什麼我不是保守派？》的文章，他的批評針對歐洲風格的保守主義，即長期以來基於社會穩定和傳統價值理由而反對資本主義的意識形態。海耶克自認為是古典自由主義者，但他注意到在美國不可能以「自由派」一詞自稱，這個詞早已因羅斯福新政而被大眾與社會自由主義混淆。因此，他通常被描述為「自

由意志主義者」，不過他本人更傾向於自稱為「老輝格」（Old Whig）──「我已經變成一個伯克派的輝格黨員了。」

　　儘管如此，仍有一些保守派認為海耶克的哲學思想毫無疑問屬於當代英美保守主義傳統。英國政策分析家馬德森·皮里（Madsen Pirie）寫過一篇標題為《為什麼海耶克是保守派？》的文章，認為保守派並不是反對改變，而是如海耶克一般，只是反對那些通過政治權力施加本身願景到他人身上以藉此改變社會秩序的人，保守派只是希望讓市場運作得更為順利，讓市場有空間可以自由的改變和發展，所以他主張海耶克也是保守派。

◎沃格林：憑著遵守法律、風俗和自然情感，我們過著一種不固執己見的生活

　　即便生活在世積亂離、風衰俗怨的二十世紀，作為流亡者的埃里克·沃格林（Eric Voegelin）仍是一位「從未失去勇氣」的思想家。

　　沃格林出生於科隆，少年時代全家移居維也納。在其步入學術界初期，即一九三三年至一九三八年間，連續出版四本批判納粹的著作。一九三〇年代初，一位信奉納粹主義的年輕人在一場辯論之後含著眼淚對他說：「我們一旦掌權，非殺了你不可。」對此，沃格林深信不疑，他從不掩飾對納粹的強烈反感：「我不是一名共產主義者，我更不會是一名國家社會主義者。」

　　沃格林對納粹強有力的批判，使他不僅被納粹視為政治上不可靠，而且被視為猶太人。在印刷品上，其名字後括弧中被標以「猶太人」──其實他是如假包換的日耳曼人。他曾與一名同事、日耳曼法學教授交談，對方說，「有一個普遍的假設，你是

一個猶太人」。沃格林問對方理由是什麼，對方居然說：「我們的人民不會像你這麼聰明。」聽罷，沃格林匆忙離開，「因為我已經難以抑制住興奮的爆發」。

一九三八年，德國吞併奧地利，沃格林被大學解除教職。為了避免被蓋世太保逮捕，他在瑞士短暫逗留後抵達美國。一九四四年，他入籍成為美國公民。

一開始，沃格林在美國東岸教書和生活。但他很快發現，東岸菁英大學的師生受到馬克思主義的強烈影響，這一環境與國家社會主義環境可謂半斤八兩。他發誓與那些從歐洲逃到美國的極端派一刀兩斷，他想成為一個美國人，成為沒有避難團體一員印記的政治科學家。於是，他的後半生躲在中部和南部幾所不知名的大學任教和著述，卻讓每一所常春藤大學都無法漠視其存在。

沃格林一生皆致力於研究二十世紀的政治暴力和極權主義，「給邪惡勢力定位並識別它們的本質」，這一努力相關於政治、歷史或哲學。根據沃格林的世界觀，他「指責對基督教的惡劣的烏托邦式解讀，因為會導致像納粹主義和共產主義這樣的極權主義運動」。他在《政治性宗教》一書中將極權主義意識形態看作是一種政治性宗教，兩者在結構上具有相似性：「必須對國家社會主義做宗教上的思考……要抵抗一個不只是倫理上邪惡而且是宗教上邪惡的魔鬼本質，只能依靠同樣強有力的、宗教性的善的力量。僅憑倫理和人性無法與撒旦的力量作鬥爭。」

一九五二年，沃格林發表了戰後右翼知識分子最重要的著作之一《新政治學》。該書的主題是：「現代性的本質都是諾斯替主義的產物。」諾斯替主義是在基督教早期威脅正統基督教的一個異端派別。西方極權主義的出現，是西方世界發生精神危機的結果，這種精神危機就是諾斯替主義的復興。沃格林在思想史

（觀念史）上最突出的貢獻，是如同考古學家一樣發現諾斯替主義是現代性的本質，進而深刻解釋了啟蒙運動之後諾斯替主義在西方思想中的死灰復燃。諾斯替主義認為，人能夠通過知識和理念改變世界；近代的啟蒙主義進一步認為，以人的理性為本，可實現烏托邦理想。極權主義源於極端世俗化，在啟蒙運動期間，這種極端世俗化橫掃知識世界，其標誌就是「上帝之斬首」，拒絕把超越的終極實在作為歷史中的秩序之源和存在根基。

沃格林否定了由靈知主義主導的各種現代性模式。他給靈知主義所下的定義是：「所謂靈知運動指的是諸如進步主義、實證主義、馬克思主義、心理分析、法西斯主義、以及民族社會主義之內的社會運動。」與西方文明的正統──基督教──相比，這一切都是「人造宗教」，人類膜拜「人造宗教」的後果就是：隨著謀殺上帝之後產生的不是超人，而是謀殺人；在靈知理論家謀殺上帝之後，接著就是革命實踐者開始殺人：

不容置疑的是，自由主義向共產主義的過渡有著內在的一致性和誠實性；如果我們把自由主義理解為主張對人和社會的內在性拯救，那麼共產主義顯然不過是自由主義最激進的表達方式。

沃格林稱哲學家為靈魂的醫生，他對法西斯主義和共產主義的症候都作出準確診斷：希特勒患的不是神經病，也不是心理病，亦不是精神病，而是靈性病；馬克思也是靈性疾病的患者，馬克思相信人的自我神話和自我拯救，這是自我欺騙。

沃格林是基督教文明的捍衛者，與美國保守主義之父柯克一樣重視「秩序」，反對革命思想。他被人稱為「秩序哲學家」，後人為他寫的一本傳記即名為《沃格林：秩序的復興》。他相

信，就生活實踐而言，懷疑論者必然返回到一種簡單的保守主義：「憑著遵守法律、風俗和自然情感，我們過著一種不固執己見的生活。」這是一種秩序之下的自由生活，也就是清教徒強調的「有序的自由」——這個概念在清教徒領袖溫斯羅普的布道中多次出現。

法國大革命強調的價值次序是「自由、平等與博愛」，而以沃格林為代表的英美保守主義所強調的則是「秩序、公義和自由」——此三者的次序不能改變。若不承認上帝所設立的客觀、超驗、普世性的秩序，公義何在？假如沒有上帝所啟示的客觀、超驗、普世性的律法，自由就是隨心所欲、無法無天，迅速墮落為暴政。

有了完整而堅實的觀念秩序，就能對現實政治作出清晰而深刻的洞見。沃格林並非蘇聯問題專家，但一九七三年他在愛爾蘭都柏林的演講中預測說：「十年之內，蘇聯將從內部崩潰。」他比那些觀念秩序破碎的蘇聯問題專家更切中肯綮，他穿透蘇聯這個依靠「人造宗教」構建的政權的本質及終局。作為帝國的蘇聯，掙扎著苟延殘喘到一九九一年宣告解體，比沃格林預測的時間只晚了八年，但其「內部崩潰」從七〇年代末、八〇年代初就開始了。

沃格林用其思想和著述回報美國對他的庇護。他堅信，擁有成熟的民主政治的英國和美國是當代最強大的國家，又在它們的制度性秩序中最有效地保存著代表性真理——

但這將要求我們竭盡全力去壓制諾斯替派的腐敗，恢復文明力量，為的是把這微弱的光點燃為火焰。在當前，命運還僵持著。

美國的文明和秩序必須有人奮起捍衛，否則大洪水一來，人人都面臨滅頂之災。

◎列奧‧施特勞斯：給西方文明加一道保險

列奧‧施特勞斯，一九三七年來到美國的一名一文不名的德國猶太人，一位普通的《聖經》學者，一位有見地的歷史學家，一位柏拉圖的崇拜者，怎麼會成為美國共和黨起決定作用的思想源泉？

自由派學者馬克‧里拉（Mark Lilla）大膽推斷，施特勞斯「對美國政府影響巨大」，稱之為新保守主義的共和黨的「思想教父」。施特勞斯本人隱身書齋、遠離塵囂，其身後的「施特勞斯學派」卻生產出一個蕩氣迴腸的「美利堅的故事」。其學生艾倫‧布魯姆（Allan Bloom）的《美國精神的封閉》被視為老師艱深著作的「普及版」——雷根總統對該書讚不絕口，奉之為國家政策的指南針。[9]

當布魯姆談及「世界歷史的美國時刻」時，似乎預見了今天新保守主義的雄辯之言。布魯姆認為，要成就這一時刻，就需要美國與歐洲思想源流畫清界限，尤其要抵制德國傳統（德國的現代性）。布魯姆期望將美國精神與不朽的古希臘羅馬思想重新結

9　艾倫‧布魯姆的同事兼好友、諾貝爾文學獎得主、也是猶太人的索爾‧貝婁（Saul Bellow），在為《美國精神的封閉》一書所作的序言中指出，「布魯姆教授是我們這個時代精神之戰的前線戰士，所以他特別投我的脾氣」。索爾‧貝婁認為，美國成為重塑歷史的地方，通過與歐洲的對比，這種特殊性獲得了其道德價值。他用「冷冷的直率語氣」說，美國是一個「不會置猶太人於死地的地方」。這不是很容易得到的襃揚。

合，並且警告美國人不要繼續在德國的影響下發展，因為德國思想顯然是對任何關於善與惡的嚴肅思考的終結——施特勞斯顯然讚同這個觀點，他傾向於認為一個真正的哲人應當是一個心懷善良意志的人，而追隨納粹的海德格雖然是「當今在世的最有實力的人物」，卻是「一個卑劣的傢伙」。

美國的觀念秩序是希臘精神和希伯來精神在北美新大陸衝突及融會貫通的結果。對於施特勞斯而言，其思想的核心是對神學一政治問題的反思，他的思想是在對耶路撒冷和雅典之間衝突的反思中達到頂峰的。這一衝突就是聖經與希臘哲學之間的衝突。施特勞斯主張回歸古代自然權利以便保護自由社會免遭相對主義、激進歷史主義以及虛無主義之誘拐。

施特勞斯在一九五三年出版的《自然權利和歷史》一書中，懷疑人的理性，強調傳統的重要性。他認為，理性是軟弱無力、變化多端的。人越相信理性，就愈走向虛無主義，「當代拋棄了天賦權利（即自然法）導致了虛無主義」。他告誡說，人們要注意相對主義、懷疑主義和自由主義的懷疑論所產生的後果。他對「價值無涉的」或「倫理中立的」實證主義的社會科學提出尖銳批判，強調人應當獻身於一種，也是唯一的一種價值——真理。既然公民社會的目的必然承擔著評判公民社會的標準這一功能，那麼做好公民的含義完全取決於政制——希特勒治下的好公民在其他任何地方都將是壞公民。他堅信，傳統應在政治生活中起主要作用，而現代的解決方案——從馬基維利到盧梭、黑格爾和尼采，無一例外必然導向「無情的毀滅」。

神學一政治問題第一層面關係到現代自由社會中的猶太人問題。施特勞斯從德裔猶太人轉變為美籍猶太人，猶太人這一超過國籍的族裔、信仰和文化認同始終不變。他對「美國文明」或

「美國秩序」的評價，離不開美國如何處理與以色列的關係。一九五六年，施特勞斯在《國家評論》雜誌上發表一篇為以色列辯護的文章，呼應此前在《我們為什麼仍然是猶太人？》中的宣告——他說的猶太人，不單單是一個民族，更是一種文明。他發現，這本總體上傾向保守主義的雜誌，其撰稿人全都無條件地反對以色列。因此，他力排眾議地指出，美國的保守派出於以下原因應當支持以色列這個年輕的國家：首先，這個國家通過西方的方式來教育那些來自東方的移民；其次，「英雄般的節儉」作為以色列的國家精神——為接近聖經所描繪的古代所支撐——這與保守主義所激賞的古代遺產不謀而合；第三，猶太人是比社會主義者更加超前的西方拓荒者，他們在荒漠中開出江河。[10]

施特勞斯的標誌性思想乃「返回古典」，在他看來，古典的特徵是高貴的樸素和寧靜的偉大，「古典哲人用一種清新而直接的眼光看待政治事物，這種清新和直接始終無與倫比」。所以，其著作不是「六經注我」，而是「我注六經」。施特勞斯重返古希臘的思想對戰後美國傳統主義的復興產生了重大影響。他相信，現代思想與相隨而來的相對主義和虛無主義暗中破壞政治健全，影響哲學的可能性。他既認識到自由民主價值的優勢，也意識到其劣勢。從表面上看，對現代性持否定態度的施特勞斯，不太可能去認可美國這麼一個現代國度；他卻在總體上認可美國，因為美國是一個建立在清教徒思想和洛克的政治哲學，即第一波現代性思潮上的國度。這就決定了在施特勞斯的思想體系中，美

---

10 歐巴馬與川普兩位美國總統對以色列截然不同的外交政策（前者反對以色列，後者支持以色列），正是判斷美國是否具備美好德性、是否堅守猶太教一基督教傳統的標尺之一。

國優於進一步加深現代性危機的第二波和第三波現代性思潮及其所代表的國家——即二戰中美國的對手法西斯德國、日本和冷戰中美國的對手蘇聯及整個社會主義陣營。

離開德國之後，施特勞斯一輩子都沒有回去過，這一事實即已表明他與德國現代精神的決裂。他在《自然權利與歷史》一書中，批判歷史主義而維護自然法。歷史固然像「一個白癡講述的故事」，但維持不變的乃是自然與人性、真理與正義。千百年來，人類遵循著一些普遍性的規範，如「節制、渴望和平、樂於幫助自己的鄰人、願意做出妥協、自由和人道」，這些規範既構成自然法的核心，也構成基督教倫理的核心。施特勞斯敏銳地發現，美國人和德國人對自然權利的看法是截然相反的：美國認為，「人權的自然的和神聖的基礎……對於所有的美國人而言是自明的」。而在德國，「自然權利」和「人道」這樣的術語「已經變得幾乎是不可理喻……完全喪失了它們原來的活力和色彩」，德國拋棄了自然權利觀念，創造了歷史意識，最終導向了漫無節制的相對主義。

施特勞斯在批判德國現代性的同時，引領美國知識界返回兩希文明（希臘和希伯來）的源頭：

承認西方文明有兩個相互衝突的根源，這觀點乍看起來非常令人困窘。然而，意識到這一點，又能給西方文明加一道保險，使西方文明得到安慰。西方文明的生活處於兩套規範體系之間，處於一種根本的張力中。因此，沒有任何內在於西方文明本身、內在於其根本構造的理由容我們放棄生活。但只有我們過那種生活，亦即以那種衝突為生活，這種令人安慰的想法才能得到論證。

無論在經濟學領域，還是在政治哲學及神學領域，米塞斯、海耶克、沃格林和施特勞斯等德語世界的知識分子，繼承、豐富和發展了美國的保守主義傳統。這群德國流亡者在美國的思想探索和成果，是否有一天能反饋回德國？這比他們的「肉身回歸」更加重要——這些思想資源乃是德國走出「希特勒陰影」、「海德格陰影」、「施密特陰影」乃至「梅克爾陰影」的路線圖。

看哪，我要使洪水氾濫在地上，毀滅天下；
凡地上有血肉、有氣息的活物，無一不死。

——《舊約·創世紀》，6：17

第四章

俄羅斯路徑：
夢想烏托邦，
跌落古拉格

上帝就像我們俄羅斯一樣憂傷。

——普希金（Alexander Pushkin）

一九三三年十二月，後來成為冷戰操盤手的喬治‧凱南與美國駐蘇聯大使哈里曼（Harriman）一起抵達莫斯科，他很快便領悟到蘇維埃制度的殘酷現實，當時許多西方人完全蒙在鼓裡。凱南在日記中寫道：「俄羅斯是一個骯髒、汙穢不堪的國家，到處都是寄生蟲、淤泥、惡臭和疾病。」「我在俄羅斯的每一天，都好像一個帶著面具的人生活在自己的孩子中間。」

　　一九三八年五月，凱南發表了一篇題為《俄羅斯》的演說，他貶低馬克思主義意識形態在指導克里姆林宮行動上的角色，而是強調俄國國家性格的「固有特性」。凱南舉出他從沙皇時代美國大使館緊急文書中所發現的趨向——俄國革命前後都有一種「鮮明的個性」，包括「持續擔憂外國，歇斯底里地懷疑其他國家」。

　　為什麼剛剛打完第二次世界大戰，蘇聯就執意與西方為敵？凱南提出一個重要理論：俄羅斯這種徹底的國家性格有部分源於其地理環境，那是一片廣袤而寒冷的陸塊，鼓勵「極端主義」而非「界限感」，其不安定的邊界讓居民無法就「有限且清楚界定的領土」的角度來思考。歷史也扮演了一個角色：俄羅斯幾世紀以來遭到「亞洲遊牧民族」侵略，因而產生一種東方專制與仇外

體制。此外，還有拜占庭教會的影響，其特色是「偏狹、陰險與專橫的政治體制」。

西方的蘇聯問題專家們大都不同意凱南的觀點，他們認為克里姆林宮奉行僵化的馬克思主義教條，卻未意識到，列寧主義－史達林主義是早已「俄羅斯本土化」的意識形態。俄羅斯流亡思想家別爾嘉耶夫（Nikolai Berdyaev）也發現了俄羅斯疆域與俄羅斯精神之間的神祕聯繫：

俄羅斯土地的廣袤無垠、遼闊廣大與俄羅斯精神是相適應的，自然的地理與精神的地理是相適應的。俄羅斯的平原是如此之大，俄羅斯人民很難把握如此廣闊的空間並使其定形。

別爾嘉耶夫並無世界第一大國國民的自豪感，他尖銳地說，俄羅斯的疆域是一種「病態的肥大」、「俄羅斯如此之大，這不僅是俄羅斯民族在歷史中的順利和幸運，而且也是俄羅斯民族命運悲劇的根源」。而且，俄羅斯人接受共產主義絕非偶然：「共產主義是俄羅斯現象，儘管它是馬克思主義的思想體系。共產主義是俄羅斯的命運，是俄羅斯民族內在命運的組成部分。它應當被俄羅斯民族的內在力量剷除。」然而，這種「內在的力量」一直不夠強大，至今仍然無法讓俄羅斯建立穩定的民主制度。

俄羅斯疆域的廣袤以及氣候的酷寒，更加凸顯出人的生命的無常與渺小，所以充滿神祕主義的俄國式的東正教正好撫慰人心，而比氣候更嚴酷的君主獨裁正好適應集體主義、偶像崇拜的民情。歷史學家菲利普‧朗沃思（Philip Longworth）說，天氣嚴寒似乎使得俄羅斯人發展出「吃苦的能力，產生某種公社主義的精神，甚至願意犧牲個人，成全大我」，「俄羅斯人比絕大

多數人更需要高度地組織才能生存……這種需求有利於集權中央、專制的政府形式，不利於注重參與的形式」，也造成日常生活中的「暴戾傾向」。在普遍平坦的地形上反覆擴張和崩潰，乃是俄羅斯歷史的主要特色。美國國會圖書館館長畢林頓（James H. Billington）在其研究俄羅斯文化的巨著《偶像與巨斧》中指出，是地理，不是歷史，主宰了俄羅斯人的思維。該書的書名顯示，俄羅斯人的東正教信仰中有濃烈的異教的偶像崇拜的色彩和堅毅的邊民拓荒精神，而「巨斧」則是「大俄羅斯的基本實現：克服森林（為我所用）無可割捨的工具」──所以，當如同「黑森林」般的德國軍隊遇到俄羅斯的「巨斧」時，就必敗無疑了。

東正教比天主教和新教更適宜俄羅斯的民族性格。即便從小信奉路德宗的德意志公主蘇菲亞，嫁到俄羅斯以後也必須轉而信奉東正教。她後來發動政變罷黜丈夫，登基成為凱薩琳二世（Catherine the Great），也是彼得大帝之後唯一被稱為大帝的俄羅斯女皇。她醉心於伏爾泰等人的啟蒙主義思想，推行開明專制，帶動俄國的新一輪歐化運動。她聽說法國政府出於宗教影響的考慮，威脅要禁止百科全書的出版，當即向狄德羅提議，可以來俄國，在她的庇護下完成巨著。然而，她卻無法廢除俄國的農奴制，無法帶領東正教實現其宗教改革，這就是俄羅斯的地埋和文化傳統巨大的牽引力。

這是一場漫長的長跑，如果從彼得大帝改革算起，俄羅斯的現代化之路已經走了三百年，但在最理想條件下銳意推行的現代化卻徹底失敗了。俄羅斯未能如它所雄心勃勃地期待的那樣，為世界提供一種普世性的世界帝國模式，甚至未能避免大革命、大動亂、大屠殺乃至社會整體性的崩潰，而崩潰之後的重建如此之艱難，三十年後仍不知路在何方。

第一節　莫斯科是「第三羅馬」嗎？

◎俄羅斯東正教與君主制的「政教共生」關係

九八八年，拜占庭皇帝瓦西里二世將安娜公主嫁給基輔大公弗拉基米爾大公，同時要求後者接受東正教。弗拉基米爾大公接受了東正教教義，並命令羅斯人一起接受洗禮。基輔市民在第聶伯河畔接受希臘牧師的洗禮時，弗拉基米爾大公下令，將羅斯人原先崇拜的多神教偶像拋進河中。這就是俄國歷史上著名的「羅斯受洗」。從此東正教成了這個歐洲邊緣正在興起的國家的國教。

「羅斯受洗」是俄羅斯歷史上最重大的事件之一，其影響和意義超過任何一個王朝或政權的建立或消亡。自「羅斯受洗」以來，俄羅斯人確定了一千餘年的思想根基，並實現了本民族的超常發展。在政治上，「羅斯受洗」使基輔羅斯封建制度得到進一步發展和鞏固，單一的宗教加速了斯拉夫各部落的統一過程，也加強了大公的權力。在文化上，「羅斯受洗」使拜占庭文化湧入羅斯，這是俄羅斯文化發展的轉捩點。

在俄羅斯帝國時代，有超過七成的俄羅斯人是東正教教徒。俄羅斯詩人丘特切夫（Fyodor Tyutchev）說過：「用理性不能了解俄羅斯，用一般的標準無法衡量它，在它那裡存在的是特殊的東西。在俄羅斯，只有信仰是可能的。」俄羅斯文豪杜斯妥也夫斯基（Fyodor Dostoyevsky）說過：「俄羅斯是世界上唯一背負上帝重任的民族。」別爾嘉耶夫則相信，為了理解俄羅斯，需要運用神學的信仰、希望和愛的美德。

在俄羅斯的三個立國基礎「東正教、君主制和民族性」中，東正教居於首位，但東正教從一開始起就受制於君主制和民族

性，從未高於或獨立於世俗政權。對照西歐和中歐一些國家，即使在宗教改革之前，在社會與教會之間，以及在宗教準則與世俗法律之間，始終存在緊張對峙。但在莫斯科，宗教既是王朝的文明支柱，又是俄羅斯作為民族國家整體的重要因素。

鄂圖曼土耳其帝國進入歐洲視野，始於一〇七一年的曼齊克爾特戰役。當年八月，軍事貴族出身的拜占庭帝國皇帝羅曼努斯四世（Romanos IV）三度親征安納托利亞。除東羅馬軍外，他還募集來自法蘭克、諾曼第、庫曼等地的傭兵——正是缺乏忠誠度的傭兵讓他遭遇滅頂之災。

親眼目睹該役的歷史學家麥可・阿塔萊斯特如此描述說：「那就像場地震：叫喊、汗水、猛然湧上心頭的恐懼、漫天煙塵、特別是包圍住我們的土耳其遊牧民族的騎兵。那場景真是悲慘，用痛心或哀歎也無法形容……帝國軍隊全部潰逃……整個羅馬帝國遭到推翻。」

四百年後，法國畫家羅安為薄伽丘《名人的命運》畫了幾幅小型插圖，其中一幅就是呈現羅曼努斯四世遭土耳其領袖阿爾斯蘭俘虜的情形。畫的下半部，拜占庭皇帝趴在地下，作為阿爾斯蘭上馬的腳凳。

此役為拜占庭帝國帶來持久的災難，它成為帝國由盛轉衰的標誌。國力大增的土耳其人開始從亞洲進軍歐洲。一四五三年五月二十四日，蘇丹穆罕默德二世攻下君士坦丁堡，東羅馬帝國就此滅亡。

同樣信奉東正教的莫斯科大公國毫無唇亡齒寒之感，反倒暗自竊喜：如今，輪到自己成為東正教的保護者和代言人了。在其他地方的東正教會包括君士坦丁堡牧首區都臣服於土耳其帝國的的時代，原本位於歐洲邊緣的俄羅斯教會的崛起增強了莫斯科公

國的自信心和自豪感。「神聖的俄羅斯土地」和「神聖俄羅斯」這類提法出現了。

　　一五一〇年，俄國修道士菲洛費伊寫信給莫斯科公國統治者，提出「三個羅馬」的理論：第一個是舊的羅馬教會，因信奉異端而滅亡；第二個是君士坦丁堡教會，被異教徒（土耳其人）所滅；最後一個是莫斯科公國的東正教會。菲洛費伊認為，俄羅斯是唯一存留的東正教王國，其人民是上帝的選民。俄羅斯在宗教上的特殊使命，是用國家的力量充當「真正的基督教」即東正教的捍衛者。俄羅斯人規定了東正教，也被東正教所定義。俄羅斯是全天下的王國，莫斯科如同耶路撒冷、羅馬一樣是世界的聖城。莫斯科的統治者是「普天之下唯一的基督教皇帝」，是拜占庭皇帝的繼承者，這種繼承可以向上延伸到至尊的凱撒。這種理論，為俄羅斯帝國的崛起提供了思想基礎，也讓長期被歐洲人視為蠻族的俄羅斯第一次產生了創建普世性「天下帝國」的願景。

　　一五四七年，伊凡四世（Ivan IV，也稱伊凡雷帝）首次採用沙皇的稱號。一五九六年，莫斯科大主教成為牧首，獨立於君士坦丁堡教會。表面上，以東正教為國教的俄國實行沙皇與牧首共治的「雙頭制」，但在「第三羅馬」的理論中，莫斯科因為沙皇而非牧首才成為「第三羅馬」，所以帝國比教會的地位高，沙皇比牧首的權力大。東正教確實相當重要，作為「第三羅馬」的莫斯科的首要任務是支持東正教；但是，東正教的最高權威是沙皇而非牧首，沙皇可以罷黜和任命牧首，在天主教和新教的傳統中，世俗政權不可能具有這樣的權力。伊凡雷帝對待子民極其殘暴，卻自稱為謙卑的修士，不但經常和虔誠的教會人士來往，也時常赤腳朝聖，還以家規為底本創造了一套類似舊約《利未記》的律法，當做俄國人宗教生活的指南。

俄羅斯哲學家羅贊諾夫（Vasilii Rozanov）指出：

> 正如天主教是對基督教的羅曼人的理解，新教是對基督教的日耳曼人的理解一樣，東正教是對基督教的斯拉夫人的理解。儘管東正教的根源在希臘的土壤裡，它的教義也是在這個土壤上形成的，但是它在歷史上閃爍的整個獨特精神在自身中卻活生生地反映著斯拉夫種族的特徵。

　　羅贊諾夫對天主教和新教的概括並不準確，但對東正教的俄羅斯或斯拉夫特性的論述卻非常精準。從某種意義上說，沒有俄羅斯，東正教就缺了一大半；反過來，沒有東正教，俄羅斯民族甚至都無法成形——沒有宗教作為黏合劑，民族塑造大都只能半途而廢。

　　對二十世紀下半葉美國保守主義思潮產生良莠參半的重大影響的安・蘭德（Ayn Rand），是在俄國長大的猶太人，她曾經說過，她痛恨俄國的一切，除了俄國古典音樂和俄國糖果之外，尤其痛恨她在少女時代體驗到的帝俄統治末期「消極、殘暴和原始的宗教虔誠」，她也發現了東正教跟列寧－史達林主義之間奇特的對立統一關係。

◎東正教沒有路德，也沒有喀爾文

　　長期以來，俄國東正教重視禮儀，在神學思想上卻相對匱乏——崇拜聖母瑪利亞，忽視人的原罪，更不理解聖經對人的自由和尊嚴的肯定。它未能產生系統神學和十字架神學，也沒有天主教的奧古斯丁、阿奎那那樣典範性的神學家，更沒有新教的路

德、喀爾文那樣撥亂反正的神學家。俄國東正教除了與持相似信仰的其他東正教派保持若即若離的聯繫之外，竭力反對天主教和新教，它「想當然地認為，所有其他人都在一切可能的方面犯了錯誤，並且在不聽取任何申訴的情況下，就相信對其他基督徒最糟糕的指責。這種孤立狀態就是它為聲稱是第三羅馬所付出的代價」。

與希臘正教分離之後，俄羅斯東正教發展出其獨特的組織結構和信仰模式。比如，俄羅斯各地都出現「在地化」的聖母。別爾嘉耶夫指出，對於俄羅斯民族而言，與土地聯繫的宗教有強大勢力，它神聖扎根於俄羅斯農奴階層。土地——這是他們最終的庇護。母性——這是最基本的範疇。聖母排在「三位一體」之前，在地上幾乎與「三位一體」等同。人民深深地感到聖母——女保護人——比耶穌更親近。耶穌是上帝，很少以塵世的方式表露自己。只有母親——土地得到個性的具體表現。又比如，東正教的神學家奉行「神人合作論」，形成「國王兼教宗制度」，教會完全順服沙皇的統治，教權從未形成對皇權的制約。

歐洲宗教改革之後一百多年，俄羅斯東正教在十七世紀出現了唯一的一場大分裂。當時，表面上強大且統一的莫斯科教會內部存在嚴重弱點，腐敗不堪，天主教勢力也開始滲入俄羅斯。一六五二年，狂熱且強悍的尼康（Nikon）被沙皇阿列克謝任命為牧首，開始一系列改革。沙皇推崇尼康為「偉大的太陽」，在聖枝主日（Palm Sunday），沙皇還得牽著有尼康端坐其上的驢子進入紅場。不過這種尊崇也是暫時的，尼康後來失寵於沙皇，被迫隱退。

尼康的改革首先是重新翻譯聖經並且引入希臘正教的禮儀。「我雖然是俄國人」，他宣稱：「在信仰和信念上卻是希臘人。」尼康不是路德和喀爾文式的神學家，他的改革基本不涉及

教義或教理的變化，很多都是細枝末節，比如將用兩個手指畫十字架改為用三根手指畫，三次「哈利路亞」的讚美則改為兩次，卻在教會內部引起巨大反彈。俄國東正教的分裂與西方的宗教改革正好相反：西方基督徒反對羅馬教廷的權威是因為他們要改革，俄羅斯教徒反抗教會當局卻是因為不接受對傳統宗教用語和禮儀的哪怕是最細微的改動。

沙皇政府和東正教當局對拒絕改革的「舊禮儀派」展開血腥鎮壓。其中，標誌性事件是，經歷八年的圍困，沙皇的軍隊攻占了「舊禮儀派」的最後據點、遠在極北地區的索洛韋茨基修道院儘管寡不敵眾，「舊禮儀派」也有其反抗方式：從一六七二年到一六九一年，超過兩萬名「舊禮儀派」信徒在三十七次已知的集體自焚中死去。修道院從此廢棄。誰也不曾想到，一九二三年，這所荒廢多年的修道院被改建成蘇維埃政權的第一個勞改營，成為「古拉格群島」之樣板。[1]

頗為弔詭的是，「舊禮儀派」在禮儀和教義上極端保守，但在其他方面則是民主分子，也表現出企業家特質和商業頭腦，一度在商業上有了不起的成就，這一點和西方的喀爾文派有些類似。有人說，三個商人中就有兩個是「舊禮儀派」。這次分裂使官方的東正教教會喪失了其最忠心和最活躍的成員，失去了生命力：那些有勇氣堅持自己信念的人加入「舊禮儀派」，怯弱和怠惰的人留下來。這場分裂也帶來更為嚴重的後果：一六六〇年宗教共識的崩潰，動搖了俄羅斯文明的傳統基礎，削弱了國家力

1　索忍尼辛選擇「群島」這個隱喻形容蘇聯的勞改營體系絕非偶然。索洛韋茨基集中營——懷著某種永久性的期望設計建立的一個蘇聯勞改營——在一個名副其實的群島上發展起來。

量，「舊禮儀派」信徒幾乎脫離了國家的文化與政治生活。[2]

美國地緣政治學者卡普蘭（Robert D. Kaplan）指出，俄羅斯皈依東正教的史實即已代表拜占庭帝國的一項宗教及政治勝利，拜占庭帝國雖然滅亡了，但其「帝王專制」及政教合一的模式卻在俄羅斯及東歐的一系列國家生根發芽。拜占庭體制、東正教對共產主義意識形態毫無免疫力，反倒有磁鐵般的吸引力。二十世紀初期俄國學者尼可拉斯‧貝爾賈耶夫（Nicolas Berdyaev）指出，列寧－史達林主義就是馬克思主義的東正教形式，因為它特別強調完全而絕對的統治以及毫無妥協餘地的立場，恰恰呼應東正教在整個基督教世界的特殊性。拜占庭的主要特質之一無疑是一種無遠弗屆的宗教神祕性。宗教神祕主義不但為信徒提供源源不絕的心靈滋養，協助他們面對命運的不斷打擊，它更把帝國供奉在無可毀壞的記憶中。當史達林模式在蘇聯被拋棄之後，它完整地保留在羅馬尼亞的西奧塞古政權之中，正如卡普蘭所描述的那樣：「如果我們把馬克思－列寧主義視為取代東正教的思想基礎，那麼西奧塞古跟人們的關係、他的公共領導風格，以及他主導的政治制度的本質，或多或少都類似於拜占庭由皇帝統治的那個年代的情形。共產主義本身就是間接衍生自拜占庭的產品。」

◎拒絕律法之後，「美」能拯救世界嗎？

俄國異議作家、諾貝爾文學獎得主索忍尼辛流亡美國期間，

2　一百多年後，這些分裂分子的法律地位得到改善，在十九世紀俄國經濟現代化中發揮了積極作用，顯示上一世紀人的潛力受到莫大浪費。

應邀赴哈佛大學發表演講，引發極大爭議。他猛烈抨擊美國的物質主義、犯罪率、淺薄、精神匱乏以及「公民勇氣的喪失」，他進而否定美國人最珍惜的自由和法律，認為美國的法律冷漠苛刻、毫無人情味，而且是因循守舊以至腐敗墮落的根源。他甚至說：「有個不爭的事實，在西方，人們日漸軟弱，而在東方，人們（由於經歷了苦難的精神磨礪）日益剛強和堅韌。」索忍尼辛認為，法律屬於道德和社會生活中較低層次的秩序，而西方把自己交給了這種低級秩序，所以西方不可能為俄羅斯人提供良好的典範。他竭力推薦犧牲、自我約束、集體意志、服從權威等價值。而在美國，這些價值恰恰是與共產主義相提並論的——美國人感到很困惑：一個反共的鬥士，為什麼推崇類似於共產主義的價值呢？

其實，索忍尼辛一直如此，並非突然發生重大轉變。毋庸置疑，他是堅定的反共人士；但他對俄羅斯民族性和東正教的捍衛，以及對宗教改革之後的西方現代近代化之路的否定，卻讓他跌入共產黨人的戰壕。索忍尼辛不能承認的事實是，正是俄羅斯的民族性包括東正教的錯誤教義，與共產主義的觀念秩序產生磁鐵效應、酵母效應和馬太效應，共產主義才像吸血蟲一樣牢牢吸附於俄羅斯肌體之上。單單批判共產黨而不反思俄羅斯的文化和宗教傳統，無法完成俄羅斯的精神及政治重建。

索忍尼辛否認法律在一個現代社會所起的至關重要的整合作用，正是東正教拋棄了律法觀念的體現。當時，美國法學家和思想史家伯爾曼發表了一封給索忍尼辛的公開信，題為《律法上更重的事情》，為美國的律法傳統辯護，因為這種律法傳統肇始於聖經且在宗教改革時代鍛造而成；他也指出俄羅斯東正教正是因為沒有經歷宗教改革、沒有形成律法傳統，所以未能在建構民主

憲政的社會秩序上發揮正面作用。

　　伯爾曼批評說，俄羅斯教會傳統上對待政治的消極性，與其具有強烈的天國超越性意識有關。他生動地描述了俄羅斯教堂及宗教禮儀的美感：

　　俄羅斯的禮拜儀式具有一種戲劇般非凡的吸引力。音樂聲真的把你帶到另一個世界，時間凝固了。當神父、助祭、唱詩班吟誦起讚美、感恩、耶穌受難、寬恕及恩典的禱文，人們的心靈隨之昇華。參加禮拜的人的臉上映射出虔誠的光芒。神父的雙眸激情閃爍。吟頌聲鼓舞人心之美，堪與聖像所表現出的光輝與哀憫相媲美。神父和助祭身穿華麗的金、綠、藍、白色聖袍，手捧聖經，魚貫而行，出入聖壇，唱演彷彿戲劇一般的彌撒。但這不僅僅是一種美學體驗。有一次，在基輔的聖索菲亞大教堂，我抬頭仰望天頂的聖像，身後一位年輕人拍了拍我的肩膀說：「你破壞了敬拜的氣氛；這裡不是博物館。」

　　東正教對美的強調，不僅讓提倡樸素簡潔的新教黯然失色，即便是歷史更為悠久的羅馬天主教亦自歎不如。教會對於俄羅斯人的吸引力就在於教會解決了他們內心最深處的需要，這一需要可以替代這個世界的仇恨、罪惡與暴虐的事物，可以替代社會灰暗與醜陋的事物——他們需要找到與來世的聯繫，這樣苦難與失望便有了積極的意義。

　　然而，東正教的教會和神學不討論也不解決政治民主、自由經濟和人權保障這些議題。杜斯妥也夫斯基的小說《白癡》的主人公梅什金公爵說：「美能拯救世界。」這也是索忍尼辛和很多俄羅斯知識分子的意見。俄國的文學精彩紛呈，其思想的深度和

廣度讓英美望塵莫及。但這些主旨是「美能拯救世界」的文學作品，並沒有讓俄羅斯脫離獨裁暴政的淵藪。若沒有律法，美真的能拯救世界嗎？

索忍尼辛抨擊美國的法律文化，反映的是一種深深根植於俄羅斯歷史文化的反律主義。在傳統俄羅斯東正教裡，律法與恩典、信、愛是截然對立的。律法被認為是冷漠、苛刻、呆板的，一味講求理智，缺乏人情味；它只和罪與罰有關。伯爾曼指出，這種反律主義混淆了拘泥於教條的機械「律法主義」與從正義感出發具有創造性、目的性的「合法性」——後者才是索忍尼辛沒有看到的真實惡美國，也是托克維爾筆下那個生機勃勃的美國。俄羅斯東正教對律法的忽視，造成了整個俄羅斯文化中律法傳統的缺失——俄語中沒有表示「律法主義」及「律法至上」的專門詞彙；「律法主義」與「合法性」、「律法至上」、「合乎法律」都是用同樣的單詞來表達。

強調團體內部非正式的、自發的聯繫，強調一體性，也就是俄羅斯東正教所謂的「集體性」，是俄羅斯宗教文化傳統的一個重要組成部分。在十九世紀下半葉以前，在俄羅斯歷史上，這與對形式裁判甚至所有法律關係的反感相伴相隨。俄羅斯教會對西方基督教會的律法主義一貫持譴責態度——如果熟悉俄羅斯思想史，就會明白索忍尼辛並非第一個批評者。十九世紀推崇斯拉夫文化的伊凡·基列耶夫斯基（Ivan Kirevevsky）就曾鄙夷地寫道：「在西方，弟兄與弟兄訂立契約。」而在俄羅斯，根本不需要契約，因為人人都是弟兄。但是，一個拒絕律法、蔑視契約的社會，無法在經濟上建構資本主義和在政治上建構憲政文明——直到今天，俄羅斯社會商業領域的欺詐和背信現象十分嚴重，統治者和民眾都並不信賴和尊崇憲法，普丁可任意修改憲法，國會

對其言聽計從。

同樣，俄羅斯東正教會迴避從神學上為社會制度提供高屋建瓴的指導——這正是喀爾文神學的核心部分。杜斯妥也夫斯基筆下的宗教大法官證明社會制度只是對耶穌事業的「糾正」，社會制度必然背棄真正的基督教信仰。索忍尼辛談論獨特個人的屬靈生活，以及貶抑適用於大眾的普遍原則，都承襲了杜斯妥也夫斯基的思想——「生活的錦繡一旦用法律關係來編織，就會形成道德平庸之風，讓人類最高尚的衝動變得麻木。」伯爾曼的看法截然相反，他在索忍尼辛的思想盲點上看到了俄羅斯轉型的困難：

念念不忘俄羅斯斯拉夫民族主義者夢想的一個「集體性」和屬靈性占統治地位，而西方的「律法主義」和「契約主義」無一席之地的東方基督教王國，是落伍於時代的。

◎從「聖愚」到「革命新人」

一九〇五年，俄國在日俄戰爭中慘敗，經濟面臨崩潰的邊緣，城市工人罷工，農民拒絕納稅。首相維特伯爵（Sergei Witte）向尼古拉二世（Nicholas II）提出政治改革計畫，當沙皇接見維特時，維特驚訝地發現，皇后亞歷山德拉（Alexandra Feodorovna）也在場，親王們卻一個都不在。皇后的在場說明她對沙皇具有最大的影響力。[3]

3　維特伯爵對皇后評價甚低。亞歷山德拉的父親是德意志帝國黑森和萊茵河畔大公路德維希四世，母親是英國維多利亞女王的次女艾茵斯公主。她在德國出生，接受路德宗洗禮，後來到英國跟外祖母維多利亞女王一起生活，是女王最寵愛的外孫女。與尼古拉二世成婚後，亞歷山德拉改信東正教，很快迷戀上東正教繁複的

亞歷山德拉本人患有血友病，當皇太子被發現也患有血友病之後（歐洲皇室普遍近親結婚，血友病在皇室中流行），皇后的地位反倒大大提高。尼古拉二世性格怯懦而冷漠，他只愛家人，為了醫治唯一的兒子，願意做一切事情。而多次挽救這個可憐的小男孩性命的，居然是一名奇特的巫醫和「聖愚」：拉斯普丁（Grigori Rasputin）。拉斯普丁因為有醫治的能力，很快對皇后產生控制力，他甚至可以自由進入公主們的閨房，有一次公開暗示他和皇后之間存在某種特殊的親密關係。他由控制皇后進而控制了沙皇本人。一九〇六年十月十三日，尼古拉二世在一封給首相斯托雷平的信中寫道：

　　（拉斯普丁）給朕與皇后留下了強而有力的印象。只提一事即可：我們（最近）和他談話超過了一個小時，而不是（賜給其他客人那樣的）五分鐘。

　　拉斯普丁這個沒有受過教育的江湖術士在帝國宮廷中的作用，和十九世紀晚期俄國中部非斯拉夫人部落中薩滿教巫師的作用不相上下。俄國民俗學者維列夏金說，那些薩滿對村民的影響是無限的；同樣，拉斯普丁在其權力頂峰時期幾乎就是俄國實際的統治者。

　　拉斯普丁的高升有力地表明，十九世紀和二十世紀初俄國社會權力最大的成員對「聖愚」的超自然力量多麼篤信。沙皇和皇后寵信拉斯普丁，宛如慈禧太后寵信李蓮英，只是前者是「聖

_____

禮儀及神祕主義，用維特的話來說，「皇后的信仰，蛻變為淺薄的神祕主義，成為缺乏仁愛的宗教狂熱者」。

愚」，後者是太監。拉斯普丁的權勢高於執掌經濟大權的維特，正如李蓮英的權勢高於洋務派領袖李鴻章。東正教教士伊廖多爾一度是拉斯普丁的崇拜者，後來稱之為「聖魔」。[4] 羅曼諾夫王朝的傾覆，拉斯普丁這個「聖愚」大大出了一番力——他預見到多位王公大臣的死亡，卻沒有預見到自己遭遇暗殺並被棄屍涅瓦河畔。[5]

「聖愚」是一種特殊的修道士，象徵著俄國文化中非理性的、恍惚的、神祕的方面。最早關於「聖愚」的記載出現在十一世紀，他們通常穿著破爛的布片，甚至赤裸裸地在鄉下遊蕩——他們的赤裸不會被看作是性感誘惑的手段，而是高度虔誠精神的象徵。他們身上還會披掛著鎖鏈、十字架、銅環、鐵帽盔等物品，一路走來，叮叮噹噹。

「聖愚」是農村裡最高的精神權威，如果他們讚揚某人，某人就受到抬舉，很可能得到全體村民的景仰；如果他們詛咒某人，某人就會處處受到責難。村民們對「聖愚」的器重勝過對地方神父的器重，前者因清貧而聖潔，後者因富裕而腐敗。

從伊凡雷帝開始，沙皇們就有意利用「聖愚」施行愚民統治，甚至對其冒犯之舉予以寬宥。比如，中世紀因基督而瘋癲

---

4 拉斯普丁因為殘暴、強橫和性行為混亂，被世人看成為「魔」；但又因為具有某種神祕的精神力量，甚至多次拯救病危的皇太子的生命，以及偶爾的虔誠與溫和，又被尊為「聖」。

5 一戰爆發後，俄國民眾普遍認為，出生於德國的皇后亞歷山德拉在骨子裡親德，其親信拉斯普丁則是德國間諜，是他們給俄國帶來戰爭和苦難。「愛國者」們策畫了一場對拉斯普丁的暗殺。英國特工也參與該行動——英國特工雷納折磨了拉斯普丁幾個小時，追問德國人對沙皇宮廷的滲透情況。最後，拉斯普丁遭槍擊而亡。皇后聞訊悲痛欲絕，民眾卻湧入喀山聖母教堂點燃蠟燭慶祝，此一細節表明皇室已失去民眾的愛戴。

的巴塞留（St. Basil），以裸體浪跡莫斯科而著名，他向良善之家扔石頭，卻親吻惡人的牆壁。他公開批評沙皇，並準確預言伊凡雷帝會謀殺親子。但伊凡雷帝卻將喀山之役的勝利歸功於他，稱之為「受賜福者瓦西里」，並為之修建了一座古怪的「聖瓦西里大教堂」──拿破崙攻入莫斯科的時候，甚至稱之為「清真寺」。

當「聖愚」的存在威脅到東正教會的至高地位時，教會不得不處理「聖愚」的問題。如果徹底否定「聖愚」，意味著有可能失去農民的支持。東正教會只能想方設法將「聖愚」全都「收編」或「招安」。在《俄羅斯精神史》中，契澤夫斯基分析了「聖愚」聲譽增長的一般程序：第一步是異教習俗激起的民眾崇敬，第二步是教會的反對，第三步是教會接受民間習俗，並把異教迷信推升到基督教神聖特性的水平。

在此意義上，東正教會的現實主義考量超過堅守教義。這一策略也造成東正教信仰進一步民間宗教化和染上更多神祕主義色彩。捷克學者湯瑪斯·馬薩里在《俄國精神》中寫道：

在俄國人中間，正如在最原始的民族中間那樣，由於缺乏批判能力和缺乏文化，精神和心智的病理狀態很可能被看作是內心宗教生活的表現；這種表現不僅被教會所詛咒的個別派別接受，而且也被普遍地認可。在俄國，甚至在今天，聖愚（精神病患者、白癡和低能兒）是不僅僅被農民看作是神靈附體的人的。

「聖愚」現象的某些特徵來源於基督教，另一些特徵來源於薩滿教。東正教對「聖愚」現象的容納，使兩種傳統匯合為一：異教傳統和基督教傳統，從而大大促成了俄國的雙重信仰。由

此，「聖愚」現象變成「神聖俄國」神話的一部分。十九世紀，俄國人不假思索地接受「聖愚」及其顯示出的價值體系。比如，俄國文豪托爾斯泰（Leo Tolstoy）在《日記》中表達了對「聖愚」的讚同：「聖愚特點是美德的最高成果。這不僅是一切美德生活中最高的，而且也是必不可少的、最基本的條件。」

在「聖愚」崇拜中，人格和非理性受到器重，理性和肉體則被貶抑。「聖愚」的行為否定西方邏輯，嘲弄西方經驗。俄國社會接受「聖愚」，從而加強俄國斯拉夫派對「理性主義的」和「重視物質的」西方的輕蔑，使得東正教萌發宗教改革的可能性大大降低。在喀爾文主義與新教倫理盛行的地方，一般不會存在「聖愚」現象生長的空間，喀爾文神學達到了理性與感性的完美平衡。

當歐洲形形色色的社會進化論和烏托邦觀念傳入俄國之後，革命者搖身一變成為一種新時代的「聖愚」。涅恰耶夫（Sergey Nechayev，現代恐怖主義之鼻祖，《群魔》主人公之人物原型）和巴枯寧（Mikhail Bakunin，無政府主義哲學家）的《革命教義問答》，與其說是陳述從西方而來的社會主義的教義，不如說是對俄國人熟悉的「聖愚」傳統的一種現代表述，理想的革命家就是世俗化的「聖愚」：

　　革命者是一個遭受劫難的人。他既沒有愛好，也沒有生活瑣事，也沒有情感、眷念、財產，甚至姓氏……在他生存的根基中，他不僅在口頭上，而且在行動上，切斷了與社會秩序、全部受過教育的人和這個世界的全部法律、財產、常規以及道德的聯繫。他是這個世界的冷酷的敵人。他輕視輿論。他蔑視和憎恨現存公共道德的全部動機和表現……他對自己嚴酷，他必定對其他

人也同樣嚴酷。

於是，「革命新人」成為人們頂禮膜拜的「新聖愚」——最初是暗殺沙皇和朝廷顯貴的虛無主義者和無政府主義者，他們用犧牲自我的方式實踐個體的恐怖主義，猶如後來的伊斯蘭聖戰分子；然後是列寧、史達林、托洛茨基（Leon Trotsky）那樣的馬克思主義者，他們瞧不起換湯不換藥的個人恐怖主義，要實行超過法國大革命的國家恐怖主義。

俄羅斯人身上都有「聖愚」與革命者（反革命者）的烙印。「聖愚」現象中的辯證矛盾（「聖愚」法規由五組二律背反概念組成：智慧／愚蠢，純潔／汙穢，傳統／無限，溫順／強橫，崇敬／嘲諷）滲入俄國精神生活，為俄國接受馬克思主義辯證法鋪平了道路。

第二節　雙頭鷹的困惑：向東，還是向西？

◎彼得大帝：全盤西化的「青銅騎士」

正如俄羅斯的雙頭鷹標誌一樣，自彼得大帝（Peter the Great）改革以來，俄羅斯是向西，還是向東，是其最大的困惑。在地理上，俄羅斯既非西方，也非東方。在種族上，斯拉夫民族既非歐洲民族，亦非亞洲民族。俄羅斯精神所具有的矛盾性和複雜性，是因為東方和西方兩股世界歷史之流在俄羅斯發生碰撞，俄羅斯處在兩者相互作用之中。在俄羅斯精神中，東方和西方兩種因素永遠互相角力。

在俄羅斯歷史上，彼得大帝大概是唯一一位被不同時代、不同政治立場的人共同推崇的統治者。蘇聯時代的學者馬夫羅金在為彼得大帝所寫的傳記中稱讚說：「彼得大帝改革的意義在俄國歷史上和世界歷史上都很偉大。他活動的成果是在歐洲創建了最強大的俄羅斯正規軍和第一流的海軍。俄羅斯『升級』為世界上最強大的國家，並且從內陸國變為強大的海上強國。」馬克思主義歷史學家讚美彼得大帝，猶如毛澤東歌頌秦始皇，在每個共產黨執政的國家，國際主義只是一層薄薄的皮膚，底下還是民族主義的骨骼。

　　十七世紀的俄羅斯，儘管已擴張為一千多萬平方公里的巨型帝國，但在歐洲人眼中，這個巨無霸仍是野蠻的「亞洲國家」，是蒙古帝國的殘留部分，甚至不認同俄羅斯人是基督徒。十六世紀末訪問俄羅斯的英國商人賈爾斯・弗萊徹（Giles Fletcher）在《論俄羅斯國家》一書中指出，俄羅斯什麼東西都那麼極端——這個國家的大小和潛力，當然還有冬季的嚴寒——令他印象頗深。他警告英國女王伊麗莎白一世，俄羅斯是「一個真正的怪異的暴政國家，俄羅斯並不真正了解上帝，它沒有成文法，也沒有常理意義上的正義」。它的政府「與土耳其的風格非常接近……都是純粹的暴政」。諸多歐洲的觀察家關於俄羅斯的著述加固了人們對俄羅斯的印象——它的國家和社會可能與歐洲有幾分相似，但是價值觀卻迥異於歐洲。德國歷史哲學家斯賓格勒認為：

　　雖然英國、德國、美國和法國在精神、宗教、政治和經濟方面存在深刻的分歧，但與俄國相比，這些國家忽然顯得就像一個統一的世界一樣。……真正的俄國人在本質上與我們格格不入，就像帝國時代的羅馬人或孔子時代之前的中國人忽然出現在我們

中間一樣。

　　其實，很多俄羅斯人也以「亞洲人的殘酷」及「斯拉夫心志」為榮，詩人布洛克（Aleksandr Blok）便認為俄羅斯人是古代遊牧民族斯基泰人的後裔，在詩篇《斯基泰人》中寫道：「是的，我們是斯基泰人！是的，我們是亞洲人……俄國是一隻火鳳凰，意興風發而悲切。」拿破崙望著莫斯科的大火的時候不禁歎息：「何等驚人的決心！多麼不尋常啊！那些斯基泰人！」

　　三百年來，俄國在反對西方的同時，又努力融入西方，甚至試圖變得「比西方更西方」。一六九四年，彼得一世親政，有感於俄羅斯的落後，派出俄羅斯青年到尼德蘭、義大利和英國學習造船和航海。一六九七年，他組建了一個龐大的外交使團訪問歐洲各國，史稱「大出使」，堪比一百多年後日本的岩倉使團。彼得本人匿名隨團出訪，在國外待了十八個月，花費大量時間學習尼德蘭人造船，並目睹了歐洲各國文藝復興的盛況，由此定下日後俄羅斯改革的計畫。回國前夕，他招聘了七百五十多位以尼德蘭人為主的歐洲技術專家到俄羅斯工作。

　　從西方回來後，彼得一世迅速展開西化改革。他著手依照西方模式重組軍隊，新建了一支強人的海軍。他改革行政制度和官僚體系，集中權力，提高效率。他要求所有大臣、官員和軍人都要剪掉鬍鬚，並改穿西方服飾。隨著新世紀的開始，他更換了俄羅斯的曆法。一七○三年，彼得出版了其親自編輯的俄國第一份報紙《公報》。彼得用他發明的拉丁化字體替代了舊的不方便的教會斯拉夫字體。

　　普希金（Alexander Pushkin）如此頌揚彼得大帝：「時而院士，時而英雄，時而航海家，時而木匠。」彼得喜愛體力勞動並

以此為榮。他對身邊的親信說：「你看，我的老弟，我是沙皇，可是我的手上有繭子。」他懂得十四種手藝，習以為常地手執斧、鋸和鑿子。他能輕易從熔爐中迅速取出灼熱的鐵條放到砧板上，能製作風帆戰船。對於彼得，勞動不是難堪的需要，而是社會和個人幸福的條件。他說：「我遵循上帝賜予始祖亞當的話：勞動吧，不是因為貧窮而勞動，而是為了得到美好的東西。」

彼得一世進而將東正教會納入政府管轄之下。一七二一年，隨著《宗教規程》頒布，一個新的教會組織誕生了，政府設立「宗教事務管理總局」，由世俗官員擔任總局長。這種模式並不符合俄羅斯或拜占庭的傳統，彼得一世希望按照信奉路德教的北歐國家模式，重建教會與國家的關係。通過這一改革，沙皇雖未取得在教義問題上的絕對權威，政府卻有效地控制了教會的組織、財產和政策。這一宗教政策跨越了凱撒與上帝的界限，讓東正教與君主制更加緊密地捆綁在一起，一榮俱榮、一損俱損。完全失去獨立性的東正教，成為朝廷麻醉和壓迫人民的工具，而不是推動現代化和精神獨立的正面力量。

彼得大帝建立了一個井然有序、安定富強的俄國，盡量利用國家自然與文化資源，創造一個有活力的進步社會。他的成功，不單是他自己的努力，也是新統治集團與文化階層的努力。彼得的計畫吸引了所有渴望採取行動、提高社會地位並獲得財富的人。他們在為沙皇效勞的同時，也幫助建立現代俄國文化和具有西方價值的生活方式：渴求知識，具有知性與藝術上的好奇，還有理性建設精神。一個有素養的知識上層開始循著現代歐洲文學、音樂、藝術與思想而形成。俄羅斯文豪赫爾岑寫道：「直到今天，我們看待歐洲人和歐洲，就和鄉下人看待京城居民一樣，恭恭順順、自慚形穢、自歎不如，想要模仿他們。只要是我們與

人不同的地方，都自認為是缺點。」從長遠來看，這是彼得大帝最重要、最有意義的成就。對此，持民族主義立場的俄國歷史學家卡拉姆津（Nikolay Karamzin）指出：「我們成了世界公民，不再是某些場合下的俄羅斯公民，我歸咎於彼得。」

然而，彼得一世的改革並未觸及更深層的俄國人的精神層面。彼得在尼德蘭只學到技術的末端——造船術，他未能洞察尼德蘭強大的根基乃是新教倫理與資本主義精神，包括公民自由、私有制、契約精神。他堅持俄羅斯特有的被薩滿教滲透的東正教信仰，而對尼德蘭生機勃勃的喀爾文教派的信仰生活及觀念秩序一無所知。彼得的改革只是「師夷長技以制夷」，以為軍事的成功就是所有的成功，這種急功近利的想法導致俄羅斯的近代化走上了一條歧途。

◎「俄國現代化之父」維特：我僅僅是一個有教養的人

我既不是一個自由主義者，也不是一個守舊主義者，我僅僅是一個有教養的人，我不能因為一個人的思想和我不一致就把他流放到西伯利亞去，我也不能僅僅因為一個人不和我在同一個教堂做禱告就剝奪他的公民權。

說這句話的人，是被譽為「俄國現代化之父」的維特伯爵。如果說彼得大帝是開啟俄羅斯近代化的第一人，那麼維特就是布爾什維克席捲俄羅斯之前的最後一名改革者。維特對俄國現代化的影響，不亞於俾斯麥對德國現代化的影響。他們晚年都被君王所罷黜，幸而在世界大戰、革命和王朝傾覆之前去世，沒有親眼看到他們生前竭力避免的悲劇變成可怕的現實。

維特的父親是信仰路德宗新教的德裔俄國人，後來改信東正教；維特出身在俄羅斯帝國最富庶和最西化的波羅的海地區，後遷居高加索省的喬治亞。他從鐵道部西南鐵道局售票處管事幹起，歷任鐵路部門售票處長、局長、鐵道大臣、財政大臣、帝國末代大臣委員會主席（一八一〇至一九〇五年體制）、初代大臣會議主席（一九〇五至一九一七年體制），可謂「兩朝宰輔、三朝元老」，俄羅斯的鐵路交通和工業、現代財政金融及稅收制度全都由其一手打造。[6]維特對俄羅斯帝國的三大支柱「東正教、君主制和民族性」都作出嚴厲批判。

　　對於東正教會的致命弱點，沒有人比維特的批評更切中肯綮：「俄國當前最大危險就是國立東正教會的腐敗和當今人民宗教精神的迷失。如果沒有宗教，民眾就變成一群有理性的畜生。不幸的是，我們的教會早已變成了一種死氣沉沉的官僚機構，我們的教士也不是為尊嚴的正教、為上帝服務，而是為世俗的偶像崇拜服務。我們對基督教的信仰逐漸變得比其他基督教信徒更為淺薄了。我們比任何國家都缺乏信仰。日本之所以戰勝我們，就是因為他們相信他們的神比我們相信我們的神更為堅定。正如有人說一八七〇年德國戰勝法國就是因為它的學校比法國辦得好。」[7]

6　維特伯爵夫人在為丈夫的回憶錄所寫的序言中指出，維特「對待君主既不阿諛奉承，對待民眾也不討好煽動。雖然他是一個貴族，卻並不袒護貴族階級的特權，而他的政治活動的目標主要是憑藉著他的一身正氣去改善農民的生活狀況。他作為一個政治家，始終與大多數俄國知識分子所醉心的不切實際的『民粹派』不同，他不是一個自由主義者，因為他反對自由主義分子企圖一下子重建全部政治制度的努力。他也不是一個守舊主義者，因為他反對當時統治俄國的官僚們鄙俗和落後的政治思想」。

7　一九〇五的革命風潮發生之後，維特的政治改革思想與沙皇尼古拉二世的君主絕

維特配合沙皇的侵略殖民政策，俄國的遠東政策亦由他一手操辦，但他最早意識到多民族帝國必然走向分裂：「如果俄國是一個單一的民族國家而不是一個多民族的帝國，對於我們俄羅斯人來說會更好一些。要達到這個目標，只有一個辦法，那就是放棄我們的邊區各省，因為邊區各省是絕不容忍殘酷的俄國化政策的。」

維特對尼古拉二世的評價很低：「我國革命之所以發生就是因為政府不了解社會前進這一基本事實。防止這個運動是君主的責任。如果他不這樣做，只知抑制，結果必然會造成革命洪流的氾濫。」尼古拉二世對革命浪潮只知堵塞而不知疏導，治標而不治本。[8]在那個時代，這些看法大逆不道。維特無力撼動「東正教、君主制和民族性」此三大支柱，維特之後的俄羅斯，朝著他最不願看到的方向一路狂奔。

俄國在日俄戰爭中失敗後，維特作為全權特使赴美國，在美國總統西奧多·羅斯福（Theodore Roosevelt）的斡旋下，與日方展開和談，雙方簽署了《普利茅斯條約》。他為戰敗國爭取到外交上的勝利，被尼古拉二世封為伯爵。

維特早年就虛心學習美國的現代技術，在鐵道部門任職時，面對機車嚴重缺乏的情況，他採取了美國早已實行並且現在仍以

對專制發生激烈衝突，致使他失去了權勢。維特晚年撰寫回憶錄為其政策辯護，該書寫作時被祕密警察「保衛處」的密探們恨不得掘地三尺查抄，尼古拉二世對維特在書中會如何描述自己心存忌憚。維特夫人後來將書稿送到德國和美國出版。這本回憶錄堪稱十九、二十世紀之交俄國政治史的縮影。

8　尼古拉二世反對西化和政治改革，且充滿種族主義偏見：強烈仇恨猶太人，甚至稱呼英國人為猶太人，喜歡反覆地說「一個英國人就是一個猶太佬」；習慣稱呼日本為「猴子」，即使在正式的公文中，也用這個詞。

「美國制度」著名的行車制度。在出使美國期間，維特更是認真觀察和研究美國社會，他對美、俄政治制度和生活方式的對照，往往一針見血而發人深省。[9]

維特發現，很多家境良好的美國大學生利用暑假到飯店和旅店打工當服務生，夏天賺的錢足以支付冬季的費用。「這些學生好像不以那種卑賤的職業為恥。」然而，「這在俄國是絕不可能的。我國的學生寧可挨餓也絕不肯降低自己的身分去做一個僕役的工作。」這就是有新教倫理和資本主義精神的國家與缺乏新教倫理和資本主義精神的國家的根本差異。而且，俄國的階級是固化的，美國的階級是動態的。

維特致力於引進外資推動俄國工業化，但包括沙皇在內很多黨權派都反對。維特認為，這純粹是出於民族主義立場。「他們說應該由『真正的』俄國人利用俄國自己的資金來開發俄國的自然資源才是正確的。但是他們忽視了這一事實：即俄國國內可資利用的資本嚴重不足。結果因為這種所謂的民族主義，許多工業的特許權通常授予給『真正的』俄國人，而他們立即轉賣給外國人，從而不勞而獲大發一筆橫財。」這跟清帝國晚期洋務運動中

9　維特專程訪問哥倫比亞大學，詢問政治經濟學的學者，是否教授亨利・喬治（Henry George）的單一稅制理論，對方告知這位經濟學家的理論是重要課程。維特感歎說：「天真的托爾斯泰伯爵應當去美國讀幾年書，對他有好處。」托爾斯泰在作品中號召取消私有制和廢除國家稅收且反對工業化，維特不以為然。又如，維特訪問美國首都華盛頓時，希望去華盛頓故居弗農山莊參觀，那天正好是星期日，山莊沒有對外開放。他想求助於羅斯福總統，美國友人告訴他，山莊由一個婦女協會管理，跟聯邦政府無關，總統出面未必管用，不如他直接與協會聯繫。維特打去電話，協會答應為他開放和導覽，還請他在園子裡種下一棵樹。維特在回憶錄中對這棵樹念茲在茲。他發現，美國總統不像俄國沙皇權力無邊，美國的活力蘊藏在民間。

「官辦、官督商辦、官商合辦」等模式的「官僚資本主義」何其相似。

維特還努力改革農業政策，建議政府給予農民更大的經營自由，如果本人勤勞、有效，就可以發家致富，而如果本人懶惰、低效，則自己承擔責，如斯托雷平所說的「把寶押到精明能幹者身上」。如此，就能出現生產力更強大的農民階層，繁榮整體經濟和提供更大的稅基，由此支撐起一個偉大的國家。這種思路跟中國毛澤東時代結束後，趙紫陽等黨內改革派開啟「包產到戶」的農村改革非常相似。

維特一心掛念的是政治改革，特別是設立議會。維特告訴一家報紙的發行人，他希望被人記住，「不僅僅是金本位制的創始人、跨西伯利亞鐵路的推動者，《普利茅斯條約》的主導者，而且是國家杜馬的締造者」。去世前不久，他稱希望墓碑上能刻上「維特伯爵，一九〇五年十月十七日」。一九〇五年十月十七日，在維特等開明派推動下，長期將君主立憲視為「笑話」的尼古拉二世不情願地發布了《十月宣言》，使俄國從君主專制轉變為君主立憲。《十月宣言》是憲法的雛形，體現出新時代的《大憲章》的特點。然而，由於俄羅斯社會缺乏妥協傳統，以及政治改革步伐太慢、太遲，憲法未能讓各界滿意，依照憲法成立的國家杜馬未能成為改革的基石和避免革命的剎車。

歷史無法假設，但地緣政治學者卡普蘭假設說，倘若一九一七年特別脆弱的那一刻，俄羅斯的權力不被布爾什維克奪走，它完全有可能在二十世紀發展成一種比較窮一點、稍微腐敗和不安定版本的法國和德國，定錨在歐洲，而不是成為史達林主義的大怪獸。畢竟俄羅斯的舊政權沙皇體制有濃厚的日耳曼色彩、貴族講法語、首都聖彼得堡有資產階級的國會，即使其農民

不是、可是全國菁英已經西化。但這一假設是不成立的，因為革命的魅力無可阻擋。

◎梅什金與拉斯柯尼科夫的賽跑：
是愛每一粒沙子，還是殺死被視為「虱子」的廢人？

晚近三百年來，俄國現代化是改良與革命賽跑，非暴力與暴力賽跑，英美模式與法德模式賽跑，自由民主憲政與形形色色的激進主義思潮賽跑。如果用杜斯妥也夫斯基小說中的人物來形容，就是梅什金與拉斯柯尼科夫的賽跑。

梅什金是小說《白癡》的主人公。梅什金患有嚴重的癲癇症，具有聖愚身上一切美好特質而沒有其黑暗部分，他純潔、善良、坦率，對不幸的人充滿同情，對社會不公平強烈不滿，他彷彿是上帝聖意的執行者，代替基督來到俄羅斯，以他的天真、忠厚和善良救助失足於物欲之中無法自拔的「可憐人」。然而，這個基督式的美好人物未能拯救世界的苦難，反而連同其美德一起被可惡的世界毀滅。但杜斯妥也夫斯基仍致力於恢復人身上的神性，恢復正義感、同情心和自尊心：

> 兄弟們，你們不要害怕人們的罪孽，要愛那即使有罪的人……你們應該愛上帝創造的一切東西，它的整體和每一粒沙子。愛每片樹葉，每道上帝的光。

拉斯柯爾尼科夫則是小說《罪與罰》的主人公。拉斯柯爾尼科夫是謀殺犯，殺了經營當鋪的富有老寡婦，拿走所有的錢。他認為，老寡婦的命一文不值，他可以讓這筆錢產生更大的價

值。[10]拉斯柯爾尼科夫眼裡，老寡婦是「一隻蝨子」，他相信：

　　人按照天性法則，大致可以分成兩類：一類是低級的人（平凡的人）；第二類人絕大多數都要求為著美好的未來而破壞現狀。但是為著實現自己的理想，他甚至有必要踏過屍體和血泊。

　　這是一種冷血且可怕的邏輯，是絕對的功利主義與社會達爾文主義，拋棄一切世間的倫理道德底線，如聖經「十誡」之「不可殺人」。列寧、史達林以及蘇聯的革命者們都遵循此種邏輯，給俄羅斯和全世界帶來空前浩劫。

　　梅什金與拉斯柯爾尼科夫的對立，如同杜斯妥也夫斯基與別林斯基的對立，本質上是基督徒與無神論者的對立。左派評論家別林斯基（Vissarion Belinsky）全身心地相信，社會主義不僅不破壞個人的自由，而且相反，它最大限度地恢復個人的自由。杜斯妥也夫斯基則不相信這一點。他懷疑乃至否定進步主義，認為進步的成果並不能補償付出的犧牲和苦難。他堅信，人性的問題只有在基督教中才能解決。

　　十九世紀末，民粹主義、虛無主義、無政府主義、社會民主主義乃至馬克思主義後浪推前浪，先後成為俄國知識界的主流。從巴枯寧、克魯泡特金（Peter Kropotkin）、別林斯基再到普列漢諾夫（Georgi Plekhanov）、列寧、史達林，他們相信可以建

---

10 拉斯柯爾尼科夫自我辯護說：「家母差不多一無所有。妹妹僥倖受了些教育，命運安排她當家庭教師。我是她們唯一的希望。我念過大學，可我無力維持自己念完大學，只好暫時輟學。我決心要拿到老太婆的錢，作為我頭幾年的生活費，不讓母親受苦，維持自己念完大學和充作大學畢業後實行第一步計畫的費用——大幹一番，以便開闢新的前程，走上新的獨立道路。」

成新大新地。而杜斯妥也夫斯基的傳人們，要麼流亡，要麼被殺，要麼消失在古拉格群島深處。僥倖逃離俄羅斯、在域外保存火種的索洛維約夫（Vladimir Solovyov）、別爾嘉耶夫、舍斯托夫（Lev Shestov）們，被遺忘了大半個世紀，直到蘇聯解體之後，人已逝去，其著述終於歸來且綻放。而留下的人，不得不經受無窮無盡的折磨，且被迫與人民隔絕。[11]

在杜斯妥也夫斯基最後一部長篇小說《群魔》中，預言「群魔」將控制世界──「《群魔》描寫的是未來，與其說它描寫的是它那個時代，不如說是描寫我們的時代。否定的預見實際上比肯定的預見更準確。」杜斯妥也夫斯基稱之為「群魔」，乃是拉斯柯爾尼科夫的升級版──就是列寧和史達林們。

◎多餘人：走上激進化之路的俄國知識分子

「知識分子」這個詞語最早是在俄國出現。斯賓格勒認為，「知識分子」是俄國精神被外國城市敗壞後的產物。以賽亞·伯林則發現，俄羅斯知識階層既懷疑絕對價值，後又渴望發現某種統一的、一舉解決所有道德操持問題的真理，因而內心不斷分裂

---

11 以賽亞·伯林在擔任英國駐莫斯科使館外交官時，拜訪過這群「內在的流亡者」。在他筆下，巴斯特納克（Boris Pasternak）「是一個在蘇聯艱難人生活的各個階段都會和他們同在的人……他的語言之所以更有感染力，是因為它包含著在西方早就消失了的某種傳統的崇高氣質，它讓人傷感地想起什麼才是真正的偉人」。阿赫瑪托娃（Anna Akhmatova）「一直堅持抵制她認為對她的祖國和她自己來說是可恥的事，使她不單成為俄國文學界的重要人物，而且成為我們這個時代俄國歷史上的重要人物」。曼德爾施塔姆（Osip Mandelstam）「像苦中作樂的聖人一樣，使自己超然於那個人間地獄，以流放生活本身為素材，建構自己安謐的內心世界」。

交戰。別爾嘉耶夫指出：「俄羅斯的知識分子是一個不切實際的階級，這個階級的人們整個迷戀於理想，並準備為自己的理想去坐牢、服苦役以至被處死。」俄羅斯詩人萊蒙托夫（Mikhail Lermontov）在《當代英雄》中塑造了俄羅斯文學和俄羅斯現實中第一位「多餘人」形象，在俄羅斯近代化歷程中，知識分子確實是可悲的「多餘人」。

由於缺乏清教徒觀念秩序及精神、心靈秩序，俄羅斯知識分子極端鄙視實利主義價值，極端鄙視那些新登上社會舞台的人：企業家、商人和機關官僚——在清教徒國家，知識階層與這些群體水乳交融，如英國哲學家法蘭西斯·培根（Francis Bacon）所說，「知識就是力量」，知識還能帶來財富。但俄國知識分子對「卑賤」的經濟生活反感，不願意同新的職業官僚合作，只把促進「社會進步」當做唯一使命。他們背叛貴族出身，根據想像中的「人民」界定自我，但又隔絕於現實中的「人民」。他們想到的使命是向人民傳播指出未來方向的激進意識形態，知識分子根據這個任務界定自我，在世界面前證實自己的功能，人民的任務是實踐知識分子的理想，使他們的理想成為具體現實。

俄國知識分子出於對「進步」價值的宗教式信念和民粹式的憧憬，既反對改革綱領，又反對改革所採取的方法，他們希望自行領導改革。除非從上到下包括政府和國內經濟都來一個徹底改變，否則改革就毫無意義。他們要在改革中擔任重要角色，還編造激進理論，猛烈抨擊一個他們知道很少或完全陌生的國家實況。

弔詭的是，在俄國，激進知識分子和官僚兩個敵對陣營聯合起來，反對公民社會，反對多元、行政自主、不成文法以及政治和文化自由主義。這種無意識的聯合或許出於雙方都不信任甚至

畏懼人民，而人民長期以來在俄國是一個巨大的未知數。這樣就出現了一種互為因果的形式：俄國上層知識分子歐洲化導致俄國人民文化上的孤立，又造成人民與知識分子這兩個世界之間缺乏了解、互不來往的局面。那種愚不可及的共同恐懼，使他們不可能正確了解俄國社會。最後，當二十世紀一到來，知識分子和官僚政府就一起被原始的人民力量掃開了。

自一八八五年以來，俄羅斯經濟邁著巨人的步伐前進，一直以每年超過百分之五的速度增長。從一八九〇年到一九一四年，它的鋼鐵和石油產量增加了一倍。俄羅斯成為歐洲資本的重要投資國，法國以利息為生的階層大量購買「俄羅斯債券」。「俄羅斯債券」的聲譽之高，大概只有俄羅斯芭蕾舞團可媲美——後者象徵著一個既鮮為人知又充滿神祕的俄羅斯所具有的異常活力。

然而，這一切並未緩解知識階層與統治階層的矛盾。在俄國急劇近代化的過程中，異化的激進知識分子把無情迫害他們的專制政權視為主要敵人，他們的仇恨強烈而冷酷，不管社會要付出多大代價，除非專制獨裁徹底垮台，他們不會甘心罷休。東正教會因為依附於專制政權，也成為激進知識分子恨不得除之而後快的靶子。

絕大多數俄國知識分子都傾向社會主義。極端偏執和頑強的教條主義是他們總的心理特徵，同敵對方面專制獨裁的狹隘和殘暴，形成鮮明的對照。具有諷刺意義的是，沙皇尼古拉二世特別厭惡知識分子，認為除了知識分子之外，其他所有俄羅斯民眾都愛戴他：「我想怎麼做就怎麼做，我想做的事情總是好的，如果人民看不到那是好事，那是因為他們是一些平凡的人，而我則是上帝授權的君主。」就像君主獨裁由於它在專制政體中的角色而不能改變，激進知識分子的立場也注定一成不變。這樣，一面是

獨裁的沙皇，一面是激進的知識分子，形成俄國社會極端對立的兩極，而且是連續性的兩極——即便兩邊的代表性人物變動了，但雙方的對立始終得不到緩和。

獨裁沙皇和激進知識分子兩極對峙，限制了俄羅斯社會適應變化的程度，使社會一直處於四分五裂狀態。一個強大的公民社會未能發展起來。缺乏自治的代議組織，再加上獨裁政府和知識分子都不能擔起領導責任，這一切導致俄國政治體制逐步癱瘓，出現真空，帝國統治走向崩潰。

研究俄國現代化進程的歷史學家拉伊夫（Marc Raeff）指出，俄國公民社會中未曾產生出一套本身的包括價值、原則與實踐經驗的完整意識形態，藉以引導它參加國家的政治生活和經濟發展。公民社會在有機會發展自主的整體結構之前就已分崩離析。它沒有一個堅實的文化與精神基礎，而且仍在摸索本身的準則、價值觀與哲學。由於缺乏本身的思想與文化綱領，它無從制止那些主張抹掉一切重新做起的人。二十世紀早期在藝術、文學和哲學上個的那股蓬勃氣象，竟導致俄國政治哲學的迷失，這真是歷史的諷刺。公民社會從此只有聽由激進知識分子和虛無主義者主宰了。

改良壽終正寢，革命瓜熟蒂落。

第三節　十月革命：馬克思未曾料到的勝利

◎德國像運送鼠疫桿菌一樣，將列寧祕密運送到俄國

一九一七年四月，一個小個子、禿頂和蓄山羊鬍子的俄國人

在妻子和三十個同伴的陪同下，登上蘇黎世的一列火車。火車穿越交戰國德國和中立國瑞典，經由芬蘭轉到俄國首都聖彼得堡，前後共計八天八夜、三千多公里旅程。這一列火車與普通火車無異，沿途停經靠站有乘客上上下下。這群俄國人乘坐的車廂並非傳說中遭到封閉，只是在和其餘車廂分隔的地板畫上一條粉筆線，示意他們不能跨越到其他車廂。進入俄國領土之前，一路都有便裝的德國特工護送。

這列火車給俄國和世界帶來的改變，超過了二〇〇一年九月十一日那兩架恐怖分子劫持的、撞向紐約世貿大廈的飛機。這列火車上載有更可怕的爆炸性貨物：那個其貌不揚的俄國男子就是將會在俄國點燃一場革命大火的煽動家列寧。邱吉爾回顧這段歷史時如此評論說：完全可以想像德國戰時領袖有多麼狗急跳牆。讓人生畏的是，他們對俄羅斯動用了最令人毛骨悚然的武器。他們像運送鼠疫桿菌那樣，用一輛密封的貨車把列寧從瑞士運到了俄羅斯。

一生反共的邱吉爾不惜用鼠疫這個最惡毒的比喻形容這一事件。共產主義的幽靈離開了歐洲的核心地帶，卻籠罩了歐洲邊緣的俄羅斯。

德國的祕密武器果然管用，列寧在回到俄國僅半年之後就成為這個革命新國家的主人，並讓俄國退出血腥的東線戰場。列寧也沒有預見到這樣的結果，他並不是清楚地看到戰略趨勢的總指揮，一九一七年一月，他憂傷地寫道：「我們老一代人可能看不到革命即將到來的決定性戰鬥。」

列寧並非德國送到俄國的第一件祕密武器，德國此前已將黑格爾和馬克思的思想送到俄國。在俄國革命中，人們還曾舉起法國革命的旗幟、詠唱《馬賽曲》——很快，法國大革命的烈度不

夠了，俄國人選擇了德國思想作為俄國革命的靈魂和底色，如斯賓格勒所說：「在二十世紀之前，迂腐的俄國知識分子就將馬克思主義引進到他們的國家，他們卻完全忽略了這個西歐辯證法的複雜產物的來源。」馬克思的階級鬥爭和暴力革命學說沒有在德國開花結果——在一戰結束後的混亂中，威瑪共和國成功地阻止了德國變成蘇維埃國家。

西方不亮東方亮，誕生於德國的極端主義意識形態最後在俄國找到了更適應它生長的土壤：

由於俄羅斯人具有無比謙卑和甘願犧牲的精神，彼得大帝主義和布爾什維主義完成了對像凡爾賽宮和巴黎公社這樣的西方創舉的無意識的、災難性的模仿。

所以，俄國革命的爆發，不能完全歸罪於德國將列寧送回去。從根本上而言，俄國的文化傳統呼喚著暴虐的革命模式。與其說俄羅斯是文明的窪地，不如說是文明的破口。

這是一場以馬列主義為旗號的農民革命，因為所有的俄羅斯人都是農民，包括君主和革命者——正如所有的德國人也都是農民，容克地主和農農民在思維方式上是一樣的。這場革命不是工人革命，而是農民革命。

俄國和德國都沒有英美意義上的市民階層。斯賓格勒說：「每個真正的俄羅斯人，無論其職業是學者，還是公務員，在本質上都是農民。他對有著二手群眾和群眾意識形態的二手城市沒有真正的興趣。即便有馬克思主義，這個國家最主要的經濟問題仍是農村問題。」十九世紀的俄羅斯快步走向工業化，卻仍是一個巨大的「莊稼漢的王國」，它被農奴制政權所束縛。這裡存

在著以沙皇為首的政權，其統治不僅依賴著軍事力量，而且依賴著人民的宗教信仰。無論在日俄戰爭中，還是在第一次世界大戰中，尼古拉二世都高舉聖像激勵軍隊，維特嘲笑說，俄國官兵的武器是聖像，敵人的武器是槍炮，勝負不言自明。當聖像崇拜在戰場上灰飛煙滅，俄羅斯知識分子信仰的「最可憐的唯物主義思想體系」就粉墨登場。

列寧回到俄羅斯，革命找到了它的領袖。列寧的副手、紅軍創始人托洛茨基在《俄羅斯革命史》中寫道：「除了工廠、兵營、村莊、前線和蘇維埃之外，革命還有一個實驗室，即列寧的腦袋。在七月六日至十月二十五日這一百一十一天內，由於不能公開活動，列寧被迫限制與外界見面，哪怕是與黨中央成員見面。在既不與群眾直接溝通，也不與各種組織接觸的情況下，他反而更加堅定的將思想集中於革命的根本問題，並將其提高到了馬克思主義基本問題的層面上。」

列寧促使布爾什維克中央委員會作出了該黨有史以來最重要的決定：在最短的時間內發動軍事起義。他宣稱：「如果我們現在不去奪取政權，歷史將不會寬恕我們。」

在緊張的寫作之餘，列寧常常與公寓中的貓玩耍，還安靜地聽古典音樂。列寧喜愛小孩和貓，但這並不表明他是一個仁慈的人，正如喜歡狗的希特勒並非一個仁慈的人。列寧喜歡音樂，尤其是鋼琴曲——德國的鋼琴曲：

我不知道還有什麼樂曲比貝多芬的《熱情奏鳴曲》更偉大。我樂於每天聽它一遍。但我不能聽太多音樂。它會影響你的神經，讓你要說些蠢話和摸別人的頭。但你絕不可摸任何人的頭，否則你的手有可能會被咬。你必須毫不留情地揍他們的頭。

喜歡貝多芬的音樂，並不表明列寧是一個文明人；正如喜歡華格納的音樂，並不表明希特勒是一個文明人。德國音樂和德國思想鑄就了列寧，俄國革命是未完成的德國革命的延續與升級。

共產主義革命在俄國的成功，顯然不單單是因為列寧個人的天才，而是因為共產主義思想與東正教和俄羅斯的民族性格之間有某種共通之處。二十世紀初俄國自由派知識分子尼古拉・柏迪耶夫認為，俄羅斯的共產主義是另一種形式的俄羅斯宗教——等於是世俗的東正教。

◎一場從大街上撿到的革命，一個空空如也的寶座

革命的車輪在一九〇五年一月就啟動了。當時，沙皇政府下令軍隊開槍鎮壓遊行群眾。星期日流血事件發生之後，維特伯爵在日記中寫道，經過革命分子的宣傳，「政府變得越來越無足輕重。此前，人們討厭大臣，現在則是鄙視他們。此前，人們並不敬愛政府，但還能接受政府；如今，他們卻惡意嘲笑政府，並想要剷除政府。自從彼得大帝以來，俄國還從未陷入如此危急的局面之中」。維特警告沙皇，鎮壓並沒有起作用，革命勢力正在日益壯大、日益放肆，「俄國的處境類似於召開三級會議後的法國局勢，政府目前缺乏應對革命這一魔鬼的計畫」。

維特伯爵曾建議說，俄羅斯古老的政治結構落後於現實，為適合時代的需要，必須進行變革，迅速頒布一部保障自由出版、自由信仰、自由集會、自由結社的憲法，這部憲法至少應當同普魯士一八四九年憲法看齊。這部憲法應當賦予公民自由、實行普選制、開啟寬容的宗教政策。而且，政府必須遵守憲法。唯有如此，才能讓改良勝過革命，避開激進的暴力革命。如果不實行自

上而下的改革，就會出現「自下而上」的群眾革命，特別是土地革命和由「渣滓」領導的工人革命，把皇室和王朝吞沒在「革命的濁流」中。然而，形勢比人強，憲法未能成為拯救沙皇政權的靈丹妙藥。憲法通過後，尼古拉二世仍不願放棄暴力鎮壓手段，昔日的「慈父」如今被民眾視為屠夫。[12]

山雨欲來風滿樓。一九一四年，俄羅斯加入規模空前的第一次世界大戰。沙皇政府躊躇滿志，宣稱將動員兩千萬軍隊，輕鬆擊敗德意志帝國、奧匈帝國和鄂圖曼帝國等同盟國，將在冬天前「進入柏林」。然而，這場戰爭曠日持久，俄國軍隊一再潰敗，戰爭沒有給沙皇政權注入活力，反而加速其崩潰。

戰爭再好不過地揭示出沙皇政權猶作困獸之鬥的脆弱。俄羅斯落後的國民經濟無法長時期支撐沒完沒了的戰爭：交戰之後的半年裡，鐵路運輸系統陷入無序狀態，庫存三分之一的火車頭無法運轉；由於同盟國的經濟封鎖，機器設備、機床工具和零件極為匱乏。幾乎所有的工廠都轉向軍火生產，導致國內市場紊亂。不到幾個月，後方工業品便告緊缺。在鄉村，農民們不能將農產品運輸出去，只好就地爛掉。全國陷入通貨膨脹和物質斷區。過度集權的政府無法控制局勢。

尼古拉二世頑固地堅持自己是「溫馴農民大軍的總司令，慈父般的沙皇」，他接受皇后和身邊寵臣的建議，於一九一五年九月五日親自擔任軍隊最高統帥，在全局崩潰之際做出這一舉動，

---

12 德國社會民主黨領袖卡爾・李卜克內西（Karl Liebknecht）寫道：「一項仍不完全的統計表明：在俄國，一九〇六年至一九一〇年之間因『政治犯罪』被判處死刑者為五千七百三十五人；其中三千七百四十一人被執行。由於一八二五年至一九〇五年期間俄羅斯政治犯僅有六百二十五名、被執行死刑者一百九十一人，因而上述數字尤其顯得殘酷。」

對專制制度來說無異於自殺。他孤身困在指揮部的專用列車上，不再領導國家。國家迅速陷入無政府狀態。

一九一七年二月二十四日，皇后亞歷山德拉致信給在指揮部的丈夫：「親愛的，我們生活在一個多麼可怕的時代呀！上帝讓你背負的十字架又是多麼地沉重。形勢似乎正在好轉，只是啊，親愛的，你得堅強。拿出你的權威來：對俄羅斯人就得這樣，你的善良已經得到證明，現在該讓他們嘗嘗你的拳頭了！」狂妄自大的亞歷山德拉不知道，很快降臨到她和她全家身上的，不是拳頭，而是子彈。

第一塊多米諾骨牌終於倒下：在嚴寒中，在令人不安的戰爭氣氛中，對於革命來說一切都醞釀成熟了。舊制度已腐朽，沒有合適的捍衛者。列寧還未回來，整個一百年來俄羅斯知識分子反對並與之鬥爭的那個神聖的俄羅斯帝國就自動垮台了。英國歷史學家李德哈特指出：「由於俄羅斯體制出問題，以致它在為協約國做出貢獻時，蒙受驚人的損失。這巨大的損失對於俄羅斯所造成的精神影響，甚至大於對實質持久力的損害。二月革命的爆發，表面上衝著沙皇身邊人士的腐敗與墮落而來，深層卻有根深蒂固的精神因素存在。」

數百年來深深扎根在俄羅斯民眾中，支撐著君主獨裁政體的宗教信仰，迅速衰退並土崩瓦解。但是，自由主義運動和立憲民主黨在民眾中沒有市場。按照俄羅斯人的精神氣質，革命只能是集權主義的。所有俄羅斯式的思想體系始終是集權主義、神權主義或社會主義的。

臨時政府的運作只是行禮如儀，底層社會完全由蘇維埃政權掌控。臨時政府下令讓列寧自公共領域消失三個月，但一旦列寧決定取而代之，臨時政府的覆滅甚至比羅曼諾夫王朝還要迅速。

十月革命的成功，似乎比法國大革命還要容易。十月二十五日上午九點，布爾什維克尚未對冬宮發動攻擊，臨時政府總理克倫斯基（Alexander Kerensky）就裝扮成一名塞爾維亞軍官走出冬宮，乘坐一輛美國使館提供的插著外交旗幟的汽車離開首都。列寧輕蔑地稱之為「懦夫克倫斯基」。[13]

　　與自發且盲目的二月革命不同，十月革命是布爾什維克黨人針對一個已被革命形勢所淘汰的政府而精心準備的。實際上，直接參加「偉大的十月社會主義革命」的人數極其有限：總共幾千名衛戍部隊的士兵、海軍士兵和聖彼得堡軍事委員會的赤衛隊員，以及幾百名各工廠委員會的布爾什維克活動分子。低度衝突、低死亡率（不過十幾個人）均表明這場預料之中、反對力量薄弱的政變是何等水到渠成。用曾擔任戈巴契夫顧問的雅科夫列夫（Alexander Yakovlev）的話來說，二月革命遭遇的最大不幸，就是俄國對於具有根本改變社會制度和國家制度的性質的瞬間轉折並未做好準備。人們被戰爭、死亡、貧窮搞得精疲力盡，變得殘酷無情，對他人的悲痛和痛苦無動於衷。只剩下對出現奇蹟的希望。這就是俄國社會易於接受革命的破壞性思想、包括布爾什維克的暴力思想的謎底所在。

　　即便列寧沒有回國，這場革命注定會爆發，就像政治哲學家漢娜・鄂蘭所說，「布爾什維克發現權力躺在大街上，並把它撿起來。」也如英國歷史學者卡爾（E. H. Carr）所說，「列寧和

---

13 法國大革命的第一仗是攻打巴士底獄，巴士底獄僅有一百一十四名守衛，經過數小時戰鬥，巴士底獄於當天下午被攻陷。管理者洛奈侯爵被革命者拖出來毆打、用刀亂刺直至被斬首，頭顱被穿在長矛上繞城展示。而在俄國十月革命中，臨時政府所在地冬宮的守衛更少，衛戍部隊不聽臨時政府指揮，僅有幾十名哥薩克軍人以及由一百四十名志願者組成的「婦女敢死隊」趕來增援。

布爾什維克對於推翻沙皇統治的作用是可以忽略不計的」，實際上「布爾什維克繼承了一個空的寶座」。

十月革命讓俄羅斯走上一條比拉丁世界、法國和德國更為遙遠的歧途：從美好的烏托邦、末世論和彌賽亞主義邁入慘絕人寰的古拉格。用別爾嘉耶夫的話來說就是，「在猶太人之後，救世主降臨的意識也成為俄羅斯人所特別具有的，這種意識經過全部俄國歷史直達共產主義」、「第三羅馬演變成莫斯科王國，以後變成帝國，最後則變成為第三國際」。

◎打造新人、新黨與新社會

俄羅斯普丁政權對於列寧和十月革命遺產半推半就、欲說還休。二〇一六年一月二十一日，列寧去世九十二周年忌日，在總統科學與教育委員會的會議上，俄羅斯庫爾恰托夫研究所所長米哈伊爾‧科瓦利丘克所提出有關由主導性組織控制思想方向的建議，他說：「巴斯特納克有一首短詩《高雅之病》，他在詩中分析了十月革命，他這樣描寫列寧：『當我真切地看到列寧時，我就不斷地思考著他作為第一號人物敢作敢為的身分和權利。』答案是這樣的：『他控制了思想方向，只是因為他控制了國家』。」科瓦利丘克認為：「我們應當尋找到能夠控制具體的思想方向的組織，只要有了這些有創造力的組織，就能這麼做。」

普丁在最後講話中作出回應：「關於主要問題——控制思想方向，這當然是正確的。」

唯有先控制思想，才能打造新人、新黨和新社會，這是列寧的策略。列寧首先是一名作家，然後才是一位「職業革命家」。列寧對領軍作戰並不在行，他最擅長以筆為槍。列寧的寫作態度

像是有幾萬人在等著他指揮，像有一部排字機就在門外等著。列寧是唯一一個一日二十四小時專注於革命的人，除了革命之外別無心思，就連睡覺也只會夢見革命。托洛茨基寫道：「不無深意的是，『不可調和』和『義無反顧』是列寧最愛的詞語之一」。

早在一九〇五年，列寧就主張由俄國「唯一徹底革命的階級」——無產階級領導俄國革命。列寧最大的成就是把馬克思四十年前勾勒在紙張上的觀念落實為一個政府的意識形態。他創建了蘇維埃系統，奉勞動人民的名義統治，對財產進行再分配，又推行極端的文化和社會關係轉化。列寧的夢想是建立一個齊格蒙・鮑曼（Zygmunt Bauman）在《沒有選擇的生活》一書中描述的共產主義國家和社會：

共產主義是現代性最投入、最有生氣和最有氣勢的倡導者……正是在共產主義體制下，現代性夢想擺脫了冷酷無情而無所不能的國家的障礙，從萌芽發展到極致：宏大的設計、無限制的社會工程、巨大的技術、對自然的總體改變。

美國學者斯科特（James C. Scott）指出，列寧是一位極端現代主義者，是革命的建築師和工程師。列寧的指標性著作《怎麼辦？》，沿用左派知識分子車爾尼雪夫斯基（Nikolay Chernyshevsky）小說的題目，詳盡描述其心目中的「新黨」如何鍛造「新人」和「新社會」。列寧指出，只有當作為先鋒隊的無產階級政黨變成「頭腦」時，一般群眾，特別是工人階級就成為「身體」，「身體」要聽命於「頭腦」。對於數量巨大、非理性、沒有任何內聚力——沒有歷史、沒有觀念、沒有行動計畫——的群眾來說，黨是領導菁英，黨的領袖對歷史和辯證唯

物主義的掌握使他們可以為階級鬥爭制定正確的「戰爭目標」，而黨的權威是建立在「深刻的科學知識」之上的。黨必須由「職業的革命者」領導，即有經驗、守紀律、全職、受過訓練的革命者。

十月革命之後，新政權致力於塑造「集體人」以取代個人成為未來的主宰。這種「集體人」是相信共產主義的唯物論者，是建造新世界的工具，是國家機器中的一顆螺絲釘，是集體中的一個成員，個人臣服於集體。蘇聯官方利用各種運動和動員，灌輸勞動光榮和階級觀念等，理想的蘇聯公民必須相信黨會帶領全國邁向勝利，必須崇拜黨的領袖，行動積極、有目標，做人要誠實、有勇氣，遇到困難不退縮，堅持到底，忠於國家，有紀律地執行黨所交付的任務。

列寧在《國家與革命》中指出，使用國家強制力量是建立社會主義的唯一途徑，現代生產為獨裁統治提供了技術上必需的基礎。「任何大機器工業——即社會主義的物質的、生產的源泉和基礎——都要求無條件的和最嚴格的統一意志，以指導幾百人、幾千人以至幾萬人共同工作。……怎樣才能保證有最嚴格的統一意志呢？這就只有使千百人的意志服從於一個人的意志。」列寧設想了一個自我運轉的、巨大的國家辛迪加，他將這看作技術之網，每一個網眼都通過自己習慣的約束和理性將工人限定在適當的程序中。在一段歐威爾式的描述中，列寧指出系統將如何冷酷無情：「逃避這種全民的計算和監督必然會成為極難得逞的、極罕見的例外，還會受到極迅速極嚴厲的懲罰，以致於人們對於人類一切公共生活簡單的基本規則很快從必須遵守變成習慣於遵守。」

對於農村、農業和農民，列寧在《農業問題》中也有詳細論

述。列寧認為，小農生產方式已經落後，必須建立巨大的集體農場。對農場和工廠來說，資本和人力越密集越好。在列寧的農業概念中，可以看到對建立國有大型農場和集體化的狂熱。他強調，要「用大機器重新塑造農民」，雖然「改變他們的全部心理和全部習慣需要幾代人的努力」，對通過機械化來改變人性的信念一直沒有消失。

在新黨、新人和新社會背後，是一種取代東正教的新宗教，即「馬列主義」以及後來成形的「史達林主義」。以為共產黨奪權只是靠暴力和謊言，太低估共產黨了。唯有宗教才能取代宗教，唯有觀念秩序才能替換觀念秩序。列寧主義的無神論建立在一個宗教（或反宗教）前提上，即人是其自身的命運的主宰，並有能力建造人間天堂。它還堅持這樣一種觀念，即人本性善良，依靠其自身才智和意志，必能戰勝剝削和腐化他的社會勢力。這種觀念在喀爾文主義深入人心的新教國家沒有市場，喀爾文神學的人性論是：人是全然敗壞的罪人。所以，布爾什維克主義唯有不曾受過喀爾文主義洗禮的國家才會氾濫成災。

列寧構想並創建了共產黨，共產黨是一支忠誠卓越的先鋒隊，其使命是指引人類通往共產主義的人間天堂。人要取代上帝，也就是說，人通過集體行動，就可以做到以前只有上帝才能做到的事情。由此，保持上帝並不存在的信念，是列寧主義世界觀的核心部分。

曾身為共產黨員和克格勃特務的普丁，為了掩飾昔日的骯髒身分與歷史，故意將共產主義與基督教扯在一起：「我曾經非常喜歡並且至今仍然喜歡共產主義和社會主義思想。如果我們看看曾經在蘇聯廣泛發行的共產主義建設者守則，它很大程度上讓人想起聖經。這不是開玩笑，它實際上就是聖經中的摘錄。」普丁

用斷章取義的方式，迴避了基督教與共產主義的根本區別，他甚至說：「在共產主義意識形態裡基本的原理都來自傳統的世界宗教。……共產主義建設者守則是什麼東西？都是聖經裡的東西，或者看看古蘭經：不偷竊，不殺生，不要對別人之妻有非分之念。那裡都寫著，就是取自那裡。」

普丁這套極具迷惑性的「新語」在俄羅斯暢通無阻，表明俄羅斯人對歷史的健忘和俄羅斯東正教因神學匱乏而導致非善惡辨別力的退化。

◎東正教會能挺過布爾什維克暴政嗎？

毫無疑問，蘇維埃政權掌權之後，必須打造另一種形式的宗教信仰，必須塑造對革命和革命領袖的頂禮膜拜，以此取代對東正教和君主制的崇拜。據說，列寧個人憎恨東正教神職人員和教會的擁護者，並渴望毀滅他們。實際上，這更是源於兩者間「有我無你」的競爭關係。

列寧死後，屍體被永久保留在莫斯科紅場，他的神龕提醒每個人，俄羅斯人是人類邁向社會主義的先鋒。活著時，這個世界上最偉人的布爾什維克分子曾領導人民從事神聖的鬥爭；在信仰中，在他的幫助下，他們會繼續為人類集體命運而鬥戰。列寧的遺體完好地保存到後蘇聯時代——它仍是普丁的俄國的象徵：這個俄國本身是一件人工製品，它油光靚麗的大衣底下藏著深不見底的腐爛。[14]

保存列寧遺體的方式跟東正教源遠流長的聖人遺體崇拜一脈相承，但蘇維埃的殿堂中只能有列寧的遺體，保存聖人和王公貴族遺體的教堂必須被摧毀。早在一九一八年春天，針對一切宗教

特別是東正教的恐怖行動就開始了。

　　高級神職人員、修士和修女受到野蠻的殘害，把他們釘在教堂大門處死，剝他們的頭皮，在沸騰焦油的大鍋裡煎熬，用熔化的鉛水給他們授聖餐，將他們淹死在冰窟窿裡。彼爾姆的一位祭司受到不可思議的折磨：劊子手割去他的耳朵和鼻子，挖出他的眼睛，然後押著他在大街上走，隨後處決。暴徒將托波爾和西伯利亞主教格爾莫根捆在輪船的輪子上，並開動機器，頓時血肉橫飛、慘不忍睹。僅僅一九一八年一年，就有三千名高級神職人員被處決，整個蘇維埃政權期間，當局殺害了三十萬名宗教人士。[15]

　　東正教牧首吉洪（Patriarch Tikhon）在內戰期間致人民委員

14　一生研究列寧的英國歷史學家梅里杜爾（Catherine Merridale）指出，列寧的屍體保存完好，絕不是出於偶然。要花很大功夫才能讓其保持新鮮。每年，聖誕假期不久之後，莫斯科人會看見一輛救護車穿過紅場。它是要把列寧帶去保養。在二〇一五年，隨著這位領袖一百四十五年誕辰逼近，某個有影響力的人決定讓他換一套新西裝。在一個特殊的實驗室裡，專家們脫去他的褲子、外套、襯衫、領帶和羊毛襪。在這些衣物下面，屍體總是穿著一件雙層的透明塑膠連身緊身衣，用以保存在皮膚上流動的防腐液體。要脫去這緊身衣需要細巧手藝，但執行的人訓練有素，因為這件事九十多年來都要定期進行。脫掉緊身衣之後，赤裸裸的屍體必須用一系列的化學藥物浸泡，這些藥物一種比一種毒。然後一種新品牌的橡膠膜會套在屍體上，把防腐液體封住。做完這個之後，裁縫就可以為屍體量度尺寸。

15　即便普丁也不認同共產黨的宗教迫害政策，他質疑說：「為何要消滅神父呢？僅僅在一九一八年就有三千名神父被槍決，而在十年內槍決了一萬名神父。在頓河有數百人被投入冰塊下面。」二〇一七年，普丁在同民眾連線節目中，譴責布爾什維克的宗教政策：「十月革命後，國家竭盡全力摧毀我們的精神根源和宗教根源，做得非常堅決和殘酷，許多教堂被毀滅和拆除。當時國家試圖創造一種準宗教，以共產主義建設者守則來代替聖經，這樣做沒有產生任何結果。許多教堂被拆除，大量的神職人員被消滅，直接消滅了了，就在集中營裡被槍決了。」

會的一封信中說:「你們許諾自由……但你們賦予的自由,就在於千方百計縱容普通人卑劣的狂熱,就在於燒殺搶掠不受懲罰。言論自由安在?教會布道的自由安在?許多勇敢的教會布道者已付出了自己苦難聖徒的鮮血。」一九二二年三月二十八日,《消息報》刊登了「人民公敵」的名單,牧首吉洪名列榜首。五月四日,政治局決定以反蘇活動為由追究吉洪的法律責任。兩天後,他被逮捕,投入監獄。

政權剛一穩固,史達林便命令興建一座宏偉的蘇維埃宮。根據一些為追求虛榮不惜破壞古物的建築學家的建議,卡崗諾維奇(Lazar Kaganovich,史達林時代的政治局委員,史達林主義一詞的發明者及烏克蘭大饑荒的直接責任人)和莫洛托夫(Vyacheslav Molotov,曾任蘇聯外長、總理)向史達林推薦的建造地點,正是救世主基督大教堂所在地。這座俄羅斯歷史上最富麗堂皇的教堂,是為紀念俄國戰勝拿破崙而建立,經歷三任沙皇、前後耗費四十五年時間修建完成。它有超過三十層樓高,以四千萬塊磚建造,可容納上萬名信徒做禮拜。教堂的建築和內部裝飾展現了俄羅斯藝術的榮耀,參加教堂內部裝修和雕塑的有數十位藝術大師。

史達林很快同意該方案。其傳記作者沃爾科戈諾夫(D. A. Volkogonov)評價說,史達林的智力缺陷在這個事件中表現得最充分:總書記無法估計俄羅斯文化遺址的歷史價值。事實上,史達林有著極其周密的考量:布爾什維克試圖嵌入俄羅斯的沙皇是「人神」的傳統中,要將一個人變成新的上帝,就必須破壞掉前一個上帝的居所,並在其基礎上蓋起新的禮拜堂,樹立新的敬拜和崇拜的對象:黨的領袖。在這場革命中,必須完成一個簡單但基本的「象徵交換」。

一九三一年十二月五日，這座偉大的教堂被毀掉了。當響起爆炸聲時，在克里姆林宮辦公室工作的史達林顫抖了一下。他不安地問祕書波斯克列貝舍夫（Alexander Poskrebyshev）：「這是什麼聲音？哪裡爆炸了？」

　　波斯克列貝舍夫報告說：「根據您批准的關於確定蘇維埃宮建設地點的七月決議，現在正在拆除救世主基督教堂。」

　　史達林放心了。在持續一個小時的爆炸時間裡，他再也沒有理會這件事，又專心地閱讀各地送來的關於集體化進程的報告。

　　由於無神論和建築方面的考量，救世主基督大教堂這座永久性建築被拆除。記載教堂被炸的絕無僅有的鏡頭，反映了心靈上的傷痛。看了這些鏡頭，讓人想起一九三一年寒冷的十二月，炸掉的不僅是一座教堂，炸掉的是文化，炸掉的是歷史。多年以後，在被問及對於炸毀救世主基督大教堂一事有何感想時，早已失去權力的莫洛托夫仍堅持說：「莫斯科市中心不需要教堂，它們的存在是一個錯誤。」

　　史達林選擇建築師尤馮和舒舍夫的蘇維埃宮設計方案，此二人之於史達林，宛如施佩爾之於希特勒。史達林希望修建一座超過美國紐約帝國大廈的建築，其容積七百萬立方公尺，等於紐約六棟最大摩天大樓的容積量；並在頂上安裝一座比自由女神像還要高的列寧像，其食指長度就達六公尺，雕塑重達六千公噸。由此，列寧成為蘇聯的新上帝，史達林則是其欽定接班人。[16]

---

16 由於地基滲水，直到史達林死亡，蘇維埃宮仍未順利動工，史達林假裝把這件事忘記了。東正教信徒悄悄傳言，這是上帝親自出手攔阻。赫魯雪夫執政後，為了掩飾莫斯科市中心的這個醜陋的巨型垃圾堆，下令在此修建一座戶外游泳池。蘇聯解體後，俄羅斯總統葉爾欽（Boris Yeltsin）為了向東正教示好，在原地重修了救世主基督大教堂，但其藝術成就遠遠比不上那座早已消失的教堂。

列寧、史達林以及歷屆蘇聯領導人嚴格限制宗教信仰自由，最重要的原因就是他們深深信奉無神論。伯爾曼指出，無神論是一個信仰體系，也是一種戰鬥信念，它本身就具有「宗教」（或「反宗教」）性質，而且程度之深超乎尋常。對於馬克思來說，無神論主要是一個知識問題，是從科學唯物論得出的結論；而對列寧及其俄國追隨者來說，無神論是對上帝的背叛，正如列寧轉述的俄國革命家巴枯寧（Bakunin）的名言：「即使上帝真的存在，也一定要毀滅。」因為倡導這一信仰的偉人不是馬克思而是列寧，所以這一信仰與其說來自西方，不如說屬於俄羅斯自身。

蘇聯政權對教會的攻擊是基督教會自羅馬時代以來所經歷的規模最大的一次。它不僅是有形的攻擊，如關閉教堂、逮捕神父和信徒；更是有計畫、有步驟地使傳統宗教信仰從公共生活和公眾言論中消失，並將它從蘇聯人民的思想中根除肅清。

一九二〇年十二月，蘇聯特務頭子捷爾任斯基（Felix Dzerzhinsky）在給其副手的信中寫道：

> 我的意見是，教會要瓦解了，應當促成此事，但絕不要讓它以更新的形式復活。因此，應當由全俄肅反委員會，而不是別人來實施教會的瓦解政策。懲戒機關將全國所有的信仰都置於自己的監督之下。

但是，蘇聯第一任教育部長、理論家盧那察爾斯基（Lunacharsky）則有不同看法，他說：「宗教就像一枚釘子──你敲得越狠，它釘得越深。」事實證明，經過蘇聯政權長達七十多年的迫害，基督教信仰卻挫而彌堅。基督教不僅從打擊中挺了過來，還從中得以淨化。蘇共最後一個領導人戈巴契夫是

隱藏的基督徒，將聖經藏在枕頭下，每天晚上閱讀一段。蘇聯崩潰後，東正教經歷了巨大的復興，東正教及其他基督教宗派的信徒人數高達俄羅斯總人口的四成左右。

第四節　蘇聯是「邪惡國家」，
　　　　更是未完成的「普世帝國」

◎史達林：沒有畢業的神學生成為「宗教大法官」

列寧掌權後很快就病死了，蘇聯政權真正的「上帝」是執政三十年的史達林。一位東正教神父將史達林時代稱作俄羅斯歷史上的「極夜期」，將史達林主義視為一種宗教現象，認為其「將所有人的肉體與精神動力都歸於一個共同目標，讓領導人的形象成為『萬物的標準』，將其神話成為至高無上的權威。」歷史學家羅伊・梅德維傑夫（Roy Medvedev）寫道：

> 二十世紀前幾十年，馬克思主義者中存在著一種「造神」潮流，高爾基（Maxim Gorky）等人認為，他們將在馬克思主義─列寧主義基礎上打造某種「無神的無產階級宗教」，視做是自身的任務。史達林接手了，甚至完成了這項任務，並且有顯著的改良。他幫助在馬克思主義的基礎上建立了與宗教同族的東西，但所謂的上帝，所謂的全知全能和新宗教的危險上帝，卻由史達林本身來承擔。

史達林時代，史達林是沒有畢業的神學生的這段歷史被精心

遮掩起來。史達林出生於喬治亞貧苦農民家庭，父親是拋家棄子的酒鬼。史達林由堅強的母親獨力養大。在東正教教士察爾克維安尼的資助下，他從十歲起進入哥里神學院受六年基礎教育。他在神學史、東正教教義、敬拜儀式及教會規章釋義等科目上都獲得優異成績，因而進入提夫里斯神學院繼續深造。在神學院的四年半裡，史達林閱讀禁書，組織社團，思想日趨激進，他喪失了基督教信仰，或者說他以馬克思主義取而代之。最終他被神學院開除。

之後，這位被神學院掃地出門的年輕人經歷了沙皇當局的逮捕和流放，成為追隨列寧的革命者之一。再以後，史達林在激烈的繼承權鬥爭中戰勝托洛茨基、布哈林（Nikolai Bukharin）、季諾維也夫（Grigory Zinoviev）、加米涅夫（Lev Kamenev）等反對派，成為蘇聯的「新沙皇」——在國際舞台上，史達林的言行與沙皇並無二致，兩者同樣熱衷於擴充帝國版圖，只不過在意識形態上做了不一樣的包裝。

一九四五年波茨坦會議前夕，美國駐蘇聯大使哈里曼於柏林火車站迎接蘇聯代表團。他問史達林，以勝利者的姿態來到戰敗的德國的首都，是否特別愉快？史達林這樣回答：「沙皇亞歷山大可打到巴黎去了。」不過，史達林不需為此感慨，他很快就超越歷代沙皇了——蘇聯帝國成為世界兩大強權之一，還把很大一部分歐洲及亞洲畫為其勢力範圍。

史達林是「新沙皇」，是杜斯妥也夫斯基筆下的「宗教大法官」，是操控和玩弄人性的心理學大師。他將神學院中學過的神學轉化成一套讓人心驚肉跳的戒律，他則擁有審判所有人的超然地位。史達林的私人翻譯指出，史達林建立的行政體系，除了信仰和一定的熱情之外，基於三樣東西：紀律、恐懼和獎勵。最

關鍵的是恐懼：從做出了次品的工人、在集體田地裡拾麥穗的農民，到部長甚至政治局委員，不執行「主人」的意志可能會賠上腦袋。由此，這個機制才運轉正常。

史達林頑固地站在基督信仰的反面：輕視全人類的道德價值，鄙視憐憫心、同情心和慈悲心。對他來說，只有意志堅強的特性才是重要的，這使他付出了妻子和生命和孩子們的命運被毀乃至他本人孤零零地死在自己屎尿中的代價。最可怕的是，史達林在政治中沒有為道德的價值找到應有的位置。他認為，工作的人告發其同事是「人民敵人」，是最高尚的行為。[17]

史達林逮捕親人、親戚、自己周圍的人的妻子，他是在考驗他們的忠誠，考驗他們忠君的感情。加里寧、莫洛托夫、卡岡諾維奇及其他許多人，對於自己家裡發生的災難都不露聲色。史達林觀察他們的行為，對於他們不發怨言感到滿意。這種令人震驚的不道德的殘酷行為，就是在為史達林極端不道德的歷史做記錄和為他畫像。在這位宗教大法官和偽君子的假面具後面，沒有任何神聖、高尚、正派的東西，他在酷似恐怖影片的生活中高超地扮演許多角色。

---

17 當貝利亞在領袖的同意下逮捕領袖最親密的祕書波斯克列舍夫的妻子索洛蒙洛芙娜時，不管丈夫如何懇求挽救妻子，史達林只有一個回答：「這不取決於我，我無能為力。內務人民委員部審理這件事。」史達林指控身邊的高官、將軍和醫生進行間諜活動，這已成為標準的公式。他把這位可憐的婦女、兩個孩子的母親關了三年監獄之後槍斃了。可是要知道，這兩個孩子的父親每天都在史達林身邊連續工作十四至十六個小時，他送文件、準備資料、發布領袖的命令。受害者的女兒加琳娜·亞歷山德羅芙娜回憶說：「逮捕是貝利亞的命令，而貝利亞當時甚至一直常來我們家。史達林本人也認識我母親，他當然明白，指控進行間諜活動沒有任何根據。母親的一個兄弟到國外去取了一次醫療設備，這是指控的主要證據。」

史達林的首要身分，既不是革命者，也不是獨裁者，而是杜斯妥也夫斯基筆下的「宗教大法官」。蘇聯需要「宗教大法官」，蘇聯不能沒有「宗教大法官」，別爾嘉耶夫指出：

　　宗教大法官的精神存在於天主教，一般也存在於古老的早期教會、俄國的專制制度、任何暴力的集權國家之中，而現在這種精神又滲入到實證主義、妄想取代宗教、建造巴別塔的社會主義。哪裡有對人的監護，對他們幸福和享受的虛偽關心，同時又蔑視他們，不相信他們的崇高起源和崇高使命，哪裡就有宗教大法官的精神。哪裡視幸福高於自由，將暫時置於永恆之上，以愛人來反對愛上帝，哪裡就有宗教大法官精神。哪裡強調真理對於人的幸福無用，不了解生命的意義就可以安排生活，哪裡就有它。哪裡人類沉湎於魔鬼的三種誘惑──石頭變麵包，表面的奇蹟和權威，世上的萬國，哪裡就有宗教大法官。

　　「宗教大法官」是真理的「誹謗者」，用羅贊諾夫的話來說，「宗教大法官」的傳說「是最具毒性的一滴毒液，它終於從我們已經走了兩個世紀的精神發展階段中流了出來，分離了出來」。作為最後一個登上歷史舞台的民族，俄羅斯所具備的特徵「是真正的魔鬼的特徵」。史達林雖未施行拿破崙或威廉一世那樣輝煌的加冕典禮，但他成為希特勒之前的第一個兼有「宗教大法官」身分的現代獨裁者。[18]

　　一九四〇年，史達林的德語翻譯別列什科夫在納粹德國工作期間，看到一幅令人驚訝的景象：同樣在「神化」領袖，舉行同樣的大規模集會和閱兵，人們手裡拿著元首的畫像，孩子們則向他獻花。非常相像的宏大的建築，繪畫中也有類似蘇聯社會主義

的英雄主義題材。希特勒把所有異見人士投入集中營並徹底消滅之後，也像史達林一樣，借助強大的意識形態宣傳製造一種效果，群眾開始神化他。別列什科夫觀察了從法國得勝歸來的德軍在柏林舉行的閱兵儀式。他站在主席台旁邊看到，當希特勒乘坐敞篷賓士駛過人群時，所有人都湧向他，婦女們舉起嬰兒讓他觸摸。希特勒仇視人民，卻善於討好他們，稱之為「主宰者種族」。史達林也一樣，慈父般地向那些走過列寧陵墓、頌揚他的遊行隊伍微笑，也討好地稱他們為「共產主義的建設者」——在心裡卻將他們罵為蠢材。

那一瞬間，別列什科夫意識到，蘇聯和德國宣稱目標截然不同結果卻殊途同歸：希特勒宣布了「主宰者種族的千年帝國」，但是，他卻將德意志民族最優秀的人投入戰爭的絞肉機，像狂躁症患者般頑固，將德國文化的無價遺產變成了瓦礫。史達林號召蘇聯人民建設人人平等、人人幸福的社會主義社會，但是，這並沒有妨礙他將許多民族全體遷移到西伯利亞，消滅千百萬的農民。

---

18 極具諷刺意味的是，跟史達林最相似的獨裁者，不是別人，正是史達林的死敵希特勒。德國外交部長里賓特洛甫（Joachim von Ribbentrop）訪問莫斯科之後向希特勒匯報說：「史達林與莫洛托夫可愛至極。我感到自己跟我們的老黨員在一起。」希特勒十分讚賞史達林的「忍耐」和「韌性」，他的席間奇談之一是：「戰勝俄國之後，最好把國家交給史達林管理，當然是在德國統治之下。他比任何人都更善於對付俄國人。」即便在一九四五年春天，處於絕望中的希特勒仍對史達林抱有期待，希望與史達林和談。三月四日，隨侍在希特勒身邊的赫本斯在日記中記錄道：「元首是對的，他說，史達林更容易實施大轉彎，因為他無須考慮社會輿論。」希特勒在生命的最後幾天，「感到了與史達林更大的接近感」，高度評價史達林是一個「天才」，他們兩人都懷有「偉大和堅定」，而沒有資產階級政治家的搖擺不定和與易於讓步。

◎大而無當的國營工廠與集體農莊

列寧及其領導的十月革命，是德國送給俄羅斯的拌了毒藥的蜜糖。當時，德國的工業動員給予列寧深刻印象，他相信這正是生產社會化的正確途徑。正像列寧認為馬克思發現了跟達爾文進化論一樣永恆的社會規律，他相信大眾化生產的新技術是科學規律，而不是社會建構。他是德國系統控制的熱情擁護者，他讚美「建立於最現代的機械化工業的紀律、組織和協調合作的原理、最嚴格的責任和控制制度」。

馬克思主義未能在工業化的德國實踐，反倒在遠未工業化的俄國實踐，這是歷史的玩笑嗎？不是，因為俄國比德國更缺少個人主義的觀念。最早批判計畫經濟模式的俄國經濟學家鮑里斯・布魯茲庫斯（Boris D. Brutzkus）指出，「社會主義經濟的統一計畫是馬克思主義的主要思想」，它是經濟體制，也是政治體制，更是意識形態。一九二〇年八月底，當布爾什維克在內戰中獲勝之際，名不見經傳的布魯茲庫斯在聖彼得堡發表演講，指出馬克思主義的共產主義制度本質上是不合理的，是不可避免要崩潰的。他被布爾什維克黨人當做「我們的敵人」逮捕入獄，「在一個共產主義國家裡，不關心政治並能免於暴力侵犯。在那裡，不僅行為，而且思想也可以被認為是犯罪」。緊接著，他和一大批知識分子被驅逐出境。托洛茨基稱之為「預防性的人道措施」──托洛茨基當然不會料到，幾年後，同樣的命降落到自己身上。

布魯茲庫斯流亡路上完成《蘇維埃的計畫經濟》一書，在蘇聯如朝日般升起之際唱響其喪鐘。海耶克認為，布魯茲庫斯對中央計畫經濟體制的批評表現出「非凡的預見性」，讚揚他與米塞

斯和馬克斯‧韋伯一起確定了社會主義經濟學研究的中心問題。

布魯茲庫斯強調，經濟自由原則，即經濟創業自由、消費組織自由和勞動自由原則，對個人具有重大意義，它對整個社會的意義更大。「在資本主義制度下，生產力的異常發展是與經濟自由原則和競爭原則極為緊密地聯繫在一起的。」反之，社會主義制度不利於自由進取：第一，收入均等，許多資本主義的刺激創業的因素消失了；第二，經濟生活採取官僚形式；第三，不能避免裙帶關係；第四，由於不可能準確計算價值，高級官員很難接受革新建議。

布魯茲庫斯預見到，在社會主義制度下，不僅在政治生活中，而且在經濟生活中，全能國家將露出其面相：

象徵著霍布斯筆下徹底吸乾人之個性的利維坦巨怪的，既不是舊時西方的君主主義國家，也不是當代的民主主義國家，而是社會主義國家。

布魯茲庫斯在二戰之前病逝，卻準確地預見到蘇聯對世界的禍害。

蘇聯崩潰前夕，英國駐蘇聯大使布賴特韋特發現，蘇聯雖然實現了工業化，但「宏偉的、代價極其高昂的投資計畫好些年甚至幾十年一直沒有完成；商品質量低劣，這些商品連吃夠苦頭的蘇聯消費者也不願購買，因此都積壓在庫房裡；社會領域得不到足夠的資金；農業舉步維艱，危機四伏；隱形事業現象在擴大；蘇聯優秀的科學家和技術專家的先進工藝停留在圖紙上，因為沒有有效的機制來將其運用於生產。」

斯科特指出，布爾什維克的理想是很宏大的，它要在清除舊

制度的社會中實現帶有社會主義革命先鋒特徵的極端現代主義理想。國有工廠、集體農場和五年計畫是實現此理想的手段。

從城市和公共建築（蘇維埃宮）到大型工程（如白海運河），以至到後來五年計畫中的大型工業項目（如馬格尼托哥爾斯克鋼鐵聯合企業，它是蘇聯四大鋼鐵公司之一，擁有數十萬工人，最大的車間長達一英里，它幾乎就是一座大型城市，有自己的醫院、學校、商店和警察），還有集體化，幾乎所有的計畫都規模巨大。這是一種「巨型癖好」。在這個國家，經濟本身被想像成秩序良好的機器，每一個人都像列寧所預想的一樣，按照中央統計局制定的規格和質量生產產品。然而，大型項目最終都失敗了，其失敗意義重大——冷戰的結束可以看作是矽谷打敗蘇聯的「鋼城」馬格尼托哥爾斯克。

蘇聯創造了新的、大型的、等級制度和國家管理的農場，農場的作物種類和徵收的分額都是中央決定，其人口在法律上也不能流動——公民的遷徙自由被剝奪。共產黨人所發明的這套體系作為徵收和控制的工具，實施幾乎六十年，其代價是停滯、浪費、精神沮喪和生態退化。[19]

更嚴重的是，農業集體化的人為錯誤，造成歷史上從未有過的大饑荒。饑荒遍及俄羅斯本部及烏克蘭等加盟共和國。根據最新解密的數字，超過兩千萬人被餓死。在此後的半個世紀中，每公頃的糧食產量停留在、甚至低於革命前的水平。但從國家中心的視角看，集體化是成功的，它完成了徵收賦稅和政治控制。

---

19 蘇聯作為世界上國土面積最大、自然資源最豐富的國家，卻長期無法實現糧食自給，成為最大的糧食進口國。反之，國土與之相比宛如彈丸之地的尼德蘭、以色列，卻是農業大國和糧食及其他農產品的出口國。

為什麼沒有任何力量阻止悲劇發生？斯科特指出，阻止全面極端現代主義計畫的三個因素在蘇聯這樣的極權主義國家都不存在。第一個是私人空間信念的存在。第二個是自由主義政治經濟學中的私營部門。第三個是代議機構的存在──如同經濟學家阿馬蒂亞・庫馬爾・沈恩（Amartya Kumar Sen）所說，開放社會中公開化和動員反對力量可以預防饑荒。統治者不會挨餓，他們不可能了解並採取行動控制饑荒，除非他們的設定位置給他們以強烈刺激。言論、集會和出版自由可以使饑荒廣為人知，而集會和代議機構中的選舉自由保證被選出的官員出於自身利益盡可能地控制饑荒。同樣，在自由民主的背景下，極端現代主義計畫要與地方意見相互吻合才能避免在選舉中失敗。

　　由此，斯科特透視了俄國大饑荒及體制崩潰的根源：首先，那些項目背後的預言家和設計者犯了自大的毛病，忘記自己是凡人，行動時覺得自己是上帝。其次，他們的行動遠非攫取權力和利益，而是被改善人類條件的真誠希望所鼓舞──這個希望本身帶有致命的弱點。這些悲劇與對進步和理性秩序所持的樂觀主義看法緊密地聯繫在一起，這本身就是要找出來進行嚴格診斷的原因之一。

　　所以，如果不在觀念秩序層面上徹底放棄「極端的現代主義」，蘇聯就不可能完成「自改革」。蘇聯的改革只能以解體和崩潰的方式畫上句號。

◎極權主義腐蝕人心、泯滅人性

　　體制崩潰之後的重建相對容易，但被體制戕害的人心的恢復則難於上青天。喬治・凱南對俄羅斯人的情感「強烈得難以

抑制」，「我的俄羅斯情結比我的美國情結純真得多、厚重得多」。[20]凱南一生的事業，成也蘇聯，敗也蘇聯。他在蘇聯旅行時，對共產黨政權對俄羅斯文化的戕害感到憤怒：「我不是虔誠的教徒，但是這種褻瀆文化和知識的粗魯態度震撼了我，這是對人類世界以往一切鬥爭、苦痛和犧牲的莫大褻瀆。我認為共產主義者必將因為這些行為受到懲罰，正像一切無知、狂妄和自大都要受到懲罰一樣。」

凱南從未對蘇聯政權存有一絲好感或幻想。他在一封給年輕同事的信中，談及極權主義最大的邪惡是對人性的毒化：

極權主義者可能比我們更了解人類的本性，但他們缺乏憐憫之心，所以會毫不猶豫地利用人類的本性為自己謀利。他們以一種平靜而狡猾的手段腐蝕著人類的品質，人們的品質越是低劣，越是有利於他們的統治。

凱南在德國任外交官時，正趕上太平洋戰爭爆發，德國對美國宣戰，他和同事被軟禁在一座酒店中數月。他深知納粹德國的邪惡，他是最早將蘇聯與納粹德國相提並論的西方知識人。「在蘇聯，女人工作不是為了妝點個人生活，而是嚴格地為國家履行義務，在這方面蘇聯跟納粹德國並無區別，思想獨立是自甘墮落、多餘、危險和邪惡的表現。」、「愛倫堡（Ilya Ehrenburg）文風低俗，扭曲事實的做法醜陋無恥，其知識分子的立場不比戈

---

20 美國駐蘇聯使館的同事稱讚凱南說，「沒有哪個美國人的俄語說得比凱南好」；俄羅斯人也發現，「他講的是知識分子說的俄語，聽得出他深諳俄國的歷史文化」。

培爾博士那些人更崇高。」

　　戰後，凱南被國務院任命為美國駐蘇聯大使，卻因為一次無法遏制的憤怒言論而被迫離職。有一次，凱南的孩子從大使官邸的籬笆中伸出手去，跟外面的幾名俄國孩子握手，孩子之間的友誼超越國籍，俄國警察卻跑過來粗暴地將俄國孩子趕走。目睹這一場景，凱南寫道：「我耐心地觀察這個完全邪惡、膽小、老舊的孤立政權的面孔，就算是一個外國官員還是得屈服於它。不過此時我卻動怒了。」幾天後，他出差經過柏林機場，對記者說，「在俄國擔任大使，有如在二戰中在納粹德國遭到短暫拘留」。史達林對凱南將蘇聯與納粹德國相提並論感到憤怒，宣布凱南為不受歡迎的人，禁止他返回蘇聯。[21]

　　凱南指出，只要蘇聯存在一天，其對外擴張就不會停止：「蘇聯的權力是沒有邊界的，克里姆林宮充滿猜疑和偏執的雙眼最終能夠區分出誰是附庸，誰是敵人。」凱南將蘇聯看作一個基督教世界之外的亞洲國家，它並不認可西方近代以來形成的西發里亞體系：「我們完全忽視了『傀儡國家』這個根深蒂固的觀念，這種觀念是亞洲和蘇聯所有政治思想的基礎，偶爾也出現在東歐和中歐，它嘲弄著管理國際政治生活的法律規則。」凱南進一步指出，馬克思主義主要是蘇聯統治者的「遮羞布」，但不是蘇聯擴張主義的起因；不過「它加了蜜糖的承諾」使得傳統的俄國觀念「比以往更加危險而狡詐」。

　　同時，凱南也不像某些西方政客那樣自欺欺人地將「蘇聯政

---

21 失去這個重要職位之後，原本就與凱南觀點相左的國務卿杜勒斯表示再無其他職位給他，趁機將他解僱。此後半個多世紀，凱南轉入學術界，成為普林斯頓大學高等研究院中最傑出的歷史學家和政治學家。

權」和「蘇聯人民」做出切割——正如今天很多西方政治人物小心翼翼的區分「中共」和「中國人民」。凱南指出，經過蘇聯政府的長期洗腦，蘇聯人民已經成為「自願為奴」的族群：「蘇聯教育模式下的人們對於權威異常迷信，我看不到衝破這種束縛的方法。黨在路線方針上的矛盾和倒退對他們而言毫無所謂。即使黨的路線在一夜之間發生翻天覆地的變化，他們也一定能為之找到充分的理由。」[22]凱南的結論是：只要共產黨執政，美蘇關係沒有未來可言。

凱南對蘇聯異議人士群體的評價亦很低。有一次，他在瑞士會見一個從蘇聯叛逃的人。對方質問說，西方為什麼不激烈對抗和打擊蘇聯，或者對蘇聯發動戰爭。凱南在心中暗自感歎：「蘇聯的共產主義者們，你們到底做了什麼，竟然讓一個人變成這樣，讓受壓迫的不同政見者也變得像你們一樣思維混亂不堪？」

凱南在莫斯科大使館發回國務院的「長電文」，奠定了冷戰思想的根基。凱南對自己的歷史貢獻當仁不讓：「我非常確信自己在許多方面上的看法都是正確的。一九四五年，幾乎只有我一個人預見到蘇聯在其衛星國的恐怖統治，以及這種統治最終必將解體的命運。事實已經證明，我對蘇聯極權社會弱點的分析是絕對止確的。馬歇爾計畫的思路是我提出來的，我正確地估計了馬歇爾計畫取得政治成功所需要的必要條件。」

凱南足夠長壽，去世於二〇〇五年，活了一百零一歲。他與

---

22 凱南洞悉了極權主義維持的祕密，若人民被恐懼所征服，那麼他們就自動成為獨裁政權的支持者。「一個國家的挫折和痛苦，往往是某些人所造成的，這些人比他們的領導人從事著更加罪惡的工作，他們任由自己冷漠，甚至強化自己本已狂熱的信仰。他們被告知，要熱情而真誠地相信他們所能相信的，就算他們相信的東西邏輯上可能是完全錯誤的，也要一如既往地保持熱情和真誠。」

海耶克一樣在晚年看到了蘇聯的崩潰及俄羅斯艱難的重建。他沒有為宿敵的崩潰而高興，他發現蘇聯已然解體，他所熱愛的優雅美好的俄羅斯卻無法復活。

◎輸出革命，赤化全球

在二十世紀前夜，義大利經濟學家帕累托（Vilfredo Pareto）警告說：「社會主義的大潮緩慢但穩步地在幾乎每一個歐洲國家上升。」就像「一七八九年的理念」是在法國國家認同下才變得令人心服一樣，共產主義同蘇聯的結合使得其由少數人持有的具有顛覆性的教義轉化為世界性的活動。隨著時間推移，它被一個越來越令人生畏的經濟和軍事強國支持。如果說在一八一五年後，歐洲各大國的最高目標是防止另外一場法國大革命或法國模式的歐洲大革命；那麼，在一九一七年以後，歐洲各個大國的最高目標是遏制布爾什維克主義在歐洲蔓延。後者比前者更加危險，因為其更具某種普世特性。

以法國路徑而論，法國思想是一種具有普世性的啟蒙主義，但法國本身不追求輸出革命並建立具有同一種意識形態的世界帝國──法國建立過殖民地，但法國並不願意在殖民地輸出法國模式，胡志明在法屬印度支那讀不到法國大革命的書籍。法蘭西帝國只是以法國人為核心的帝國，最多就是歐洲聯盟的雛形。高貴的法國人並不認為歐洲以外蠻荒之地的原住民有資格掀起自己的「法國大革命」。

以德國路徑而論，黑格爾和馬克思的思想具有普世意義，但德國人一心要建立的是日耳曼人的民族帝國，無論是第二帝國還是第三帝國都不包括其他種族（即便有其他種族，也只是充當苦

役），軍國主義和納粹主義是雅利安人的「禁臠」——納粹軍隊占領蘇聯大片領土後，並未花費太多力氣策動被蘇聯奴役的若干民族反抗俄羅斯民族及蘇聯政權，雖然這種做法符合納粹德國的政治和軍事利益，卻不符合納粹的意識形態。

相比之下，蘇聯路徑不僅在理論上還是在時間上，都有超越俄羅斯民族而建立多民族的「天下帝國」及爭取「世界革命」的普世性。俄羅斯固然亦有其沙文主義的一面，但「共產國際」的理想卻讓拿破崙和希特勒都顯得心胸狹隘。雅科夫列夫指出：「俄羅斯共產主義是對俄羅斯彌賽亞思想的歪曲。這種共產主義斷言，光來自東方，它應當照亮西方資產階級的黑暗。」以賽亞·伯林則分析說，馬列主義具有四個魅力，使得蘇聯革命模式成為從中國到越南，從印度次大陸到加勒比海的革命黨藍圖：第一，馬克思主義的全面性，它宣稱自己是認識現在、過去和將來一切事物的關鍵。第二，馬克思主義比其他任何學說更為成功地設法使自己等同於科學。隨著宗教和其他任何可靠的支柱被放棄，全面性和科學權威性就變得尤其具有吸引力。第三，馬克思主義儘管有其決定論的一面，但也是一種主動、樂觀的學說。歷史在正確的方向發展，每個真正相信馬克思主義的人都可以在推動歷史的進步方面發揮作用。第四，馬克思主義一開始就有現成的聽眾，即工人階級，他們接受請求來接管這個世界，後來列寧將受眾擴展到貧苦農民和殖民地人民。

蘇聯向世界輸出革命，改變了二十世紀全球數十個國家的歷史走向。比如，蘇聯在十月革命成功後不久，就向中國輸出革命，扶持中國國民黨和中國共產黨，讓此兩黨聯手顛覆中華民國。此後，中國國民黨與中國共產黨又彼此血腥廝殺，直至一九四九年中國共產黨奪取中國政權——中國共產黨在中國執政

至今，其執政時間超過蘇聯共產黨。

　　一九四三年，在與納粹德國的拉鋸戰中，為了得到英美的援助，史達林必須先讓英美放心，其重大舉措是宣布解散第三國際，暫時放棄「世界革命」的理想。一九四四年十月，史達林在與邱吉爾的對話中一語道破天機：邱吉爾對史達林說：「在一九一九至一九二〇年時，全世界都因世界革命而嚇得發抖。」史達林毫不遲疑地說：「現在世界不會再嚇得發抖了，蘇聯無意在歐洲發動布爾什維克革命。」然而，這只是權宜之計。

　　如果將第二次世界大戰定位為「反法西斯戰爭」，它就只成功了一半，因為蘇聯就是另一種形態的法西斯，它施施然地站在戰勝國一邊，瓜分勝利果實，並促成東歐和中國赤化。所以，不應整體性地對二戰中的兩個陣營作出善惡之判斷，而應分成不同的局部進行具體分析論證。蘇聯與納粹德國之間的殊死搏鬥，無所謂善惡、是非，本質上是惡與惡的廝殺。在戰前，蘇聯發動侵略芬蘭的戰爭，並夥同納粹德國瓜分波蘭──甚至製造卡廷慘案並嫁禍給納粹德國。蘇聯制定了對納粹德國發動先發制人的攻擊的「大雷雨」計畫，並將開戰日期訂在一九四一年六月十二日──比希特勒的開戰時間還早十天。制定該計畫的朱可夫（Georgy Zhukov）被史達林提拔為總參謀長。該計畫之所以未能如期完成，是因為蘇聯西部的鐵路運輸能力比德國低兩倍半。

　　俄羅斯歷史學家索科洛夫指出，蘇聯並非單純的受害者，而是像它的對手納粹德國一樣積極擴張、追求霸權，被它奴役的許多弱小民族甚至寧願投向德國入侵者來反抗其統治。蘇聯對芬蘭、波蘭、羅馬尼亞、摩爾多瓦以及波羅的海三國等國家的侵略和暴政，跟納粹德國毫無二致。德國軍官施德里克費爾德在為陸軍最高指揮部撰寫的名為《俄羅斯人》的報告中指出：

納粹制度追求的是極權主義的、貫通一切的政權，但是，它還沒有達到史達林主義那種驚人的登峰造極的程度。在第三帝國裡，總算還保留那麼一點傳統的國家組織和社會結構的基礎，並且也還沒有把個人的獨創性和私人所有制完全扼殺，也還有可能不依賴於國家進行的工作和生活。德國人還可以說出自己的想法，即便它與官方的教條不一致，甚至可以在一定程度上按自己的想法去做。但是，德國的這種不自由的形式，卻被大多數蘇聯公民以史達林的強權制度為尺度進行衡量後所稱道，最後竟然把它理解為也算是一種自由。這就是我們兩國之間的巨大差別所在。

　　蘇聯在二戰中的勝利，對於其治下的人民以及被其控制的大小國家來說，不是解放，而是更大的奴役。索科洛夫冷峻地指出：「二戰後，衛國戰爭取得的勝利成為了蘇維埃政權存在的主要理由，也為蘇聯的極權政治提供了道義上的支持，於是它的存在得以延長四十多年。」戰後冷戰格局迅速形成，蘇聯占領和控制了幾乎半個世界，其劣質殖民的手段毒辣和殘暴。

　　首先，在國際共產主義運動內部，蘇聯共產黨強力推行一個黨指揮其他黨的作法，形成「兄弟黨」之間不正常的關係——名為「兄弟黨」，實為「父子黨」。蘇共將蘇聯黨內的鬥爭，擴大到其他國家共產黨內部，用判刑、流放、肉體消滅等辦法，對待其他國家共產黨的領導幹部。

　　其次，在國與國的關係上，蘇聯以極不平等的方式對待「兄弟國家」和鄰國。或是主動侵犯，通過戰爭手段取得領土，如二戰前夕和初期的蘇芬戰爭、蘇波戰爭；或是通過國際會議，畫分勢力範圍，進一步蠶食、吞併其他國家領土。從二戰以來，蘇聯

在雅爾達會議等國際會議上，通過吞併波蘭東部地區、羅馬尼亞的比薩拉比亞、日本北方四島等，取得近七十萬平方公里領土。

第三，蘇聯在其他社會主義國家駐軍，建立軍事基地，干涉別國內政。一九五六年，蘇聯出兵鎮壓匈牙利民主運動，殺害匈牙利軍民兩萬五千多人，二十多萬匈牙利人淪為難民。一九六八年，蘇聯出兵閃電式地侵占捷克斯洛伐克，鎮壓「布拉格之春」運動。一九七五年，蘇聯派遣古巴雇傭軍，插手安哥拉內戰。一九七七年，蘇聯在非洲之角支持衣索比亞與索馬利亞進行戰爭。一九七九年，蘇聯支持越南侵略柬埔寨。一九七九年底，蘇聯悍然侵占阿富汗，企圖為南下波斯灣、印度洋打開通道——阿富汗戰爭卻成為壓垮駱駝的最後一根稻草。蘇聯國際關係學者阿爾巴托夫（Georgy Arbatov）承認：「在七〇年代下半期我們自己對一系列國家的事物實行軍事干涉和『半干涉』政策，我們國家變成了一個擴張主義的侵略國家，促使大量國家團結起來反對我們。」

第五節　為什麼俄羅斯仍然不是「西方國家」？

◎「泥足巨人」在一夜之間崩潰

漫長無盡的獨裁暴政，讓俄國人麻木不仁，只能靠酒精來麻醉。在柏林牆倒下那一年，波蘭作家卡普欽斯基（Ryszard Kapuscinski）從西向東、從南到北，踏遍這片過於廣闊的大地。他看到的一切並不比半個多世紀之前凱南看到的更美好——難怪深愛俄羅斯的凱南並不為蘇聯崩潰感到高興。卡普欽斯基寫道：「所謂的蘇維埃人，首要就是精疲力盡之人，如果沒有力氣為剛

贏得的自由歡呼，也不必太過驚訝，因為他們就像長跑選手在率先抵達終點時累垮、攤倒，甚至連勝利的手勢都比不出來了。」這就是普丁（Vladimir Putin）專制的「群眾基礎」，俄羅斯人並不認為自己可以掌握其命運。

一九九一年，如同泥足巨人一樣，蘇聯在一夜之間崩潰了。其實，蘇維埃體制早已出現許多即將瓦解的徵兆，戈巴契夫多次談到蘇聯社會的危機，他認為最大的危機是「精神危機」：到處流行悲觀厭世情緒，對馬克思主義承諾的幻想破滅、酗酒和犯罪。戈巴契夫期望改革而不是廢除蘇聯體制，也就是不動手術就可以治療癌症，但葉爾欽說：「戈巴契夫認為他可以把不可能融合的事物融合在一起：共產主義與市場、公有制和私有制、多黨制和蘇聯共產黨一黨專政。」

由列寧定義的社會主義注定要滅亡，因為它是建立在對人性錯誤假設的基礎上。馬列主義對人性的樂觀描述，反而導致對人性的惡意戕害。雅科夫列夫指出，布爾什維克革命成功的祕訣在於：「布爾什維克出色地利用了奴僕般富於激情和奴僕般俯首帖耳的芸芸眾生的庶民的政治心理，無論奪取政權時和奪取政權後都是如此。結果是，變得野獸般凶狠的壞人焚燒宮殿和莊園，搶劫財物，在內戰中殺害父兄，用瓦斯毒死士兵和農民，擊碎頭蓋骨，在冰窟窿中將神父深入水底，用他們來建造冰柱，在古拉格崗樓上警惕地看守著索忍尼辛們。芸芸眾生在仇恨和復仇心理激勵下幹出的那種反基督的卑劣行徑，真是絕無僅有。」

而共產黨能長期維持政權的祕訣在於：

在黨和肅反機關的「鐵籠子」裡，能夠不改變自己觀點和原則的人很少。就連一個正派的人也會扭曲變形。他在這個集體的

動物園裡待的時間愈長，就愈少覺察自己身上所發生的變化，漸漸開始把官方的觀點當成自己的、個人的觀點。選擇已化為烏有，人本身不過是個鸚鵡而已。當奴役成為一個人自己的家時，他就不再覺得自己是個奴隸了。

在該體制之下，統治者和被統治者的智力、精神和情感同步下降，形成惡性循環。當「八一九」政變發生時，前任美國駐蘇聯大使小傑克・F・馬特洛克（Jack F. Matlock, Jr.）的兒子戴維正在蘇聯旅行，他觀察到，最初蘇聯人聽到戈巴契夫被推翻，人人恐懼萬分。但人們看完國家緊急狀態委員會舉行的記者招待會，都令人驚奇地輕鬆地笑了起來──人們看到的不是自信的領袖，也不是刻意恐嚇一個國家臣服的暴徒，而是一群膽怯的、竭力自保的、被自己的所作所為嚇壞了的官僚。「俄羅斯人可以原諒他們的領袖的邪惡，但卻永遠不能容忍他們的軟弱和怯懦。」從這個細節可以看出，蘇聯的專制主義造成人的創造力和想像力的普遍下降，共產黨高級官員也是如此。即便蘇聯崩潰了，它並不能將它帶到這個世界的所有罪惡、造成的所有惡果帶入墳墓，蘇聯七十年統治造成的人性的淪喪、人格的卑賤、人心的醜陋，需要幾代人的努力才能恢復和提升。

其次，蘇維埃制度的一個最重要特徵是，國家制度是靠政治組織起來的。這一制度的核心，正如一九七七年蘇聯憲法所規定的，是共產黨。作為社會政治結構要素之一的多黨制度，是完全遭到排斥的，就像共產黨本身內部不允許存在不同思想和派別一樣。蘇聯共產黨的各級組織是將政權的決定傳達到最廣泛階層民眾中去的工具，是思想控制與監督的工具。換言之，蘇聯共產黨並非人們通常使用這個詞彙時候的含義，它不是一個政黨，它一

直是政府的工具，或者反過來說，是控制政府的工具，它有權支配整個國家機構。而且，執政黨是無所不能與無所不管的：該政黨不僅永遠是對的，其權力行使也毫無限制可言。幾乎在所有的個案中，所謂「黨」都會具體化在一個單一領袖身上，然後由他來給予各種定義及分配權力。

表面上看，共產黨政權是由完全聽命於黨的高層領導並按照等級秩序排列的幹部組成，這樣就比沙皇政權具備更有效的中央協調能力。但實際上，當黨控制全部的國家、社會，黨的潰敗必然意味著國家和社會的全面潰敗。當「八一九」政變發生之時，戈巴契夫痛苦地發現，「共產黨中央書記處的大多數人和許多地方的黨組織都採取了可恥的立場，支持國家經濟狀態委員會」，「黨中央作為一個集體領導機構，實際上它未能經受住考驗」。戈巴契夫在回到莫斯科後辭去蘇共總書記的職務，並建議蘇共中央委員會自行解散。葉爾欽則宣布禁止共產黨在俄羅斯聯邦活動。於是，蘇共與蘇聯一起退出歷史舞台。蘇共與蘇聯，誰是誰的陪葬品呢？

所以，蘇聯不是被美國擊敗的，而是被自己打敗的。蘇聯盲目追求宏大和擴張，過於肥胖終至心臟無法負荷。戈巴契夫改革二十年之後，戈巴契夫的助手尼古拉·什梅廖夫反省說：

改革最重要的失誤是「深入骨髓」地輕視解決一個十分重要的，但很難表述更難計算的問題，即必須重新培養出廣大群眾創造性的進取精神、他們的經營本能、他們潛在能力，換句話說，是他們那種能穿透任何瀝青路面的「小草的自發的能量」。此前七十年，這種能量被百般摧殘，而國家把任何一個獨立經營者都看成是天然的敵人，不管他是農民、手工業者，還是商人或醫

生，在蘇維埃政權的幾十年中，國家只想一點：怎樣再建成又一個工業巨型企業，絲毫不理會在全世界中小企業家早已成為經濟和科技進步的主要發動機、市場的主要代表和僱主。世界說「小的好。」布爾什維克卻固執地斷言：「不，大的才好。」

◎「東方，還是西方」的老問題：
   索忍尼辛與沙卡洛夫的分歧

　　如果托克維爾像訪問美國那樣訪問俄羅斯，一定會寫一本與《民主在美國》相映成趣的《民主為何難以在俄國扎根？》——俄國沒有美利堅那樣的民情民風，「俄國的原始靈魂是泥土、音樂、伏特加、謙恭，以及那種奇特的憂鬱背後某種不可理解的東西」。

　　蘇聯崩解之後，其位於中歐和東歐的衛星國及獲得獨立的波羅的海三國順利走向民主化，先後加入北約和歐盟，成為名副其實的西方國家。而俄羅斯聯邦、白俄羅斯、烏克蘭、高加索諸國及中亞若干帶有「斯坦」後綴的國家（這些國家大多屬於突厥系和伊斯蘭信仰），卻未能如西方預料的那樣走向民主化，三十年來，它們依然苦苦掙扎在不同形態的威權主義的泥沼中。

　　後共產主義時代的俄羅斯，並未消除對西方深刻的不信任和仇恨心態：俄國對西方懷有深刻而可怕的世仇，就像對自己身體內的毒藥的憎恨。在杜斯妥也夫斯基內心的痛苦，托爾斯泰激烈的怒火以及普通人沉默的焦慮中都能感受到這種仇恨。這是一種不可抑制的仇恨，通常是無意識的、深藏在愛慾和理解的急切期盼之中，是對浮士德意志的所有象徵根本上的憎恨：城市（尤其是聖彼得堡）是這種意志打破廣袤草原的平靜的先鋒；還有藝術

與科學、西方的思想與情感，國家、法學、管理制度、金錢、工業、教育和社會——事實上是西方的一切。這是屬於古代文化的那種原始的天啟式的仇恨。

向東，還是向西，這是一個老問題，也是蘇聯反共的異見人士領袖，文學家索忍尼辛與科學家沙卡洛夫之間的重大分歧。索忍尼辛被逮捕和放逐時，沙卡洛夫挺身而出為之辯護，但隨即兩人展開一場筆戰，觀念秩序及精神和心靈秩序的分歧是無法迴避的。

蘇聯形形色色的異議人士群體都曾給祖國開出過不同的藥方。索忍尼辛屬於新斯拉夫主義派、俄羅斯民族主義派及東正教神祕主義派，他認為民主制度並不適宜俄羅斯民族的現狀，自由只是精神上的。俄羅斯只能實行一種建立在古老東正教人類互愛道德基礎上的專制制度，「今天，除了基督教可以醫治俄羅斯的靈魂以外，我自己也看不到任何有生氣的精神力量」，「將俄羅斯從該隱手中奪回，把它歸還給上帝」，也只有大力發揚俄羅斯民族精神，包括村社、家庭、自治、東正教、專制傳統才能讓俄羅斯強大。

索忍尼辛在流亡美國期間，在入籍儀式的前一天拒絕跟家人一起加入美國籍，他一直隱居在蒙大拿寒冷的鄉村莊園裡，那裡嚴酷的自然環境跟俄羅斯很相似。他在美國居住十多年卻仍然像在俄國生活一樣。他未能發現美國強大的根基是新教倫理和清教徒傳統這一「美國祕密」，也無意研究和思考英美路徑的優勢。他僅有一次對新教教義中的預定論和理性主義發表一番淺薄的批評：「我們不得不承認，新教把一切歸結到信仰。但喀爾文主義認為，信仰根本不取決於人，信仰已經被預先決定了；在對天主教的激烈反抗中，新教匆忙拋棄了信仰中一切奧祕的、神話的和神祕的方面，連同禮儀。從這個意義上來說，它使宗教變得

貧瘠不堪。」他晚年完成的關於現代俄羅斯歷史進程的巨著《紅輪》，再也沒有一點思想的亮光，在文學上也因過於說教而讓讀者形同嚼蠟。

與索忍尼辛一樣，沙卡洛夫也被同胞視為先知式的人物。一九八九年，在沙卡洛夫的葬禮上，人們留下「原諒我們，當他們折磨您時，我們卻無動於衷」、「我們再也不會沒有勇氣面對獨裁」、「您為我們指出了知識分子的天職」等感想。[23]

但與索忍尼辛截然不同，沙卡洛夫是西化派和法治派，他認為蘇聯的制度是「國家資本主義社會」，主張在政治上繼續改革，實行民主和法治，讓俄羅斯人擁有真正的選擇的自由；在經濟上拋棄計畫經濟，擴大發揮私人企業和私有經濟的活力；實現司法獨立，建立司法公開和透明的原則。他既批判共產黨的極權主義統治，也對俄羅斯歷史和傳統有深刻質疑和反省。

沙卡洛夫表示，他敬仰索忍尼辛「拒絕向邪惡妥協及敏銳而且切中要點的心智能力」，但對其「武斷、忽略細節和容不下他人的意見」的一面不予認同。他認為，索氏存在反西方的偏見；孤立主義；除了俄羅斯人和烏克蘭人外，他不關心蘇聯的其他民族，更遑論其他國家的問題；過於理想化俄羅斯的特質、宗教和生活方式，流露出俄羅斯本位主義；態度幾乎稱得上對其他種族的人輕視或有敵意。

沙卡洛夫發現，索忍尼辛認為西方在對抗極權主義的戰鬥中節節敗退，缺乏堅定的宗教信仰或道德規範，縱容自己沉迷在消

---

23 在英語中，知識分子（Intellectual）這個詞語有一定的負面含義，有一種冷漠尖酸的意識；在俄語中，這個詞語帶有「智者」及「道德巨人」的意味，被賦予不容推卸的道義責任，特指「既博學多聞，又致力於公益的人，不是行善者，而是握有道義指南的人」。

費主義的逸樂中。但沙卡洛夫認為，西方社會基本上是健康而有活力的，有能力迎向生活中不絕於縷的挑戰。西方多元化、自由和尊重個人形成了社會的力量和彈性的根源，而不團結正是其代價。機械化的團結在侵略擴張的目標上或許有用，但在其他方面的失敗已經蓋棺論定，所以沒有理由為此而犧牲多元化、自由及尊重個人的精神。沙卡洛夫沒有像索忍尼辛那樣長期在西方生活，卻比索忍尼辛更洞察西方的本質。

索忍尼辛不信任西方，對俄羅斯東正教寄望過殷，認為俄羅斯人民可以到東北部的淨土，洗滌被西方傳來的惡毒共產主義凌虐的道德和身體。他甚至認為，俄羅斯人始終對社會主義制度抱有敵意。然而，沙卡洛夫認為，這些論點是「神話」，布爾什維克革命之所以在俄國成功，馬克思主義沒有在其誕生的歐洲成功實踐而在遙遠的俄國成為占據統治地位的意識形態，表明俄國有讓其繁衍生殖的土壤。病毒攻擊和侵襲那些缺乏免疫能力的、衰弱不堪的人，俄羅斯正是如此。

索忍尼辛與沙卡洛夫的分歧，從某種意義上決定著俄羅斯未來的走向。

◎普丁大帝：「新農奴」投票選出的「新沙皇」

蘇聯解體後，索忍尼辛精心安排了從遠東返回祖國的漫長的火車之旅，似乎刻意與列寧從歐洲返回的路線對立——列寧從西方帶給俄羅斯災難，他要從東方帶給俄羅斯拯救。一路上，索氏享受了凱旋的英雄萬眾矚目的榮耀。然而，在急劇西化的葉爾欽時代，他很快被趨新的民眾淡忘。直到普丁執政，普丁在索氏身上發現反西方的俄羅斯大國沙文主義可為其所用，遂給予索氏

最高榮譽。索氏不顧普丁的克格勃特務背景、獨裁統治及對法律的踐踏，樂於為之站台，因為對西方態度強硬的普丁符合他關於「新沙皇」的想像。普丁的俄羅斯選擇了索忍尼辛的道路，棄絕了沙卡洛夫的道路。[24]索氏漠視其他民族的苦難，正是其「俄羅斯特殊化」和「俄羅斯至上」的思想缺陷，這也正好是普丁的治國之道——天將降大任於俄羅斯，俄羅斯人選中普丁作為領袖。

從二〇〇〇年以來，普丁牢牢掌控最高權力，當完兩屆總統，再換成遙控總統梅德韋傑夫（Dmitry Medvedev）的總理，然後再跟梅德韋傑夫對調，回鍋繼續當總統——這樣，他當權的時間就可以同史達林媲美。每一次大選，普丁都能高票當選，其得票率之高，超過任何一個西方民選的政府首腦或國家元首。能與之相提並論的，大概只有名副其實的民選總理希特勒。俄國選民選出其心目中的「新沙皇」，既然他們迷戀「新沙皇」，就表明他們自我定位為「新農奴」。

在後蘇聯時代，俄羅斯出現東正教復興，大約有三分之一的俄國人為東正教教徒。民意調查表明，公眾對教會懷有崇高的敬意和堅強的信心，超過國內任何其他機構，包括政府、武裝部隊

---

24 二〇〇八年四月二日，索忍尼辛在其生前最後一篇公開發言中，迎合普丁對烏克蘭的打壓，指責烏克蘭的「歷史修正主義」。烏克蘭人譴責二十世紀三〇年代初的大饑荒是俄羅斯對烏克蘭的「種族滅絕」。索氏反對這種說法，他認為，饑荒是共產主義政權的腐朽理想造成的，無論是俄羅斯人還是烏克蘭人，所有人都是受害者。這符合索氏的「俄羅斯中心主義」立場，「沒有人比俄羅斯人自己更多地經受了共產主義統治的磨難」。這是一種「奇特的自負」——一生以捍衛歷史真相為己任的索忍尼辛，卻無視此種歷史真相：俄羅斯人並未像韃靼人、車臣人、印古什人和伏爾加河畔的日耳曼人那樣，被趕出家園並付出無數的生命，也未經歷過史達林在烏克蘭、哈薩克所實行的農業集體化。他們未被剝奪用自己的母語接受高等教育的可能，也未因是俄羅斯人受蘇聯當局的歧視。

或政治黨派。教會本身一直尋求在國家的市民生活和道德生活中發揮更大作用。牧首與政府保持密切關係，還積極就公共問題發言——當然從來不會批評政府。

東正教會選擇與普丁結盟，正如當年它心甘情願地成為沙皇政權的一部分。葉爾欽、普丁都公開支持教會；甚至久加諾夫（Gennady Zyuganov）以及其領導的迷你版俄羅斯共產黨也宣布宗教是俄羅斯遺產不可缺少的一部分，並公開歡迎信徒入黨。這是一種中世紀的、拜占庭式的政教合一，俄羅斯人並不覺得有什麼不對頭，俄羅斯的歷史上從來如此。這就是索忍尼辛夢寐以求的宗教復興嗎？[25]

擁護東正教的人，往往也是俄羅斯帝國主義者：他們認為俄羅斯負有統治從君士坦丁堡到太平洋、從波羅的海到印度這一廣大區域的使命，並且應在所有邊緣地帶實現霸權。俄羅斯帝國是俄羅斯民族的標誌，維護帝國的完整高於個人利益，高於俄羅斯民族以外其他民族的利益。儘管他們痛恨俄羅斯東正教會受到布爾什維主義無神論鬥士的打擊，傳統鄉村生活遭到史達林農業集體化的破壞以及環境因無知的工業化而受到蹂躪，但他們願意與這些維持俄羅斯帝國完整卻糟蹋過這個國家的兇手合作。如今，他們又將普丁作為其代言人，支持普丁對車臣、喬治亞、烏克蘭發動血腥戰爭，也讚同普丁政府公開支持和援助敘利亞、委內瑞拉等國獨裁政權。

二〇一七年，普丁撥出巨款紀念十月革命一百周年。兩年

---

25 二〇〇四年一月，普丁在參加聖誕節活動時聲稱：「根據法律，俄羅斯教會和政府是分開的，但是在我們的靈魂和歷史中，我們是一體的。現在是，將來也永遠是。」普丁大量借用羅曼諾夫王朝的偽拜占庭風格，就像沙皇一樣，他大肆利用俄羅斯的極端民族主義教會。

前，獨立評論人馬提諾夫在《新報》上評論說：「我們將會紀念羅曼諾夫王朝四百周年，緊接著是紀念十月革命一百周年。我們將會紀念『契卡』（列寧的祕密警察，史達林時代升級換代為KGB），然後又毫不延遲地紀念政治壓迫的受害者……普丁、史達林、列寧和尼古拉二世手挽著手把俄羅斯從一個勝利帶到另一個勝利。」這套自相矛盾的歷史敘事，如何被說得滴水不漏？以「新農奴」自居的俄羅斯民眾照單全收，不會主動質疑這個漏洞百出的故事。

俄羅斯評論家維塔利・特雷季亞科夫敏銳地發現：「蘇聯並未完全死亡，它只是縮小到和俄羅斯一樣大。」曾任卡特政府國家安全顧問的布熱津斯基（Zbigniew Brzezinski）指出，俄羅斯可以成為帝國，也可以成為民主國家，但不可能同時身兼二任。這在理論上是正確的。但在實際上，俄羅斯的長期選擇是處於民主和獨裁之間，處於西方與東方之間。直到今天俄羅斯仍未明白，獨裁所威脅的不是其鄰國，而是俄羅斯自身。試圖重建帝國，更可能的結果是俄羅斯的分裂，而不是對鄰國的征服。

你們得救是本乎恩，也因著信；

這並不是出於自己，乃是神所賜的；

也不是出於行為，免得有人自誇。

—— 《新約·以弗所書》，2：8-9

第五章

日本路徑：
從「脫亞入歐」到
「脫亞入美」

西人近世文明入我國，以嘉永元年始，雖民心早有所向，然肉食者鄙，循守舊制，奈何？彼等拒之千里，與西洋文明勢同水火，如脫舊制，彼等無存，若留彼等，國將不國。幸我朝有識之士，秉「國為重」、「肉食者為輕」之大義，更賴帝室尊嚴，斷然廢舊制，立新政，朝野一心，革除舊弊，舉凡一切均效法西方列強，以圖傲視亞洲諸國。其核心者，唯「脫亞」二字而已。

——福澤諭吉《脫亞論》

中國在鴉片戰爭（清英貿易戰爭）中的失敗，在日本國內引發的震動比在中國本國還要大。幕府的大臣水野忠邦寫信給一名僚屬說：「這是一件外國的事，但我認為這件事應該給我們提供一個有益的警告。」魏源的《海國圖志》在中國沒有引起什麼反響，在日本卻有許多版本和許多讀者。佐久間象山向其主公陳述有關海防的問題後，讀了魏源的著作，大為歎服：「正當英國侵犯清國之時，我奏陳了一項計畫。後來我看到中國作家魏源寫的《聖武記》。……魏源與我出生兩地，素昧平生。但我們都在同一年撰文哀歎世局，我們既未謀面而見解一致，這豈非無獨有偶？我們真可以稱為異地同志了。」

當太平軍發起叛亂而清帝國又與英法開戰（第二次鴉片戰爭，即清帝國與英法之間的換約戰爭）、英法聯軍攻入北京之後，日本人更是細心觀察中國的災難並決心不重蹈中國的覆轍。一八六二年，自十七世紀鎖國之後，幕府第一次派船派往上海考察。這艘名叫「千歲丸」號的船上，乘客包括幕府及長州、佐賀、尾張和大村的武士及商人，他們負有當局委託的使命，搜集有關清國災難性經歷的第一手資料。與十餘年來常常穿梭於此的只掛一國國旗的西洋船舶不同，這艘帆船高懸三種旗幟：前檣是

尼德蘭的三色旗，中檔是英國米字旗，這都是當地人較為熟悉的，而後檔飄揚的是北底紅玉旗，即使吳淞口一帶久歷海事者也未曾見過，只有曾經渡航日本長崎的商人才知道，那叫「日章旗」，是日本船舶的標誌。這艘船剛剛在黃浦江靠港，一家英國人的辦的英文版報紙便派記者登舟採訪，隨後發表的新聞稿稱，乘坐「千歲丸」訪滬的日本武士正演繹一個「傳奇物語」，也許預示著日本排外主義國策有翻轉的希望。

首次訪華的「千歲丸」乘員，大都熟悉中國的經典，曾視中國為聖土。但他們在上海所見，則是一片兵荒馬亂的景象：太平軍圍攻，洋兵橫行無忌，市井骯髒，難民如潮。日比野輝寬作詩記載：「屋多為灰燼，人又倒攘槍。野草含腥氣，白骨積作岡。」武士峰潔對清帝國全局性的衰敗亦有所體察：「清國病在腹心，其面目、四體均有表現，一指一膚之痛也是外在形式。我們在上海一處，可以推斷十八省之大概。當今上海形勢，內有長匪威迫，外受制於洋人。」納富介次郎此前多次稱清朝是「文學無雙國」，但如今卻落得「虛文卑弱」、「危如累卵」。高杉晉作在日記中寫道：「支那人為外國人所役，可憐。我邦遂不得不如此，務防是祈。」此後，更有訪問中國的日本觀察家形容說，中國為生病的「巨象」，日本為生機勃勃的「猴子」，日本訪問者對古中國保有敬仰，對現中國則充滿蔑視。他們的旅行記載提供了關於中國沿海事態直接影響日本的文獻資料，他們所看到的停泊在上海的帆檣如林的外國船隻表明，要繼續在日本閉關鎖國是不可能的。他們領悟到不可阻遏的世界性近代化趨向，回國後大都積極參與幕末維新，有的還成為明治維新的健將。

日本的近代史是以被西方強權組合到「世界秩序」中、被編入「世界史」而開始的。日本的近代化意味著一半強迫一半自願

地走向發源於歐洲的「世界秩序」或「世界史」，將自己嵌入歐洲普遍主義的「文明」歷史當中。

第一節　未完成的明治維新

◎日本人為何紀念「黑船」叩門的美國將軍培理？

日本是一個島國，卻不是一個航海大國。

在歷史上，日本與西洋相遇過兩次。第一次是在十六世紀，火器傳入日本，一改日本戰國時期的戰爭方式，並對「一統天下」產生關鍵性影響。同時，基督教快速傳播，信徒一度超過七十萬，成為德川氏統一全國最後障礙的「島原之亂」[1]，就是由基督徒所發動。

日本與西方的第一次相遇所造成的震撼，大致還在可控制的範圍內。一六三六年，幕府頒布「鎖國令」，日本人拒絕同世界各國交往，除了尼德蘭船、朝鮮船和中國船之外，一律禁止到訪，即便是尼德蘭船、朝鮮船和中國船，也要在貿易港口和居住地區等方面受到嚴格限制。

1　島原之亂：日本史上最大規模的人民起義。天主教自十六世紀中期傳入日本，教徒人數激增。位於九州西部的島原在信奉天主教的藩主有馬晴信的影響下，傳教活動旺盛。幕府將反對天主教的松倉重政「轉封」至島原，其子松倉勝家以殘暴聞名。一六三七年十月，松倉勝家的家臣田中宗夫抓走交不起農租的農民的妻子，數百村民放火燒毀田中家宅，發動起義。十六歲的武士天草四郎（教名熱羅尼莫）被推舉為領袖。幕府糾集近十三萬兵力攻打島原城，城破之後，三萬七千名起義者被殺害。幕府懷疑西方傳教士與起義有關，驅逐葡萄牙商人，禁絕天主教及新教，倖存的教徒被迫成為地下信徒。

一八五三年七月八日下午，美國海軍東印度艦隊司令官、海軍准將馬修·培理（M. C. Perry）率領四艘戰艦來到浦賀港，不僅炫耀軍事力量，而且逼迫日本開放門戶。[2]一度命令日本軍民「逮捕夷狄，斬殺殆盡，一命也不留」的德川幕府，鑑於十多年前清帝國在鴉片戰爭中被英國擊敗的教訓，只好讓地方官員出面接受美方遞交的國書。

次年一月，因為聽說俄國人也要派遣艦隊到日本，培理再度率艦隊深入江戶灣，要求幕府對他去年帶去的美國總統書信做出明確答覆。日本人對新式輪船感到極度恐懼，因美國軍艦船身漆黑，且冒黑煙，便稱之為「黑船」，福地源一郎在《幕府衰亡論》中記載：

美國的軍艦在一月二十八日從浦賀開船，停泊在神奈川灣。幕府見狀驚恐萬分，認為……如果談判一旦破裂，江戶將在美國人的大炮之下化為雲煙。從神奈川到江戶之間，瞭望哨所比比皆是，告急書信如雪花飛來。在將軍所駐城堡，忽然得知夷船向江戶駛來，大恐，忽然又得知夷船向浦賀駛去，又放寬了一下心。就這樣忽驚忽安，日達數次。後經詳細調查夷船轉舵原委，據說，因潮汐漲落及風向的變化，夷船便在停泊的原地改變方向。哨所據此上報，才引起一場虛驚。

更有人描述說：「一犬吠實，萬犬傳虛。四艦五百人之美國

2　培理在《日本遠征記》中寫道，「可清楚看到富士山」、「日本之島實在美哉」。他下令「做好戰鬥準備，大炮就位，充填彈藥，備妥步槍，命所有士兵堅守崗位」。戰事一觸即發。

人，至江戶市則傳為十艦五千兵。及至京都，更盛傳軍艦百艘，士兵十萬。人人皆回顧弘安之役（即元帝國軍隊大舉渡海征日之役）而不暇，喧喧擾擾，浮說百出，恰如鼎沸。」民間有歌謠傳唱說：「四杯上喜選（上喜選為日本名茶），終夜難入眠；四隻蒸汽船，驚醒太平夢。」

面對美方的船堅砲利，幕府不得不作出讓步，打破了兩百多年的孤立，與美國簽訂《日美親善條約》，開放下田、函館兩地。

一八五六年，幕府又屈服於美國領事哈里斯的要求，簽訂《日美通商條約》。哈里斯在日記中寫到：對於任何事情，日本人都是遵守著「靜止的東西，不應該讓它活動」的宗旨。

有趣的是，在幕府與美國人的談判過程中，日本人居然發現黑船上有一名擔任翻譯的清國人。當時日本畫師曾為美方代表一一畫像，其中也有這名清國人的肖像。這名名叫羅森的清國人，長著圓臉，拖著長辮，戴著瓜皮帽，手持折扇。羅森為廣東南海人，在香港與若干美國傳教士有來往，會說一點英文，因友人美國傳教士衛三畏（Samuel Wells Williams）之邀擔任培理艦隊的漢文翻譯。此後，羅森登陸日本旅行，留下第一本清國人寫的關於近代日本的遊記。羅森在與日本學界交往時發現，日本文士思想頗為守舊，平山謙一郎對他說：「我祖宗絕交於外邦者，以其利以惑愚夫，究理之奇術以騙頑民。頑民相競，唯利是趣，唯奇是趣，駸駸乎至於忘忠孝廉恥，而無父無君之極也。」有一個名叫明篤的日本人用帶有責難的口氣問：「子乃中國之士，何歸鴃舌之門？（給洋人當翻譯）」羅森以詩言志回答說：「從古英雄猶佩劍，當今豪傑亦埋輪。乘風破浪平生願，萬里遙遙若比鄰。」可惜，羅森不為清廷所容，晚年定居香港，未能帶動國內

學習西方之潮流。日本卻利用「黑船」叩門這個與西方相遇的機會，大幅調整對世界的看法以及對自身的定位。

在明治維新之前，幕府即已開始幕末維新。一八五五年和一八五七年，幕府聘請尼德蘭海軍軍官佩爾斯雷根（Pels Riic Ken）與軍醫鮑姆培（Pom Pe）幫助開設海軍講習所和醫學講習班。一八五五年，幕府開設洋學所，後改為藩書調所。隨即，聘請大批西洋技術專家，開設浦賀造船所、石川造船所和關口製造所等近代工業。以九州的薩摩藩為首的各強藩也積極進行藩政改革。一八六六年，日本向西方派遣留學生。

一八六〇年，日本為簽訂《日美通商條約》，派出使節赴美。為激勵國人的民族意識，決定試行橫渡太平洋。在美國海軍軍官同乘和幫助下，幕末政治家、海軍負責人勝海舟等人乘二百五十噸的「咸臨丸」，耗費三十七天，中途不停泊地橫渡太平洋。啟蒙思想家福澤諭吉也一同前往。這是日本人第一次駕駛輪船橫渡太平洋，勝海舟和福澤諭吉形容是「日本人創舉」。從美國返航時，則完全靠勝海舟等日本人自己的力量。這一次遠洋橫渡，開啟了日本現代史的序幕。

勝海舟、福澤諭吉這樣的日本人，已清楚地知道何謂「開國」──包括將自己向外即國際社會開放，同時又面對國際社會將自己定位為一個國家（現代民族國家）的雙重意義。面對這雙重課題的挑戰，是亞洲「後進」地區的共同命運。在十九世紀，只有日本沒有被這種命運壓倒，自主地打開了局面。

一八六七年，薩摩藩與土佐藩結為同盟，即「薩土盟約」。土佐藩的後藤象二郎和坂本龍馬，薩摩藩的西鄉隆盛和大久保利通出席了這場會盟。其盟約中明確提出：「建立議事院，議事院分上下。上至公卿，下至陪臣庶民，選舉正義純粹之人為議事

官。」同年九月，任職於蕃書調所的、曾被幕府派往尼德蘭萊頓大學留學的津田真道完成《日本國總制度》一書，該構想可稱得上是幕末憲法論。此前一年，津田真道全文翻譯了萊頓大學法學教授西蒙‧衛斯林（Simon Vissering）的憲法講義，且將自己的筆記命名為《泰西國法論》——此書完全可以作為日本憲法的模板來使用。它比二十多年之後公布的《大日本帝國憲法》更為強調議會主義，它指出民選之「代民總會」具有「與國家之領袖政府相並列」的權力，以「區別制法之權，監視政令」，議員不是「國君之臣」，而是「國民之臣」，因此沒有必要「恭順於國君之命令」。可惜，後來的明治維新大臣未能沿襲此一來自尼德蘭的、具有清教徒觀念秩序的憲政思想，轉而學習德國重君權的君主立憲模式，進而走上軍國主義之歧途。

日本並不像清帝國那樣以與西方簽訂近代條約為恥，中國人對撞開廣州門戶的英國人義律（Charles Elliot）痛恨之至，教科書對其百般辱罵；而在黑船登陸的神奈川縣橫須賀市的久里濱，日本當地民眾豎立了一座紀念碑，上有明治維新重臣伊藤博文親筆手書的大字：「北米合眾國水師提督伯理上陸紀念碑」。在這座以培理命名的公園裡，每年都有民間組織的開國紀念活動，人稱「黑船祭」。在紀念表演活動中，當年的入侵者以英雄的姿態出現。日本人紀念培理、感激培理，因為培理為日本帶來近代文明。

◎岩倉使團：
找到富國強兵之道，卻沒有找到國民精神改良之道

一八六八年，明治新政權取代長達兩百五十年的幕府統治。

一八七二年，明治政府剛剛成立後不久，國內政情還不穩定，立志打造全新國家的領導人們所做的第一件事情是帶領龐大使團訪問歐美。一行人中，包括明治新政的若干核心人物：正使岩倉具視，副使伊藤博文、木戶孝允、大久保利通等人。

使團首先抵達美國西部城市舊金山。十二月十四日晚上，伊藤博文在舊金山格蘭大飯店發表演講：

今日我國政府及人民最為殷殷期盼乃在於想攀上先進各國享有的文明的最高峰。有鑑於此，我們採行了陸海軍及學術教育等項制度，伴隨國外貿易的進展，知識也隨之自由地流入國內。雖然我國的改良於物質文明上進展神速，但國民精神上的改良卻是更為顯著。……數千年來，我們的人民在專制政治的大旗之下絕對服從，不曾知悉何謂思想之自由。伴隨著物質上的改良，他們終於瞭解了長年累月都未曾知曉的權利。

接下來，使團橫跨美國大陸，抵達美國首都華盛頓。使團在美國累計停留八個月左右。此後，使團渡過大西洋，先後訪問遊歷英國、法國、比利時、尼德蘭、德國、俄國、丹麥、瑞典、義大利、奧地利、瑞士等國。

政府高官傾巢而出，花費將近兩年時間到國外訪問，這一做法在當時的東方國家非常罕見。岩倉使團與西方社會的密切接觸，為政府首腦積累了寶貴的經驗，隨行留學生回國後活躍在政治、經濟、教育、文化等領域。與之對應，清帝國一直拖延到一九〇五年才派出五名大臣出國考察憲政，出訪時間不到半年，使團的規格和規模也遠不及日本。

岩倉使團離開日本時，日本基本上是一個封閉國家，日本對

世界所知甚少，世界對日本亦知之甚少。當時，英國在維多利亞女王統治下進入空前繁榮，美國經過南北戰爭再度統一，德國在普法戰爭中取勝一躍成為歐陸最強大的國家，歐美國家迅速邁向工業化。岩倉使團的官員們看到世界局勢日新月異，考察了各國的工廠、礦山、博物館、公園、股票交易所、鐵路、農場和造船廠，更堅定地相信，日本不但要引進新技術，更要引進新的組織、管理和思維方式，唯有如此，方能將日本改造為現代國家，進而成為列強之一員。

岩倉使團國後，提出「殖產興業」、「富國強兵」和「文明開化」三大政策。日本全面引進西方科技、文化和制度，像西方一樣興建工廠，修建鐵路，興辦學校，建立新式陸海軍。大量譯介西方書籍，高薪聘請西方的教師和專業人士。通過廢藩置縣，政府組織改革，最終以頒布《大日本帝國憲法》為標誌，建立起具有日本特色的君主立憲制。

英國學者張伯倫（Basil Hall Chamberlain）從一八七三年開始在日本居住，前後長達三十年，是日本明治維新時代歷史性變化的見證人。他在一八九一年寫道：

一個人若活過近代日本之過渡階段，他會有一種與眾不同的老邁感，因為他目下完全活在一個現代世界，上下周圍盡是談論著腳踏車、桿狀菌及「勢力範圍」等現代事物，但其腦海裡仍可以清晰地記得中古時期的事情。那些親愛的老武士曾引領我進入日本語的神祕領域，當時梳的是辮子，身上帶著兩把利劍。這些封建遺風現在已沉睡在涅槃中。老武士的現代繼承人，現在可說頗流利的英語，日常穿著高領紳士服，望之與歐洲人無大不同，所差者只不過是日本人游移不定的眼光與稀疏的鬍子，舊東西好

像在一夜之間便消失得無影無蹤。

一八九五年，日本出乎意料地在日清戰爭中擊敗長期稱霸東亞的清帝國，英國《泰晤士報》發表查爾斯·貝雷斯福德公爵（Charles Beresford）的評論：「日本在過去四年所遭受的各種行政變化階段，等於英國在八百年間與羅馬在六百年間所經歷的，我只得承認，對日本而言，沒有什麼是不可能的。」

然而，日本的倒幕運動的口號從「復古」變為「維新」，實現了富國強兵，卻未實現國民精神信仰的更替，即福澤諭吉所說的「文明開化」。日本民族的深層心理結構——「萬物有靈論」和「祖先崇拜」——仍然不變，「天皇崇拜」反而大大強化。明治維新只成功了一半，或者說只完成了第一階段的使命。

◎福澤諭吉：如同「文藝復興人」一樣的「明治維新人」

被譽為「日本的伏爾泰」福澤諭吉，其頭像被印在面值最高的一萬日圓上。他生前多次拒絕明治政府的徵召，終身保持在野身分，以思想啟蒙為志業。福澤諭吉的課題，是在於非西洋世界能否推動近代化。對於如此世界史規格的問題，福澤說提出的也是世界史規格的解答。

一八六六年，福澤諭吉出版了對西方的考察心得《西洋情事》，維新後更陸續出版《勸學》、《文明論之概略》等重要著作。他明確指出，日本必須發展資本主義，國家必須「以國法保護個人之私有」，以「勞動」和「買賣」為中心，才能開拓資本主義的生產力。科學技術將帶給人民生活便利，並涵養人民的近代精神。

福澤諭吉啟蒙思想的核心是創出「自由獨立的個人」，他深入到國民廣義的道德及精神氣質來主張近代化，他認為文明的精神是「人民獨立的氣息」，個人獨立，一國才能獨立。他主張「產生真正的國民」，「互相平均國民之力與政府之力，以維持全國之獨立」。

明治維新成功地讓日本走向資本主義，成為亞洲第一強國，但「政府依然是專制的政府，人民依然是無氣力的愚民」、「日本謂有政府而尚無國民亦可也」。用學者加藤周一的話來說就是「那是在技術上打開國門，建立起的國家只不過在技術上實現了現代化」，而「基於人權宣言的憲法以及因為生活方式的變遷所導致的心理的開放性」直到二十世紀中葉美軍占領日本之後才得以實現。

福澤諭吉呼籲，日本應當「脫亞入歐」，不是地理意義上的，而是思想文化上的——也就是脫離東方專制主義，走向西方民主自由。他尖銳批判中國的儒家思想，指出孔子的全部政治哲學就是「事君」。他指出，治與被治的、三綱五常的關係模式，只是在特定條件下偶然形成的，並不是人性中固有的和普世的。人類知識的進步是獨立於儒學而發展的，奉行儒學的清國和朝鮮必然在西方的打擊下敗亡。他將土耳其與中國等量齊觀：

今日之支那與土耳其有何異同可言呢。土耳其人以沉湎於回教殺伐唯是，支那人妄信儒教不解事物之真理，可謂均為文明境外無知之愚民也。

所以，日本「不應猶豫等待鄰國之開明而共同振興亞洲，不如脫離其行列而與西方文明之國共進退」。福澤諭吉「脫亞」的

話語結構，是在西洋的文明發達國家與非西洋（亞洲）的非文明國家這一兩分法的世界認識中，將日本規定為新興文明國，「脫亞」乃是以「使之於亞細亞的東邊誕生一大新的英國」。可見，福澤諭吉希望日本以英國為師，後來日本卻選擇了以德國為師。

福澤諭吉的出現，意味著日本近代知識分子的誕生。如日本思想史學者丸山真男所論，近代知識分子的誕生，首先是從身分制度的錨纜中解放出來，再就是從正統世界觀的解釋和授予的任務中解放出來，「自由」知識分子誕生於這兩重意義中。多種多樣的世界觀解釋，正如商品市場競爭一樣，在思想的自由市場競爭。這就是近代的誕生。在歐洲就是「文藝復興」時代。在日本就是明治維新時代。

對於日本而言，幕末維新的「開國」是急劇的、單方面的（入超的）文化接觸。西洋文化從大開的閘門奔湧而進。於是，翻譯和傳播這種異質文化的使命，就落到那個時代的知識分子身上。後人開玩笑說，那時的日本學者只是「把橫的變成豎的」──即讀了橫排的西洋文字，把它翻譯成豎排的日文，介紹到日本。但「把橫的變成豎的」實際上是一件很困難的事，如何把「橫的」變成「豎的」，使之成為「自家藥匣中之物」，這裡有一個思想獨創性的問題。福澤諭吉正是為「把橫的變成豎的」而努力奮鬥的先驅思想家。他們與歐洲的「文藝復興人」一樣，具有「百科全書」的特質。

◎日本選錯老師：明治先賢為何以德國為師？

一八七〇年一月三日《大教宣布》詔書中的「百度維新，宣明治教，以宣揚惟神之道也」，用神道教思想體系使「明治」與

「維新」巧妙地連接起來。「明治」的年號和「維新」的說法，都來自於中國古代典籍。「明治」出自《易經》的「聖人南面而聽天下，嚮明而治」；「維新」出自《詩經》的「周雖舊邦，其命維新」。但「明治維新」不再以中國為師，福澤諭吉指出，清帝國和朝鮮「逆天而行，杜言防川以自閉，實屬不智」、「如鄰莊之人皆無法無天，愚昧殘暴」、「我國勢必拒此東方之惡鄰於心念也」。

明治先賢學習的對象是日新月異的西方強國。明治那一代賢人大都是歐化主義者。外交大臣井上馨斷然表示，所謂歐化就是將「我帝國及人民化成宛如歐洲的邦國、宛如歐洲的人民。即在東方創造出一個歐洲式的新帝國」。

西方國家各有不同。明治先賢選擇以哪個西方國家為師呢？經過反覆比較和研究，他們選擇了一八七一年以普魯士為核心建立的德意志第二帝國為師。這不僅是因為德國對日本最友善、最熱情，德國的政治家和學者給予日本最多切實可行的建議；更是因為德國跟日本的境遇十分相似——德國與日本都是後發展的資本主義國家，都採取民族主義的、中央集權的、趕超型發展戰略。如以色列學者艾森施塔特（Shmuel Noah Eisenstadt）所論，它們都具有快速的、國家主導的工業化與一個現代的、專制的、半立憲統治相結合的特點。

岩倉使團在歐洲訪問期間，在德國受到意料之外的厚遇。使團成員不僅獲准參觀克虜伯工廠和西門子電機制造廠以及兵營、大學、博物館等，而且覲見德皇威廉一世，拜會俾斯麥及軍隊統帥毛奇（Moltke）。伊藤博文從德國給梅子夫人的信中寫道：「現在滯留在日耳曼首都柏林。無論在哪一個都受到殷勤的款待。尤其是在這國受到非常的厚遇。昨夜曾在國王的宮殿裡和國

王、太子、皇后等一同聚餐。」

大久保利通和木戶孝允出席了俾斯麥的招待會，聽取俾斯麥講述個人的從政經歷和普魯士從小國發展到德意志帝國的過程，深受感動，對德國統一時的「鐵血政策」非常欣賞。俾斯麥告知：「余不顧種種批評都要完成國家統一。……因此，雖然現在日本想要親善和睦、互相交流的國家應該很多，但像日耳曼此般特重國權自主之國才是這些親睦國家當中最為親睦和善之國家也。」

在宴席上坐在俾斯麥右側的木戶深受感動，回答說：「我日本人民原與德意志人民毫無差別。所悔恨者為僅數百年之鎖國，令自身宇內之形勢黯及無暇於研究四方之學問。因而交通之際亦生不少遺憾。所希望者為僅求努力令地位儘速進步而已。」

大久保利通在當日的日記中記載說，「同意要重新經營國家，定要像俾斯麥一般」。他在法國訪問期間曾提及，英美法「開化」之進展，實在是難以企及，但普魯士與俄國這樣的後起之秀一定具有許多「可為標準之處」，因此要特別關注這兩個國家。

使團的《回覽寶記》中特別記載：「日耳曼國人尊敬帝王，推奉政府，甚為篤實。」還寫道：「此國（普魯士）之講究政治、風俗，較英法之情形，有益之處多矣。」

伊藤博文後來常常被比作日本的俾斯麥，他自己也有幾分刻意模仿俾斯麥。實際上，他非常崇拜俾斯麥，俾斯麥似乎也欣賞他。伊藤博文因研究憲法而訪問柏林時，俾斯麥曾屢屢邀請他到家裡去，給他關於政治和法律方面的諸多指點。

使團從考察中體會到，日本應當向德國學習，先建立法制，實行專制主義統治。使團成員一致認為，富國以英國為榜樣，強

兵以德國為楷模。

日本學習德國的最重要標誌是，《大日本帝國憲法》基本沿襲普魯士憲法。日本是西洋以外第一個實質擁有近代憲法的國家。日本制訂憲法的動力，首先是「由外而內」，即面對西方的壓力，維新派意識到憲法乃是富國強兵的必須之物，憲法也是文明的象徵。而西方列強主張，不跟無憲法、無法保障人民權利的國家締結平等條約。所以日本應當盡早通過憲法。其次是「自上而下」，為了引導出國民的能量，必須賦予國民相對應的定位，立憲制可以激發國民之愛國心。

日本憲法最後的定稿是由日本政治家和外國顧問（主要是德國顧問）共同完成，伊藤博文、井上毅、岩倉具視、大久保利通、山縣有朋等都是創造歷史的行為者。他們把「攘夷」當做指導原則，認為唯有把日本建立成強大的現代主權國家，才能達到「攘夷」的目的。在此過程中，他們虛心學習西洋，主動邀請外國顧問參與新政。

大多數明治先賢拒絕法國的波拿巴主義和英國的議會制度，選擇普魯士憲法為範本。他們認為，德國的憲法是德國迅速崛起為歐洲第一強國的重要因素，如果日本制定類似的憲法，也能迅速崛起為亞洲第一強國。

明治時代的重要政治家井上毅，早年留學法國，卻醉心於德國模式，尤其是普魯士打敗法國讓他堅定以德國為師的選擇。一八七五年，井上毅將普魯士憲法翻譯出版為《王國建國法》。他很早便研究普魯士憲法，也研究日本古代以來的法制度，投注心力於反對日本照搬英國式憲政。當井上毅得知親英派的代表人物大隈重信提出英國式憲法提案時，立刻積極展開反對行動，他的觀點影響了伊藤博文及井上馨。

起草憲法的關鍵人物、先後三次組閣的伊藤博文早已傾向德國模式。一八八二年，伊藤博文為學習西洋憲法，在德國停留六個月之久，聆聽魯道夫‧馮‧格耐斯特（Rudolf Von Gneist）和亞伯‧莫塞（Albert Mosse）關於普魯士憲法的授課；之後有將近一個半月時間，在奧地利向勞倫斯‧馮‧斯坦因（Lorenz Von Stein）請益。伊藤博文在給岩倉具視的一封信中寫道：

　　吾向德意志著名的格耐斯特和斯坦因兩位大師習得國家組織之概要，鞏固皇室基礎、維持大權不墜的要務，時機已至。……我國現狀雖只將英、美、法國的自由過激論者著述奉為金科玉律，誤加信奉，幾乎造成國家傾頹之勢，現已知挽回頹勢之道理與手段，當可實現我報國之赤膽忠心，因此定將奉為利器，以求畢其功，竊以為如此便能死得其所。[3]

　　訪問德國期間，伊藤博文委託俾斯麥招聘德國法學家到日本服務。其中，莫塞於一八八六年至一八九〇年間前來日本，擔任政府顧問，負責起草憲法的市制、町村制部分，因此被認為是地方自治制度的有功者；卡爾‧魯道夫（Karl Rudolf）在一八八四年至一八八七年前來日本，除了憲法外，他也回答了許多關於地方制度、警察制度的諮詢；羅斯勒（Roesler）於一八七八年至

3　格耐斯特為德國的公法（國際法）學者，也是英國憲法史的專家；斯坦因為維也納大學教授，是德國的公法、經濟、行政學者。這兩位聞名於世的憲法學者影響伊藤博文甚大，他們都是支持強力行政權的學者。他們也都是比較法與法律史的大家，不是由法與國家的應有狀態開始討論，而是將存在於文化、傳統差異中的國家及法律之狀態，利用歷史、比較、功能的方式考察。針對如何將西洋制度導入截然不同的地方，他們的學問提供了許多啟示。

一八九三年前來日本，在憲法起草、皇室典範、議院法、商務法等方面提供建言。

日本以德國為師，卻比德國走得更遠。在德國的文化傳統和德國的憲法中，皇帝並無神性，皇位可以在不同家族之間流轉。但是，日本憲法的第一條讓日本的王權被賦予「萬世」這種無限的淵源。在憲法頒布前，天皇向皇祖皇宗所奏的皇靈殿《告文》中，明確表示神靈是從初代天皇開始一脈相承的。天皇制的悠久，讓日本國和天皇所代表的日本人全體都享有原生性。外國顧問都認為這一條沒有任何歷史或法律上的意義，堅決反對這一條文，但日本的政治家們還是將第一條文納入憲法。明治時代的政治家創造了以天皇為頂點的國家宗教，把萬世一系和神靈的存在加以法制化，而且還放在憲法的第一條，這證明他們是歷史上的行為者——天皇制不是模仿歐洲的君主制，而是日本自己的觀念。

日本以德為師，亦以德為友。第一次世界大戰，日本站在德國的對立面，在遠東地區與德國交戰，奪取德國在中國的殖民地青島等地，這是利益使然，趁火打劫；第二次世界大戰，日本如願以償地跟德國結盟，兩國都奉行相似的法西斯主義或軍國主義意識形態——於是，德國的歧途，就成為日本的歧途；德國的失敗，就成為日本的失敗。

日本以德國為師，沒有以英美為師；有憲政之名，有獨裁之實。這一事實意味著明治維新只成功了一半，民主自由觀念遠未深入人心，一旦遇到社會危機，立即被驚濤駭浪打回原形，邁向軍事獨裁之路。

◎為何日本近代轉型成功，清帝國近代轉型失敗？

在十九世紀接觸到歐美近代工業技術和近代社會制度的國家，並非日本一個國家。土耳其、波斯、印度和中國都比日本更早、更大規模地接觸歐美近代文明。唯有較遲接觸歐美的日本，很快成功地步入近代工業社會。有學者認為，這是因為日本具有接受並容易消化外來技術、制度的傳統。德川幕府時代末期的日本，手工業、金融業相當發達，已擁有接受近代工業的基礎。

日本與中國的近代化之路南轅北轍，日本通過明治維新完成一半的近代化，清帝國的洋務運動虛有其表、戊戌變法則被扼殺在搖籃中，之後清末新政趕不上種族革命的車輪，從此步入百年激進革命之路。

對日中現代化作出比較研究的日本學者依田憙家分析說，比起中國來，日本迅速實現近代化，有七個方面的優勢：

第一，日本的傳統文化形態比較適合吸收外來文化，日本人與人之間的合作關係也比較有利於產生近代的社會關係。中國則有強烈的排外心理，內部亦缺乏合作的精神。

第二，日本自十七世紀末已出現限制儒學有效範圍的傾向。而中國遲遲不能擺脫儒學的羈絆。

第三，日本在十七世紀末就形成作為近代國家之前提的統一的國內市場（以大阪為中心，輻射各藩的統一市場）。而中國則直到第一次世界大戰結束以後才形成統一的國內市場。

第四，日本以血統制和世襲制為基礎的政治形態導致統治階級內部出現分裂，下層武士對現行統治秩序存在強烈否定態度。而中國以科舉制為基礎的政治形態較易使統治階級政體保持對傳統體制的認同，不易使社會發生變革。

第五，日本較早脫離官督商辦的經濟階段，形成民間資本主義。而中國則長期堅持官辦傳統，難以形成民間資本。

第六，日本從江戶時代就普及了初等教育，其識字率不亞於同期歐洲國家，這對以後近代化過程產生了有利影響。中國的儒家則忽視初等教育，民眾識字率很低。

第七，十九世紀中葉歐美對東亞的壓力主要對著中國，而且一再對中國施行武力侵略，對日本的壓力較弱，這也是日本現代化非常有利的條件。

這些原因歸結為一點，就是日本為「武士之國」，而中國為「儒生之國」。日本武士與歐洲的騎士相似，日本也有歐洲的封建制。中國的儒生則忠於朝廷和家族，死守祖宗之法和大一統模式。中日兩國百年來命運迥異，主要是日本的武士階層與中國的士大夫階層對制度變革持完全不同的態度。

從某種意義上來說，日本在地理上是亞洲國家，在精神上卻是歐美國家；它在地理上比俄羅斯更東方，在精神上卻比俄羅斯更西方。所以，日本的近代化比俄羅斯起步晚，卻很快就後來居上。

日本的明治維新被稱為「武士革命」，它並非一場大眾運動或一種激進的社會意識形態的產物，它消滅了具有法定特權地位的武士階級，這一運動本身卻又是由武士所領導，並以武士們可以理解的方式進行。

即便在幕府閉關鎖國的時代，日本的國門也開了一道小小縫隙。尼德蘭商人享有與日本從事貿易活動的特權，「蘭學」成為日本人最初接觸西方的重要途徑。以尼德蘭文為媒介，下層武士當中有不少人獲得了西方科學和思想的相當知識。最熱心的「蘭學」研究者往往是浪人和下級武士，他們由於擺脫了藩主的干涉

和種種義務而埋頭學習。這些人把一種外國語文學習精通，卻非易事。他們遭到無數的障礙：自習方法的欠缺、書籍的稀少、正統派儒學的偏見、當局的迫害，甚至排外者的暗殺，諸如此類不一而足。很多人為學習西方知識以適用於日本而犧牲了生命。

明治維新帶來了權勢轉移。一直活到明治時代的後起之秀，同他們的前輩一樣，都是貧窮的武士和浪人。他們曾充分領略幕府的高壓手段，而又習知海外發展的大勢，特別適合在推翻幕府和樹立新政權之際發揮領導作用。下級武士靠採納西方列國的工業技術和政治制度供本國之用，挽救日本未重蹈清帝國崩解之覆轍。畫時代變革的領導權握在下級武士手裡，他們逐漸取代上級武士和封建領主而成為當代的政治發言人。維新不只意味著中央的統治權從幕府轉移到宮廷，更意味著政治重心自上級武士轉移到下級武士，諸如木戶孝允、大久保利通、西鄉隆盛、大村益次郎、伊藤博文、井上馨以及許多次一流的人物；而薩摩的津島久光、長州的毛利元德、土佐的山內容堂之流的藩主則淡出政治舞台。

單單靠武士鋒利的寶劍和果敢的決心並不能推翻幕府。幕府的推翻是通過下級武士和浪人，特別是薩摩、長州、土佐和肥前等西部強藩的下級武士和浪人為領導，夥同公卿，在大阪和京都的巨商富賈的財力支援下而實現的。在推翻幕府和奠定新政權的成就上，不如武士的政治和軍事功業那樣戲劇化，但具有更深遠意義的卻是大町人的經濟支援，尤其是集中日本財富百分之七十的大阪商人的經濟支援。維新戰爭中的鳥羽、伏見、江戶和會津等歷次決定性戰役都依賴町人所提供的資金而獲勝。三井家的家譜中寫道：「王師軍事行動所需要的貸款，大部分為三井家所提供。」

與之形成鮮明對比的是，作為中國官方意識形態的儒家思想竭力壓制商業的發展、貶低商人的地位。清帝國崛起後，消滅了明帝國中後期民間生機勃勃的商業貿易包括海外貿易，帝國內部並不存在一個支持變革力量的、強有力的商人階層。

　　日本與清帝國的另一重要差異，乃是對外意識的差異：長久以來，日本在面對龐大而先進的中國時，具有一種根深蒂固的「小國意識」及「後開發國意識」。日本自古以來就擁有「把自己與他者相對化」的視角，要日本承認他者比自己更優秀，並不是一件困難的事。由於日本人位於中華文明的邊陲，並未完全被中華文明全面壓倒，反而會對其影響力有所反彈，形成一種摸索自己獨特性的傳統。即使在儒教被視為正統意識形態的江戶時代，反彈也很激烈，日本意識被探索得更深入。

　　日本在地理和文化上的邊陲地位，反倒給予日本人開闊的胸襟，沒有像中國那樣強烈的排外意識。日木學者鶴見俊輔指出，除了從先天上視為國土的土地，獲得安心感的保證之外；從文化上來說，日本人始終認為，日本被隔離在世界較先進和較普遍的文化之外。這種意識形成一種自卑感，深植在日本人內心的潛意識中。這也是能激起日本人好奇心與學習力的原因，使日本人擁有一股吸收外界新知的衝動。

　　然而，對於中國人來說，中國是世界的中心，所謂「中華」是在世界「中」心綻放的文明之「華」。距離中華愈遠，其文明程度就愈低，理應全是「野蠻」，中國人難以想像世上有比中華文明更優越的文明存在。中國人對外來文明具有強烈的敵意，當福澤諭吉提出「脫亞入歐」的觀念時，中國最開明的士大夫只能接受「師夷長技以制夷」和「中學為體，西學為用」。

第二節 「神國」日本的櫻花與菊花

◎日本人的宗教信仰：
佛教、神道、儒家和武士道的「四教合流」

日本的國花是櫻花，日本皇室的標識是菊花。櫻花與菊花是近代以來日本人宗教信仰的象徵。

日本的櫻花，並無實用價值，其美學價值根植於農耕的宇宙觀中。櫻花這個媒介讓每個日本人考慮生、死、重生這類人生最基本的問題，具有宗教意義上的美。櫻花在感知上成了生與重生這類概念，以及女性等美學價值。然而，在日本近代化過程中，軍國主義意識形態扭曲了櫻花，將死亡（尤其是為天皇和為日本而戰死）變得像「櫻花散落般美麗」，為了隱藏「重生其實意味著必須先死亡」，因而使用「櫻花盛開」的印象將重生美化。換言之，它是在教唆死亡。在納粹德國，像華格納歌劇那樣的美學價值只有納粹上流階級可以理解和享用；在皇國日本，櫻花的美學價值卻被全民共享——國家藉由各種方式，將櫻花的美學價值轉換成軍事上的意向以及行為。

菊花原產中國，在唐代隨遣唐使傳入日本。日本人以雜交方式和當地野菊培育出新型菊花，成為現代日本菊的原型。江戶時代，菊花培育達到高潮；此後的明治、大正時代，日本獨自發展出古典園藝植物，即現在見到的古典菊。中國每年九月初九重陽節在日本也「復興」起來，成為菊花節。在這一天，文武大臣拜見天皇，君臣共賞菊花、共飲菊酒。皇室在十月設擺殘菊宴，邀群臣為菊花謝幕「踐行」。日本現存國祚持續時間最久的朝代以菊花命名為「菊花王朝」，「菊花王朝」存續了二千多年，延續

了一百二十六代天皇。日本皇室以菊花紋章為家徽。在日本，法律並沒有確立正式的國徽，習慣上，皇室的家徽「十六瓣八重表菊紋」被作為國家徽章使用。[4]

日本的宗教原型是「萬物有靈」的薩滿教和祖先崇拜。日本學者吉野裕子寫過一本名為《日本的蛇信仰》的著作，討論蛇在日本民間宗教中的地位。日本神道的根源，乃是如同三島由紀夫早已敏感到的那樣：「日本，是一條青色大蛇的犧牲，我們誰都逃不出這個詛咒。」旅日作家柴春芽指出，日本神道的根源，乃是大蛇崇拜，和遠東大陸信仰龍的族人一樣，也和印度教—佛教中的昆畢達尼瑜伽的靈蛇修煉一樣。一神教體系把龍—蛇視為撒旦的化身。這種宗教學的精神深處的差異和對立，會在文化和政治中表現為永恆的衝突，也就是美國學者杭亭頓所謂「文明的衝突」，往往也是東方民族個體生命本質性焦慮的根源。

被小泉八雲稱之為「神國」的日本，是一個多元信仰並存的國家。佛教、儒教、神道教、武士道以及各種民間宗教信仰，並行不悖。聖德太子曾提倡「神佛儒融合」的思想，即「以神道為干，佛教為枝而擴展，發言儒教的禮教，成就現實的繁榮」，看似詭辯，卻成功解決了日本國內的宗教紛爭，這是一種「不系統

4　美國學者露絲・潘乃德（Ruth Benedict）在《菊與刀》中指出，日本的菊花往往是盆栽，是日式園林中「偽裝的天然野趣」的一部分，而這種「偽裝的天然野趣」又是日本人被教訓的「偽裝的意志自由」的象徵。過去，日本的菊花「每多花瓣均經過栽培者的細心修整，並且常用看不見的金屬線圈維繫，以保持其形態」。然而，「盆栽的菊花，其花瓣一直受人擺弄，一旦回復自然，就顯出滿心愉悅」。他期盼，新時代的日本人，或許不必過分考慮他人的期望，不必受集體主義和「恥感文化」之約束，建立一套比較自由、比較寬容的倫理規範，以及一種不要求過去那樣自制義務的生活方式，「菊花維權可以摘除金屬線圈，不經人工擺布而照樣秀麗多姿」。

地考慮宗教的方便主義」。

在猶太教、基督教、伊斯蘭教等一神教中，神的教誨是絕對正義，是不能以人的判斷和方便來改變的。在中國，沒有一神宗教，卻有一種余英時所說的經過複雜的混合而形成的「中國式的宗教總體」，即一種以「後世的評判」這種形式而存在的絕對的正義感，其標準是「名垂青史」，受到子孫的景仰。當然，這種絕對的正義感只在理論上存在，因為沒有終極價值的信仰，忠孝觀念成為歷史書寫者的最高判斷標準，而這種標準隨時發生位移。

在日本，自聖德太子的折衷調和論產生以來，日本人就失去了絕對的正義感。但這並不意味著日本人沒有正義感。只是，這種正義感被認為在當時、當場的主要勢力是「正確」的。也就是說，日本人的正義感是人性化的、相對的。如果多數人的意見發生改變，正義也會改變。因為如果同時信仰多個宗教，就會產生這種習慣：從各個宗教中提取適合部分的「精華」，「絕對不可侵犯神的教導與戒律」則不復存在。無論是本土的神道、武士道還是外來的佛教和儒教，都未能確立神典和戒律，而成為「擇優」的對象。

在日本，宗教信仰和正義感被相對化，人們可以憑感覺，或按便利性和習慣來做出決定。人的理性、自由甚至生命都沒有被意識為絕對的最終價值。這種感性的、現實的心理趨勢成為日本的意識之基礎。於是，除了天主教徒武裝反抗幕府的迫害之外，日本歷史上極少發生引人注目的殉教事例和歐洲式的宗教戰爭。

明治維新前後，發生了戊辰戰爭和西南戰爭，其流血的程度，比起法國大革命或俄國大革命，在質和量上都有相當的差距。明治維新基本上被看作是「不流血」的革命。英國歷史學家

湯恩比（Arnold J. Toynbee）認為，這是因為受佛教影響，佛教主張「不殺生」；日本學者貝塚茂樹認為，這是受儒家思想的影響，儒家的「易姓革命」的背後有一種避免爭鬥的禪讓精神。日本學者山折哲雄則從明治時代兼具僧人、貴族和武士身分的慈圓的著述《愚管抄》中發現，明治先賢通常在貴族性的彼岸同時凝視武士性，其多元化的思考，就此從中孕育出來。「以敵人的眼光來看待同志，同時又以同志的眼光來看待敵人」，把這種視點和「非暴力」連接，並使其和日本思想中貴族及武士的傳統思想銜接，或許可以找到幕府末期及明治維新期間「不流血」革命的合理解釋。

日本人的宗教意識是獨一無二的。作為外來宗教的佛教和儒教，從中國傳入，經過充分本土化之後，成為日本獨有的宗教和思想觀念。即便只是從外在表象來看，中國佛教的醜陋骯髒與日本佛教的純淨清明，中國儒教的虛偽卑賤與日本儒教的誠實堅韌，形成鮮明對比。

日本本土的武士道，早在德川時代就成為國家倫理的一部分，日本學者川上多助寫道：

> 武士道最初是由武士的實踐需要發展而來的，並通過儒教的道德思想，作為武士階級的道德，並且作為國民道德的基礎加以普及。

經過明治維新，武士這一封建階層被送入歷史，武士道精神卻存留下來。即便是身為基督徒的新渡戶稻造在《武士道》一書中也對武士道傳統頗為推崇和肯定，他認為，武士道的重要性，如同西洋的騎士道，須恪守的道德規範主要包括：義、勇、仁、

禮、誠、名譽、忠義。「義」是嚴忌卑劣的行為，不當的舉止；「勇」是勇於成就對的事，甘冒任何危險；「仁」是武士以正義為基礎所付出的愛；「禮」是優雅的禮儀，可以產生含蓄的力量；「誠」是重然諾，建立自我價值最重要的一項；「名譽」是人格的尊嚴，無有則如禽獸，將以死償還；「忠義」是為主君犧牲，或在其面前謙卑成傭人，並不足以為恥。中國儒生只是將這些詞語掛在嘴邊、寫入書中，日本的武士則用生命來實踐之。

作為「神國日本」核心的神道教，「代表作成為民族的感情，義務的觀念，忠義的熱情，以及愛國心的原動的國民精神」。二十世紀初，日本面臨重大的國家轉型的爭論，小泉八雲指出：「（神道教）現在還是一個巨大的力量，倘使國家危急存亡之秋重新來臨，那麼如果許之於它，必定會成為一個有效驗的力量而留存下來。」他更預言說：

作為愛國之宗教的神道，如果使其充分發揮力量，不獨會影響整個遠東的命運，而且是能影響文化的將來的力量。宗教和過去一樣，現在還是日本民族的真生命——是他們的一切行動的動機，指導的力量，是實行與忍苦的宗教，是沒有虛偽與偽善的力量。

小泉八雲如此樂觀，他卻沒有預料到，神道與軍國主義的合作，將為日本帶來一場巨大而深重的災難。

中國人的宗教感淡漠和苟且，日本人的宗教感克制且持久。日本沒有西方一神論意義上的宗教，除了佛教、儒教、武士道和神道教之外，更有千姿百態的民間宗教或民俗宗教。佛教、儒教、武士道和神道教「四教合流」之後，又跟民間宗教互相融

合，演變出各種帶有地方色彩的民俗文化。總體而言，日本人信仰的宗教是自然宗教式的──即沒有特定的教祖、非啟示性的、教理缺乏體系化；教團組織形式不完備的；古代式的；非創立式宗教性質的咒術宗教所殘留的、繼承性的──信仰現象群；並且，在另一方面，它與教義宗教有著千絲萬縷的聯繫，屬於交融混合型的東西。

◎天皇所接受的「全新的帝王學」

明治天皇睦仁即位時並不具備「人間神」特質。早在幕府掌權之前，日本歷史上就多有天皇被權臣廢黜乃至殺害的先例。明治維新最大的錯誤，就是將天皇崇拜被打造成一種新的國家信仰，這種思路嚴重危害了脆弱的憲制，直接將日本引向軍國主義道路。

跟日本歷史上很多天皇一樣，睦仁「長於深宮之中，養於婦人之手」，在女官的嬌寵下長大，身體很虛弱。一八六四年發生「禁門之變」時，長州兵對著皇宮開炮，少年睦仁聽到炮聲之後嚇得昏厥過去。

新政府的建設者決定遷都東京，開啟宮廷改革，其目標如大久保利通所說，要以宮中、府中「一體化」。為達到這個目的，必須掃除環繞在天皇身旁的後宮勢力──長久以來，被稱之為「御局」的宮中女官們服侍在天皇左右，擁有堅固不可動搖的力量。一八七二年八月，維新派重臣們嘗試將女官趕出宮中，負責此事的宮內大丞吉井友實在日記中寫道：「今朝女官總免職。」並說數百年來的女官權力僅一日就被抹除，真是愉快之極。

明治先賢們建議睦仁改穿西式服裝，享受騎馬等活動的樂

趣，以此把天皇培養得更加「男性化」。睦仁並未對伊藤博文等人的安排作出任何反抗，就照著他們的構想走向現代天皇制。明治政府的核心政治家暗指天皇是「掌中玉」，也就是可以加以掌控的象徵物，藉由天皇的權威，他們所決定的一切事項都可以自由自在地加以合法化。

睦仁從少年時代起就開始學習「全新的帝王學」，除了日本及中國的古典學術之外，還學習西方的政治學和法學著作。比如，加藤弘之花了數年時間向天皇講授德國法學家伯倫知理（Johann C. Bluntschli）的《國法汎論》。加藤晚年說天皇因為這本書領略了「憲法、三權分立、市鎮村自治的大意」，但實際上他講授的內容仍是以國家概念為中心的國家學說。日文版的《國法汎論》收錄國法、國家元首、國家職務、司法及國家教育事業等部分，但原書中關於民選議院、地方自治體或個人自由的章節都被省略。

另外，儒家學者元田永孚則強調對「君德」的塑造，這是儒家的特質。元田永孚認為，政治的訣竅是「攬億兆之心」，也就是收攏人心，其根本與君德如何有關。睦仁很少表露個人喜好，幾乎從不抱怨令一般人感到煩憂的炎寒或疲勞飢餓，看似對於一切無動於衷到不自然的地步，這大概歸因於他所受到的儒學教育。

明治時代，日本發生翻天覆地的變化，但睦仁從未表露過他如何看待這些變化。他通常會遵循古制，但對新年時主持的傳統儀式並無熱情。他信奉神道教，卻很少參拜神社；回到京都時，他參拜的是父親孝明天皇的陵墓而非神社，比起神道來更信奉祖先。很多皇祖皇宗都是佛教徒，但睦仁並不在意，對佛教亦漠不關心。

善意的西方傳教士曾向天皇贈送《聖經》，卻沒有跡象顯示他曾經讀過。就算他勤奮研讀《聖經》，也不可能動搖他的信念——他是神的後代，是萬世一系的天皇的後裔。當時很多日本知識分子皈依基督教，但對明治天皇來說，來自外國的基督教教義不在其考慮範圍之內。

儘管睦仁對基督教沒有興趣，但他貌似並不排斥在治世期間湧入日本的西方事物。從一八七二年起，十九歲的睦仁就帶頭剪掉髮髻，穿起西裝。他經常穿著軍裝或雙排釦長禮服，反而很少穿和服；他也不反對皇后偏愛洋裝的喜好。他喜歡日本料理，但對於正式宴會中提供的西餐也吃得津津有味。他的書房和辦公室採取西式風格。而在清帝國，光緒皇帝想作出類似的改革卻失敗了，直到辛亥革命之後，已退位的末代皇帝溥儀才勉強突破重重束縛，剪掉辮子、穿起西裝。

充滿諷刺意味的是，明治維新為日本創建了一種「非近代化」的宗教或準宗教（「作為宗教的一種微妙的替代品」）——天皇崇拜，但天皇本人並不相信自己是「神」。

一九二一年，裕仁還是皇太子時，有過一趟歐洲之行。那趟歐洲之行中最重要的一站是英國。裕仁向英國君主喬治五世（George V）請益統治術。喬治五世帶領英國挺過第一次世界大戰，強化皇家儀式，使得皇室傳統似乎是超越時間的，而且根植於道德之中。裕仁從英國王室的「非神化」傳統中深受啟發，其近侍奈良武次提及裕仁承認他不相信天皇的神聖性：

> 皇太子這個人很理性，他並不相信天皇的祖先是神的說法。……他認為最好是保有皇室（依照英國的模式），而國家和人民之間的關係應該是君王「統而不治」。

然而，裕仁的「困境」是他必須相信明治維新之後形成的、民眾深信不疑的日本皇室的神話，如此才能以神道主祭的身分行事。他登基後放棄了用英國模式改革日本皇室的充滿理想主義的想法，將心中的懷疑與「萬世一系」的神話相調和。他認真主持宮中祭典、向神明奉告國事。他很快掌握神話的妙用，並將之與其他的治國概念相結合。他會視情勢所需，利用神話來合理化自己的行為，號召國民支持天皇的權力，以對抗統治菁英，並將自己置於政治與世俗責任之外。同時，裕仁越是扮演「神聖而直接」的君主角色，倚賴宗教信仰的程度就越深。

　　裕仁在一九二七年即位之後，未能引領日本天皇制完成「去神化」，也未能阻止軍方借用天皇的名義走向戰爭，而只能被動地等待戰爭的慘敗及由慘敗帶來的、由美國強加的改變——包括天皇由「神」降格為「人」。

◎以天皇為「現人神」的準宗教國家的建立

　　日本的近代化，除了社會的近代化之外，也包含宗教信仰的近代化。換言之，就是打造出適應近代社會的新宗教。新渡戶稻造談及寫作《武士道》的動機時說，這是為了回答一位比利時學者驚奇的疑問：「日本作為一個非基督教的異質性社會，如果沒有宗教，道德教育如何成為可能？」《武士道》一書便是身臨此文明爭論的場面，由被告人之抗辯而重構起來的日本的近代傳統。

　　近代日本最大的宗教發明是天皇崇拜。明治維新之前，歷代天皇大都隱居於深宮中，極少出現在民眾面前，以此營造神祕莫測的形象。明治維新之後，明治政府特意安排天皇「六大巡幸」，北從北海道起南至九州為止，像撒網一樣將全國覆蓋住，

並逐漸變得有計畫性和組織化。在此期間，民眾也由主動「聚集」而成為被「動員」的對象。天皇形象藉著在全國舉行國家性的遊行，徐徐且確實地沁入民眾內心。觀察家發現：

> 天皇所走過的地方，下層階級的人們就會恭敬慎重地將天皇雙腳踏過部分的泥土搜集起來，他們相信這些泥土已經變得神聖，可以治癒疾病。

在快速學習西方的現代化和理性主義的同時，這種非理性的甚至是蒙昧的天皇崇拜方式卻被允許乃至被鼓勵。藉助憲法、出巡、學校教育、媒體宣傳以及神社系統，天皇取得了宛如天主教的教宗或藏傳佛教的達賴喇嘛般的神聖地位。這也跟日本的文化傳統契合：天皇信仰的深處，有著日本民眾生活中傳統的活神信仰的習俗。人在生前就被當成神明來奉祀，是日本常見的一種信仰現象。天皇信仰更是一種由神道國教化來進行的民眾的思想動員。明治先賢以神武、崇神天皇的時代為範本，讓神道重新與天皇連接起來，並以此為國教之根本來系統化。

具有諷刺意味的是，福澤諭吉在《文明論概略》中就「支那與日本的文明同異」進行比較時，特別批評中國是黑格爾所說的「東洋之專制」的代表，支那人乃「純粹仰慕獨裁一君，以為其至尊至強，而一向沉湎於此信仰心」。他將支那視為「獨裁之神政府」統治下的社會：「獨裁之神政府，日蝕之際則天子出宮，觀天文而行占卜等事，人民亦靡其風，愈發視君上為神祇愈發陷於愚鈍。如今支那正可謂成其風也。」

福澤諭吉或許想像不到，明治維新之後日本的政治結構和意識形態急速向「神政府」方向發展，由此形成日本的近代化與反

近代化的「左右手互搏」。

　　明治憲法以歐洲君主立憲制國家的憲法為範本，但日本天皇的權力大大超越歐洲君王——包括號稱「太陽王」的法國國王路易十四、法蘭西帝國的皇帝拿破崙以及德意志第二帝國的皇帝威廉二世等強勢君主。歐洲的帝王不是神，只是神的「導體」，即「君權神授」，必須為「神的榮耀和神的意志」服務。但是，明治憲法卻為天皇注入獨占性的「神靈」和「神性」。

　　明治二十一年六月，樞密院的帝國憲法草案審議在天皇蒞臨之下莊嚴開始。議長伊藤博文發言說：

　　憲法政治在東洋諸國的政治史上不曾有歷史可徵之先例，故日本施行憲法政治也不免是一種創新。……當今要制定憲法，首先需要尋求我國的機軸，確定此機軸究竟為何物。如果沒有機軸，而任由人民妄議政治，則政治將失去統治規則，國家也將因之而滅亡。……本來，歐洲的憲法政治自萌芽以來已逾千年，不僅人民對此已非常熟悉，而且還有宗教作為其機軸，已深入人心，所以人心皆歸於此。但在我國宗教其勢微弱，無一能成為國家的機軸。佛教曾一時隆盛，維繫上下人心，但如今已傾於衰微；神道雖以祖宗遺訓為主述，但作為宗教卻無力使人心歸向。

　　伊藤博文承認此一現實：即日本既有的「傳統」宗教並沒有形成可作為精神內部的「機軸」。這樣一來「在我國可以作為機軸的，唯有皇室。因此在此憲法草案中要致力於這一點，尊重君權，盡量不使其受到束縛」。他也毫不避諱地指出日本的君主立憲政體與歐洲的差異：「因而不須參照歐洲那種主權分立的精神。本來其意圖就與歐洲數國在制度上君權與民權共治國家的大

旨相異。」日本思想家丸山真男在論及「作為近代日本機軸的『國體』的創立」這一主題時指出，明治先賢將天皇崇拜作為歐洲「機軸」的基督教的代用品，這對日本的近代具有深刻的決定性意義。

由此，被稱為「國體」的這種「非宗教的宗教」，在日本的近代化過程中發揮了魔術般的力量，任教於東京大學的德國經濟學家萊德雷（E・Lederer）發現，大地震時，為搶救出在大火中燃燒的天皇照片，很多學校的校長因此隕命。他評論說，日本的天皇制也許的確不像俄國沙皇主義在權力行使方面那樣殘忍，但是，西歐的君主制，甚至與東正教相結合的帝政俄國，也難以想像出這種對社會責任的承擔方式。

與古代中國一樣，古代日本也存在著「忠的宗教」與「孝的宗教」的分野，所謂「忠孝不能兩全」的矛盾一直存在。在明治維新中，國家積極地將「忠孝一致」的思想根植在國民心中。在《教育敕語》中，對天皇的「盡忠」和對雙親的「盡孝」被定義為「國體的精華」，這個表現方式在極權主義的意識形態之下，具有顯著的意義。由此，全體日本人成為一個家庭，天皇是這個家庭的父親，對雙親的盡孝就包含在對天皇的盡忠之中。明治時期的軍事國家把以家為基礎的信仰變成國家規模的組織，並將群體日本人塑造成同一個家族的成員，天皇則是這個家族的父長。這個時代背景是日、德兩國極權主義政府盜用盧梭和康德的「公共意志」，把它當做國民唯一絕對的公共意志，就像法國大革命時，雅各賓派的意志直接被當成法國人的公共意志一樣。

這樣，一種新的「國家神道」，作為明治絕對主義體制的支柱而成立。「國家神道」，不是因為神道自然的發展而產生，而是明治政府人為製造出的統治國家的意識形態。江戶時代末期的討幕派領袖們，高舉「復古」神道的「尊王主義」思想，明治政

府進一步往前推進這條路線。天皇成為「現人神」，創建出許多新的神社，如祭奠天皇、皇族的神社，供奉天皇忠臣的神社，祭祀為了天皇制國家戰死者的神社，加上在開墾地、殖民地建立的神社等；同時，在這些神社中也通過分別賦予它們以社格，建立其龐大的神社金字塔等級系統。

明治以降的天皇制國家就是這樣成立的。學者塚田理認為，它是典型的宗教國家或準宗教國家。學者安丸良夫認為，明治初年祭政一致的神政國家和神道國教主義，並非屬於時代錯誤的一種自以為是，而是一種大膽的試驗，是將當時內外交迫的危機訴諸於這種煽動性宣傳，實現以天皇的神權權威為中心的新的國家統合。

明治政府設立了地位最高的國家神社——靖國神社，其主導者為新政府軍的領導者大村益次郎。大村死後，他本人的銅像也於一八九三年豎立在神社，這是東京的第一座銅像。在日本，其他所有神社都歸內務省管轄，只有靖國神社這個「軍隊神社」從一開始起就由陸、海軍及內務省負責管理運作，實際上有負責財政的陸軍省握有主導權。靖國神社的創建，顯示政府巧妙地利用日本人的靈魂觀和祖先崇拜，這兩者在日本人的生活中擁有長久的傳統。然而，處於民間組織和政府中間之灰色地帶的靖國神社，因為祭祀二戰中的甲級戰犯，成為戰後日本與戰爭受害國之間爭執不斷的外交問題。

◎基督徒的反抗：
信仰天皇，還是信仰上帝，這當然是一個問題

迄今為止，日本仍是唯一自主近代化成功的非基督教國家。

日本接受宗教改革帶來的現代文明及部分的清教徒觀念秩序，卻不接受基督教本身。為什麼具有普世性的基督教與日本人的宗教意識無法相容呢？長期在日本傳教的天主教神父井上洋治在《日本的精神風土與基督宗教序論》一文中指出，日本人的感覺非常實在，不以概念為媒介，而通過具體實際存在的事物的相互碰撞，產生對外界的認識。相反，基督教強調福音帶來的光明以及和西歐民族相遇等這些事，對日本人而言，完全摸不著頭緒，向日本人傳福音與實存經驗沾不上邊。

日本學者岡田純一在《日本的社會風土與基督宗教》一文中則指出，日本深層的傳統家族主義對基督教信仰是一大挑戰，只有當傳統家族主義動搖時，知識階層才有可能接受基督教。直到現在，日本還不曾出現過世界級的基督教思想家，教會在日本發展的歷史太短。不過，二戰之後，日本的家族主義已式微，但基督教的發展仍不見起色。

更深刻的分歧是在精神和思維方式層面。一個有趣的例子可對此作出解釋：聖經在翻譯成日語時曾碰到一個瓶頸，那就是日語沒有未來式，因為日本人沒有未來思想。尊重現實是日本人的精神基礎，對日本人而言，好好活在當下的現實感才是最重要的。

基督教在日本傳播的歷史，比在中國更曲折和慘烈。一五四九年，天主教耶穌會會士方濟各・沙勿略（Francis Xavier）從鹿兒島登陸日本，在九州、中國、近畿等地傳教，開啟了天主教在日本的發展。當時日本的統治者織田信長對從西洋傳來的基督教非常歡迎，在安土城設有基督教的教堂，安土桃山時代的基督教發展十分蓬勃。

織田信長未完成統一大業，死於本能寺之變。日本官方的宗

教政策從消極的限制傳教轉變成積極的全面禁止天主教，甚至以撲滅邪教的名義大肆殺害天主教徒。一五八七年，豐臣秀吉頒布《伴天連追放令》；一六三三年，江戶幕府採取鎖國政策後，頒布「禁教令」，拒絕改變信仰的基督徒遭到軍隊的屠殺，其中「元和大殉教」最為嚴重。日本的基督教徒大都被迫更改信仰或被流放到外國，僅存少數轉向地下狀態的「隱匿基督徒」。日本作家遠藤周作的名作《沉默》描述了這段悲愴壯烈的歷史。

明治政府成立後，並沒有立即停止對天主教和基督新教的迫害。明治政府不顧外國公使們的抗議，繼續執行幕府時代鎮壓浦上天主教信徒的政策，公布了信徒的流刑以及他們流放到各藩的分配比例。堅守信仰的浦上天主教徒將流放視為「旅行」，許多人付出了生命代價。

浦上本原鄉的農民高木仙右門和中野鄉的守山慎三郎是明治元年被流放的天主教徒領袖，當局為了強迫他們放棄信仰所施加的迫害極為慘烈。地方官員建造了無法伸展雙腳、也無法站立的三尺方形空間，俗稱三尺牢，將他們關入其中。明治二年冬天，兩人被剝光衣服，投入結冰的水池中，在幾分鐘內就斷了氣。

對天主教的殘酷鎮壓，是因為天主教信仰與想要創建新政府的天皇制意識形態在原理上的衝突之故。新政府擔憂天主教會掀起「共和政治之論」，而且天主教徒認為上帝的恩澤遠超天照大神及當今天皇的大恩。

幕府末期，士族及青年階層中出現一群新教徒。基督教成了那些處於「逆境」及「失意遭遇」之中、對「浮世繁華」及「俗世地位」毫不奢望的人們的信仰，清教徒的思想也與士族精神結合。在橫濱、札幌、熊本的三個布道團最為有名。明治九年，三十五位青年在熊本郊外花崗山上宣誓信奉的決心，他們在晚年

被評價為「養成人材以備第二次之維新，企圖於他日將勢力擴張至中央」，很清楚地表現出戰勝第一次維新以及與「中央」抗衡的態度。他們認為明治維新只是第一次維新，只邁出富國強兵的第一步，並未帶來日本人精神信仰的解放，日本還需要經歷深層次的第二次維新。

遺憾的是，明治維新先賢總體上對基督教持負面看法，不認為需要第二次維新。他們的立場是，日本民眾性愚，必須以本土宗教教化之，不然隨著西歐文明傳入，基督教必會滲透進來，引起巨大的社會混亂。神道教的高級神職人員千家尊福指出，很多於西洋人將日本人比作東洋的法國人，他對此非常不以為然，因為「法國人於權利自由毫無限制，人情輕浮驕奢，親之容易，離之也易，黨派分裂，禍亂無盡」。從此一角度來理解法國革命，反映了明治變革在世界史上的地位。明治先賢認為，文明化的實現必須建立在擁戴天皇國教制基礎上，必須維持現有的秩序，這才是「真文明、真開化」。

然而，明治政府又不能無限期延續幕府的宗教迫害政策。天主教徒和新教徒的頑強反抗、外國公使的抗議，在加上對外關係中規定推動開明化等內外因素，在歐美訪問的岩倉使團也無法抗拒地產生對宗教信仰自由的新的理解，在這些因素交相影響之下，明治政府用循序漸進的方式解除宗教禁令。

一八八九年，明治憲法正式頒布，民選國會召開，象徵著日本已成為一個現代國家，儘管其主權由天皇壟斷，非由公民分享。但民眾一方面要承擔國家義務，另一方面也獲得某些基本人權和政治權力，比如宗教信仰自由。帝國憲法第二十八條為：「日本臣民限於不損害安寧秩序以及不背離作為臣民的義務，享有信教自由。」根據伊藤博文的《帝國憲法解釋》，因為人的本

心的自由處於國家政治干涉的領域之外，所以，無論如何，國家法律都不能涉入其中。可是，當人的本心面對外部世界，涉及到禮拜、傳教、集會、結社時，這些活動就要受到制約。伊藤博文等明治先賢竭力把信教自由納入內在性的範疇，而把外在的宗教行為歸入信教自由的框架之外。

與歐美憲法對宗教信仰自由的保障相比，明治憲法中的宗教信仰自由是殘缺不全的。作為開明派的、明治國家制度設計者的井上毅，既反對國教主義也反對「宗教之全然自由」，主張必須採取「可以稱之為『寬容』的主義」。他以某種實用主義態度對待宗教信仰自由，主張「對於盛行一國、並且多數國民信仰的宗教要籠絡和敬重之」，神道、佛教和基督教中，都有能夠擔負起國家任務並領導信徒和教團的「有聲望者」，只要把這些人用好了，也就可以利用這些宗教了。

發布憲法當日早晨，教育家、文部相（教育部長）森有禮遭到持民族主義立場的刺客西野文太郎之刺殺。西野的想法是：聽說森有禮在伊勢神宮有不敬行為，不要讓這樣的人參加頒布憲法的典禮儀式。森有禮傾向基督教，這是他遇刺的一個原因。當時的報紙雜誌頻頻刊載讚揚西野行為的消息，報導說很多人前往其墓地參拜，等於是公然表揚刺殺大臣的罪犯。這種「不祥、不健康」的情緒，為明治憲法蒙上一層陰影。

明治憲法中的宗教信仰自由，在以天皇制為國體乃至國教的條文的束縛下，成為一紙空文。是信仰上帝，還是信仰天皇，這是一個必須面對的哈姆雷特式的問題。大部分日本基督徒未曾認真對待過天皇制問題，並有意加以迴避。

一八九一年一月九日，在東京第一高中倫理講堂上，舉行了《教育敕語》的拜讀儀式。儀式結束時，教員、學生們決定敬拜

天皇在敕語上的簽名。基督徒思想家內村鑑三是該校代課老師，他未行此禮，教員、學生和新聞界等攻擊他對天皇「不敬」。他遭受免職，苦於病痛；他的妻子嘉壽子因勞心過度病逝。這個悲慘的事件，史稱「內村鑑三不敬事件」。

內村在給美國友人的信中說，處於基督徒的良心和對天皇的敬畏之心的兩難境地，該怎麼辦呢？這是他的「恐懼戰兢的時刻」。他本著「基督徒的良心」，就是「根植於唯一神信仰的緣故，拒絕敬拜此外之物的良心」，作出了選擇。從後來的回憶看，他那時正在閱讀蘇格蘭歷史學家卡萊爾（Thomas Carlyle）的《克倫威爾傳》，他從中學到了依靠良心生活的自由與自立的意義。後來，內村翻譯此書，還出版處女作《基督徒的安慰》，他在日本的歷史以及基督教的歷史中尋找到了屬於自己的位置——在失去所愛的對象時，在被國人拋棄時，在被基督教會棄絕時，在患不治之症時，在陷入貧困時，唯有上帝與他同在。內村在晚年如此寫道：

政治的自由與信教的自由是什麼呢？它們意味著：無論在哪裡都要有獻身的人；要是沒有對這些獻身者的什麼試煉，就不可能有政治的自由和信教的自由。並且，我應當感謝上帝揀選我承受這樣的重擔！

第三節 「大正民主」夭折，「昭和專制」登場

日本的近代化不是和平崛起，而是伴隨著一系列對外戰爭實現。其中，一八九四至一八九五年的日清戰爭是日本走上擴張政

策的一個轉捩點。戰後，儘管有三國干涉，日本被迫將遼東半島歸還清帝國，戰爭的豐厚酬報仍使得主張擴張論者更振振有詞。

富庶的台灣島和澎湖列島的割讓、作為日本採用金本位制之基礎的庫平銀兩億三千萬兩的賠款等具體事實，連同日本所獲得的外交上的威望，使得列強承認日本為其中一員。一八九九年，日本廢除包含領事裁判權的《英日協定》，此前與其他國家締結的類似條約也迅速廢止。一九〇〇年，日本軍隊成為八國聯軍之一進入庚子拳亂中的北京城，標誌著日本已躋身帝國主義諸強之列。一九〇二年，英日同盟的建立，意味著最老練的帝國建設者大不列顛已選定日本作為亞洲的盟友，日本成為牽制英國的敵手俄國在遠東擴張的最有效力量。英日同盟固然有助於英國試圖阻撓俄國獨占滿洲和華北的野心，同時也是日本制勝俄國的一個極寶貴的外交武器。

然而，英日同盟並未讓日本虛心學習英國的憲政模式，日本只是藉助英國的力量「狐假虎威」，並有了向俄國開戰的信心。日俄戰爭是第一次有色人種的非西方國家打敗白人的、歐洲的強國。隨著這次的勝利，日本代替俄國成為東亞現實和潛在的第一強國。

小泉八雲認為，天皇崇拜在戰爭中的威力超過武器和戰術，是日本以天皇為中心的「國體」擊敗俄羅斯的沙皇體制和東正教信仰。明治維新以來，鼓吹為了天皇而欣然赴死的觀念深入人心，如果因此而戰死，獲得的回報就是會被當做神，供奉在天皇所參拜的神社中。死後被供奉在靖國神社，成為日本人最高的理想：

日俄戰爭中，日本的真正力量，現在還是存在在它的一般民眾，它的農民、漁民、工人、勞動者在田野勞動，或在都市小街

巷中從事最低賤職業的能吃苦的溫和的人們的道德性之中，而這個民族的一切不自覺的壯烈的勇氣，不是隨便輕視生命，而是服從那死後賜予榮譽的，天皇的命令，不辭犧牲生命的勇氣也存在於這些人民之中。這次戰爭中被召集出征的數萬青年之中，吐露希望太平無事光榮凱旋的話的人，一個也沒有。口中吐露出來的唯一希望，是被祭祀在為天皇及祖國而死者之靈魂來集的招魂祠──靖國神社，而長久地為世人所記憶。古來的信仰，沒有比這戰爭的時候再強的了，俄國要比連發槍或白帽魚形水雷更怕這個信仰罷。

日本人相信精神的力量可以勝過物質的力量，但日本當時的軍事和武器技術確實已超過俄國，再加上新發於硎的天皇崇拜勝過衰朽的東正教，日本勝券在握。

然而，沉浸在勝利中的日本人沒有意識到他們將玩火自焚。宗教學者加藤玄智在《我建國思想的本義》一書中提出「皇室中心的國家主義」的概念，認為忠孝一體的「天皇教」是日本國民的宗教。他原本也將佛教和基督教也列入日本國民宗教，但基於甲午戰爭與日俄戰爭的勝利是大和魂與武士道精神發揮的結果，轉而高唱日本精神的優越性。這種比義大利的法西斯主義和德國的納粹主義更具宗教性的意識形態，將日本拖入了殘酷血腥的第二次世界大戰，甚至讓日本支撐的時間比義大利和德國更長──日本在彈盡糧絕之際發明了神風特攻隊；但日本所承受的痛苦也比義大利和德國更大──日本付出了廣島和長崎被美國的原子彈夷為平地的可怕代價。

◎天皇皆凡人，天皇皆病夫

在邁向現代國家的路上，明治時期的政治家確立了絕對君主制的主權，讓天皇可以直接統帥軍隊。最重要的三個法律文件——《大日本帝國憲法》、《告文》、《軍人敕語》——重新創造出擁有如下特徵的天皇和天皇制：天皇與天皇制度被賦予神性；不可侵犯天皇——不可追問其政治責任；作為軍隊統帥的天皇；有天皇所象徵的日本與日本人的原生性。日本的武裝力量不受政府和議會控制，直接向天皇負責，但天皇又不必向政府、議會和人民承擔任何政治責任。所以，日本表面上具備憲政國家的形制，卻先天性地患上極權主義的隱疾。

十九世紀以來，歐洲君主基本不掌握實權，僅具禮儀和象徵意義。相比之下，日本天皇並非虛位元首。但明治天皇睦仁、大正天皇嘉仁、昭和天皇裕仁都只有中等才智，知識和智力不足，且因為皇室近親結婚而皆患有程度不等的遺傳疾病，「病夫治國」讓國家處於危機之中。

明治天皇與父親孝明天皇一樣，有著下顎前突症的缺陷，下頜不正常地前突，伴有嚴重的牙齒下墜——這是類似於歐洲哈布斯堡王室中常見的病癥。明治元年（一八六八年），英國公使巴夏禮（Harry Smith Parkes）在京都東本願寺受到明治天皇接見。英方書記官薩道義（Ernest M.Satow）的印象是：「（天皇）大概是有化過妝吧，臉頰的顏色很白。嘴巴的形狀很怪，就是醫生口中的突顎，但大體上看臉龐的輪廓是整齊的。眉毛被剃掉，在原本眉毛上面一英吋的地方畫上眉毛。」明治天皇接受了巴夏禮雙手呈上的英國女王的書信——這是清帝國的皇帝寧願選擇生靈塗炭的戰爭也不願意做的事情。薩道義觀察到：「我看到天皇覺

得害羞，一副畏畏縮縮的模樣，於是，天皇只好找三階宮（晃親王，議定、外國事務局督）求助。……天皇陛下想不起來自己該說的話，從左手邊的人聽到一句後，總算發出開頭那一段聲音。於是伊藤博文就宣讀先前準備好的全部翻譯內容。」

睦仁尤好騎馬、唱歌、和歌，擅長蹴鞠，也是一名刀劍愛好者。但是，成年以後的睦仁幾乎不讀書、不讀報，其侍從日野西描述說：「我幾乎從未見過陛下讀書，除了年初聽講時以外一次也沒有。」宋朝詩人黃庭堅曾說：「士大夫三日不讀書，則義理不交於胸中，對鏡覺面目可憎，向人亦言語無味。」睦仁大半生都不讀書，面目不會可愛。

大正天皇嘉仁是明治天皇睦仁唯一長大成年的兒子，但自幼多病，曾患腦膜炎，留下後遺症。他驕橫傲慢，性格暴躁，容易激動，一不高興就用馬鞭抽打侍從。嘉仁是西方尤其是德國的崇拜者，留著德皇威廉式的牛角鬍子，上面塗滿凡士林；穿戴看起來活像一個德國騎兵，經常騎著高頭大馬在宮中橫衝直撞。一九一三年，國會正在召開會議，天皇原要頒布一道詔令，但他卻在眾目睽睽之下將詔書捲起來當望遠鏡，向滿座大臣及議員窺視。這件事以「望遠鏡事件」聞名於世。嘉仁在四十歲時又患腦血栓，轉為精神病，經過治療有所好轉，但身體狀態很差，四十七歲就去世了。有日本學者認為，嘉仁登基之後，政府和民眾期望他學習明治天皇的威嚴，使他奔放性格受到壓抑，身心健康狀況也受影響。

大正時代，歐洲君主制陷入危機，第一次世界大戰期間和戰後，多個強大的帝國解體，君主被推翻。一九一七年，俄國爆發十月革命，沙皇尼古拉二世被推翻，全家遭到處決。德意志第二帝國、奧匈帝國、鄂圖曼土耳其帝國漸次瓦解。由於嘉仁無法處

理政務，日本國內亦出現政治動盪，皇室大臣憂心忡忡，認為要擺脫險境，必須有一位能支撐大局的天皇。一九二一年，政界元老決定讓太子裕仁親王攝政，嘉仁實際上是被迫退位。

昭和天皇裕仁的狀況，只是比父親嘉仁稍好而已。裕仁似乎繼承其父的遺傳缺點，從小多病，心身發育不佳，終生為病痛所困。一九〇八年，裕仁六歲進入皇室學習院時，被發現其右手手指活動不便，被迫放棄美術和音樂兩門課程，此外，裕仁也有嚴重的先天近視。明治天皇親自指示皇室學習院院長、日俄戰爭的英雄乃木希典陸軍大將將裕仁培養為「質實剛健」之輩。乃木為裕仁打造了一套斯巴達式的教育模式，裕仁自小就被種下崇尚武力的想法，擺脫「病弱」形象向祖父看齊。

還是皇太子時，二十歲的裕仁即出訪歐洲。當時，美國總統哈定（Warren Gamaliel Harding）也打算邀請裕仁訪美，但日本政府擔心裕仁無法處理「日本與美國民族情感的差異」而婉拒美方邀請——這一次擦肩而過，讓裕仁失去切身了解美國社會的機會。日後，日本軍方決議對美國開戰時，裕仁對美國一無所知，未強烈反對——而曾在美國哈佛大學學習，又曾擔任日本駐美大使館海軍武官的山本五十六，清楚地知道「喚醒沉睡的巨人」的代價是日本的敗亡，「我懷疑那些（輕言戰爭的）政客們對這些必將付出的代價和犧牲有沒有心理準備」。這樣的遠見卓識是裕仁所不具備的。

年輕的裕仁觀察到的歐洲各國，並不比日本強大。[5]在法西

5　在法國訪問時，裕仁鬧了一個笑話：當時他穿著便服獨自搭乘巴黎地鐵，有生以來第一次付錢買車票，「我當時第一次搭乘地鐵，什麼手續也不知道，手緊緊地握住車票，入閘的時候驗票員要在票上打孔，結果我緊張地深怕被他奪取，握著車票不放，雙方就這樣來回拉扯數分鐘，結果惹得驗票員大怒。這張車票也被我

斯剛掌權不久的義大利，裕仁受到法西斯黨魁墨索里尼的熱情款待，很快對墨索里尼欽佩有加。裕仁被安排居住在義大利國王的皇宮中，參觀了戰爭紀念碑，觀賞了義大利軍隊所辦的比賽。從此之後，裕仁對日本軍方和知識界鼓吹法西斯主義更為認同和縱容。

◎曇花一現的「大正民主」與憂鬱的夏目漱石

明治維新之後，日本國內曾出現自由民權運動，其中有英國體系的自由主義思想與法國體系的革命共和思想這兩派。一八七一年，中村敬子將英國思想家彌爾（John Stuart Mill）的《自由論》譯出，並以《自由之理》之名出版。民權派的河野廣中對這本書的感想表達了當時知識界的迴響：「過去滋養於漢學、國學，動輒倡導攘夷的思想，一朝興起了大革命，始知人的自由、人的權利之可重，又自覺廣依民意以行政治之必要，不啻動人肺腑，胸中更深刻自由民權的心情，完全為予之生涯創造了一個至重至大的轉機。」然而，隨著天皇極權體制的固化，民族主義的高漲，自由民權運動很快煙消雲散。

到了大正時代，由於大正天皇患病、第二代明治元老「集體共治」、政黨政治興起、城市化和中產階級出現，自由民權運動形成了脆弱的「大正民主」。

一九一二年十二月，西園寺公望內閣因拒絕陸軍部要求擴軍兩個師團而集體辭職，由軍閥巨頭桂太郎接替。桂太郎上台，引

一直保存著。」這趟旅行有助於裕仁突破「籠中鳥」的固有生活模式，將自己「放到真實世界中」。

起普遍的抗議風潮，爆發第一次護憲運動。立憲國民黨和立憲政友會提出「打倒閥族，維護憲政」的口號。這一運動的幕後支持者是企圖從軍閥、官僚手中奪取政權的產業資本家。一九一三年，反對黨提出彈劾內閣案，迫使國會休會。憤怒的民眾包圍國會，襲擊警察局、派出所，動盪波及大阪、神戶等大城市，形勢惡化。大正天皇出面干涉，表達了希望維持政局穩定的意願，桂太郎內閣下台。資產階級民主運動戰勝軍方和官僚勢力，史稱「大正政變」。

之後，以第一次護憲運動為起點，要求政黨政治的民主運動，於一九一四年實現了政黨議會。此時，歐洲爆發第一次世界大戰，外國資本大量湧入日本，造成繁華景象，使大正前期成為明治維新以後的盛世。然而，大正民主運動，只是少數激進都市知識分子，與一部分勞工、農民所進行的，其影響力有限；而且，大正民主並沒有改變日本對外侵略擴張的發展戰略和外交政策。

一九二二年到日本訪問的英國哲學家羅素觀察到，當時的日本民眾普遍追求美式生活之道，但又對未來憂心忡忡：

一九二二年我滯留日本的時候，在與我交談過的人們，以及在街上遇到的人們的臉上，感覺到一種促進歇斯底里般的緊張感。我從這種緊張感中，發現下面的事實——也就是根深蒂固又毫無意識的期待已經在日本被適應，但在都市居住者的意識生活全體中，有來自於「努力要成為如美國人般」的事實。這種意識上的表現與無意識的表現相互無法調和，人們或多或少不得不在充滿活力的程度中，表現出意志消沉與憤怒。

日本急速邁入現代社會所帶來的人的疏離感和孤獨感，是日本現代文學的主題，其代表作家就是夏目漱石。夏目漱石在日本文學史上享有崇高地位，被稱為「國民大作家」、「永遠的當代作家」。一九八四年，他的頭像被印在一千日圓的紙幣上。

　　夏目漱石出生於一八六七年，正是新舊秩序衝突最為激烈之際。他猛烈批評日本狂熱的西化傾向，認為那直接引發了主導其悲劇生命觀的虛無感。他與西方文化的接觸令他既痛苦又沮喪。他畢業並任教於東京大學英文系，對莎士比亞等英國文學了如指掌。一九〇〇年，他訪問英國，他以國家菁英之身前來，卻被英國人歧視，產生嚴重的自卑感，陷入無法掙脫的憂鬱泥淖中。[6]日後，夏目漱石在《文學論》中寫道：「我行走在英國的紳士之中，就像是步行於狼群中的茸毛犬，過著卑憐淒慘的日子。」他傾訴說：「我不安地感覺到，自己似乎被英語文學愚弄或欺騙了。」他更發誓說：「若是能依自己的意志行事，我生涯絕不踏入英國之地一步。」

　　然而，夏目漱石卻把在英國遭受的歧視逆向投射到作為日本殖民地的韓國和滿洲國。他在《朝日新聞》發表的《滿韓漫遊》中，無法否認地飽含了對中國人、朝鮮人的蔑視。在英國人面前，他是落後民族之一員；在中國人和朝鮮人面前，他又搖身一變成了先進民族之一員，這是大正時代日本人的普遍心態：「日

6　當夏目漱石踏入倫敦時，映入眼簾的是的黑煙煤塵覆蓋的醜陋都市景象。當時的英國乃是支配七大洋的強權帝國，倫敦更是凝聚資本主義、產業革命成果的具體體現，倫敦天空上的陰灰霧霾，固然是氣候使然，更是都市高度工業化的象徵。關於倫敦的生活環境之惡劣，夏目漱石寫道：「在倫敦的城中散步試著吐了口痰，仔細一看竟是一團黑塊，大吃一驚」，「幾百萬的市民每日吸著這些煤煙灰塵，嚴重地汙染他們的肺」。

本人的臣民化，不只意味著市民社會的壞滅，也築起輕視亞洲各國的障壁。」

晚年的夏目漱石感受到大正民主崩壞之趨勢，他從描寫個人主義及其衍生的孤獨痛苦，轉向不受私心拘束、委身於天地之間的心境，即所謂的「則天去私」境界。美國的日本文學研究者布爾達克斯（Michael K. Bourdaghs）將夏目漱石、魯迅、卡夫卡（Franz Kafka）和喬伊斯（James Joyce）並列稱為二十世紀文學的開拓者。夏目漱石的文學和思想觀念，正是大正文化的縮影——他在自卑和自戀中為現代日本文明作出新的定義，並期待「軟弱的日本能夠和歐洲最強大國家並且而立」：

西方文明是從內部生成的，而日本的文明史從外部生成的。「內部生成的」事物自然而然從其本身發展出來，如同鮮花綻放，先是蓓蕾綻開，然後花瓣向四周展開。而「外部生成的」事物總是由於外在的壓力而被迫呈現出某種特定的樣子……

日本的大正民主與德國的威瑪共和國一樣曇花一現、讓人扼腕。日本的自由民權運動及大正民主未能茁壯成長而中途夭折，絕非偶然，這是由其民族性格和歷史傳統所決定的。如丸山真男所說，日本的近代化與英國截然不同：英國是「自然成長」的近代化之典型，在那裡，近代化並不是目的意識性的。換言之，不是按實現近代化的願望去推進近代化的，其近代化的作為歷史發展的自然結果而出現的。在日本，近代化則是在外部壓力之下，被具有「萬金油」性格的、「全能人」的明治先賢們設計和創建出來的，是一種「意識形態指導下的近代化」，它跟日本本身的民風民情乃至文化和宗教信仰存在著某種脫節狀態。這就

使得日本的民主化並未與近代化同步,「就政治、經濟、文化各種領域不斷與未知遭遇這點來說,『大正』是潛藏巨大可能性的時代。但是,從建立國防國家地基的國家動員體制根源來看『大正時代』時,也可以說這種時代的可能性,是像彩虹般空虛的存在。」

◎走向戰爭的「昭和專制」與「鬼才」石原莞爾

從大正民主轉向昭和專制,不是裕仁在個性上比父親嘉仁更傾向於專制,而是日本統治階層和大部分民眾誤判國際局勢,作出錯誤回應,所釀成的最大錯誤是與德義結盟、對英美開戰。

明治維新之後,日本沒有如福澤諭吉希望的那樣「脫亞」,反倒產生雄心勃勃的「大東亞主義」,試圖充當東亞盟主。其實,從日本戰後至今的發展之路來看,「脫亞」比主導「大東亞共榮圈」要容易得多。亞洲是一個如此廣袤的大陸,是一個如此反西方的原始而野蠻的文明形態,憑日本一己之力,無法將亞洲拖出黑暗的沼澤地。日本的最佳選擇乃是獨自「脫亞」,等「脫亞」完全成功之後,再向亞洲各國傳授經驗。然而,日本卻自我膨脹,產生不切實際的狂想──將亞洲變成日本。於是,東亞出現了由中國轉向日本這樣一個盟主地位的交替。日本思想史家子安宣邦指出,作為亞洲新盟主之日本的地位,是由兩個因素確立起來的:通過強力將亞洲納入歐洲中心的文明世界秩序,面對這種強力要求以亞洲唯一的文明國日本為中心實行防衛性的重組。日本不僅要獲得軍事上的,而且還需要理念上的勝利。日本相信東亞這種盟主的交替,必須是新舊文明的交鋒,以及由停滯走向進步的歷史觀的革新。日本顛覆了中國持續千年的「天下秩

序」，卻無法將英國式的殖民秩序引入亞洲，日本在這兩者之間舉步維艱。

二十世紀初，日本產生異想天開的亞細亞主義，以「興亞」取代「脫亞」，以「亞洲一體」包裝激進民族主義，連孫文也一度是這種亞細亞主義的信奉者。倉岡田心在《日本的覺醒》一書中指出，「亞細亞的簡樸生活」正是「亞細亞的光輝」所在，不必在西方面前自卑，而「作為東洋的唯一代表」，日本理所當然地承擔著喚醒亞洲、復興亞洲的「使命」。陸羯南在《日本》一書中提出，「東洋是東洋人的東洋」（這是一種日本式的門羅主義），至少日本與朝鮮和中國是唇齒相依的，在國際戰略上應「北守南進」，即在北方以守勢防範俄羅斯，在南方積極與英國爭奪。然而，日本如螞蟻，亞洲如大象，螞蟻豈能拉動大象。這就注定日本走向戰爭、走向失敗的厄運。

日本在國家戰略上第一個錯誤是發動全面對華戰爭，曾在日軍中擔任顧問宣撫官的阿部多利吉走訪中國的很多日本占領區後承認：「雙腳陷進無邊的沼澤中沒有地方可扶靠，欲拔出右腳，左腳又深深地陷進去。再想將左腳拔出時，右腳又更深地陷下去，已經完全無法逃脫了。這就是日本目前的現狀，是解決支那事變的實際情況。」即便如此，強硬派的眾議院議員、前海軍參贊栗山博仍自欺欺人地表示，「支那大陸充滿無限希望」：

日本現在抱著一個塊頭比自己大得多的叫支那的孩子，這就是支那事變。為了把遠比自己塊頭大好多倍的孩子牢牢地抱在懷中，日本要為這個孩子的體重出很多汗，一定很辛苦的吧。可是，無論這孩子捶背還是從側面用頭撞，日本都不能撒手。一撒手日本就自取滅亡了。連稍微鬆鬆手都不行。所以不論政治、

外交，還是經濟，日本都必須以和這個孩子的關係為基礎進行運營、促進和完成。

　　日本沒有學習英國明智的外交策略：長期以來，作為島國的英國並沒有進軍歐洲大陸的野心，只是致力於維持歐洲的勢力均衡；同樣是島國的日本，卻從幕府時代就有吞併朝鮮乃至奪取中國的野心，這個野心隨著日本率先邁入近代強國的行列而加速膨脹，它反過來吞噬了日本的近代化成果。

　　中日戰爭持續四年後，日本在中國已欲罷不能，卻又孤注一擲走向太平洋戰爭，致使軍人和平民在這場戰爭中死亡達三百一十萬人，國家險些玉碎。就連日本人也承認「日本現在是口念觀音、行夜叉事」。為什麼連最睿智的海軍將領山本五十六亦屈從於這一飛蛾撲火的錯誤戰略呢？歷史學家半藤一利檢討說，日本走上殺人且自殺的戰爭之路，跟明治維新在思想上的不徹底有關，原因之一是：「當處於最大危機的時候，日本人非常喜歡抽象的觀念論，而幾乎不想去做具體的、理性的方法論之檢討。日本人擅於先設定符合自己的心願的目標，然後以極漂亮的文章，描繪壯大的空中樓閣。日本人認為，事物會按照自己的希望運轉。」、「當任何事情發生時，採取對症下藥的、立即獲得效果的、短兵相接的發想。這在昭和史中，一次又一次發生。也就是頭痛醫頭腳痛醫腳的處理方式。然而具有時間的、空間的廣大意義的大局觀，完全付之闕如，而且不同觀點的思考方法也幾乎不存在。這就是通過昭和史看到的日本人的樣子。」

　　正如大正時代的代表人物不是大正天皇，而是夏目漱石；昭和時代的代表人物也不是昭和天皇，而是石原莞爾。

　　在日本軍界，石原莞爾被譽為鬼才，學生時代就有頗多驚世

駭俗之舉。[7]一戰後，他奉命前往德國留學，在戰後動盪的德國居住兩年半時間。夏目漱石在英國全盛時期訪問英國，對英國印象惡劣；石原莞爾在德國戰敗的低谷中訪問德國，卻頗為享受在德國的生活——他喜歡德國製造的照相機，並買了一整套設備。夏目漱石躲在倫敦的公寓中險些發瘋，石原莞爾卻身穿有家徽刺繡的和服在柏林街頭漫步。石原認真研究被明治天皇當做典範的德國在大戰中失敗的原因，他發現，德國未能做好長期持久性消耗戰的準備。由此，他對即將發動對華戰爭和太平洋戰爭的日本提出警告，可惜決策者並未聽取其警告，日本在二戰中犯下跟一戰中的德國同樣致命的錯誤。

石原莞爾是軍事思想家，更是宗教家，他是日本佛教中最激進的宗派日蓮宗的信仰者。他所發表的「世界最終戰論」有強烈的宗教背景，日蓮宗之開祖日蓮上人對人類未來大戰的預言是其軍事研究的根基，其理論跟半個多世紀之後美國政治學家杭亭頓的「文明衝突論」既背道而馳又異曲同工。石原認為，作為東洋（佛教）的代表的日本，必將與作為西洋（基督教）的代表的美國有一場決戰，這也是一個「佛教的預言」。

石原進而指出，日本應該一改大正民主制模仿英、美自由主義的流弊，斷然實行昭和維新。不但物質上應模仿德、蘇的全體主義，實行統制經濟，並應進行工業的大革命以研發關鍵致勝武

7　石原莞爾早年就是另類人物：一年到頭不洗澡，把身上的蝨子裝在鉛筆盒中養起來作為觀賞。石原莞爾曾在中國旅行一年多，考察了湖南、四川、南京、上海和杭州等地，總結出應對中國軍閥的最好辦法是「比起武力會戰，收買和宣傳具有更大的價值」。他認為中國：「官乃貪官，民乃刁民，兵乃兵痞；政府欺壓民眾，官民對立；若外國入侵，民眾不會支持政府。」、「中國的愛國學生是世界上最亂的，就是他們起鬨鬧事，把老百姓推到最前線，然後他們轉身就走了。」

器；另外在精神方面，則要在日本天皇領導下，通過東亞聯盟的締結來團結東洋崇尚王道的各民族，如此才能與西方霸道文明的代表——美國進行最終戰爭，以實現八紘一宇、四海一家的偉大理想。

在「最終戰爭論」的理論架構之下，石原莞爾提出其外交和軍事政策：第一階段推動「滿蒙獨立」，倡導部分日本人放棄國籍成為滿洲人。第二階段，以「民族協和」為前提讓中國成為「東洋的美國」。日本應該滿足於滿洲國的勢力範圍、不應全面侵略中國，應以強勢地位與中國建立同盟。既然東方跟西方終須一戰，東方要由最先進的日本領軍，日本需要與中國結成盟友。第三階段才是與「真實的、永恆的敵人——西方基督教、天主教勢力」展開決戰。石原認為：「發源於中亞的人類文明分為東西兩支，幾千年來各自發揮其特長和特點，不斷進步，而最近兩三個世紀的發展更是突發猛進。時至今日，這兩個文明已形成隔著太平洋而相互對峙的局面。這種局面必將導致戰爭，戰爭之後將走向統一，最終創造最後最高的文明的黃金時代。」石原與幕府以來的日本當權者一樣，將基督教視為日本價值的敵人，不僅拒絕接受基督教文明，還要對抗基督教文明。

石原反對東條英機擴大對華戰爭，被日本政府和軍部閒置，這讓他在戰後逃避了被審判定罪的命運。[8]但實際上，石原比裕仁、東條等日本統治者更加危險，他是最早的、極端化的東西方文明衝突和價值衝突的論述者，他的論述比杭亭頓早了半個世

8　石原莞爾因為反對東條英機，甚至參與了暗殺東條英機的計畫，得以在戰後的東京審判中從戰犯名單中除名。但他在法庭在以證人身分作證時，仍然狂妄地宣稱：「滿洲國建國一案，涉入最深的人就是我，如果要追訴日本的戰爭責任的話，我本人就是頭號戰犯，就先將我送上軍事法庭吧。」

紀，並且將日本視為對抗西方的盟主。日本戰敗，讓石原的理想化為灰燼。到了二十一世紀，代表東方挑戰西方的，不再是日本，而是肆虐中東的伊斯蘭原教旨主義和以馬列主義包裝的、復活「古已有之」的「天下帝國秩序」的中國。

第四節　向敵人鞠躬，向敵人學習

◎「擁抱戰敗」的國家，「好的戰敗者」

一九四五年八月十五日正午，裕仁天皇通過廣播發表《終戰詔書》，宣布無條件投降。日軍散布在世界各地，奉命收聽天皇的「玉音」。

裕仁並非雄辯之人，他連普通會話也不能應付裕如。當時的錄音效果不佳，裕仁採取一種特殊的發音腔調，聲音從高到低，開頭平穩，到最後，卻越發小聲，周圍還夾雜了不同的聲音。當天皇全部訴說完畢後，直到NHK播音員補充了一句，大家才確定是投降的事情。

日軍第八方面軍司令官今村均大將在聽到天皇廣播後，從地下工事走出來，來到停泊拉包爾海面的澳大利亞軍艦上，向澳大利亞軍投降。

「你們還有多少人？」看了一眼今村均，澳軍司令官問道。

「加上周圍島嶼，所羅門群島大日本帝國陸海軍軍人軍屬共有十四萬餘人。」

澳大利亞軍司令官一看名冊，愣住了，詢問道：「天啊，那這些人都在哪裡？」

「拉包爾十萬。周圍島嶼四萬。」

「我，怎麼看不見呢？」

「基本都在地底下的洞窟工事裡，沒事不出來的。」

「那你們吃什麼？」

「我們有存糧，加上自己種的糧食，堅持數年沒有問題。」

澳大利亞軍司令官撓了撓頭，問道：「那你們還投降？」

今村均說：「是天皇下令的。」

一瞬間，島上冒出來數不清的日本人，與戰爭所不同的是，他們開始大興土木修宿舍、修俘虜營。為了讓澳大利亞受降軍官住得舒服，他們蓋了軍營，蓋得齊齊整整漂漂亮亮。隨後再在澳大利亞人的軍營周圍搭草棚子，為自己準備戰俘營。完工後，日軍在草棚子周圍拉上鐵絲網，將武器擦亮了整整齊齊地排在一排，所有人都鑽進鐵絲網。

待一切就緒後，今村均找到澳大利亞軍司令官：「我們準備好了，現在你們可以入住接收了。」

澳大利亞司令官帶著三千人來到島上，看著整齊畫一的十四萬日本戰俘，瞠目結舌。

隨後，在澳大利亞軍隊的監督下，今村均帶著部隊開墾土地，設立技能培訓班，組織生產，自給自足，並等候遣返歸國。[9]

這段歷史說明，日本是一個心甘情願地「擁抱戰敗」的國家。在九十三年之前，日本人對率領「黑船」前來叩門的美國將

---

9 一九四六年，今村均和拉包爾日軍被遣返歸國，回國時他們將大批物資帶回百廢待興的國內。隨即，今村均被捕並接受國際法庭之審判。一九五四年，今村均刑期屆滿從巢鴨拘置所出獄。獲釋後，他在東京的自家宅院休養，寫作《今村均大將回憶錄》，直至一九六八年去世。

軍培理充滿恐懼，以為末日將近；九十三年後，日本人對另一位美國將軍、曾經的手下敗將麥克阿瑟則如救星和甘霖般期盼。

　　許多美國占領軍官兵奉命來到日本時，做好了將面對狂熱的天皇崇拜者所帶來的不快的心理準備。但當第一批全副武裝的美軍士兵登陸之時，歡呼的日本婦女向他們熱情召喚，男人們也鞠躬如也地殷勤詢問征服者的需求。他們發現自己被優雅的贈儀和娛樂所包圍，也被禮貌的舉止所誘惑和吸引。他們所遇到的日本民眾，厭倦戰爭、蔑視曾給自身帶來災難的軍國主義分子，同時幾乎被這片被毀的土地上的現實困境所壓垮。

　　直到戰敗，日本人才恍然大悟，「大東亞共榮圈」是一個不切實際的幻想，日本現代化道路最大的差錯就是從明治時代的「脫亞入歐」拐入「亞洲一體化」。早在一九三八年，日本思想史家津田左右吉就在《支那思想與日本》一書中，通過政治思想、道德思想、宗教、文學等領域的比較，否定了中日文化的同一性，進而否定「東方文化」這一概念存在的合理性。他認為，日本文化與西方文化之間更具共同性。這種觀點否定日本政府提出的作為中日戰爭目的的「東亞新秩序」理念，遭到當時主流輿論的強烈反對。

　　到了日本戰敗、日軍從亞洲大陸撤回之時，此一論點才被重新發現。竹山道雄在其《緬甸的豎琴》中描寫了這樣一個場面：決心留在緬甸的上等兵水島一身僧侶打扮站在收容所柵欄外，偷偷地目送第二天就要從緬甸被遣返回國的日本士兵。士兵們合著豎琴的伴奏聲齊唱「簡陋的小屋」，依依惜別。音樂的旋律取自一首蘇格蘭民謠「敬仰」。據說，作者當初想找一首傳統的、能在包括緬甸的亞洲地區廣為流行的曲子，結果沒找到合適的。最後，只好用一首緬甸原宗主國創作並被收入日本《小學生歌曲

集》當中的一首曲子。緬甸與日本之間沒有一首通唱的歌曲。這種情況不僅限於緬甸與日本之間，自古以來就有密切關係的中日之間也有同樣問題。在當時，中日之間也很難找到一首共同欣賞的歌曲。

如果日本的統治者早點知道這個細節，知道日本與緬甸之間共同的歌曲居然是蘇格蘭民謠，大概不會存有統一的「亞洲文明」的幻想了。

日本人擁抱戰敗，也擁抱美國。在「脫亞入歐」與「脫亞入美」之間，日本走過三十年歧路，付出死難數百萬軍民的沉重代價。在戰前即為親美派文官代表的吉田茂，在戰後成為日本首相，與美國合作並帶領日本實現經濟騰飛。吉田茂回顧說：「在面臨戰敗和被占領的狀況下，日本人沒有虛偽地對待占領軍，而是認真地以一種坦蕩的姿態對待占領軍所指示的巨大改革，並在改革中努力尋求重建日本的措施。」「雖然並不認可占領軍的一切，然而，日本還是承認美、英擁有優越的文化。從這一點上說，日本是歷史上一個『好的戰敗者』。」

◎回到「人間」的裕仁天皇
　與作為「給天子發號施令者」的麥克阿瑟

美國學者約翰・托蘭（John Toland）在《日本帝國的衰亡》一書中描述了一個有趣的細節：在戰後幾個月，滿目瘡痍的東京，有個滿臉皺紋的老樵夫，在麥克阿瑟的新總部第一大廈前停下來。他背上背著一大捆柴火。他先朝麥克阿瑟的軍旗深深一鞠躬，轉過身來又朝廣場另一邊的皇宮也深深一鞠躬。旁觀的美國官兵既覺得有趣又不理解是什麼意思，好像他就是不可思議的東

方人的矛盾的生動體現。但是，看到他的日本人卻理解他。他毫無保留地承認今天的「將軍」的暫時權力，同時也尊敬大街另一側的永恆的存在。

日本民眾將麥克阿瑟看作是幕府時代掌握實權的「將軍」，以此達成某種自欺而不能欺人的精神勝利法。日本人和裕仁天皇本人都承認日本在戰爭中完全失敗，卻並未了解這是觀念秩序和精神信仰的失敗。裕仁從小接受的教育是嚴苛、教條而封閉的，正如麥克阿瑟的軍事祕書和心理戰行動負責人費勒斯准將（Bonner F. Fellers）所說，裕仁與大部分日本人一樣，不知道也不能理解美國式的民主，包括美國《獨立宣言》、合眾國憲法、大西洋憲章、對人種和宗教的寬容精神、無公正審判就不可處罰的原則、反對奴隸制、個人的尊嚴以及對人民絕對的信賴。

裕仁對戰爭缺乏反省，在九月九日寫給其長子、十二歲的皇太子明仁的一封罕見的短信中流露出來。他關注的不是戰爭的起因，而是「戰敗的原因」，他認為日本戰敗是因為國人太輕視英美人了。他總結說，如果戰爭繼續，他將無法保全「三件神器」（鏡、劍、玉），而大多數國民將遭到殺戮。因此，他忍氣吞聲，接受戰敗「以保全國民之神」。

這看起來有些怪異：天皇在批評軍部不理性的同時，卻如此動情地關注三件「神器」。神聖的鏡、劍、玉讓裕仁如此著迷，看來不僅因為它們是正統和威嚴的象徵，而且還是維持建國神話、追溯皇統起源的神器。三件神器是具體體現日本精神的最珍貴器物。此時的裕仁早已被天皇制所固化，宛如「被囚禁於琥珀中的蝴蝶」。

作為日本占領軍的最高統帥，麥克阿瑟必須對如何處理天皇作出決斷。民意調查顯示，有七成以上美國人認為天皇應當被處

以死刑、監禁、流放或者接受審判，但麥克阿瑟考慮到為了在遠東扶植與蘇聯進行冷戰的盟友，一個因審判處決天皇而陷入混亂的日本不利於美國的利益，而天皇制度能起到凝聚日本傳統的反共勢力的作用，他決定放棄追究天皇的戰爭責任。[10]

當然，裕仁天皇必須付出應有的代價，就是配合美國占領當局對日本的民主改造，包括對天皇制本身的改造。裕仁來到將軍府與麥克阿瑟會面，報紙頭版刊登了兩人的合影，這是美軍占領期間最著名的視覺影像。內務省的審查官大為震驚，企圖召回刊登此照片的報紙。但最高司令部禁止內務省這樣做——使得新聞自由從此得到確認。

拍照是麥帥提議的，決定將之公諸於眾，則顯露出他長期致力於公共關係的敏銳觸覺。這張照片建立起麥帥在日本廣為人知的權威形象。照片上，六十五歲的麥克阿瑟身穿卡其布軍人襯衫，敞開領口，雙臂叉腰，姿態隨意，個子比裕仁高出一個頭；四十四歲的裕仁身穿西式禮服，僵硬拘謹地站在旁邊。照片上所顯示的身高、姿勢、年齡和場所，誰是勝利者，誰是失敗者，誰

---

10 麥克阿瑟就此給美國總統杜魯門發出急電報告：「日本國民對日本天皇崇敬備至，已達百餘年之久。……我認為，如果對裕仁天皇公審處決，必將使全日本國民信仰的支柱徹底崩潰，甚至在日本全國引起反對盟國的瘋狂騷亂和暴動。處決裕仁為日本舉國所不容，我們重建和改造日本的前途則不堪設想，結果可能是歷史的悲劇。因而，我本人作為盟國駐日本國的全權代表，出於對日本國未來命運的考慮，決定對裕仁天皇免予戰爭責任的起訴。如果盟國決定逮捕和作為戰犯處決天皇，那麼駐日盟軍統帥部將需要增援一百萬作戰部隊……」杜魯門很快回電同意麥克阿瑟的意見。於是，麥克阿瑟頒布了盟軍總司令部第一號令：「出於對日本前途和國民信仰的考慮，盟國決定對日本天皇裕仁不予追究發動戰爭的責任，不予起訴和逮捕。今後裕仁的人身地位和人身自由，應與其他日本國民同樣受到憲法的保護。」

大權在握，一目了然。審查官們的解讀是正確的，但缺乏想像力。這張照片標誌著一個重要時刻的到來：大多數日本人徹底理解了他們已被打敗，現在是美國人說了算。

美國記者描述說，這是「天子與給天子發號施令者的會面」，裕仁在一個「身材高大、不拘禮節的美國士兵」面前屈尊俯就，「很有失日本神道的神聖性」。美國的目的就是要將裕仁從高高在上的神位上拉下來。

兩年之後，麥克阿瑟在美國國會聽證會上，對美、日、德三國作了一番比較：「如果說盎格魯─撒克遜人在科學、藝術、神學、文化上的發展相當於成年人四十五歲所擁有的成就，那麼德國人也算是成年人了。日本這個歷史久遠的古老國家卻仍處於急需引導、教育的狀態。以現代文明的標準衡量，與我們成熟的四十五歲相比，日本人就像個是十二歲的男孩。」日本人對這個比喻感到不開心，但在麥克阿瑟離開日本時，二十萬人列隊送行，日本民眾視之為帶領日本實現「二次維新」的「新國父」。

裕仁通過發表《人間宣言》蛻變成現代日本第一個去神格化的「新天皇」。這份由美國人和英國人幫助撰稿的、正式名稱為《關於新日本建設之詔書》如此寫道：

朕與國民間的紐帶始終由相互的信賴和愛而形成。它們並非基於單純的傳說和神話，也並非基於天皇是神、日本國比其他種族優越並注定統治世界的錯誤觀念。

儘管如此，麥克阿瑟對裕仁的處置過於寬宥。更好的處理方式或許是，在保留、改造和「淨化」天皇制，使之成為「天皇制民主」的過程中，可以命令裕仁退位，並安排明仁皇太子繼位，

並由一位與政治關係較為疏遠的親王攝政，這樣做不會在日本引起太大的政治動盪。

日本戰敗之後，裕仁天皇為逃避審判而寫成《獨白錄》一書，書中將自己描述成「像囚徒一樣無力」、「不過是軍國主義的傀儡而已」。實際上，裕仁是日本政治軍事的最高指導者，是日本國民的最高精神領袖，是發動侵略戰爭的罪魁禍首，所有的戰爭決定都是天皇最終裁定的。所謂的「大東亞聖戰」，其實質是「天皇陛下的戰爭」。

美國歷史學家赫伯特·比克斯（Herbert P. Bix）在獲得普立茲獎的《真相——裕仁與侵華戰爭》一書中指出：「從一九三七年末起，裕仁逐漸成為真正的戰爭領袖，在中國的作戰計畫、戰略制定一直到指揮都受到他的影響。他還參與了陸海軍最高將官的任命和提升。從一九四〇年末起，當更為有效的決策機制到位後，他對各階段的政策複審進行了重要的參與。這種參與在一九四一年十二月對美英開戰時達到頂點。裕仁與領土擴張和戰爭的狂熱情緒融合在一起。」這場戰爭若沒有天皇的支持是不可能進行下去的，三島由紀夫在《英雄靈魂的聲音》一文中記載了神風特攻隊飛行員的心聲：「天皇陛下必須是神。天皇陛下必須在眾神的頂端為我們閃光，因為他的神性是我們永世長存的源泉，是我們犧牲的榮耀的源泉，是我們和歷史之間僅有的、唯一的連線……」

關於天皇的戰爭罪責問題，美國學者布魯瑪與日本學者澤地久枝有一番談話：

澤地說：「不追究處於日本社會最高地位的日本天皇的戰爭責任，一方面是日本國民對過去不坦率，另一方面對國民也有利，因為這樣也免去了全體國民的責任。日本有許多事情，雖然

經過很長時間，但國民仍不太清楚，這也和天皇制有關。如果要追究在戰爭中所犯下的罪行的責任屬於誰，事實上發布具體命令的是總參謀長、陸軍大臣及其部下，但大元帥是天皇。天皇的下屬往往在短時間內職務有所變更，只有天皇在戰爭中地位最高，一直身居要職。因此，不徹底地追究天皇的戰爭責任，與不想承認歷史有關。」

布魯瑪說：「是的。是無責任，還是逃避責任，不僅是天皇的問題，而且可以說對日本的知識分子也是一樣。」

能夠認識到天皇戰爭罪責和天皇制本質的日本知識分子，寥寥無幾。日本政治評論家本澤二郎在《天皇的官僚》一書中，作出深刻反思：「戰後，民主主義不能在日本扎根的元兇是天皇制。關於這點，大部分知識分子閉口不談。我所接受的教育，是不能正確對待歷史的教育，因此，對這個問題也漠不關心，即使聽到對天皇的批評，也認為是共產主義勢力的胡言亂語。」只是到了擔任《東京時報》政治部長，訪問亞洲各國、接觸到大量戰爭史料之後，他才逐漸認識到天皇在戰爭中負有不可推卸的罪行。

最勇敢地指出天皇的戰爭罪責的是曾任長崎市長的本島等。一九八八年十二月七日，在長崎市議會，本島等接受議員質詢時直截了當地指出：「我深信天皇應承擔戰爭的責任。」

結果，自民黨要求本島等撤回這一言論。本島等說：「我不能違背自己的良心。……現在的政治狀況是不正常的：任何有關天皇的陳述，都變成情緒的爭執點。言論自由不應受制於時間或地點。在民主制度中，我們尊重那些意見與我們不同的人。」

結果，本島等遭到自民黨開除出黨。一九九〇年一月十八日，極端保皇主義者向本島等開槍，本島等身受重傷。刺客及日

本新聞媒體聲稱，本島接受了「神的處罰」。

布魯瑪曾訪問過本島等。本島等再三強調基督徒的身分，在他還是小學生的二十世紀三〇年代，他常常受到老師折磨，強迫他向神社鞠躬，並再三追問：「基督或天皇，哪一個比較重要？」本島等告訴布魯瑪：「在歐洲，人們的感受奠基於幾個世紀的哲學與宗教之上，而日本只有崇拜自然。這是他們所內在化的。在一個由自然統治的世界裡，不會發生個人責任問題。」

但是，作為反基督教的、歐洲左翼知識分子的布魯瑪，偏偏要淡化本島等的基督徒身分，「我認為本島的基督教背景沒有看起來那麼重要」，他擔心這會將爭論簡化為「拿某種信仰攻擊另一種信仰」。他所不能理解的是，若非基督信仰，本島等不可能「因真理，得自由」。布魯瑪是尼德蘭人，但當代尼德蘭早已背棄清教徒觀念秩序，他失去了這個精神背景。左派無神論者不能理解這是屬靈的戰爭，更是觀念秩序及精神和心靈秩序的對決。

反倒是一名寫信規勸本島等的神道教神官理解爭執的焦點所在：在信中，這位神官指出，要求天皇承擔比他已承擔的還多的道德責任，是「非日本的」想法。也就是說，強調道德責任的基督教是一種「非日本的」東西。這位神官對日本特性的強調，就是否定在不同文化之上存在普世的道德標準，這個細節正表明日本的現代化只完成半截。

作為戰敗者的日本人，既希望忘記過去又想要超越以往。日本對自身苦難具有先入為主的成見，忽視對他人造成的傷害。這一事實有助於闡明，受害者意識是通過何種方式扭曲了集團和族群為自身建構起來的身分認同。

◎剖腹自殺的三島由紀夫與走向「下流社會」的日本

一九七〇年的兩個歷史時刻象徵了日本民族的滿足和虛無，這正是日本現代生活中最根本的悖論和困境。

一九七〇年三月，世界博覽會在大阪開幕，標誌著日本跨入世界經濟強國之列，美國戰略學家、未來學領導人赫爾曼・康（Herman Kahn）預測說，「二十一世紀將是日本的世紀」——日本人用自己的努力改變了麥克阿瑟輕蔑的預言「日本已經淪為第四流國家」。

同一年十一月十五日，三島由紀夫以傳統儀式剖腹自殺。當天上午十點五十分，三島和四名追隨者進入東京自衛隊駐地，綁架指揮官，並讓自衛隊成員在院子裡集合。三島在陽台上發表演講，呼籲士兵們加入他的隊伍，成為真正的人、真正的武士，以天皇的名義抵抗剝奪日本的軍隊、剝奪國家的靈魂的自由民主思潮。他鼓動發動政變，恢復軍國主義，還政於天皇。三島的講話並未引起自衛隊士兵的正面回應，八百名士兵大聲譏笑和嘲諷，他們將三島看作一名瘋子。

三島由紀夫感到深受侮辱，他轉身離開，到室內按照日本武士道的儀式切腹自殺。在這個儀式中，光靠自己切腹，很多時候死不了，或者死得很慢；在切腹自殺時通常會有一個步驟叫「介錯」，也就是切腹者旁邊站一個人，在自殺者切腹之後，拿刀把切腹者的頭砍掉，以讓切腹者更快死亡，免除痛苦折磨。給三島由紀夫在旁邊做「介錯」的這個信徒也是文人，砍了好幾刀，居然因為手軟沒把頭砍掉。三島由紀夫確實是個硬漢，就像海明威一樣，最後他還在給對方鼓勁：「加油，動手，砍！」然後是另一個信徒接過刀，才把他的頭砍下來。鮮血如櫻花般散落。

三島由紀夫之死，震動了日本。僅僅譴責其為「不合時宜的軍國主義者」，無助於理解此一事件。戰後，三島與同代人一起被捲入信仰虛空的世界，這裡傳統喪失殆盡，歷史連貫感被割斷。三島在《存在的焦慮》一文中，嘗試過西方的理性主義、追求限度和勻稱的希臘美學，然後擁抱陰暗、浪漫且充滿死亡的極端民族主義的審美觀。三島在論文《為文化辯護》中指出，日本人的自我只能從日本文化中發現，正統文化的唯一源泉在於天皇，「天皇是日本古典美學中最崇高價值」。三島死的時候，已被社會邊緣化。他的死令日本政府感到窘迫，政府正致力於向世界表明日本現在已發展成完全現代化——或美國化——的國家，日本已是「正常國家」，但「正常國家」為什麼會發生這種事情呢？

　　誰也沒有想到，三島由紀夫死後三十年再度成為日本最受歡迎的作家和精神偶像，他代表了日本人普遍的沮喪感——戰後半個世紀，日本始終無法找到自己的地位與聲音，日本一直是「非正常國家」。三島被奉為日本勢力越發強大的民族主義者的代表。在日本的政治光譜中，有形形色色自稱右翼的民粹主義和民族主義政黨、社團、社會力量和社會思潮。但是，若用英美的右派或保守主義的概念來衡量，日本沒有沒有真正的右派，因為日本沒有基於基督新教而形成的觀念秩序及精神、心靈秩序。

　　今天的日本是一個信仰與秩序雙重喪失的國度。漫畫書和動畫片在日本文化中的分量，遠遠超過它們在任何其他國家所占的比重。漫畫和動畫的流行在於其自由不羈、富於想像力的構圖，幻繪著亂七八糟的未來世界的種種版本，都市和鄉村都成為上天決定的宿命的虛擬世界。漫畫和動畫似乎成為日本文化最突出的代表，也在某種程度上反映了日本社會的現實。成年人對漫畫和

動畫的迷戀，表明日本年輕一代和中產階級走向能力低下和慾望低下的「下流化」。

日本病了，患上了嚴重惡疾。這一疾病是在自動操縱狀態的長期運行下，從各種社會、行政體系中產生出來的，是由於日本官僚政府體系與現代生活實際需要與真正的日本精神之間無法協調的巨大矛盾所造成的。

日本哲學家中村雄二郎在《日本文化的惡與罪》一書中，以奧姆真理教這一邪教勢力的崛起為例，分析了日本戰後文化和宗教生活中國的盲點。他指出，戰後日本一般國民的宗教意識變得非常稀薄。這是對於戰前、戰中時期的那種強烈的天皇崇拜與宗教迫害的一種反動傾向。而使得宗教意識空洞化進一步加速的則是通過將教團看成「公益法人」而制定的「宗教法人法」所帶來的教團的特權化。尤其是稅法上的種種優惠措施使得許多宗團組織變成經濟上非常富裕的團體。而且，由於存在「信仰自由」這一觀點，宗教法人可以免除接受監察、審查的權利。奧姆教團即是在此情形下產生和發展起來。在得到政府的宗教法人認定之後不到六年時間，它就發展膨脹為一個策畫世界最終戰爭、引發震驚世界的「地鐵沙林事件」的巨大集團。該教團在包括俄羅斯的世界各地擁有支部，設立省廳制度，以日本國家為敵。

奧姆教團的教主麻原彰晃，無論從知識方面，還是從對於人心的掌握方面來說，絕不是凡庸之輩。在理論方面，他以藏傳佛教為中心，將過去各種宗教的魅力全部吸收進來，並開始探索一種具有現代意義的新宗教或邪教。在世界性的歷史轉型期中，奧姆教團強烈吸引那些感到時代的蔽塞與宗教的渴望的人們，尤其是年輕人，並將他們作為信徒納入到集團中。這些年輕人迷戀於神祕主義，對科學充滿了盲信，愛好具有戲劇性的科幻小說。

二十世紀後半期，在日本產生出來的這種「宗教的空白地帶」，使得帶有現代怪獸氣息的邪教集團異常地凸顯出來。

　　奧姆教團事件顯示日本社會乃至宗教學者都不懂得怎樣去對待「惡」的問題。作為宗教核心之一的「罪障性」就是惡的自覺。如果不懂得反省自身內部的惡，就不能掌握怎樣去對待別人所做的惡的方法。而且，提到宗教上的惡的最典型表現，與其說這與內在的罪惡有密切聯繫，不說說這就是「宗教權力化」更妥當——在杜斯妥也夫斯基《卡拉馬佐夫兄弟》中「宗教大法官」部分所描寫的「宗教的權力化」。這種對「惡」的無知，使得日本身處「下流社會」而不自知。

◎日本如何邁向「美麗之國」？

　　三島由紀夫之死顯示，日本不是「正常國家」，如伊恩・布魯瑪所論：

　　在表面上，今天的日本似乎是個相當先進而且比衰退的英國還現代化的國家，但在內裡，她在許多方面更接近歐洲中古時代，也就是在基督教掃除異教徒信仰遺跡之前的那個時期。

　　如果用具有西方特性的理性教化以及猶太教—基督教的道德標準來衡量，儘管日本飛速成功地採用西方制度和工業化震驚了世界，但日本民族的思想仍舊是文明薄紗掩蓋下的落後思想。西方有共通的道德原則，比如對未成年人實施性和暴力是嚴重犯罪。但在日本，即便最恐怖的、對兒童的性和暴力，卻可以在去道德、去法律的美學層面傳播和討論。

經過戰後半個多世紀的「二次維新」，日本再度躋身為西方國家之一員──在工業化和民主化的七國集團中，日本是唯一非白人為主體的、歐洲和北美之外的國家。從一九五〇年代以來，日本一邊全力趕超美國、擁抱美國的價值觀和生活方式，與此同時，日本仍然渴望重新獲得戰後喪失的具有決定意義的意志感和使命感。但日本仍不是一個「正常國家」──不僅在國際關係和國際法的意義上，更在精神和信仰的層面。那麼，日本何時才能成為「正常國家」？

　　對於這個問題，日本第一位戰後世代的首相，也是日本戰後執政時間最長的首相安倍晉三有其答案。安倍晉三自稱「開放的保守主義者」，「我肯定不是美國式的自由主義」──即由羅斯福新政形成的具有社會主義特徵的自由主義，也包括革命主義和左翼。安倍晉三的保守主義「不是意識形態，而是思考日本及日本人時的態度」，「不僅要對現在、未來的人負責，也要對過去的人負責。對日本長達百年、千年的歷史中所累積、編織成的傳統，時時持有更謹慎、更小心、更熟慮的理解之心，正是所謂的保守精神」。[11]然而，由於安倍晉三未能領悟英美保守主義背後的基督新教文明，其日式保守主義摻雜了若干雜質，如對天皇制的推崇，如對福利國家的正面評價，如在社會道理倫理議題上的自由化傾向等。

11　在外交上，安倍晉三強調在美日同盟的基礎上鞏固與印度、澳大利亞等國的合作，因為這幾個國家都是享有自由、民主、基本人權的法治國家。在內政上，致力於打造「可以再次挑戰的社會」，也就是說，「讓努力的人、打拼的人、流汗的人、絞盡腦汁的人都能收割的社會，因此得先保證有公平的社會競爭。有競爭當然就有輸有贏，但是不論輸了或贏了，都不應該被固定化，或者被階級化。只要有意願，誰都有機會可以東山再起、再度挑戰」。

儘管如此，與親中反美、堅持與時代脫節的《和平憲法》的左派政治人物相比，安倍晉三是當代日本最具保守主義精神的政治家，他的榜樣是雷根和柴契爾夫人，他的願景不僅是讓日本成為正常的國家、自立的國家，還要成為「美麗之國」。這位吉田茂之後最親美的日本政治家宣告說：

　　我們的國家——日本有美麗的自然、悠久的歷史及獨特的文化。而且，還隱藏著許多的可能。但是要如何發掘，得靠我們的勇氣、智慧及努力。與其以身為日本人而自卑，不如以日本為榮，為開拓未來而流汗。

　　日本要邁向「美麗之國」，不能單單靠政治人物的畫餅充饑。在現代日本能夠找到的，可以復活的思想遺產之一，就是戰前的思想者中江丑吉的生命及著述。這位孤獨的思想先行者，不僅在西方和中國少有人知，在日本亦不為人知曉。中江丑吉在中國生活三十年，於一九四一年去世，生前極少發表著作，宛如隱士一般，但他憑藉其獨特的距離感和異常的洞察力注視著中國的革命、日本的侵略、第二次世界大戰爆發等事件。其間，對日本的形勢發展，他保持著像外科醫生那樣尖銳的批判見解和對全部局勢的一貫反對意見。他在半是自我「判罪」的流放國外期間，一直努力從邏輯上、哲學上理解世界正往何處去，而這又會給未來帶來什麼問題。他通過對中國古典思想的發掘以及對德國哲學的闡釋，試圖將「人」作為首要問題來研究，如果不這樣做，學術就是「毒學」或「死學」。他希望藉此恢復被強權剝奪的「人類尊嚴」或「人的優雅」。

　　中江丑吉的父親、日本自由民權運動先驅中江兆民在臨終之

前曾對其忠誠弟子幸德秋水說：「我當然是贊成法國革命的，我支持起義者的目標並願意跟他們一起向巴士底獄進軍。但，儘管如此，如果讓我坐視國王路易十六踏上通往絞刑架的台階，我會義無反顧地跑過去撞倒劊子手，並幫助國王逃跑。」這是雨果在《九三年》中申明的「在革命之上還有人道主義」之原則。中江丑吉實踐了父親的遺言：「五四」運動時，他以這種奇特的方式介入衝突——他幫助留日期間租用中江家房間的、被學生冠名為「賣國賊」的曹汝霖逃走，並在曹宅起火之際將遭學生毆打的章宗祥帶到安全處。他用充滿口音、不連貫的漢語向學生們大喊：「這是我的朋友，你們要打的話，就打我吧！」據目擊者之一的白歧昌的記載，示威者用鐵棒和木棍將他痛打一頓，他險些失去性命。

中江丑吉早年是左派，但他發現，日本為數眾多的馬克思主義者和共產主義者通過知識的欺詐魔術過程與日本政府和解，似乎在當前的超國家主義和自己的馬克思主義之間發現了共同使命，由此他與這些「膽小鬼」決裂。終其一生，按照他的歷史感和他對人類將有一個更美好未來的信念，他不得不反對日本帝國主義和軍國主義。他不僅成為祖國的陌生人，而且成為祖國的敵人。

日本思想家竹內好為中江丑吉貫穿《中國古代政治思想》的嚴密構造體系的精神和對方法的關心，以及尋求真理的鋪天蓋地的「人類熱情」而感動。法學家戒能通孝指出，中江的思想和著作乃是日本文明化過程中必不可少的一塊基石：「當這樣一本香氣四溢的著作從狹隘讀書人的愛讀之書，成為百萬大眾的愛讀之書時，恐怕日本就成為真正的文明國家了。」那一天，還很遙遠嗎？

參考書目

【第一章】

愛德華·吉朋（Edward Gibbon）：《羅馬帝國衰亡史》，（台北）聯經出版，
　　2004年版

安德魯·惠克羅夫特（Andrew Wheatcroft）：《1683維也納：哈布斯堡王朝與土
　　耳其人的對決》，（台北）左岸文化，2010年版

基佐（Guizot）：《歐洲文明史：從羅馬帝國敗落到法國革命》，（北京）商務印
　　書館，2005年版

斯塔夫里阿諾斯（Leften Stavros Stavrianos）：《全球通史：1500年以後的世
　　界》，（上海）上海社會科學院出版社，1999年版

傑克·戈德斯通（Jack Goldstone）：《為什麼是歐洲？──世界史視角下的西方
　　崛起（1500-1850）》，（杭州）浙江大學出版社

朱迪斯·M·本內特（Judith M. Bennett）、C.沃倫·霍利斯特（C. Warren
　　Hollister）：《歐洲中世紀史》，（上海）上海社會科學出版社，2007年版

約翰·朱利斯·諾里奇（John Julius Norwich）：《教宗史》，（台北）廣場出
　　版，2019年版

芭芭拉·塔克曼（Barbara W. Tuchman）：《愚政進行曲》，（台北）廣場出版，
　　2018年版

馬克·格林格拉斯（Mark Greengrass）：《企鵝歐洲史：基督教歐洲的巨變：
　　1517-1648》，（北京）中信出版集團，2018年版

李邁先：《東歐諸國史》，（台北）三民書局，1990年版

羅伯特·福西耶（Robert Fossier）主編：《劍橋插圖中世紀史（950-1250年）》，
　　（濟南）山東畫報出版社，2008年版

湯瑪斯·麥登（Thomas F. Madden）：《威尼斯共和國：稱霸地中海的海上商業帝國千年史》，（台北）馬克孛羅，2019年

高坂正堯：《文明衰亡論》，（北京）時代華文出版社，2013年版

伊恩·克肖（Ian Kershaw）：《地獄之行：1914-1949》，（北京）中信出版社，2018年版

大衛·I·科澤（David I. Kertzer）：《教宗與墨索里尼：庇護十一世與法西斯崛起祕史》，（上海）上海三聯書店出版社，2018年版

馬丁·布林克霍恩（Martin Blinkhorn）：《墨索里尼與法西斯義大利》，（上海）上海譯文出版社，2003年版

沃爾特·拉克爾（Walter Laqueur）：《法西斯主義：過去、現在與未來》，（北京）北京出版社，2000年版

馬克·尼古拉斯（Mark Neocleous）：《法西斯主義》，（長春）吉林人民出版社，2007年版

托尼·朱特（Tony Judt）：《戰後歐洲史》，（北京）新星出版社，2010年版

羅傑·克勞利（Roger Crowley）：《征服者：葡萄牙帝國的崛起》，（台北）馬可孛羅，2017年版

亨廷頓（Samuel P. Huntington）：《第三波：20世紀後期民主化浪潮》，（上海）上海三聯書店出版社，1998年版

安東尼·派格登（Anthony Pagden）：《西方帝國簡史》，（台北）左岸出版，2004年版

皮耶爾保羅·巴維里（Pierpaolo Barbieri）：《希特勒的影子帝國：納粹經濟學與西班牙內戰》，（北京）中信出版社，2018年版

雷蒙德·卡爾（Raymond Carr）：《惶惑的旅程：西班牙的現代化歷程》，（上海）學林出版社，1996年版

雷蒙德·卡爾（Raymond Carr）：《西班牙史》，（北京）東方出版中心，2009年版

馬丁·布林克霍恩（Martin Blinkhorn）：《西班牙的民主和內戰（一九三一至一九三九）》，（上海）上海譯文出版社，2003年版

喬治·歐威爾（George Orwell）：《向加泰隆尼亞致敬》，（上海）上海譯文出版社，2017年版

戴倫·艾塞默魯（Daron Acemoglu）、詹姆斯·羅賓森（James A. Robinson）：《國家為什麼會失敗：權力、富裕與貧困的根源》，（台北）衛城出版，2013年版

布拉德福德・伯恩斯（E. Bradford Burns）、朱莉・阿・查利普（Julie A. Charlip）：《簡明拉丁美洲史：拉丁美洲現代化進程的詮釋》，（北京）世界圖書出版社公司，2009年版

法蘭西斯・福山（Francis Fukuyama）編著：《落後之源：詮釋拉美和美國的發展鴻溝》，（北京）中信出版集團，2015年版

彌爾頓・弗里德曼（Milton Friedman）、羅斯・弗里德曼（Rose Friedman）：《兩個幸運的人：弗里德曼回憶錄》，（北京）中信出版社，2004年版

【第二章】

伊恩・戴維森（Ian Davidson）：《法國大革命：從啟蒙到暴政》，（成都）天地出版社，2019年版

譚旋（Timothy Tackett）：《暴力與反暴力：法國大革命中的恐怖政治》，（太原）山西人民出版社，2019年版

彼得・麥克菲（Peter McPhee）：《自由與毀滅：法國大革命，1789-1799》，（北京）中信出版社，2019年版

約瑟夫・德・邁斯特（Joseph de Maistre）：《論法國》，（上海）上海人民出版社，2005年版

弗朗索瓦・奧古斯特・瑪麗・米涅（François Auguste Marie Mignet）：《法國革命史》，（北京）商務印書館，1997年版

湯瑪斯・馬丁・林賽（Thomas Martin Lindsay）：《宗教改革史》，（北京）商務印書館，2016年版

科林・瓊斯（Colin Jones）：《劍橋插圖法國史》，（北京）世界知識出版社，2004年版

費爾南・布勞岱爾（Fernand Braudel）：《法蘭西的特性・人與物》，（北京）商務印書館，1995年版

克魯泡特金（Pierre Kropotkin）：《法國大革命史》，（上海）華東師範大學出版社，2006年版

托克維爾（Alexis de Tocqueville）：《舊制度與大革命》，（北京）商務印書館，1996年版

威廉・多伊爾（William Doyle）：《法國大革命的起源》，（上海）上海人民出版社，2009年版

喬治・勒費弗爾（Georges Lefebvre）：《法國大革命的降臨》，（上海）上海人

民出版社，2010年版

蘇珊・鄧恩（Susan Dunn）：《姊妹革命：美國革命與法國革命啟示錄》，（上海）上海文藝出版社，2003年版

格特魯德・希梅爾法布（Gertrude Himmelfarb）：《現代性之路：英法美啟蒙運動之比較》，（上海）復旦大學出版社，2011年版

約瑟夫・艾普斯坦（Joseph Epstein）：《托克維爾：民主的導師》，（台北）左岸文化，2015年版

保羅・蒂利希（Paul Tillich）：《基督教思想史：從其猶太和希臘發端到存在主義》，（北京）東方出版社，2008年版

雅克・索雷（Jacques Sole）：《拷問法國大革命》，（北京）商務印書館，2015年版

阿・列萬多夫斯基：《馬拉傳》，（北京）商務印書館，1997年版

埃德蒙・柏克（Edmund Burke）：《法國革命論》，（北京）商務印書館，2010年版

列萬多夫斯基：《丹東傳》，（北京）三聯書店出版社，1987年版

熱拉爾・瓦爾特（Gerard Walter）：《羅伯斯庇爾傳》，（北京）商務印書館，1983年版

保羅・約翰遜（Paul Johnson）：《拿破崙：法蘭西人的皇帝》，（台北）左岸文化，2015年版

克洛德・利布（Claude Ribbe）：《拿破崙的罪行》，（長春）吉林出版集團，2010年版

拉塞爾・柯克（Russell Kirk）：《保守主義思想：從伯克到艾略特》，（南京）江蘇鳳凰文藝出版社，2019年版

約瑟夫・J・埃利斯（Joseph J. Ellis）：《那一代：可敬的開國元勛》，（北京）中國社會科學出版社、（海口）海南出版社，2003年版

弗里德里希・根茨（Friedrich Gentz）：《美法革命比較》，（上海）上海社會科學院出版社，2014年版

威廉・L・夏伊勒（William L.Shirer）：《第三共和國的崩潰：一九四〇年法國淪陷之研究》，北京：新星出版社，2010年版

費南迪・布倫蒂埃等：《批判知識分子的批判》，北京：中國社會科學出版社，2007年版

米歇爾・維諾克（Michel Winock）：《法國知識分子的世紀》，（南京）江蘇教育出版社，2006年版

菲利普・羅傑（Philippe Roger）：《美利堅敵人：法國反美主義的來龍去脈》，
　　（北京）新華出版社，2004年版

雷蒙・阿隆（Raymond Aron）：《雷蒙・阿隆回憶錄：五十年的政治反思》，
　　（北京）新星出版社，2006年版

【第三章】

埃利亞斯・卡內提（Elias Canetti）：《群眾與權力》，（北京）中央編譯出版
　　社，2003年版

米夏埃爾・施蒂默爾（Michael Stürmer）：《德意志：一段找尋自我的國家歷
　　史》，（天津）天津人民出版社，2007年版

弗里德里希・席勒（Friedrich von Schiller）：《三十年戰爭史》，（北京）商務印
　　書館，2009年版

史蒂文・奧茨門特（Steven Ozment）：《德國史》，（北京）中國大百科全書出
　　版社，2009年版

埃米爾・路德維希（Emil Ludwig）：《德國人：一個民族的雙重歷史》，（北
　　京）東方出版社，2006年版

漢斯—烏爾里希・韋勒（Hans-Ulrich Wehler）：《德意志帝國》，（西寧）青海
　　人民出版社，2009年版

奧斯瓦爾德・斯賓格勒（Oswald Spengler）：《決定時刻：德國與世界歷史的演
　　變》，（上海）上海人民出版社，2009年版

卡勒爾・埃里希（Kahler Erich）：《德意志人》，（北京）商務印書館，1999年
　　版

凱爾泰斯・伊姆雷（Imre Kertész）：《慘敗》，（上海）上海譯文出版社，2005
　　年版

以賽亞・伯林（Isaiah Berlin）：《浪漫主義的根源》，（南京）譯林出版社，
　　2008年版

瓦爾特・班雅明（Walter Benjamin）：《德國悲劇的起源》，（北京）文化藝術出
　　版社，2001年版

呂迪格・薩弗蘭斯基（Rudiger Safranski）：《榮耀與醜聞：反思德國浪漫主
　　義》，（上海）上海人民出版社，2014年版

奧爾格勃蘭兌斯（Georg Brandes）：《十九世紀文學主流：德國的浪漫派》，
　　（北京）人民文學出版社，1997年版

梅尼克（Friedrich Meinecke）：《德國的浩劫》，（北京）三聯書店出版社，2002年版

賽巴斯提安·哈夫納（Sebastian Haffner）：《一個德國人的故事：哈夫納1914-1933回憶錄》，（廣州）花城出版社，2009年版

伊恩·布魯瑪（Ian Buruma）：《罪惡的代價：德國與日本的戰爭記憶》，（台北）博雅書屋，2010年版

威廉二世（Wilhlem II）：《德皇威廉二世回憶錄》，（北京）華文出版社，2019年版

格奧爾格·G·伊格爾斯（Georg G. Iggers）：《德國的歷史觀：從赫爾德到到當代歷史思想的民族傳統》，（南京）譯林出版社，2006年版

俾斯麥（Otto von Bismarck）：《思考與回憶：俾斯麥回憶錄》，（北京）三聯書店出版社，2006年版

弗里茨·斯特恩（Fritz Stern）：《金與鐵：俾斯麥、布萊希羅德與德意志帝國的建立》，（成都）四川人民出版社，2018年版

沃爾夫·勒佩尼斯（Wolf Lepenies）：《德國歷史中的文化誘惑》，（南京）譯林出版社，2010年版

李德哈特（B. H. Liddell Hart）：《第一次世界大戰史》，（台北）麥田文化，2014年版

約翰·洛爾（John C. G. Rohl）：《皇帝和他的宮廷：威廉二世與德意志帝國》，（北京）北京大學出版社，2004年版

李工真：《德意志道路：現代化進程研究》，（武漢）武漢大學出版社，1997年版

唐納德·薩松（Donald Sassoon）：《歐洲社會主義百年史》，（北京）社會科學文獻出版社，2008年版

彼得·蓋伊（Peter Gay）：《威瑪文化》，（合肥）安徽教育出版社，2005年版

勞倫斯·呂（Laurence Rees）：《納粹：歷史的教訓》，（台北），博雅圖書，2008年版

克勞斯·費舍爾（Klaus P. Fischer）：《納粹德國：一部新的歷史》，（南京）江蘇人民出版社，2005年版

萊妮·里芬施塔爾（Leni Riefenstahl）：《里芬施塔爾回憶錄》，（上海）學林出版社，2007年版

威廉·夏伊勒（William L. Shirer）：《第三帝國的興亡》，（北京）世界知識出版社，2005年版

尼古拉斯・斯塔加特（Nicholas Stargardt）：《德國人的戰爭：1939-1945納粹統治下的全民意志》，（北京）民主與建設出版社，2017年版

奧利弗・希爾梅斯（Oliver Hilmes）：《柏林1936：納粹神話與希特勒的夏日奧運》，（台北）貓頭鷹出版，2017年版

埃里克・沃格林（Eric Voegelin）：《希特勒與德國人》，（上海）上海三聯書店出版社，2015年版

歐文・路茨爾（Erwin W. Lutzer）：《希特勒的十字架》，（北京）團結出版社，2012年版

艾瑞克・梅塔薩斯（Eric Metaxas）：《潘霍華》，（台北）道聲出版社，2013年版

索爾・弗里德蘭德爾（Saul Fridelander）：《滅絕的年代：納粹德國與猶太人（1939-1945）》，（北京）中國青年出版社，2011年版

花亦芬：《在歷史的傷口上重生：德國走過的轉型正義之路》，（台北）先覺出版，2016年版

格茨・阿利（Gotz Aly）：《希特勒的民族帝國：劫掠、種族戰爭和納粹主義》，（南京）譯林出版社，2011年版

斯蒂芬・葛霖（Stephen Green）：《不情願的大師：德國與新歐洲》，（南京）江蘇鳳凰文藝出版社，2017年版

理查德・J・埃文斯（Richard J. Evans）：《第三帝國三部曲.02：當權的第三帝國》，（北京）九州出版社，2020年版

理查德・J・埃文斯（Richard J. Evans）：《歷史與記憶中的第三帝國》，（北京）中信出版社，2018年版

米爾頓・邁耶（Milton Mayer）：《他們以為他們是自由的：1933-1945年間的德國人》，（北京）商務印書館，2013年版

卡倫・沃恩（Karen Vaughn）：《奧地利學派經濟學在美國：一個傳統的遷入》，（杭州）浙江大學出版社，2008年版

路德維希・馮・米塞斯（Ludwig von Mises）：《米塞斯回憶錄》，（上海）上海譯文出版社，2015年版

伊斯雷爾・柯茲納（Israel Kirzner）：《米塞斯評傳：其人及其經濟學》，（海口）海南出版社，2018年版

弗里德里希・奧古斯特・馮・海耶克（Friedrich Hayek）：《通往奴役之路》，（北京）中國社會科學出版社，1997年

艾倫・艾本斯坦（Alan Ebenstein）：《海耶克：二十世紀古典自由主義大師》，

　　（台北）康德出版社，2005年版

埃利斯・桑多茲（Ellis Sandoz）：《沃格林革命：傳記性引論》，（上海）上海
　　三聯書店出版社，2012年版

埃里克・沃格林（Eric Voegelin）：《希特勒與德國人》，（上海）上海三聯書店
　　出版社，2015年版

埃里克・沃格林（Eric Voegelin）：《沒有約束的現代性》，（上海）華東師範大
　　學出版社，2007年版

列奧・施特勞斯（Leo Strauss）：《回歸古典政治哲學：施特勞斯通信集》，（北
　　京）華夏出版社，2006年版

列奧・施特勞斯：《迫害與寫作藝術》，（北京）華夏出版社，2012年版

列奧・施特勞斯：《自然權利與歷史》，（北京）三聯書店，2003年版

列奧・施特勞斯：《什麼是政治哲學》，（北京）華夏出版社，2014年版

丹尼爾・唐格維（Daniel Tanguay）：《列奧・施特勞斯：思想傳記》，（吉林）
　　吉林出版集團，2011年版

謝帕德（Eugene R. Sheppard）：《施特勞斯與流亡政治學：一個政治哲人的鍛
　　成》，（北京）華夏出版社，2013年版

【第四章】

喬治・肯楠（George F. Kennan）、弗蘭克・科斯蒂廖拉（Frank Costigliola）：
　　《肯楠日記》，（北京）中信出版社，2016年版

別爾嘉耶夫（Nicolas Berdyaev）：《俄羅斯思想：19世紀至20世紀初俄羅斯思想
　　的主要問題》，（北京）三聯書店出版社，1995年版

瑞斯札德・卡普欽斯基（Ryszard Kapuscinski）：《帝國：俄羅斯五十年》，（台
　　北）馬可孛羅，2008年版

尼古拉・梁贊諾夫斯基（Nicholas Riasanovsky）、馬克・斯坦伯格（Mark
　　Steinberg）：《俄羅斯史》，（上海）上海人民出版社，2007年版

菲利普・馬斯登（Philip Marsden）：《尋找聖靈戰士：俄羅斯傳統東正教倖存
　　史》，（台北）馬可波羅，2018年版。

胡斯都・岡察雷斯（Gonzalez L.）：《基督教思想史》，（南京）譯林出版社，
　　2008年版

羅贊諾夫（Vasilii Rozanov）：《論宗教大法官的傳說》，（北京）華夏出版社，
　　2007年版

安妮・C・海勒（Anne C. Heller）：《安・蘭德和她創造的世界》，（桂林）廣西師範大學出版社，2016年版

安妮・阿普爾鮑姆（Anne Applebaum）：《古拉格：一部歷史》，（北京）新星出版社，2013年版

拉伊夫（Marc Raeff）：《獨裁下的嬗變與危機：俄羅斯帝國兩百年剖析》，（上海）學林出版社，1996年版

伯爾曼（Harold J. Berman）：《信仰與秩序：法律與宗教的復合》，（北京）中央編譯出版社，2011年版

西德尼・哈凱夫（Sidney Harcave）：《維特伯爵：俄國現代化之父》，（上海）上海遠東出版社，2013年版

湯普遜（Ewa M.Thompson）：《理解俄國：俄國文化中的聖愚》，（北京）三聯書店出版社，1998年版

梅里杜爾（Catherine Merridale）：《1917，列寧在火車上》，（台北）貓頭鷹出版社，2019年版

Ｂ・Ｂ・馬夫羅金：《彼得大帝傳》，（北京）商務印書館，2000年版

以賽亞・伯林（Isaiah Berlin）：《蘇聯的心靈：共產主義時代的俄國文化》，（南京）譯林出版社，2010年版

尼古拉・韋爾特（Nicolas Werth）：《1917年，革命中的俄羅斯》，（上海）上海人民出版社，2007年版

雅科夫列夫（Alexander Yakovlev）：《霧靄：俄羅斯百年憂思錄》，（北京）社會科學文獻出版社，2013年版

詹姆斯・Ｃ・斯科特（James C. Scott）：《國家的視角：那些試圖改善人類狀況的項目是如何失敗的》，（北京）社會科學文獻出版社，2004年版

蕾切爾・波隆斯基（Rachel Polonsky）：《從莫斯科到古拉格：俄羅斯歷史上的光輝與黑暗》，（北京）新星出版社，2013年版

奧列格・賀列夫紐克（Oleg V. Khlevniuk）：《史達林：從革命者到獨裁者》，（台北）左岸文化，2018年版

瓦列金・別列什科夫：《史達林私人翻譯回憶錄》，（海口）海南出版社，2004年版

德・安・沃爾科戈諾夫（D. A. Volkogonov）：《勝利與悲劇：史達林的政治肖像》，（北京）世界知識出版社，1990年版

弗拉基米爾・歇爾蓋耶維奇・索洛維約夫（Vladimir Sergeyevich Solovyov）等：《精神領袖：俄羅斯思想家論杜斯妥也夫斯基》，（上海）上海譯文出版

社，2009年版

布魯茲庫斯（Boris D. Brutzkus）：《蘇維埃俄國的計畫經濟》，（濟南）山東人民出版社，2018年版

戈爾巴喬夫基金會編：《奔向自由：戈爾巴喬夫改革二十年後的評說》，（北京）中央編譯出版社，2007年版

沈志華主編：《一個大國的崛起與崩潰：蘇聯歷史專題研究（1917-1991）》（中），（北京）社會科學文獻出版社，2009年版

鮑里斯・瓦季莫維奇・索科洛夫：《二戰祕密檔案：蘇聯慘勝真相》，（南京）江蘇人民出版社，2009年版

阿爾巴托夫（Georgy Arbatov）：《蘇聯政治內幕：知情者的見證》，（北京）新華出版社，1998年版

小傑克・F・馬特洛克（Jack F. Matlock, Jr.）：《蘇聯解體親歷記》，（北京）世界知識出版社，1996年版

魯・格・皮霍亞：《蘇聯政權史（1945-1991）》，（北京）東方出版社，2006年版

西達・斯考切波（Theda Skocpol）：《國家與社會革命：對法國、俄國和中國的比較分析》，（上海）上海人民出版社，2007年版

戈爾巴喬夫（Mikhail Gorbachev）：《真相與自白：戈爾巴喬夫回憶錄》，（北京）社會科學文獻出版社，2002年版

約瑟夫・皮爾斯（Joseph Pearce）：《流放的靈魂：索爾仁尼琴》，（上海）上海三聯書店出版社

沙卡洛夫（Andrei Sakharov）：《沙卡洛夫回憶錄：人權鬥士》，（台北）天下文化，1991年版

羅柏・卡普蘭（Robert D. Kapalan）：《歐洲暗影：一段橫跨兩場冷戰、三十年歷史的東歐邊境之旅》，（台北）馬克孛羅，2017年版

【第五章】

馮天瑜：《「千歲丸」上海行：日本人一八六二年的中國觀察》，（北京）商務印書館，2001年

北岡伸一：《日本政治史：以外交與權力的雙重視角，解讀從幕府到冷戰的關鍵時刻》，（台北）麥田出版，2018年版

半藤一利：《幕末史》，（台北）遠足文化，2017年版

坂野潤谷：《未完成的明治維新》，（北京）社會科學文獻出版社，2018年版

吉田茂：《激盪的百年史：插圖珍藏本》，（西安）陝西師範大學出版社，2005年版

王曉秋：《近代中日文化交流史》，（北京）中華書局，2000年版

坂本太郎：《日本史》，（北京），中國社會科學出版社，2008年版

田中彰：《明治維新》，（台北）玉山社，2012年版

安德魯・戈登（Andrew Gordon）：《日本的起起落落：從德川幕府到現代》，（桂林）廣西師範大學出版社，2008年版

清水正之：《日本思想全史》，（台北）聯經出版，2018年版

加藤周一：《何謂日本人》，（南京）南京大學出版社，2008年版

子安宣邦：《東亞論：日本現代思想批判》，（長春）吉林人民出版社，2011年版

丸山真男：《日本的思想》，（台北）遠足文化，2019年版

艾森施塔特（Shmuel Noah Eisenstadt）：《日本文明：一個比較的視角》，（北京）商務印書館，2008年版

久米正雄：《伊藤博文時代》，（北京）團結出版社，2007年版

大貫惠美子：《被扭曲的櫻花：美的意識與軍國主義》，（台北）聯經出版，2014年版

堺屋太一：《何謂日本》，（南京）南京大學出版社，2008年版

依田憙家：《日中兩國現代化比較研究》，（北京）北京大學出版社，1997年版

康拉德・希諾考爾（Conrad Schirokauer）、大衛・勞瑞（David Lurie）、蘇珊・蓋伊（Suzanne Gay）：《日本文明史》，（北京）群言出版社，2008年版

諾曼・赫伯特（E.H.Norman）：《日本維新史》，（長春）吉林出版集團，2008年版

鶴見俊輔：《戰爭時期日本精神史》，（台北）行人出版，2008年版

魯思・本尼迪克特（Ruth Benedict）：《菊與刀》，（北京）商務印書館，1990年版

山折哲雄：《近代日本人的宗教意識》，（台北）立緒出版，2000年版

貝拉（Robert Bellah）：《德川宗教：現代日本的文化淵源》，（香港）牛津出版社，1994年版

新渡戶稻造：《武士道》，（台北）聯合文學，2008年版

小泉八雲：《神國日本》，（長春）吉林出版集團，2008年版

宮家準：《日本的民俗宗教》，（南京）南京大學出版社，2008年版

唐納德・基恩（Donald Keene）：《明治天皇：睦仁和他的時代1852-1912》，（台北）遠足文化，2019年版

土肥昭夫等：《現代社會轉型中的天皇制與基督教》，（北京）華夏出版社，2007年版

安丸良夫：《近代天皇觀的形成》，（北京）北京大學出版社，2010年版

南博：《日本人論》，（桂林）廣西師範大學出版社，2007年版

賀柏特・畢克斯（Herbert P. Bix）：《裕仁天皇》，（台北）時報文化，2002年版

竹村民郎：《大正文化：帝國日本的烏托邦時代》，（台北）玉山社，2010年版

約翰・內森（John Nathan）：《無約束的日本》，（上海）華東師範大學出版社，2006年版

木村英夫：《戰敗前夕》，（南京）江蘇古籍出版社，2001年版

半藤一利：《昭和史第一部1926-1945》，（台北）玉山社，2010年版

加藤陽子：《日本人為何選擇了戰爭》，（台北）廣場出版，2016年版

石原莞爾：《最終戰爭論・戰爭史大觀》（三版），（台北）廣場出版，2019年版

約翰・W・道爾（John W. Dower）：《擁抱戰敗：第二次世界大戰後的日本》，（北京）三聯書店出版社，2008年版

約翰・托蘭（John Toland）：《日本帝國的衰亡》，（北京）新星出版社，2008年版

澀沢尚子：《美國的藝伎盟友：重新形塑敵國日本》，（台北）遠足文化，2017年版

阿列克斯・科爾（Alex Kerr）：《犬與鬼：現代日本的墜落》，（北京）中信出版社，2006年版

三浦展：《下流社會》，（上海）文匯出版社，2007年版

中村雄二郎：《日本文化中的罪與惡》，（北京）北京大學出版社，2005年版

伊恩・布魯瑪（Ian Buruma）：《面具下的日本人：解讀日本文化的真相》，（北京）金城出版社，2010年版

安倍晉三：《邁向美麗之國》，（台北）前衛出版社，2007年版

傅樂果（Joshua A. Fogel）：《中江丑吉在中國》，（北京）商務印書館，2011年版

大光：宗教改革、觀念對決與國族興衰

第二卷
歐洲的歧路

作　　　者　余杰

主　　　編　洪源鴻
責任編輯　穆通安、涂育誠
行銷企畫　蔡慧華
封面設計　蔡佳豪
內頁排版　宸遠彩藝
校對協力　張時雅
彩頁圖源　Wikimedia Commons

社　　　長　郭重興
發行人暨
出版總監　曾大福
出　　　版　八旗文化／遠足文化事業股份有限公司
發　　　行　遠足文化事業股份有限公司
　　　　　　231 新北市新店區民權路 108 之 2 號 9 樓
電　　　話　02-22181417
傳　　　真　02-86671065
客服專線　0800-221029
E - m a i l　gusa0601@gmail.com
Facebook　facebook.com/gusapublishing
B l o g　gusapublishing.blogspot.com
法律顧問　華洋法律事務所 蘇文生律師
印　　　刷　通南彩色印刷有限公司

出　　　版　2021 年 4 月（初版一刷）
　　　　　　2022 年 2 月（初版二刷）
定　　　價　520 元

I S B N　9789865524654（平裝）
　　　　　　9789865524692（EPUB）
　　　　　　9789865524722（PDF）

國家圖書館出版品預行編目 (CIP) 資料

大光（第二卷）：歐洲的歧路
余杰著／初版／新北市／八旗文化出版／
遠足文化事業股份有限公司發行／ 2021.04

ISBN　9789865524654（平裝）

1. 世界史　　　　2. 近代史

711　　　　　　　　　　　　110004649